数字化之路

数字经济知与行

李先吉 李 果 著○

湖南人民出版社·长沙

本作品中文简体版权由湖南人民出版社所有。
未经许可,不得翻印。

图书在版编目(CIP)数据

数字化之路 / 李先吉,李果著 —长沙:湖南人民出版社,2023.5
ISBN 978-7-5561-3210-2

Ⅰ.①数… Ⅱ.①李… ②李… Ⅲ.①数字技术—应用—企业管理 Ⅳ.①F272.7

中国国家版本馆CIP数据核字(2023)第049851号

SHUZIHUA ZHI LU
数字化之路

著　　者	李先吉　李　果
出版统筹	陈　实
责任编辑	聂双武　傅钦伟
责任校对	唐水兰
装帧设计	陶迎紫

出版发行	湖南人民出版社 [http://www.hnppp.com]
地　　址	长沙市营盘东路3号
电　　话	0731-82683313

印　　刷	湖南凌宇纸品有限公司
版　　次	2023年5月第1版
印　　次	2023年5月第1次印刷
开　　本	710 mm × 1000 mm　1/16
印　　张	35.5
字　　数	460千字
书　　号	ISBN 978-7-5561-3210-2
定　　价	98.00元

营销电话:0731-82683348　(如发现印装质量问题请与出版社调换)

目录

第一章
数字化新时代——数字文明　　002

01 数字经济成为高质量经济形态　　005

02 数字技术成为高通用先进技术　　007

03 数据要素成为高价值关键要素　　007

04 数字治理成为高效能治理模式　　009

05 数字城乡成为高智慧场景空间　　011

06 数字生活成为高品质生活常态　　012

07 数字职业成为高容量就业方式　　013

08 数字合作成为高水平开放领域　　015

第二章
数字化新战略——数字动力　　018

第一节　世界主要国家数字经济发展战略　　018

01 美国实施数字经济大战略　　019

02 欧盟实施大数据战略　　019

03 德国实施工业4.0战略　　019

04 英国实施数字发展战略　　020

05 法国实施人工智能发展战略　　020

06 日本实施数字技术创新战略　　　　　　　　　　　021

07 俄罗斯实施数字化转型战略　　　　　　　　　　　021

第二节　我国发展数字经济上升为国家战略　　　021

01 实施网络强国战略　　　　　　　　　　　　　　022

02 实施大数据战略　　　　　　　　　　　　　　　023

03 实施数字经济发展战略　　　　　　　　　　　　023

第三节　数字经济发展的战略意义　　　　　　　024

01 数字化是构建新发展格局的新支撑　　　　　　　024

02 数字化是推动高质量发展的新引擎　　　　　　　026

03 数字化是促进共同富裕的新途径　　　　　　　　029

04 数字化是加快现代化进程的新动能　　　　　　　031

05 数字化是拓展国际合作竞争的新赛道　　　　　　033

第三章

数字化新路径——数字红利　　　　　036

第一节　培育数字化主体　　　　　　　　　　　036

01 促进数字企业规范化做大做强　　　　　　　　　037

02 推动企业数字化转型升级　　　　　　　　　　　038

03 支持新个体经济创新性发展　　　　　　　　　　039

第二节　加快数字化创新　　　　　　　　　　　040

01 聚焦原创前沿高端，加快数字关键技术创新　　　041

02 聚焦生产生活生态，加快数字业态模式创新　　　042

03 聚焦发展治理安全，加快数字经济制度创新　　　042

第三节　深化数字化融合　　　　　　　　　　　043

01 数字技术与实体经济深度融合　　　　　　　　　044

02 数字产业与传统产业深度融合　　045

03 先进制造业与现代服务业深度融合　　046

04 数据要素与其他要素深度融合　　047

第四节　发展数字化平台　　048

01 推动互联网平台智能化发展　　049

02 支持企业平台化发展　　050

03 支持平台企业国际化发展　　051

04 促进平台经济法治化发展　　053

第五节　推进数字化共享　　055

01 共享理念引领共享经济发展　　055

02 数字化共享促进共同富裕　　057

03 规范共享经济发展防止垄断　　059

第六节　强化数字化赋能　　061

01 数字化赋能高质量发展　　061

02 数字化赋能乡村振兴　　062

03 数字化赋能绿色发展　　063

04 数字化赋能文化建设　　064

05 数字化赋能社会治理　　065

第七节　营造数字化生态　　065

01 智能互联的数字社会生态　　066

02 数实共生的数字产业生态　　067

03 开放共享的数字创新生态　　068

04 法治安全的数字治理生态　　069

第四章
数字化新技术——数字翅膀　072

第一节　云计算——数字底座　072
01 云计算技术图景在"算法"　073
02 云计算应用场景在"计算"　074
03 云计算产业前景在"算力"　075

第二节　大数据——数字硬核　076
01 大数据海量特征　076
02 大数据关键技术　078
03 大数据核心产业　079

第三节　物联网——万物互联　081
01 物联网核心技术　081
02 物联网智能化应用　083
03 物联网产业发展　084

第四节　工业互联网——数字连接　085
01 工业互联网融合性技术　085
02 工业互联网平台式应用　089
03 工业互联网产业化发展　090

第五节　区块链——数字安全　091
01 区块链正成科技竞争新高地　091
02 区块链在经济社会中的应用前景　092
03 区块链产业发展　094

第六节　人工智能——数字大脑　095
01 人工智能技术的"活化效应"　096
02 人工智能技术应用的融合扩张效应　097

03 智能经济呈现发展新图景　098

第七节　5G 技术——数字神经　100

01 我国 5G 技术全球领先　101

02 5G 应用"百花齐放"　102

03 5G 产业发展未来可期　104

第八节　虚拟现实与增强现实——数字空间　105

01 虚拟现实让虚拟无限逼近真实　106

02 VR/AR 应用持续拓展空间　107

03 产业发展方兴未艾　107

第五章
数字化新要素——数据富矿　110

第一节　数据要素的三种形态　111

01 数据软资源　112

02 数据轻资产　114

03 数据融资本　115

第二节　加快培育发展数据要素市场　116

01 坚持开放共享，让数据汇聚起来　117

02 坚持综合智算，让数据处理起来　118

03 坚持优化配置，让数据流动起来　119

04 坚持转化利用，让数据增值起来　121

05 坚持法治安全，让数据规范起来　123

第三节　建立健全数据要素市场规则体系　123

01 健全完善数据要素产权制度　124

02 建立数据要素价值评估制度　125

03 健全完善数据开放共享制度 … 126
04 健全完善数据安全管理制度 … 127
05 健全完善数据要素交易制度 … 128
06 健全完善数据市场治理制度 … 129
07 健全完善数据要素收入分配制度 … 129
08 健全完善数据要素市场法律法规制度 … 130

第六章
数字化新基建——数字立交桥 … 134

第一节　新基建的数字特质 … 135
01 新基建是数字经济新底座 … 136
02 新基建是数字网络高速路 … 137
03 新基建是数字空间连接器 … 138
04 新基建是数据要素集装箱 … 139
05 新基建是数字服务软平台 … 139
06 新基建是数字技术融合体 … 140

第二节　数字新基建的综合功能 … 141
01 基础支撑功能 … 141
02 公共服务功能 … 142
03 创新引领功能 … 144
04 投资带动功能 … 146
05 资源配置功能 … 148
06 治理提升功能 … 149
07 安全保障功能 … 150

第三节　数字新基建的全面建设 　　151

01　5G 网络建设 　　152

02　工业互联网建设 　　153

03　数据中心建设 　　154

04　人工智能平台建设 　　156

05　区块链建设 　　157

06　融合基础设施建设 　　159

第四节　数字新基建的统筹发展 　　160

01　统筹当前与长远，适度超前科学规划 　　161

02　统筹政府与市场，创新投融资机制 　　164

03　统筹城市与乡村，优化区域布局 　　167

04　统筹建设与应用，强化融通共享 　　169

05　统筹硬件与软件，提升数字软实力 　　171

06　统筹发展与安全，保障数字安全 　　173

07　统筹生态与绿色，促进数字低碳化 　　174

第七章
数字化新制造——智能制造 　　178

第一节　数字化网络化智能化是制造业发展的方向 　　179

01 数字化网络化智能化是工业化走向现代化的"必修课" 　　179

02 数字化网络化智能化是制造大国走向制造强国的"必答题" 　　180

03 数字化网络化智能化是中国制造走向中国智造的必由之路 　　182

04 数字化网络化智能化是价值链低端走向全球价值链高端的必然选择 183

第二节　数字化转型带来制造业全方位深刻变革 　　184

01　要素组合的变革创新 　　185

02 组织结构的变革创新　　187

03 生产方式的变革创新　　189

04 业务流程的变革创新　　190

05 商业模式的变革创新　　191

06 客户关系的变革创新　　192

07 产品形态的变革创新　　193

08 服务模式的变革创新　　194

第三节　网络化协同推动制造业全链条融合　　195

01 网络化协同生产与消费　　195

02 网络化协同供给与需求　　196

03 网络化协同线上与线下　　197

04 网络化协同产业与金融　　198

05 网络化协同制造与服务　　200

06 网络化协同国内与国际　　202

第四节　智能化变革引领制造业高端化发展　　204

01 大力实施工业互联网创新发展工程　　205

02 大力实施企业上云用数赋智工程　　206

03 大力实施智能工厂建设工程　　207

04 大力实施"灯塔工厂"示范工程　　209

05 大力实施工业机器人推广应用工程　　210

06 大力实施"工业大脑"开发应用工程　　211

07 大力实施智能制造人才培养工程　　212

第八章
数字化新服务——数字孵化器　　216

第一节　数字政务服务　　218
01 架好网连千家万户的数字连心桥　　218
02 用好海纳千山万水的信息数据库　　219
03 建好智通千行百业的数字综合体　　220

第二节　数字公共服务　　222
01 数字化优化公共服务新供给　　222
02 数字化促进公共服务均等化　　223
03 数字化提升公共服务精准度　　225
04 数字化增强公共服务便利性　　226

第三节　数字生产性服务　　227
01 数字生产性服务的产业融合效应　　228
02 数字生产性服务的产业协同效应　　230
03 数字生产性服务的产业升级效应　　231
04 数字生产性服务的产业低碳效应　　232

第四节　数字生活性服务　　233
01 打造数字生活服务新场景　　234
02 丰富线上生活服务新供给　　235
03 满足线下生活服务新需求　　235

第五节　数字文化服务　　236
01 文化价值数字化导向"正"起来　　237
02 文化资源数字化挖掘"活"起来　　240
03 文化资产数字化整合"聚"起来　　241
04 文化产品数字化共享"乐"起来　　244

05 文化产业数字化发展"强"起来 247

第六节　数字金融服务 248

01 数字商业银行 249

02 数字资本市场 252

03 数字互联网金融 255

04 数字保险 256

05 数字人民币 258

第九章
数字化新消费——数字发动机 262

第一节　实物消费与服务消费双轮驱动 263

01 新消费转向服务消费为主 263

02 新消费促进服务消费均等化 264

03 新消费推动服务消费创新 265

第二节　线上消费与线下消费协同融合 266

01 网购零售型消费 266

02 线上服务型消费 267

03 无人无接触型消费 267

04 平台共享型消费 268

第三节　品质消费与品牌消费提质扩容 268

01 新国潮引领新消费 269

02 "数字三品"拥抱新需求 270

第四节　信息消费与信用消费交融共享 271

01 信息消费促进信息服务 272

02 信用消费带动消费金融 273

第五节　城市消费与农村消费互通均衡　　275
01 培育建设区域消费中心　　276
02 构建县域消费新格局　　278
03 发展农村电商畅通城乡消费循环　　278

第六节　绿色消费与红色消费交相辉映　　279
01 绿色消费渐成生活新时尚　　279
02 红色文化消费成为消费新热潮　　281

第七节　节点消费与夜间消费全日在线　　282
01 春节消费看风向　　283
02 "双11"消费看趋势　　285
03 夜间消费看热度　　287

第八节　国内消费与国际消费双向循环　　289
01 依托国际消费中心城市促进消费双循环　　289
02 依托国际品牌平台促进消费双循环　　290
03 依托跨境电商促进消费双循环　　292
04 依托跨国公司促进消费双循环　　293

第九节　消费供给与消费需求精准匹配　　294
01 初始数智化——因地制宜、适销对路　　294
02 多维数智化——因势利导、互动共进　　295
03 融合数智化——因材施教、协同升级　　296
04 全面数智化——因人而异、个性定制　　296

第十节　消费主体与消费群体群分类聚　　297
01 年轻群体的时尚型消费　　298
02 老年群体的健康型消费　　299
03 女性群体的悦己型消费　　300

04 中年群体的务实型消费　　302

第十一节　消费场景与消费环境同步优化　　303
01 虚实消费场景同步拓展　　303
02 软硬消费环境同步优化　　304

第十二节　消费潜力与消费活力相互激发　　304
01 增收提升消费能力　　305
02 服务挖掘消费潜力　　306
03 政策激发消费活力　　307

第十章
数字化新城市——智慧城市　　310

第一节　智慧城市之智——智慧发展　　311
01 不同城市的不同智慧模式　　312
02 不同类别的不同智慧功能　　316
03 不同领域的不同智慧场景　　319

第二节　智慧城市之眼——智慧感知　　323
01 物联网的"慧眼"作用　　324
02 传感器的"慧眼"作用　　325
03 人脸识别的"慧眼"作用　　325
04 城市天网的"慧眼"作用　　326

第三节　智慧城市之脑——城市大脑　　327
01 万物互联的智慧感知功能　　327
02 高效传输的网络通道功能　　328
03 海量数据的智慧处理功能　　329
04 场景应用的智慧服务功能　　330

第四节　智慧城市之芯——数字孪生城市　330
01 物理空间与数字空间孪生互动　331
02 实体场景与虚拟场景虚实交融　332

第五节　智慧城市之光——智慧能源　334
01 加快发展城市能源互联网　335
02 全面建设智慧能源工厂　336
03 大力推动能源数字化转型　336

第六节　智慧城市之治——智慧治理　337
01 数智赋能全地域协同共治　337
02 数据驱动全要素融合共享　339
03 平台支撑全场景智慧服务　339
04 实时在线全周期综合运营　340

第十一章
数字化新乡村——数字金扁担　344

第一节　数字乡村书写新时代"山乡巨变"　345
01 数字乡村建设推动城乡二元走向城乡融合　346
02 数字乡村建设推动千家万户走向广阔市场　347
03 数字乡村建设推动小户生产走向规模经营　348
04 数字乡村建设推动农业低效走向高质高效　349
05 数字乡村建设推动农民小康走向富裕富足　349
06 数字乡村建设推动农村环境走向宜居宜业　350
07 数字乡村建设推动乡村治理走向共治智治　351

第二节　数字乡村实现"改天换地"系统性重构　351
01 数字乡村重构提升农业生产经营体系　352

02 数字乡村重构提升乡村产业体系	354
03 数字乡村重构提升乡村服务体系	355
04 数字乡村重构提升乡村基础设施体系	355
05 数字乡村重构提升乡村要素市场体系	356
06 数字乡村重构提升乡村绿色生态体系	357
07 数字乡村重构提升乡村治理体系	358
08 数字乡村重构提升乡村生产生活方式	358
第三节　数字乡村建设在"希望的田野"上	360
01 数字乡村建设加快乡村全面振兴	361
02 数字乡村建设加快农业农村现代化	362
03 数字乡村建设加快实现共同富裕	365
04 数字乡村建设加快建设数字中国	366
05 数字乡村建设加快构建新发展格局	367
06 数字乡村建设加快乡村治理现代化	368

第十二章

数字化新媒体——数字喉舌　372

第一节　新媒体坚持主流媒体的正确舆论导向	373
01 传播主流内容	374
02 壮大主流舆论	375
03 弘扬主流价值	377
第二节　新媒体增强融媒体的平台服务功能	378
01 增强媒体创新力	379
02 提升媒体融合度	382
03 扩大媒体覆盖面	384

第三节　新媒体丰富智媒体的虚实场景体验　386
- 01 创造"有我"的参与感　387
- 02 创新"为我"的定制感　388
- 03 实现"懂我"的满足感　389
- 04 达到"忘我"的沉浸感　390

第四节　新媒体提升自媒体的多元表达方式　391
- 01 善于深度表达　392
- 02 客观理性表达　393
- 03 自律规范表达　395

第十三章
数字化新生活——数字足迹　398

第一节　网上购物——足不出户买全球　398
- 01 网上购物成为主流消费方式　399
- 02 电子商务走上创新转型之路　400
- 03 直播带货成为电商发展新潮流　402
- 04 "云购物"成为网上购物新模式　403

第二节　智慧出行——千里之行始于智　403
- 01 构建智慧交通网　404
- 02 发展智能网联车　405
- 03 建设智慧高速路　408

第三节　数字阅读——一屏可读万卷书　408
- 01 把握数字阅读的质与量　410
- 02 把握数字阅读的深与浅　411
- 03 把握数字阅读的专与博　413

第四节　在线教育——一网上尽天下课	414
01 全开放共享的教与学	415
02 全平台场景的教与学	416
03 全员高质量的教与学	418
04 全生命周期的教与学	419
第五节　智慧医疗——智联万家"慧"诊疗	420
01 共享家庭医生线上"慧"诊	421
02 共享智慧医院全程"智"疗	422
03 共享智慧医共体远程诊疗	423
第六节　智慧养老——老有智养夕阳红	424
01 智能产品帮助老年人生活	426
02 智居环境方便老年人生活	427
03 智慧平台服务老年人生活	428
第七节　智慧文旅——智游尽享文化餐	430
01 智慧文旅因文化而成精神之旅	431
02 智慧文旅因云游而成沉浸之旅	432
03 智慧文旅因服务而成智游之旅	434
第八节　智慧家居——千家万户智幸福	435
01 智慧家居是全屋智能家居	436
02 智慧家居是智能安全家居	437
03 智慧家居是智能绿色家居	438

第十四章

数字化新职业——数字工匠 440

第一节 新经济催生新职业 441

01 数字经济催生一批数字新职业 443

02 绿色经济催生一批绿色新职业 445

03 新型服务经济催生一批服务新职业 446

04 智慧农业催生一批农民新职业 448

第二节 新职业拓展新就业 449

01 青年成为新职业就业主力军 450

02 数字经济成为新职业就业主渠道 452

03 弹性灵活成为新职业就业主形态 454

04 新个体经济成为新职业创业主阵地 457

第三节 新就业引发新变革 458

01 新职业新就业促进职业就业观念转变 458

02 新职业新就业带来市场供给需求变化 460

03 新职业新就业推动人才培养模式创新 461

04 新职业新就业引发教育教学方式转型 462

05 新职业新就业引领职业教育发展变革 463

06 新职业新就业引发劳动保障制度创新 466

07 新职业新就业调整优化收入分配结构 469

第十五章

数字化新治理——数字高效能 474

第一节 数字政府建设 475

01 构建提升数字化治理体系 475

02 构建提升数字化服务体系　　　　　　477

03 构建提升数字化监管体系　　　　　　478

04 构建提升数字化安全体系　　　　　　479

05 构建提升数字化平台体系　　　　　　480

第二节　数字竞争治理　　　　　　481

01 弥合数字鸿沟　　　　　　481

02 防止数字垄断　　　　　　483

03 打破数字壁垒　　　　　　484

04 联通数字孤岛　　　　　　485

05 警惕数字陷阱　　　　　　486

第三节　数字网络治理　　　　　　487

01 严把网络"内容关"　　　　　　488

02 把准网络"舆情脉"　　　　　　488

03 增强网络"诚信度"　　　　　　489

04 善用治网"技术活"　　　　　　489

第四节　数字平台治理　　　　　　490

01 突出强化平台规制治理　　　　　　490

02 突出强化平台资本治理　　　　　　491

03 突出强化平台算法治理　　　　　　491

04 突出强化平台生态治理　　　　　　492

第五节　数据市场治理　　　　　　492

01 数据治理促进数据共享　　　　　　493

02 数据治理释放数据价值　　　　　　494

03 数据治理保障数据安全　　　　　　494

第六节　数字安全治理　495
01 法治保障数字安全　496
02 智治保障数字安全　496
03 共治保障数字安全　497

第七节　数字伦理治理　498
01 坚守"造福人类"的伦理价值　498
02 坚守"科技向善"的伦理原则　499
03 坚守"守正创新"的伦理责任　501

第八节　数字产权治理　503
01 数字知识产权保护目的是激励创新　503
02 数字知识产权治理根本靠强化法治　504
03 数字知识产权治理重在服务转化运用　504

第十六章
数字化新未来——智能化　508

第一节　数智技术创造无限可能　510
01 流量促进高质量　511
02 算力推动生产力　513
03 智能培育新动能　514

第二节　数据要素创造无限供给　516
01 海量数据是财富之源　516
02 流通数据是无价之宝　518
03 安全数据是发展之基　519

第三节　数智平台创造无限空间　520
01 智网互联拓展全域网络空间　520

02 万物智联构建全新虚拟空间 523

03 全员网联创新全景组织空间 524

第四节　数实融合创造无限场景 526

01 智能连接到户的多元智慧场景 527

02 智能服务到家的共享智慧场景 528

03 沉浸体验到心的虚实智慧场景 529

第五节　数智人才创造无限价值 530

01 公民数智人 530

02 虚拟数字人 534

03 智能机器人 536

后记 542

· 第一章 ·

数字化新时代
——数字文明

第一章

数字化新时代——数字文明

党的二十大报告对全面建设社会主义现代化国家、全面推进中华民族伟大复兴进行了战略谋划,擘画了以中国式现代化全面推进中华民族伟大复兴的宏伟蓝图和实践路径,提出到2035年基本实现社会主义现代化,到21世纪中叶把我国建成富强民主文明和谐美丽的社会主义现代化强国。报告强调,实现高质量发展是中国式现代化的本质要求,是全面建设社会主义现代化国家的首要任务。建设现代化产业体系,推进新型工业化,加快建设制造强国、质量强国、航天强国、交通强国、网络强国、数字中国。加快发展数字经济,促进数字经济和实体经济深度融合,打造具有国际竞争力的数字产业集群。数字经济赋予经济社会发展的新动能、新优势,正在成为引领我国经济增长和社会发展的重要力量。数字经济在推动高质量发展、推进中国式现代化、全面建成社会主义现代化强国的进程中大有可为。

数字经济是以数字化的知识和信息作为关键生产要素,以数字技术为核心驱动力量,以现代信息网络为重要载体,通过数字技术与实体经济深度融合,不断提高经济社会的数字化、网络化、智能化水平,加速重构经济发展与治理模式的新型经济形态。

当今世界,数字技术快速创新,5G、云计算、大数据、物联网、人工智能等数字网络信息技术不断创新突破，新一轮科技革命和产业变革蓬勃兴起。信息化、数字化、网络化、智能化深入发展，信息革命正从技术产业革命向经济社会变革加速演进。数字化正在成为重组全球要素资源、重塑全球经济结构、改变全球竞争格局的关键力量。世界经济数字化转型成为大势所趋。数字技术正在百花盛开。

当今时代，数字经济快速发展，形成以数字技术、数字经济、数字社会、数字治理为主体的数字经济体系，构建以数字理念、数字发展、数字治理、数字安全、数字合作等为主要内容的数字生态，推动质量变革、效率变革、动力变革，对经济社会发展、人民生产生活和国际格局产生广泛影响，给社会生产方式、生活方式和治理方式带来深刻变革。数字经济发展速度之快、辐射范围之广、影响程度之深前所未有。数字经济迎来满园春色。

"十四五"时期，我国数字经济转向深化应用、规范发展、普惠共享的新阶段。这是一个数字新时代，这是一个数字经济的春天。"十四五"规划纲要围绕加快数字化发展、建设数字中国，就打造数字经济新优势、加快数字社会建设步伐、提高数字政府建设水平、营造良好数字生态作出战略部署，提出"打造数字经济新优势"，强调"充分发挥海量数据和丰富应用场景优势，促进数字技术与实体经济深度融合，赋能传统产业转型升级，催生新产业新业态新模式"，要求以数字化转型整体驱动生产方式、生活方式和治理方式变革。据统计，在"十四五"规划纲要全文中，"数字"一词出现81次，"数字化"出现25次，"数据"出现60次，"信息"出现52次，"智能"出现35次。面对千载难逢的数字化战略机遇，让我们以崭新面貌迎接数字经济春天，续写更多"春天的故事"；以全新姿态拥抱数字新时代，创造更多新的"人间奇迹"。

从技术革命历程看，已进入数字技术革命时代。近代以来，人类社会经历三次由科学技术引领的工业革命,每一次产业技术革命,都给人类生产生活带来巨大而深刻的影响。第一次工业革命——机械化(18世纪),18世纪60年代至19世纪40年代,从英国兴起,蒸汽机作为动力机被广泛使用,开始进入"蒸汽时代"。第二次工业革命——电气化(19世纪),19世纪70年代至20世纪初,在德、英、法、美等国家兴起,出现发电机、电动机、内燃机,电力在生产和生活中得到广泛应用,开始进入"电气时代"。第三次工业革命——信息化(20世纪),20世纪四五十年代,在美国等国家兴起,以原子能、电子计算机、空间技术和生物工程的发明和应用为主要标志,开始进入"信息时代"。这是迄今为止人类历史上规模最大、影响最为深远的一次科技革命。以人工智能、大数据、机器人、量子通信、生物技术、虚拟现实等为代表的新技术推动的第四次工业革命,正迎面而来、走向深入,使人类生产生活发生深刻变化,开始进入"数智时代"。中国正在以独立自主的科技创新能力引领第四次工业革命。

从现代化进程看,已进入数字化时代。现代化是一个世界性潮流。18世纪出现了蒸汽机等重大发明,成就了第一次工业革命,开启了人类社会现代化历程。现代化几乎与西方工业文明相伴而生。西方发达国家是一个"串联式"发展过程,按照工业化、城镇化、农业现代化、信息化顺序发展,发展到目前水平用了二百多年时间。我国要后来居上,把"失去的二百年"找回来,必然是一个"并联式"的过程,工业化、信息化、城镇化、农业现代化是叠加发展的。中国式现代化是跨越式的发展进程,必须协同推进新型工业化、信息化、城镇化、农业现代化。现在进入数字化、网络化、智能化阶段,工业化、城镇化与农业现代化彼此依存、互为支撑,信息化、数字化、网络化、智能化与工业化、城镇化、农业现代化融合发展,走中国式现代化之路。

从经济形态演进看,已进入数字经济时代。纵观世界文明史,人类先后经历了农业革命、工业革命、信息革命。数字经济是继农业经济、工业经济之后的主要经济形态。经济形态变化，生产工具、生产要素和基础设施演进升级。在农业经济时代，社会生产以家庭为主的自给自足形式，土地和劳动力是最重要的生产要素，生产工具是手工工具。在工业经济时代，主要是社会化大生产，资本成为最重要的生产要素，机器成为最强大的生产工具。在数字经济时代，智能机器成为新的生产工具，数据成为新的生产要素，信息网络成为新的基础设施，智能制造成为新的生产方式，推动数字经济迈向网络化连接、数据化描绘、智能化生产、融合化发展的智能经济新时代。

从人类文明发展看，已进入数字文明时代。人类文明形态涵盖物质文明、政治文明、精神文明、社会文明、生态文明。数字技术发展与人类文明、社会进步紧密相连，数字技术为人类文明发展提供重要支撑。当前，数字技术正以新理念、新业态、新模式，全面融入人类经济、政治、文化、社会、生态文明建设各领域和全过程，给人类生产生活产生广泛而深远的影响。激发数字经济活力，增强数字政府效能，优化数字社会环境，构建数字合作格局，筑牢数字安全屏障，让数字文明造福全人类。数字生活日益成为人们生活新图景，数字文明日益成为人类文明新形态。数字文明新时代是人类文明迈向更高阶段的标志。

01 数字经济成为高质量经济形态

经济发展进入新阶段，主要靠创新驱动发展，数字经济、平台经济是创新发展的重要力量。数字经济是创新活跃、要素密集、辐射广泛的重要领域。国家统计局发布的《数字经济及其核心产业统计分类（2021）》把数字经济分为数字产品制造业、数字产品服务业、数字技术应用业、数字要素驱动业和数字化效率提升业五大类。中国信息通信研究院发布的《全球数字经济白皮书（2022年）》显示，2021年全球47个主要国家数字经济增加值规模达到38.1万亿美元。其中，中国数字经济规模达到7.1万亿美元，位居世界第二。2012年到2018年，数字经济对中国经济增长贡献了75%。中国信息通信研究院发布的《中国数字经济发展报告（2022年）》中显示，2021年，中国数字经济规模达到45.5万亿元，同比名义增长16.2%，占GDP比重为39.8%。数字产业化规模为8.35万亿元，同比名义增长11.9%，占数字经济比重为18.3%，占GDP比重为7.3%；产业数字化规模达到37.18万亿元，同比名义增长17.2%，占数字经济比重为81.7%，占GDP比重为32.5%。

数字化发展水平已成为衡量一个国家现代化程度和综合实力的重要标志之一。数字经济发展过程，本质上是从价值链的部分环节到全价值链的数字化进程。最早是通过媒体、搜索、社交、电商等环节，在新的场景逐渐实现数字化。目前我国数字化程度已经接近40%，数字化潜力和空间很大。需要激活新要素，探索数据生产要素高效配置、安全流通和应用机制；培育新动能，促进互联网、大数据、人工智能与实体经济深度融合；探索新治理，建立适应平台经济、共享经济等新业态发展要求的管理制度；建设新设施，不断强化数字经济发展基础。把握数字化、网络化、智能化方向，以数字化为主导，以工业化为基础，全面推进数字化改革、数字化改造、数字化转型，利用数字新技术对传统产业进行全方位、全链条的改造，推动制造业、服务业、农业等产业数字化，加快产业数字化进程，提升经济数字化水平。如果把过去拉动经济增长的投资、出口、消费比作"三驾马车"，那么消费升级、高端服务业和高科技必然是未来助力中国经济发展的"新三驾轿车"，推动"新三驾轿车"的动能是数字经济。数字经济将成为未来主导的经济形态，是一种全新的高质量经济形态。

02 数字技术成为高通用先进技术

以人工智能、物联网、云计算、区块链等为代表的新一代数字技术作为通用目的技术，已渗透到经济社会各个方面。从舌尖到指尖、从田间到车间、从地下到天上……数字生产、数字生活的每一幕场景，都留下了为经济赋能、为生活添彩的奋进足迹，孕育着未来增长的巨大潜力。需要深化数字技术应用，开拓数字经济新蓝海，以数字化培育新动能，用新动能推动新发展，以新发展创造新辉煌。

现在公认最有希望成为第四次工业革命核心标志的技术领域包括人工智能、新能源、量子技术等。人工智能、物联网和机器人等新技术将成为决定性核心技术。我国基础性、通用性技术研发取得重要进展。5G、量子计算、高端芯片、高性能计算机、网络架构、基础操作系统、卫星互联网应用、工业互联网、智能制造等领域取得一批重大科技成果，成为推动数字变革的重要力量。《2021年数字经济报告》显示，美国和中国在利用数据方面处于领先地位，5G采用率最高，占全球超大规模数据中心的50%、占全球顶尖人工智能研究人员的70%以及人工智能初创公司所有资金的94%。《2019年数字经济报告》显示，美国和中国在数字经济发展中的领先地位体现在多个方面。两国占区块链技术所有相关专利的75%，全球物联网支出的50%，云计算市场的75%以上，全球70家最大数字平台公司市值的90%。全球70家规模较大数字平台企业中，68%来自美国，22%来自中国。

03 数据要素成为高价值关键要素

云计算、大数据、物联网、工业互联网、人工智能等技术应用大规模发展，互联网承载的数据和信息越来越丰富。数据资源已经成为国家重要战略资源和新生产要素。近年来，我国网络购物、移动支付、共享经济等数字经济新业态新模式蓬勃发展，走在世界前列。数据要素是数字经济深入发展的核心引擎。随着数字技术和人类生产生活交汇融合，互联网快速普及，数据呈现爆发增长、海量集聚的特点，蕴藏着巨大的经济社会价值。充分发挥数据这一新型生产要素的作用，推动数字经济健康发展，做大做强数字经济，拓展数字经济发展新空间，构建以数据为关键要素的数字经济。

数据成为新型生产要素。生产力发展是人类社会发展的决定力量。每一次社会经济形态变革，都出现新的生产要素，带动社会生产力跃升。在农业社会，土地和劳动是基本生产要素。进入工业社会，资本、管理、技术、知识等成为主要生产要素，极大推动人类社会发展进步。进入数字社会，数据成为新型生产要素，对生产、流通、分配、消费活动和经济运行机制、社会生活方式、国家治理模式等产生重要影响。

数据增强新的发展动能。数据作为新型生产要素，对生产方式变革具有重大影响。以数据为关键要素推进数字产业化和产业数字化，推动数字技术与实体经济深度融合，为经济社会健康发展提供持续动力；充分利用海量数据要素，大力发展数字产品制造业、数字产品服务业、数字技术应用业、数字要素驱动业等，为经济发展培育新的增长点；数据要素与其他生产要素有机结合，提升其他生产要素的匹配效率、激发其他生产要素的创新活力，提高生产质量和效益，推动国民经济质量和水平实现整体跃升；等等。切实用好数据要素，发掘数据资源支撑创新的潜力，协同推进技术、模式、业态和制度创新。

数据蕴含新的竞争优势。我国是人口大国和世界第二大经济体，互联网用户规模庞大，拥有海量数据资源和丰富应用场景优势。充分利用数据资源优势，发掘和释放数据要素价值、激活数据要素潜能，促进数字技术和实体经济深度融合，赋能传统产业转型升级，催生新产业新业态新模式，不断做强做优做大数字经济，有利于抓住先机、抢占未来发展制高点，构筑国家竞争新优势。

数据形成新的市场供给。大力推进数据资源化、要素化、市场化发展，充分发挥市场在资源配置中的决定性作用，更好发挥政府作用，确保数据资源优化配置到生产实践中。一是强化高质量数据要素供给。支持市场主体依法合规开展数据采集，提升数据资源处理能力，培育壮大数据服务产业。推动数据资源标准体系建设，加快推动各领域通信协议兼容统一，打破技术和协议壁垒，努力实现互通互操作。推动基础公共数据安全有序开放，提升公共数据开放水平，释放数据红利。二是加快数据要素市场化流通。加快构建数据要素市场规则，培育市场主体、完善治理体系，促进数据要素市场流通。探索数据资产定价机制，推动形成数据资产目录，逐步完善数据定价体系。规范数据交易管理，培育发展数据交易平台，提升数据交易效率。加强数据安全监管，营造安全有序的市场环境。三是创新数据要素开发利用机制。适应不同类型数据特点，以实际应用需求为导向，探索建立多样化的数据开发利用机制。鼓励市场力量挖掘商业数据价值，推动数据价值产品化、服务化，大力发展专业化、个性化数据服务，促进数据、技术、场景深度融合，满足各领域数据需求。通过数据开放、特许开发、授权应用等方式，推进政务数据、公共数据依法、有序、规范加工利用。结合新型智慧城市建设，加快城市数据融合及产业生态培育，提升城市数据运营和开发利用水平。

04 数字治理成为高效能治理模式

在人类历史上，从农业社会到工业社会，每一次科技革命都会带来制度体系和治理方式的变革。顺应数字文明浪潮，不断增强数字政府效能，不断推进国家治理体系与治理能力现代化，人民群众的获得感、幸福感、安全感更加充实、更有保障、更可持续。大数据、云计算、人工智能等新一代数字技术融入数字政府建设,"掌上办""指尖办"成为政务服务标配。云平台再造政务流程,"最多跑一次""不见面审批"等创新实践不断涌现;数据跨地域协同管理,"一网通办""异地可办""跨省通办"正在照进现实。流动的数据、流畅的体验,让百姓少跑腿、数据多跑路,正给人们带来实实在在的获得感。各种数字政府应用场景,反映着一个趋势:基层治理精准化,便民便企服务智慧化。

数字化治理正处在用数字技术治理到对数字技术治理,再到构建数字经济治理体系的深度变革中。运用大数据、云计算、区块链、人工智能等前沿技术推动管理手段、管理模式、管理理念创新,从数字化到智能化再到智慧化,是推动治理体系和治理能力现代化的必由之路。以数字化智能化赋能治理精细化,着力提升治理智慧化能力水平,提升公共服务均等化、普惠化、便捷化水平,更好造福人民群众。"十四五"规划和2035年远景目标纲要提出,要"提高数字政府建设水平",将数字技术广泛应用于政府管理服务,推动政府治理流程再造和模式优化,不断提高决策科学性和服务效率。政务服务"一网"是基础条件、物理变化,政务服务"通办"则是实现流程再造、效率提升、治理优化的化学反应。群众在指尖划动中解决急难愁盼问题,市场主体通过网络实现"一站式审批",把增强数字政府效能转化为直抵人心的民生温度、经济活力的激发、治理能力的提升。

以数字政府建设为引领,公共服务领域正发生深刻变革。政务服务正从政府供给导向向群众需求导向转变,从"线下跑"向"网上办"、由"分头办"向"协同办"的趋势更加明显。上海推出的"随申码",当人们出入公共场合时,它是"健康码";乘坐地铁时,是"地铁码";到医院看病时,可以当医保卡用……部门联动的"一网通办"持续走向纵深,新的应用场景还在应需开发。政府治理方式获得极大拓展和创新,数字应用促进民生服务、企业发展、灾害预测、应急管理等领域更加高效。实践证明，利用数字技术加快政府职能转变，推动政府治理转型，能够更好满足公众对政务服务越来越高的需求。

05 数字城乡成为高智慧场景空间

城市和乡村本质属性是空间，是生产空间、生活空间、生态空间。智慧城市和数字乡村建设，形成一张数字化网络，联通城市与乡村，城乡人与人、人与物、物与物相互连接，物理空间拓展到虚拟空间，现实场景拓展到数字场景。坚持数字乡村与新型智慧城市一体设计、协同实施，推动城乡信息基础设施互联互通、产业生态相互促进、公共服务共建共用，城乡更智慧、城乡更融合。

城市是人们工作生活的栖息地，也是展示发展成果的全景图。某种程度上，城市的智能化程度是城市发展水平与核心竞争力的重要体现。智慧城市通过综合运用现代科学技术、整合信息资源、统筹业务应用系统，加强城市规划、建设和管理的新模式。"十四五"规划和2035年远景目标纲要强调，"推进新型城市建设""建设宜居、创新、智慧、绿色、人文、韧性城市"。一个重要方面就是"提升城市智慧化水平，推行城市楼宇、公共空间、地下管网等'一张图'数字化管理和城市运行一网统管"。智慧化城市建设，不仅包括前沿技术、先进设备的投入，也意味着城市治理科学化精细化智能化水平的提升；既关注城市"中枢大脑"建设，也留意"神经末梢"的需求；不仅有技术进步的"面子"，更有民生保障的"里子"。一座能感知、会思考、可进化、有温度的智慧城市，必然是能为居民提供主动、精准、智能、高效服务的城市。立足科技进步，让城市更智慧更聪明；兼以人文关怀，更精准高效满足群众需求。智慧城市必将让生活更美好。

数字乡村是建设数字中国的重要内容。以数字乡村建设为抓手，全面推进乡村振兴，带动和提升农业农村现代化水平。围绕农业农村现代化目标，加快数字乡村建设，深化农业农村改革，发挥新一代数字信息技术创新引领作用，推动制度、机制、模式和技术创新，培育发展数字乡村新产业、新业态、新模式。中央网信办等10部门印发的《数字乡村发展行动计划（2022—2025年）》提出，重点实施数字基础设施升级行动、智慧农业创新发展行动、新业态新模式发展行动、数字治理能力提升行动、乡村网络文化振兴行动、智慧绿色乡村打造行动、公共服务效能提升行动、网络帮扶拓展深化行动。到2025年，数字乡村发展取得重要进展，乡村4G深化普及、5G创新应用，农业生产经营数字化转型明显加快，智慧农业建设取得初步成效，培育形成一批叫得响、质量优、特色显的农村电商产品品牌，乡村网络文化繁荣发展，乡村数字化治理体系日趋完善。全面推进数字乡村建设，必将促进乡村全面振兴，让农业成为有奔头的产业，让农民成为有吸引力的职业，让农村成为安居乐业的美丽家园。

06 数字生活成为高品质生活常态

近年来，受益于数字化、网络化、智能化的快速发展和广泛应用，数字技术全面融入社会生活，推动公共服务和社会治理方式不断创新，处处呈现高品质数字生活新图景。我国网民规模超过10亿，形成了全球最为庞大、生机勃勃的数字社会，数字生活成为人民群众的重要生活方式。在线课堂、互联网医院、智慧图书馆、智能小区……从购物消费、居家生活、旅游休闲、交通出行等各类场景，到教育、医疗、养老、就业、助残等重点领域，数字化服务迭代升级，数字生活新形态不断涌现，数字社会建设取得长足进展。数字技术改变着时代场景，也创造着未来生活。深入优化数字社会环境，让人们在共享数字发展成果上有更充实的获得感。

适应数字技术变革，加快数字社会建设，有助于扩展社会服务覆盖范围和用户群体，扩大优质公共服务供给。在教育领域，以慕课为代表的大量优质视频课件资源、在线答疑和互动社区，为促进基本公共教育均等化提供更多途径；在医疗方面，远程诊疗、远程手术的出现，帮助更多患者及时便捷地享受优质医疗服务；在社会治理方面，随着网上听证、网络民意调查等方式的广泛应用，互联网平台日益成为民众公共参与的重要渠道；等等。可以说，数字社会不仅蕴藏着巨大的发展活力，也在优化服务供给、改进治理方式等方面具有显著的创新动能。

数字新科技、应用新场景、数字新生活。"十四五"规划和2035年远景目标纲要对"加快数字社会建设步伐"作出相关部署。特别强调"支持高水平公共服务机构对接基层、边远和欠发达地区，扩大优质公共服务资源辐射覆盖范围""加快信息无障碍建设，帮助老年人、残疾人等共享数字生活"。推动数字生活更丰富多彩、数字服务更有温度、数字治理更有精度，让数字社会建设不断迈上新台阶，必将迎来生活更加舒适、发展更有质量、治理更具效能的数字社会。

07 数字职业成为高容量就业方式

数字经济作为集聚创新要素最多、应用前景最广、辐射带动作用最强的创新领域，成为最具活力和发展潜力的经济形态，在推动经济社会高质量发展中创造更充分就业容量，提供更多就业空间和就业机会。《中华人民共和国职业分类大典（2022年版）》中首次出现97个数字新职业。数字管理人才、数字专业人才和数字应用人才三大类数字人才成为数字时代的"弄潮儿"。数字经济发展在扩大就业总量、优化就业结构、促进创新创业、培育新增就业、开辟就业新空间、提升就业质量等方面发挥着重要作用，为广大劳动者提供更充分更高质量就业。

数字经济发展促进优化就业结构。数字技术创新与发展带来产业结构和就业结构变革。数字技术和服务加速向传统产业融合渗透，产业结构重心逐步向第三产业转移，第三产业的比重持续上升，产业结构优化带动就业结构升级，劳动力逐渐由第一、二产业向第三产业转移，第三产业就业比重不断上升，劳动力就业结构服务业化趋势明显。企业加快数字化转型，生产效率大幅提高，机器对劳动力的代替使得传统劳动密集型企业对低技能劳动力需求下降。平台经济提供就业机会，使这些低技能劳动力流向电子商务等新兴服务业，优化原有的就业结构，提升就业质量。

数字经济发展培育新型就业形态。培育新动能创造新兴岗位新需求，既包括技术发展催生的技术密集型岗位，也包括产业数字化转型中释放出的新就业形态创造的新就业岗位。数字经济打破时间和空间的界限，形成新的就业形态，创造出工业互联网工程技术人员、智能制造工程技术人员等与数字产业发展密切相关且得到"官方认证"的新职业。数字经济飞速发展，新业态、新模式如雨后春笋般涌现，数字经济就业规模持续扩大。灵活就业逐渐成为求职者和创业者的重要选择之一。相关数据显示，截至2021年底，我国灵活就业人员已经达到2亿人，其中从事主播及相关从业人员160多万人，较2020年增加近3倍。有报告数据显示，90后和00后的灵活就业者占比超过50%，年轻人成为灵活就业群体主力。

数字经济发展创造更公平就业机会。数字经济可以推进不同群体的就业增收，有力提升社会发展普惠性。数字经济发展不仅创造了大量包容性灵活性岗位，大大降低了对于从业者工作时间、地点、技能的约束，降低了就业门槛。通过行业资源优化配置、生产效率全面提升，提升了从业者劳动报酬水平。既让高技能人才实现知识的高效价值转换，也让农民工、去产能工人等享受到更为充分的劳动回报。

就业是最大的民生工程。党的二十大报告强调，实施就业优先战略，促进更高质量充分就业。"十四五"规划纲要明确提出，健全有利于更充分更高质量就业的促进机制，扩大就业容量，提升就业质量，缓解结构性就业矛盾。《"十四五"就业促进规划》指出，坚持经济发展就业导向，不断扩大就业容量，推动形成高质量发展与就业扩容提质互促共进的良性循环。未来将进一步释放数字经济拉动就业的巨大潜力，以高质量发展带动高质量就业，以高质量就业支撑高质量发展。

08 数字合作成为高水平开放领域

数字时代，依托数字技术和互联互通的数字基础设施，社会分工得以在更大范围、更广领域、更高层次展开，社会合作扩大有助于降低交易成本、提高生产效率。近年来，互联网、大数据、云计算、人工智能、区块链等技术加速创新，日益融入经济社会发展各领域全过程，数字经济正在重组全球要素资源、重塑全球经济结构、改变全球竞争格局。打造国际竞争新优势、培育合作增长点、促进全球经济复苏，都迫切需要加快构建数字合作格局、展现数字合作新作为。

数字经济大潮澎湃，创造更多利益契合点、合作增长点、共赢新亮点。我国主动把握时代机遇、秉持互利共赢的理念、充分发挥比较优势，从搭建广交会、服贸会、进博会、世界互联网大会等多种合作平台，到打造"数字丝绸之路"、发展跨境电子商务、建设国家信息经济示范区等，构建数字合作格局，推动数字经济朝着开放、包容、普惠、平衡、共赢的方向发展。

良好的发展环境是数字合作枝繁叶茂的土壤。随着世界多极化、经济全球化、社会信息化、文化多样化深入发展，互联网对人类文明进步将发挥更大促进作用。互联网领域发展不平衡、规则不健全、秩序不合理等问题日益凸显。改变不同国家和地区信息鸿沟不断拉大的趋势，减少世界范围内侵害个人隐私、网络犯罪等现象，消除网络监听、网络攻击、网络恐怖主义活动等全球公害，这都是数字时代全球治理的重要议题，也是必须答好的"时代之问"。奉行零和博弈、搞赢者通吃那一套，只会让数字经济壁垒丛生；相互尊重信任、加强对话合作，携手打造开放、公平、公正、非歧视的数字发展环境，才能推动互联网全球治理体系变革。面向未来，坚持互利共赢，拓展国际合作，构建网络空间命运共同体，加快构建数字合作新格局，以共商共建共享推动数字经济更好造福世界人民，让更多国家和人民搭乘信息时代的快车，共享数字技术发展成果。

· 第二章 ·

数字化新战略
——数字动力

第二章

数字化新战略——数字动力

数字经济是世界科技革命和产业变革的先机，在数字化、智能化引发的世界经济版图重构过程中起着至关重要的作用，成为构建国家竞争新优势的重要先导力量。数字化时代的核心竞争能力逐渐表现为国家和地区的数字能力、信息能力、网络能力。从战略上谋划规划数字经济、制定数字经济发展战略策略和政策，是制胜之道。制定实施数字经济发展战略，是把握世界科技革命和产业变革机遇、引领数字经济发展、抢占全球数字经济竞争先机的战略行动。

第一节　世界主要国家数字经济发展战略

各国高度重视发展数字经济，多年来根据新动向新形势，紧抓数字经济领域前沿布局，持续不断地出台发布相关战略和政策，更新战略规划和措施。据经济合作与发展组织（OECD）年统计，34个经济合作组织国家制定国家数字战略。截止到目前，全球已有170多个国家发布数字战略，50多个国家发布人工智能战略。

01 美国实施数字经济大战略

美国是最早布局数字经济发展战略的国家，1998年美国商务部就发布了《浮现中的数字经济》系列报告。近年来出台多项战略规划，将发展大数据和数字经济作为实现繁荣和保持竞争力的关键。先后发布《美国数字经济议程》《电子复兴计划》《国家人工智能研究和发展战略规划》等；2018年又相继发布《数据科学战略计划》《美国国家网络战略》和《美国先进制造业领导力战略》，明确提出促进数字经济发展的相关内容。美国在"抓住智能制造系统的未来"战略目标下，提出智能与数字制造、先进工业机器人、人工智能基础设施、网络安全四个具体优先事项，同时注重网络安全、电子、半导体、量子信息、大数据、人工智能等关键技术和产品研发。

02 欧盟实施大数据战略

欧盟2014年提出数据价值链战略计划，推动围绕大数据创新，培育数据生态系统，之后公布实施一系列数字化转型战略规划。2016年欧盟正式出台《欧洲工业数字化战略》，2020年欧盟发布了用于指导欧洲适应数字时代的总体规划《塑造欧洲的数字未来》《欧洲新工业战略》《欧洲数据战略》《人工智能白皮书》等，致力于塑造涵盖网络安全、关键基础设施、数字化教育等多个方面的数字化未来，建立基于规则和标准的数字空间框架，旨在通过加大数字化领域投资提升欧盟数字经济竞争力。2021年3月初欧盟发布了《2030数字指南针：欧洲数字十年之路》纲要文件，涵盖了欧盟到2030年实现数字化转型的愿景、目标和途径。

03 德国实施工业4.0战略

德国将发展数字经济作为其政治和经济层面的首要任务，自2010

年发布《数字议程（2014—2017）》《德国2020高技术战略》后，相继出台《2020创新伙伴计划》和"工业4.0""数字议程（2014—2017）"以及"数字战略2025"。公布"建设数字化"战略，提出建设数字化能力、数字化基础设施、数字化转型创新、数字化转型社会和现代国家五大行动领域。德国75%的企业制定了数字化战略，力争德国在数字经济领域跻身领先地位。2018年又发布《联邦政府人工智能战略要点》《人工智能德国制造》《高技术战略2025》等，旨在建设数字强国。德国将人工智能技术和应用作为重点，强调工业的数字化转型，注重构建网络化协同设计和制造体系。

04 英国实施数字发展战略

英国先后颁布《数字经济法案2010》《数字经济战略》和《英国数字战略》等文件，后者反映其打造数字经济时代背景下国家竞争新优势、调整失衡产业结构的战略意图和决心。英国在2013年发布的《英国制造2050》中提出，在通信、传感器、大数据、物联网、机器人、增材制造、移动网络等多个技术领域开展布局。在《产业战略：人工智能行动》指出将采取切实可行措施推动人工智能发展，在《数字经济战略（2015—2018）》中侧重于对数字文化创新的扶持和激励。

05 法国实施人工智能发展战略

法国发布《法国数字化计划》，2018年发布《法国人工智能发展战略》《5G发展路线图》《利用数字技术促进工业转型的方案》等一系列战略规划。法国在人工智能发展中确定了自动驾驶和卫生健康两个优先发展领域，并发布《国家自动驾驶汽车战略规划》，提出在2020年前出台自动驾驶认证框架。5G对促进法国工业发展、提高经济竞争力以及增加公共服务创新能力具有重大意义，应加快促进5G技术发展和推广商用，扩大在国际 5G 技术与标准的话语权和国际影响力。

06 日本实施数字技术创新战略

日本高度重视数字技术在社会经济领域的应用，自 2013 年开始，每年制定科学技术创新综合战略，从"智能化、系统化、全球化"视角推动科技创新。继 E-Japan、U-Japan、I-Japan 战略计划后，日本提出社会 5.0"超智慧社会计划"，发布《创建最尖端 IT 国家宣言》，2018 年又发布《日本制造业白皮书》《综合创新战略》《集成创新战略》《第 2 期战略性创新推进计划（SIP）》等战略计划，详细阐述了推动数字经济发展的行动方案。

07 俄罗斯实施数字化转型战略

俄罗斯制定实施《2017—2030 年俄联邦信息社会发展战略》，编制《俄联邦数字经济规划》，确定了推动数字经济发展的五大基础方向：法律法规管理、数字经济生态系统建设、数字教育与人才培养、研究能力培育与技术设施建设、信息基础设施建设和信息安全。俄罗斯颁布《俄联邦关键信息基础设施安全法》，完成 50 多项与数字经济发展相关的法律制定与修订，主要包括民法、税法、个人数据法、信息法、通讯法等，建立完善推进数字经济发展的相关法律法规和标准规范。制定确立大数据、网络安全、物联网、智慧生产、智慧城市、人工智能等领域的国家标准。俄罗斯还建立俄联邦数字经济规划实施管理体系，具体负责数字经济规划落实。

第二节 我国发展数字经济上升为国家战略

党的十八大以来，党中央高度重视发展数字经济，制定出台一系列数字经济发展战略和规划，出台一系列数字经济发展政策。党的十八届五中全会提出，实施网络强国战略和国家大数据战略，拓展网络经济空间，促进互联网和经济社会融合发展，支持基于互联网的各类创新。党的十九大提出，推动互联网、大数据、人工智能和实体经济深度融合，建设数字中国、智慧社会。党的十九届五中全会提出，发展数字经济，推进数字产业化和产业数字化，推动数字经济和实体经济深度融合，打造具有国际竞争力的数字产业集群。我国出台《网络强国战略实施纲要》《数字经济发展战略纲要》《数字乡村发展战略纲要》《中国制造2025》《国家信息化发展战略纲要》《"宽带中国"战略及实施方案》《国务院关于积极推进"互联网+"行动的指导意见》等数字经济相关的战略规划和方案文件，制定实施《"十四五"信息化和工业化深度融合发展规划》《"十四五"智能制造发展规划》等，从国家层面部署推动数字经济发展，已形成横向联动、纵向贯通的数字经济战略体系。

01 实施网络强国战略

2015年，党的十八届五中全会通过的"十三五"规划建议，明确提出实施网络强国战略以及与之密切相关的"互联网+"行动计划。2016年，出台的《国家信息化发展战略纲要》，明确网络强国建设的路线图和时间表。建设网络强国分"三步走"：第一步到2020年，核心关键技术部分领域达到国际先进水平，信息产业国际竞争力大幅提升，信息化成为驱动现代化建设的先导力量；第二步到2025年，建成国际领先的移动通信网络，根本改变核心关键技术受制于人的局面，实现技术先进、产业发达、应用领先、网络安全坚不可摧的战略目标，涌现一批具有强大国际竞争力的大型跨国网信企业；第三步到21世纪中叶，信息化全面支撑富强民主文明和谐的社会主义现代化国家建设，网络强国地位日益巩固，在引领全球信息化发展方面有更大作为。

02 实施大数据战略

2015 年，党的十八届五中全会首次提出"实施国家大数据战略"，发布《促进大数据发展行动纲要》；2016 年，"十三五"规划纲要对全面促进大数据发展提出方向性目标和任务，出台《政务信息资源共享管理暂行办法》，制定实施《大数据产业发展规划（2016—2020 年）》；2017 年，党的十九大报告提出"推动互联网、大数据、人工智能和实体经济深度融合"。2021 年，制定实施《"十四五"大数据产业发展规划》，提出"十四五"时期的总体目标，围绕加快培育数据要素市场、发挥大数据特性优势、夯实产业发展基础、构建稳定高效产业链、打造繁荣有序产业生态、筑牢数据安全保障防线六个方面提出重点任务。设置数据治理能力提升、重点标准研制及应用推广、工业大数据价值提升、行业大数据开发利用、企业主体发展能级跃升、数据安全铸盾六个专项行动。提出在原材料、装备制造等四个工业领域率先实施大数据价值提升行动，在通信、金融等十二大行业开展大数据开发利用行动。习近平总书记指出，实施大数据战略的主要任务是：推动大数据技术产业创新发展，构建以数据为关键要素的数字经济，运用大数据提升国家治理现代化水平，运用大数据促进保障和改善民生，切实保障国家数据安全。

03 实施数字经济发展战略

2015 年将大数据上升为国家战略之后，制定实施《数字经济发展战略纲要》《数字乡村发展战略纲要》，出台 10 余项促进数字经济行业发展的规划和政策。2017 年起连续 7 年将数字经济相关内容写入政府工作报告。国务院出台的《"十四五"数字经济发展规划》，从顶层设计上明确了我国数字经济发展的总体思路、发展目标、重点任务和重大举措，是"十四五"时期推动我国数字经济高质量发展的行动纲领。提出要坚持创新引领、融合发展，坚持应用牵引、数据赋能，坚持公平竞争、安全有序，坚持系统推进、协同高效，从科技创新、发展路径、治理体系、体制机制等方面明确"十四五"时期数字经济发展要遵循的基本原则。围绕数字基础设施、数据要素、产业数字化转型、数字产业化、公共服务数字化、数字经济治理体系、数字经济安全体系、数字经济国际合作等方面，提出了"十四五"时期的重点任务和举措。提出的总体目标是：到2025年，数字经济迈向全面扩展期，数字经济核心产业增加值占国内生产总值比重达到10%，数字化创新引领发展能力大幅提升，智能化水平明显增强，数字技术与实体经济融合取得显著成效，数字经济治理体系更加完善，我国数字经济竞争力和影响力稳步提升；到2035年，数字经济迈向繁荣成熟期，力争形成统一公平、竞争有序、成熟完备的数字经济现代市场体系，数字经济发展基础、产业体系发展水平位居世界前列。

第三节 数字经济发展的战略意义

发展数字经济是把握新一轮科技革命和产业变革新机遇的战略选择，是我国经济在第四次工业革命中实现"换道超车"的重大机遇，对构建新发展格局、推动高质量发展、促进共同富裕、全面建设社会主义现代化国家、实现中华民族伟大复兴具有重大战略意义。

01 数字化是构建新发展格局的新支撑

构建新发展格局是与时俱进提升我国经济发展水平、塑造我国经济合作和竞争新优势的战略抉择，是顺应大国发展规律、把握未来发展主动权的战略性布局。构建新发展格局，核心是畅通国民经济循环，战略支撑是科技自立自强，战略基点是扩大内需。数字经济通过数据大流量、技术大创新、数字大平台，加快数据链、产业链、创新链、供应链、价值链的融合贯通，是畅通经济循环、激活发展动能、增强经济韧性、构建新发展格局的重要支撑。

数据要素流动的带动效应，畅通国内外经济循环。数据已经成为重要生产力和关键生产要素，深入生产、分配、交换和消费的各个环节，引领带动劳动力、资本、土地、技术、管理等要素网络化共享、集约化整合、协作化开发和高效化利用，打通资源要素流动堵点。通过数据流、信息流的辐射带动作用，实现技术流、资金流、人才流、物资流的加速融合、高效运转，促进要素配置高效公平，大大提高经济社会各领域资源配置效率。数字技术、数字经济可以推动各类资源要素快捷流动、各类市场主体加速融合，帮助市场主体重构组织模式，实现跨界发展，打破时空限制，延伸产业链条，畅通国内外经济循环。

数字技术创新的融通效应，加快科技自立自强。现代科技创新是组合式、融合型集成集群创新，主要是五大类技术集群：第一，新一代互联网技术群，包括云计算、大数据、物联网、移动互联网、区块链等。第二，新一代信息技术，包括人工智能、虚拟现实、智能传感器等。第三，先进制造技术，包括高性能机器人、3D打印等。第四，生命科学技术，包括基因工程、脑科学等。第五，新材料（以石墨烯为代表）、可再生能源等新技术。互联网、云计算、物联网、移动互联网、人工智能、区块链等数字技术，技术新、应用范围广，具有强融通性、强深透性、强颠覆性特点。通过数字技术创新，可以引领科技创新，提高自主创新能力，加强原始基础创新，打好关键核心技术攻坚战，加快攻克重点领域"卡脖子"技术，加快实现科技自立自强。

数字平台互联的网络效应，促进供需对接匹配。数字产业是典型的网络效应，数字平台在用户数量、信息交换、精准匹配、成本效率上具有直接网络效应、间接网络效应和跨边网络效应的优势。数字生产力快速发展，引领生产主体、生产对象、生产工具和生产方式调整变革，驱动实体经济体系重构、范式迁移，提升供给质量和供给效率，实现高水平供需动态平衡，提升经济发展整体效能。数字经济助力增强经济韧性，推动社会组织方式向平台化、生态化转型，打破产业和组织边界，提升企业间协同水平，增强产业链供应链对外部环境的适应能力。在逆全球化叠加疫情冲击的双重影响下，数字经济呈现逆势增长态势，保障经济社会健康平稳。

02 数字化是推动高质量发展的新引擎

高质量发展贯彻新发展理念，必须坚持创新、协调、绿色、开放、共享相统一。数字经济深刻影响现代社会经济发展，正在重构产业体系、重塑生产方式、创新生产关系、重组经济结构、改变生活方式，具有数据驱动发展、超大规模连接、交易成本降低、网络效益显著等特点，是符合新发展理念要求的增速最快、最具活力的高质量新经济形态。数字经济发展的质量、速度和水平，直接关系到经济的未来走向和格局。

在数字经济时代，社会生产过程中的生产、流通、分配和消费四个环节的数字化变革，推动质量变革、动力变革、效率变革、组织变革，有力引领建设现代化经济体系，推动经济高质量发展。数字生产力为经济高质量发展提供了新动能，数字流通力提升了资本周转与价值实现的效率，数字分配力的普惠效应可以优化收入分配结构，数字消费力将助推产业转型升级，数字经济创新力可以推动新技术、新产业、新业态、新模式发展。

数字经济通过质量变革推动高质量发展。数字经济是最能体现技术创新、产品创新、模式创新、制度创新要求的创新型经济。数字技术、数字经济发展形成新的产业集群，包括大数据、人工智能、云计算、物联网、网络信息安全等系列产业。通过现代信息技术的市场化应用，将数字化的知识和信息转化为生产要素，引发一大批新产品新模式新业态新产业快速兴起。这些新业态将成为经济增长新的动力源。数字经济通过数字产业集群以及横向和纵向产业关联，借助产业协同和反馈效应，提高整个经济体系的创新效率。数字经济已从单纯的数字技术创新、数字产业集群走向数字经济与实体经济深度融合的发展阶段。数字技术通过重组现有要素，在更大范围内匹配供给和需求，推动新业态、新模式的产生，牵引生产和服务体系智能化升级，促进产业链、价值链延伸拓展，带动产业向中高端迈进，增强经济活力，实现高质量发展。随着消费互联网加速向产业互联网延伸，数字经济与实体经济的融合也从消费领域向生产领域扩展，产销融合和产业协同创新成为融合的新趋势。数字经济通过传统产业的数字化、网络化和智能化，推动制造业、农业、零售业和教育、医疗、交通等公共服务产业实现产业融合和转型，促进产业结构升级，提升产品和服务质量，从而提高经济质量和效益。

数字经济通过动力变革推动高质量发展。数字经济具有高创新性、强渗透性、广覆盖性，不仅是新的经济增长点，而且是改造提升传统产业的支点，可以成为构建现代化经济体系的重要引擎。新一代信息技术创新活跃，大数据、物联网、人工智能等数字经济核心产业创新能力强、成长潜力大、综合效益好，推动经济发展动力从主要依靠资源和低成本劳动力等要素投入转向创新驱动。数字技术正在颠覆传统经济运行模式，5G、人工智能、区块链等新技术赋能千行百业，推动农业、能源、建筑、服务业等传统领域数字化发展，引领产业高端化、智能化。新一代信息技术加速与能源、材料、生物、空间技术交叉融合，驱动全领域技术变革、产业变革，引发要素资源重组、经济结构重塑，影响极其深远。数字技术与实体经济融合发展，能够形成叠加效应、聚合效应、倍增效应，激扬发展新动能、新活力。

数字经济通过效率变革推动高质量发展。数字技术在制造业中的应用，催生出全新的智能装备产品和服务，加快制造业产业链、供应链融会贯通，使上游与下游、生产与消费对接更高效，供求更平衡，资源配置更优化，有效提高全要素生产率。据初步统计，工信部遴选的305个智能制造示范项目中，数字化转型使相关企业生产效率平均提升37.6%，能源利用率平均提升16.1%。更好发挥数字技术对经济发展的放大、叠加、倍增作用，利用数字新技术对传统产业进行全方位、全链条的改造，提高全要素生产率。数字政府、智慧城市、数字乡村建设推动公共服务和治理方式变革，推进公共服务网络化、数字化、智能化，提高政府效率，提升治理效能，持续优化营商环境，推动构建统一开放、竞争有序的市场环境。

数字经济通过组织变革推动高质量发展。以数字技术与制造技术深度融合为特征的智能制造模式，正在引发新一轮制造业变革，数字化、虚拟化、智能化技术将贯穿产品的全生命周期，柔性化、网络化、个性化生产将成为制造模式的新趋势，全球化、服务化、平台化将成为产业组织的新方式。推动各类资源要素快捷流动、各类市场主体加速融合，帮助市场主体重构组织模式，实现跨界发展。企业数字化转型，企业日趋智能化，企业管理更趋扁平化，依靠企业内部的大数据信息，可以实现生产各环节的合理分工和网络化协作，建立起更为高效的生产体系和组织体系。数字经济催生了新的产业组织模式，平台企业大量涌现，共享经济井喷式发展。这种平台经济、共享经济，既是一种新业态、新模式，也是一种新的产业组织。

03 数字化是促进共同富裕的新途径

全体人民共同富裕是中国式现代化的本质要求，是中国式现代化的重要特征。我国开始进入扎实推进共同富裕的实质性发展阶段，促进共同富裕面临的主要问题是发展的不平衡不充分问题，突出表现在供求矛盾明显、居民就业和收入状况差距大、城乡区域发展不均衡、公共服务质量亟须改善等方面。数字经济具有强大的技术、资本、数据聚集效应和资源配置功能，具有共享性、普惠性特征，有利于促进共同富裕。数字经济和共同富裕有很强的契合性。

数字经济创新驱动高质量发展做大"蛋糕"。共同富裕首先要"富裕"，要在高质量发展中实现共同富裕。数字经济通过数字技术创新带动产业业态、商业模式创新，推进数字产业化和产业数字化，用极易复制和扩散的数据生产要素连接各个经济活动，显著降低了交易成本，提高了全要素生产率。与传统工业经济规模报酬递减不同，数字经济呈现出规模收益递增的态势。中国信息通信研究院的测算显示，中国数字经济规模由 2005 年的 2.6 万亿元增长到 2021 年的 45.5 万亿元，占 GDP 的比重由 14.2% 提升到 39.8%。数字经济极大地推动了社会财富的创造和经济高质量发展。

数字网络互联互通实现城乡均衡式增长。城乡和地区发展差距是共同富裕的最大痛点，时空限制、资源约束和地方保护等是主要症结。数字经济依托数字平台和无所不在的互联网，以社会资源精准配置为核心，重新构建新型社会化分工合作体系，变传统的固化的商业价值链为发散的竞争的商业价值网，有助于打破存在于城乡和地区发展上的各种束缚，促进均衡发展。比如美团配送平台覆盖全国 2800 个县级以上的城市，涵盖餐饮、生鲜、商超、书店、鲜花等 620 万多品类商户，就是数字经济通过"长尾效应"释放居民的多样化个性需求，推动满足这些需求的小规模柔性生产、分布式生产，促进区域均衡发展，加快城乡一体化发展的最好例证。

数字平台聚合促进就业创业增收致富。充分就业是实现共同富裕的前提和基础。新的数字平台正在重塑社会就业结构，除了新增大量与数字技术研发和应用相关的高技术岗位需求外，数字平台的广覆盖、高聚合功能，还实现了分散生产和个性化需求的快捷对接，带来了大量新业态、新岗位，这些岗位相对来说就业门槛低、需求量大、工作方式灵活，为广大普通劳动者开辟了机动灵活、平等多样的就业创业选择。2020年淘宝直播带动直接和间接就业机会共173.1万个，其中交易型就业机会102.2万个，新型岗位就业机会70.9万个。数字经济在带动就业创业方面具有很大潜力。

数字基础设施普惠共享均等化公共服务。基本公共服务均等化是共同富裕的基础保障，这有赖于数字基础设施的建设。我国这方面发展迅速，工信部数据显示，截至2021年6月我国移动宽带覆盖超过99%的行政村；截至2021年9月我国5G基站数量超过100万个，占全球总数的70%以上。大力推进智慧城市和数字乡村建设，构建城乡数字化公共服务综合服务平台，推进公共服务均等化，提高公共服务质量和水平。

数字经济治理规范优化收入分配。数字经济并不会自发生成共同富裕。数字技术在不加干预的资本逻辑运行中，同样也会出现大平台企业垄断、"数字鸿沟"扩大、马太效应加剧等风险，导致贫富分化和社会撕裂，与共同富裕的内在要求背道而驰。一方面，通过数字经济治理，加强数字经济包容审慎监管，促进数字经济健康有序发展，切实保障从业者、商户和消费者的合法权益。另一方面，通过数字经济治理，消除"数字鸿沟"，拓展数字经济应用场景，提高数字经济的普惠性和共享性，日益弥合不同地区、城乡、行业、群体之间的发展鸿沟，促进共同富裕逐步实现。

04 数字化是加快现代化进程的新动能

回顾我国社会主义现代化建设历程，早在社会主义革命和建设时期，1964年底第一次明确提出努力把我国建设成为一个具有现代农业、现代工业、现代国防和现代科学技术的社会主义强国。之后又提出实现工业现代化、农业现代化、国防现代化、科学技术现代化。1987年党的十三大确立了中国社会主义现代化建设分"三步走"战略。党的十八大提出坚持走中国特色新型工业化、信息化、城镇化、农业现代化道路，推动信息化和工业化深度融合、工业化和城镇化良性互动、城镇化和农业现代化相互协调，促进工业化、信息化、城镇化、农业现代化同步发展。党的二十大报告提出实施科教兴国战略、人才强国战略、创新驱动发展战略、乡村振兴战略、区域协调发展战略，建设制造强国、质量强国、农业强国、网络强国、贸易强国、交通强国、海洋强国、文化强国、教育强国、科技强国、人才强国、体育强国和美丽中国、数字中国、健康中国、平安中国。数字化是现代化的必由之路，也是强国之路。推进数字化与实施国家发展战略、实现强国目标有机结合起来，加快推进信息化、数字化、网络化、智能化，加快全面建设社会主义现代化国家。

数字化驱动网络强国和制造强国建设。建设网络强国和制造强国，既是全面建设社会主义现代化国家的战略目标，又是战略举措。推进建设网络强国，加快关键数字技术创新应用，加快推动数字产业化，推进产业数字化转型，加快建设数字经济、数字社会、数字政府和数字中国，以数字化转型整体驱动生产方式、生活方式和治理方式变革。深入实施制造强国战略，加强产业基础能力建设，深入实施智能制造和绿色制造工程，发展服务型制造模式，推动制造业高端化智能化绿色化，提升产业链供应链现代化水平，推动制造业高质量发展。

数字化推动工业化和城镇化发展。工业化和城镇化是数字化的主战场，数字化是工业化和城镇化的强支撑。数字化转型推动生产方式、产业形态、业务模式和就业方式变革，必然提升工业化和城镇化质量。促进数字化与工业化深度融合，坚持以智能制造为主攻方向，推动工业互联网创新发展，培育融合发展新模式新业态，加快重点行业领域数字化转型，实现数字化与工业化在更广范围、更深程度、更高水平融合发展。以数字化助推城市建设发展和治理模式创新，加快建设智慧城市，推进城市公用设施、建筑等物联网应用和智能化改造，大力发展智慧交通、智慧物流、智慧能源、智慧医疗，促进共享经济、平台经济健康发展。

数字化加快农业农村现代化步伐。数字乡村是伴随网络化、信息化和数字化在农业农村经济社会发展中的应用，以及农民现代信息技能的提高而内生的农业农村现代化发展和转型进程，既是乡村振兴的战略方向，也是建设数字中国的重要内容。把数字乡村作为数字中国建设的重要方面，坚持农业农村优先发展，按照产业兴旺、生态宜居、乡风文明、治理有效、生活富裕的总要求，着力发挥信息技术创新的扩散效应、信息和知识的溢出效应、数字技术释放的普惠效应，着力发挥数字化在推进乡村治理体系和治理能力现代化中的基础支撑作用，加快推进农业农村现代化。加快乡村信息基础设施建设，加快乡村基础设施数字化转型，发展农村数字经济，积极发展乡村新业态，建设智慧绿色乡村，繁荣发展乡村网络文化，加快乡村数字化发展，进一步解放和发展数字化生产力，促进农业全面升级、农村全面进步、农民全面发展。

数字化提升治理现代化水平。数字化必定带来社会治理变革，加快推进国家治理体系与治理能力现代化。运用大数据、云计算、物联网等数字技术,推动数字技术与社会治理深度融合,持续推进数字社会、数字政府建设,构建"城市大脑"、智慧社区、智慧乡村等数字社会治理平台,完善数字化治理体系,优化治理手段和方式,全面提升社会治理的数字化、智能化水平。

05 数字化是拓展国际合作竞争的新赛道

纵观世界经济发展史,每一次科技革命都带来新技术的突破,引发新的产业革命,催生新的经济模式,形成新的竞争格局。近年来,数字经济发展速度之快、辐射范围之广、影响程度之深前所未有,正在成为重组全球要素资源、重塑全球经济结构、改变全球竞争格局的关键力量。数字经济成为新一轮国际竞争合作重点领域。我国拥有推动数字经济发展的坚实基础,拥有超大规模市场优势和完备产业体系优势,产业数字化转型场景丰富,积极参与国际竞争合作,赢得数字经济发展新优势。

坚持以推动数字产业发展赢得产业新优势。党的十八大以来,我国加快推进数字产业化和产业数字化,数字消费、数字产业等快速发展,数字经济规模连续多年位居世界第二。数字消费市场规模全球第一,我国网民规模连续13年位居世界第一,我国连续8年成为全球规模最大的网络零售市场。我国数字技术创新带动数字产业持续迭代、快速增长。近6年来,我国全球创新指数排名从第29位跃升到12位。

坚持以建设数字基础设施赢得基础新优势。数字基建一头连着巨额投资,一头牵着不断升级的应用大市场,成为我国探索经济发展新机遇的重要引擎。加快新型基础设施建设,加大5G、人工智能、大数据中心等新基建投资力度,打造集约高效、经济适用、智能绿色、安全可靠的现代化基础设施体系。我国数字基础设施全球领先,高速宽带网络建设跨越式发展,建成全球最大的光纤网络。工业和信息化部统计显示，截至2022年7月底，我国累计建成开通5G基站196.8万个，5G移动电话用户达到4.75亿户，已建成全球规模最大的5G网络。我国5G商用牌照正式发放3年来，网络建设持续推进，已开通5G基站占全球5G基站总数的60%以上，登录5G网络的用户占全球5G登网用户的70%以上。我国通信技术正在实现从"跟跑""并跑"向"领跑"转变。

坚持以共建"数字丝绸之路"赢得合作新优势。我国深入推进"数字丝绸之路"建设合作，深化与"一带一路"沿线国家和地区数字经济合作，积极参与国际数字治理规则制定，主动参与国际组织数字经济议题谈判，开展双多边数字治理合作，维护和完善多边数字经济治理机制，数字经济国际合作持续深化，取得良好成效。我国联合有关国家发起《全球数据安全倡议》《"一带一路"数字经济国际合作倡议》等，主动申请加入《全面与进步跨太平洋伙伴关系协定》（CPTPP）和《数字经济伙伴关系协定》（DEPA），与世界各国共同构建和平、安全、开放、合作的网络空间，让数字经济红利更好造福世界各国人民。

第三章

数字化新路径
——数字红利

第三章

数字化新路径——数字红利

在数字化进程中，在数字经济高质量发展过程中，在网络强国、数字中国建设征程中，战略目标、战略思路确定了，选准路径很重要，走对了路事半功倍，走慢了路不进则退，走错了路南辕北辙。坚定走数字化改造、数字化转型、数字化改革、数字化升级之路，培育数字化主体、加快数字化创新、推进数字化融合、发展数字化平台、强化数字化赋能、促进数字化共享、优化数字化生态，加快数字化进程，做大做强做优数字经济，加快建设网络强国、数字中国。

第一节　培育数字化主体

数字经济主体，包括数字经济治理主体和数字经济市场主体。国家、政府、企业、社会组织都是数字经济治理主体。数字经济市场主体，包括企业和个人、实体和虚体、群体和个体。每个数字经济主体既是数字经济生产者、经营者，又是数字经济服务者、消费者，既是数字经济供给者，又是数字经济需求者，都是财富创造者、创新推动者、市场开拓者、资源整合者。发展数字经济，关键在培育数字经济市场主体，充分激发市场主体活力。

01 促进数字企业规范化做大做强

伴随数字技术的创新应用、数字经济的快速发展，一批以互联网企业为代表的数字企业快速成长，成为数字经济发展的重要支撑。2019年中国互联网企业100强榜单中，阿里巴巴、腾讯、百度、京东、蚂蚁金服、网易、美团、字节跳动、360、新浪分别位列榜单前10名。上市互联网企业数量达到178家，10家企业进入全球前30。新兴企业快速涌现，在云计算、大数据、人工智能等领域，新企业成立数量全球领先，成长起来上百家独角兽企业。互联网百强企业中应用大数据企业有29家，云计算28家，人工智能相关企业24家。互联网百强企业及下属企业涌现出蚂蚁金服、字节跳动、京东数科、满帮集团、优刻得、找钢网等25家头部企业。从全球公司市值排名情况看，2018年全球互联网公司市值前30家中我国互联网百强企业占10家。腾讯集团和阿里巴巴稳居全球互联网公司市值前10。互联网百强企业互联网业务收入高达2.75万亿元，占我国数字经济的8.8%，对数字经济的贡献率达14%，带动数字经济增长近2个百分点。

数字企业是培育壮大数字经济的关键载体。要加快互联网由消费领域向生产领域延伸，培育更多具有创新引领能力的互联网企业、数字企业，打造实力雄厚的现代数字经济产业体系，支撑实体经济高质量发展。鼓励数字经济龙头企业通过技术创新、技术改造、兼并重组等方式做大做强，加速成长为具备生态构建能力的平台企业、链主企业。实施数字企业上市培育行动，鼓励优质数字企业多渠道挂牌上市。大力培育数字科技型中小企业、数字"小巨人"企业和数字高新技术企业，鼓励数字企业做精主业、做大市场，成为行业单项冠军、瞪羚企业、独角兽企业，培育大中小数字企业融通发展生态。

02 推动企业数字化转型升级

数字化转型是时代变革和大势所趋，企业是数字化转型的重要实施主体。企业数字化转型是一次适应数字化运行方式的要素资源整合和优化配置行动。目前我国企业的数字化转型整体尚处于起步阶段。《2019中国企业数字化转型及数据应用调研报告》显示，超过90%的企业内部存在数据孤岛，约80%的企业不认可自身数据挖掘能力。有机构做过测算，现阶段我国企业数字化转型比例约25%，低于欧洲的46%和美国的54%，有很大增长空间。

国有企业作为中国经济社会发展的顶梁柱，肩负着推动经济发展和增强社会价值的重要责任，必须发挥带头作用，成为数字化改革创新的主力军和先行者。加快推进国有企业数字化转型，有利于全面增强国有企业竞争力、创新力、控制力、影响力、抗风险能力，是做强做优做大国有企业，更好地发挥国企在国民经济中主导作用的必然举措。2020年8月，国务院国资委印发《关于加快推进国有企业数字化转型工作的通知》，吹响了国有企业数字化转型的冲锋号，明确将数字化转型作为改造提升传统动能、培育发展新动能的重要手段，对国有企业数字化转型作出全面部署，促进国有企业向数字化、网络化、智能化方向发展，打造国有企业高质量发展"新引擎"。一批国有企业和央企正在对标建设世界一流企业，探索数字化条件下企业管理、企业组织、产业链合作、客户服务等新方式和新模式，强化业务重塑和业态创新，以数字技术、数字平台、数字服务、数字资源等推动产业链、创新链、供应链、价值链等资源整合，打造协同发展产业生态，提高供需对接、资源共享、业务融合、价值配置等能力，打造数字产业生态圈。

我国中小企业数字化转型正处在凤凰涅槃、浴火重生的关键阶段。

研究显示，约40%的中小企业数字化处于起始阶段，约50%处于实施阶段，不足10%进入深化阶段。广大中小企业迫切希望通过数字化转型提升生产效率和提高产品质量，但普遍面临人才不足、基础薄弱、经费短缺等难题。中小企业面临"转型是找死、不转是等死"进退两难的困境，很多中小企业存在无基础可转、无钱可投、无人可用的困难，对数字化转型往往持观望态度，陷入"不敢转""不能转""不会转"的窘境。应该聚焦企业数字化转型的难点和痛点，针对不同类型企业采取不同鼓励支持政策，推动企业共建产业发展生态，拓展企业产品和服务的价值增量空间，提高企业效益效率，形成持续推动企业高质量发展的原动力。数字企业作为数字经济推动者、受益者、示范者，应发挥其在通信技术、网络技术、互联网技术等方面的优势，帮助传统企业完善数字化转型方案，加快传统企业数字化转型进度。

03 支持新个体经济创新性发展

国家发改委等13个部门联合发布《关于支持新业态新模式健康发展激活消费市场带动扩大就业的意见》，首次提到"鼓励发展新个体经济，开辟消费和就业新空间"。新个体经济是互联网时代的产物。与传统意义上的个体经济不同，新个体经济是"互联网＋个体经济"的创新组合。新个体经济的首要特征是"互联网＋"，其首先具备数字经济的特征。数字化技术的使用是新个体经济的基本属性。随着互联网、数字技术的迅速发展，涌现了微商电商、网络直播、在线知识服务、"宅经济"、视频UP主、网络代购、自媒体等新型个体经济模式。新个体经济不仅具备传统个体经济的优势，还具备交易成本低、运营效率高、辐射市场大、平台资源丰富、经营模式新颖、时间空间灵活等独特优势，因此极大丰富了个体经济的内涵，能更充分发挥个体的创新能力，为市场提供更为丰富多元的产品和服务，在稳就业、刺激消费、提升国家创新能力和经济活力等方面发挥了独特的作用。

互联网经济快速发展为新个体经济提供了更大舞台，也极大地丰富了个体经济的内涵和外延。相关报告显示，2017年我国微商从业人员规模约2018.8万人，微商行业市场总体规模达到6835.8亿元。具有新个体经济特点的微商已成为我国互联网经济重要组成部分。再如，网络直播从业人员数量、市场规模正在快速壮大。2019年直播电商行业总规模已达4338亿元，2020年突破9000亿元。鼓励发展新个体经济，开辟消费和就业新空间，一是积极培育新个体，支持自主就业，包括支持微商电商、网络直播、知识服务等，即"新创业就业"；二是大力发展微经济，鼓励"副业创新"，包括通过数字技术、"宅经济"、线上直播等方式兼职就业、副业创业，即"新兼职副业"。应当实施政策"组合拳"，促进新个体经济健康发展。加大对新个体经济的扶持力度，进一步降低新个体经济的进入门槛、创业成本、运营成本；加快完善法规制度体系，营造支持新个体经济发展的社会氛围，切实保障各类主体的权利；科学制定行业的监管制度，保护消费者的合法权利；弘扬企业家精神，营造大众创业万众创新的良好氛围；还要引导新个体经济从业者拓展国际视野，把握对外开放的机遇，在全球舞台上实现更大的成就。

第二节　加快数字化创新

数字经济成为经济发展中创新最活跃、增长速度最快、影响最广泛的产业领域。数字经济靠创新走到今天，也必将靠创新走向未来。数字化发展的本质是创新。多种数字技术、多种数字要素、多种数字产业创新组合、创新整合、创新融合，产生聚变效应。要顺应新趋势，大力推动数字技术创新、数字产业创新、数字应用创新、数字服务创新，抢占数字经济发展制高点。

01 聚焦原创前沿高端，加快数字关键技术创新

数字经济领域是当前科技创新最为活跃的领域之一。关键核心技术要不来、讨不来、买不来。尽管我国数字经济规模很大，大型公司很多，但是关键技术基础较薄弱，芯片、精密传感器、集成电路、操作系统、工业软件、数据库、开源平台等核心技术和核心元器件对国外依赖严重。这是隐患所在。要掌握数字经济发展主动权，保障网络安全、国家安全，要在一些领域、一些方面实现"变道超车"，就必须打好关键核心技术攻坚战，突破核心技术难题。只有夯实技术基础、掌握核心技术，才能把控好数字经济的"命门"。

坚持面向世界科技前沿、面向经济主战场、面向国家重大需求、面向人民生命健康，瞄准传感器、量子信息、网络通信、集成电路、关键软件、大数据、人工智能、区块链、新材料等战略性前瞻性高端领域，发挥我国社会主义制度优势、新型举国体制优势、超大规模市场优势、海量数据优势、丰富应用场景优势，加强原创性、引领性科技攻关，提高数字技术基础研发能力，科学构建数字技术开源创新体系，勇闯技术"无人区"，突破颠覆性技术创新，着力攻克一批"卡脖子"的关键核心技术。以数字技术与各领域融合应用为导向，推动行业企业、平台企业和数字技术服务企业跨界创新，优化创新成果快速转化机制，加快创新技术的工程化、产业化。鼓励发展新型研发机构、企业创新联合体等新型创新主体，打造多元化参与、网络化协同、市场化运作的创新生态体系。支持具有自主核心技术的开源社区、开源平台、开源项目发展，推动创新资源共建共享，促进创新模式开放化演进。

02 聚焦生产生活生态，加快数字业态模式创新

数字技术正以新理念、新业态、新模式全面融入人类经济、政治、文化、社会、生态文明建设各领域和全过程，给人类生产生活带来广泛而深刻的影响。数字技术是典型的通用目的技术，在国民经济各行业广泛应用，赋能千行百业、普惠千家万户。近年来，涌现15种新业态新模式：在线教育、互联网医疗、线上办公、数字化治理、产业平台化发展、传统企业数字化转型、"虚拟"产业园和产业集群、"无人经济"、培育新个体经济支持自主就业、发展微经济鼓励"副业创新"、探索多点执业、共享生活、共享生产、生产资料共享及数据要素流通。

数字基础设施不断完善，物联网、人工智能等新一代数字技术不断成熟，数字技术加速与国民经济各行业深度融合。通过创新，深刻改变企业的要素组合、组织结构、生产方式、业务流程、商业模式、客户关系、产品形态等，形成化学反应，催生大量新产业新业态新模式，持续培育经济新优势、新动能、新活力，让数字经济的火车头释放出更大牵引力。要围绕高质量发展、高效能治理、高品质生活，加快培育新业态新模式，推动平台经济健康发展，引导支持平台企业加强数据、产品、内容等资源整合共享，扩大协同办公、互联网医疗等在线服务覆盖面。深化共享经济在生活服务领域的应用，拓展创新、生产、供应链等资源共享新空间。发展基于数字技术的智能经济，加快优化智能化产品和服务运营，培育智慧销售、无人配送、智能制造、反向定制等新增长点。完善多元价值传递和贡献分配体系，有序引导多样化社交、短视频、知识分享等新型就业创业平台发展。

03 聚焦发展治理安全，加快数字经济制度创新

数字经济快速发展，制度创新往往跟不上技术创新，法制往往跟

不上法治，治理跟不上发展，发展必须以安全为保障，相关法律法规制度供给的前瞻性、实用性、有效性相对不足。在数字经济发展过程中，发展制度、治理体系、安全保障方面有很多亟须完善的地方，相关法律法规体系有待完善；数据共享和价值释放机制有待完善；全方位、多层次、立体化的数字经济监管体系还不完善；数字经济的多元共治机制不完善；数字经济的国际参与和合作机制不完善。数字经济治理手段滞后于发展步伐，多元协同治理体系尚不健全。

围绕数字经济高质量发展、高效能治理、高水平安全，加快数字经济制度创新，制定和完善数字经济相关的法律法规制度和政策。加快构建数据要素市场规则，促进数据要素市场流通。探索建立多样化的数据开发利用机制，鼓励市场力量挖掘商业数据价值，推动数据价值产品化、服务化，大力发展专业化、个性化数据服务。健全完善数字经济治理体系，探索建立与数字经济持续健康发展相适应的治理方式，制定更加灵活有效的政策措施，创新协同治理模式。建立完善政府、平台、企业、行业组织和社会公众多元参与、有效协同的数字经济治理新格局。建立健全数字安全保障体系，进一步研究制定数据资源收集、共享开放、数据开发、数据流通相关标准和安全准则，建立跨部门数据采集、共享校验标准和机制。加快制定出台配套政策，强化重要数据安全和个人信息保护。

第三节 深化数字化融合

数字经济是典型的融合型经济，融合发展是大趋势、大方向。各种互联网+、大数据+、人工智能+和+数字、+互联网等数字经济新业态、新模式，这个+就是融合。数字技术、数据要素、数字产业的跨界融合产生化学反应，重构生产方式和组织模式，重构产业体系和经济体系，优化生产关系和资源配置，加快形成数字经济发展新优势。

01 数字技术与实体经济深度融合

实体经济是一国经济的立身之本，是财富创造的根本源泉，是国家强盛的重要支柱。实体经济是建设现代化经济体系的重要战略支撑。发达的实体经济是社会长治久安的可靠保证。

数字技术为实体经济提供新的科学技术知识和生产组织形式，实体经济为数字经济提供应用市场和大数据来源。数字技术与实体经济深度融合，不仅要发挥数字技术强大的替代效应，也要发挥广泛的渗透效应；数字技术不仅要在生活性服务业，而且要在生产性服务业和制造业发挥催化作用。数字技术与实体经济深度融合发展，应以满足需求作为出发点，以降低成本作为主要抓手，以创新发展作为驱动力，以高质量发展作为目标，以数字人才培养作为支撑，以数字基础设施、数据要素、数字治理和数字安全为保障。充分发挥海量数据和丰富应用场景优势，促进数字技术与实体经济深度融合，催生新产业新业态新模式，不断激发数字经济发展潜能。推动数字技术与制造业深度融合，加速工业互联网在制造业行业的创新应用，增强平台化设计、数字化管理、智能化制造、个性化定制、网络化协同、服务化延伸能力，推动制造业由生产型向生产服务型转变，促进制造业数字化、网络化、智能化发展。推动数字技术与农业深度融合，健全农业基础数据资源采集体系，加快实施一批农业创新示范项目，大力发展智慧农业，促进农业组织化、标准化、集约化、规模化生产经营。推动数字技术与服务业深度融合，促进生产性服务业提高专业化水平和向价值链高端提升，促进生活性服务业品质优化、供给多元化，积极培育信息消费、数字消费、智能消费等新消费增长点。

02 数字产业与传统产业深度融合

数字经济大体分为数字产业化和产业数字化两部分。数字产业化是数据要素的产业化、商业化和市场化，数字技术创新和数字产品生产，主要包括电子信息制造业、信息通信业、互联网行业和软件行业的增加值。产业数字化是指利用现代数字信息技术、先进互联网和人工智能技术对传统产业进行全方位、全角度、全链条改造，主要是数字技术与其他产业融合应用，也就是国民经济其他非数字产业部门使用数字技术和数字产品带来的产出增加值和效率提升。我国产业数字化部分创造的增加值占数字经济增加值的80%左右。

数字产业化和产业数字化，是数字经济的一体两翼，相辅相成、不可分割。数字产业化为产业数字化发展提供数字技术、产品、服务、基础设施、相应解决方案，引领推动各行各业快速发展和数字化转型升级。产业数字化转型，又会产生关于各行各业生产经营销售等的海量数据，为数字产业化提供源源不断的源头活水和数据资源，推动数字产业不断做强做大，催生出数字产品制造业、数字产品服务业、数字技术应用业、数字要素驱动业、数字化效率提升业等数据产业。数字产业化和产业数字化是相互促进、协同发展的双螺旋上升过程。推动传统产业数字化转型，可以打破传统产业的生产周期和生产方式，提升企业产出效率，推动企业生产规模扩大；又能够有效利用数字技术提高产品和服务质量，创造新的产品和服务。对传统生产要素的数字化改造、整合、提升，优化配置生产要素，变革传统生产方式，实现生产力水平跨越式提升。发展数字经济，重点是加快推进数字产业化、推进产业数字化，打造具有国际竞争力的数字产业集群。

03 先进制造业与现代服务业深度融合

现代产业跨界融合越来越明显，制造业生产流通过程日益出现服务化元素，借助于产业链的纵向拓展和横向延伸，服务业也与制造业深度融合。我国为推动制造业和服务业融合发展，2017年，国家发改委印发《服务业创新发展大纲（2017—2025年）》，明确提出要推动服务向制造拓展，搭建服务制造融合平台，强化服务业对先进制造业的全产业链支撑。2019年，《关于推动先进制造业和现代服务业深度融合发展的实施意见》提出培育融合发展新业态新模式，探索重点行业重点领域融合发展新路径。2020年，十五部门《关于进一步促进服务型制造发展的指导意见》再次明确，要积极利用工业互联网等新一代信息技术赋能新制造、催生新服务，推动先进制造业和现代服务业深度融合。我国已探索出以工业互联网为依托的智能制造等服务业向制造业延伸的多形态融合模式，助力制造业由生产型向生产服务型转变，促进制造业向高端、智能、绿色、服务方向发展。

与发达国家相比，我国两业融合程度明显偏低，导致我国制造业企业利润构成中服务增加值所占的比例相对较低。德勤公司《基于全球服务业和零件管理调研》显示，80家全球领先制造业公司服务收入占总销售收入的平均值为26%，服务净利润贡献率平均值则达到46%。据德勤与中国机械工业联合会联合发布《2014中国装备制造业服务创新调查》报告显示，我国198家装备制造企业中，78%的企业服务收入占总营业收入比重不足10%，只有6%的企业服务收入占总营业收入比重超过20%。先进制造业和现代服务业融合是顺应新一轮科技革命和产业变革，增强制造业核心竞争力、培育现代产业体系、实现高质量发展的重要途径。通过数字化转型，利用数字技术对传统产业链和供应链进行智能化改造，催生智能制造、柔性生产和产品全生产周期管理等多种全新的组织方式，推动制造业和服务业融合发展，从而促进实体经济高质量发展。

04 数据要素与其他要素深度融合

2020年，《中共中央国务院关于构建更加完善的要素市场化配置体制机制的意见》发布，首次将数据与土地、劳动力、资本、技术等传统要素并列为生产要素。生产要素的形态随着经济发展不断变迁。随着信息经济发展，以大数据为代表的信息资源向生产要素的形态演进。数据已和其他要素一起融入经济价值创造过程，对生产力发展有广泛影响。数据要素不仅是基础性战略资源，是发展数字经济大国的基本要素储备，而且是其他要素的融合剂。数据要素同其他要素的融合加速社会经济价值创造，让数据多"跑路"，使经济要素体系出现增值和裂变。

数据是数字经济发展的关键生产要素，是数字经济发展的主要驱动。我国数据资源丰富，数据融合应用市场广阔。数据要素与传统产业广泛深度融合，数据要素的融合应用正在从电信业、金融业，扩展到健康医疗、工业、交通物流、能源、教育文化等行业。以数据为载体的5G、大数据、云计算、人工智能、区块链等新一代信息技术产业方兴未艾，数据的智能化在催生经济新业态的同时也在为传统经济"赋值""赋智"。在生产、分配、交换和消费环节，数据要素往往和技术、劳动等其他要素融合在一起，发挥强大的支撑效应，特别是和技术要素融合，可以提升全要素生产率。与其他生产要素不断组合迭代和交叉融合。如数据要素与劳动力、资本、技术等传统要素深度融合，催生出智能机器人等"新劳动力"、金融科技等"新资本"、人工智能等"新技术"。需准确把握并提升数据融合能力，以数据"新要素"融合传统各项要素，培育发展数据要素市场，提升数据要素市场的有序开放和高效流动，释放出巨大价值和潜能，形成数据驱动创新发展的新模式，使大数据流动成为推动经济社会高质量发展的新动能。

第四节　发展数字化平台

互联网平台经济是生产力新的组织方式，是新的商业模式，也是新的经济形态。享有"力学之父"的古希腊数学家、物理学家阿基米德的杠杆原理：给我一个支点，我可以撬起地球。数字经济时代的平台原理：给我一个平台，我可以联通世界。一个平台，就是一个用户群，就是一张市场网，就是一个产业链，就是一个生态圈，就是一个共同体。在这个平台里，线上与线下融合，软件与硬件融通，实体与虚拟共融，国内与国际相通。平台成为数据要素聚合的主要渠道，成为数字经济形态的重要载体。平台具有创新引领、资源整合、市场开拓、就业保障、公共治理等多种功能。

全球市值最高的10家上市公司中有7家是平台型企业，全球品牌价值最高的10家企业中也有7家是平台型企业，世界500强企业排名前十位的有5家是平台型企业。据英国调研机构Kantanr的数据，2021年，在世界100个最有价值的品牌排行榜中排名第一位的美国亚马逊公司，品牌价值高达6840亿，品牌价值成长率为64%。2020年以来，亚马逊75%的新卖家来自中国。在2019年全球最大的500个APP平台中，中美两国企业占90%以上，其中腾讯排名第五，阿里巴巴排名第七。

近年来，我国平台经济快速发展，在经济社会发展全局中的地位和作用日益突出。随着经济发展进入数字化、智能化、共享化为特征的数字时代，平台经济成为经济发展新动能的重要引擎。国家《"十四五"数字经济发展规划》把发展平台经济列为数字经济发展重点任务。国务院办公厅《关于促进平台经济规范健康发展的指导意见》、国家发展改革委等九部门《关于推动平台经济规范健康持续发展的若干意见》都提出促进平台经济规范健康持续发展。我国平台经济发展正处在关键时期。坚持发展和规范并重，遵循市场规律，适应平台经济发展规律，着眼长远、兼顾当前，补齐短板、强化弱项，推动平台经济智能化、法治化、全球化发展。

01 推动互联网平台智能化发展

平台经济是以互联网平台为主要载体，以数据为关键生产要素，以新一代信息技术为核心驱动力，以网络信息基础设施为重要支撑的新型经济形态。中国信息通信研究院政策与经济研究所发布的《平台经济与竞争政策观察（2020）》显示，截至2019年底，中国价值超10亿美元的互联网平台企业达193家，比2015年新增126家。从价值规模看，2015—2019年，中国互联网平台总价值由7957亿美元增长到2.35万亿美元，年均复合增长率达31.1%。依据平台的连接对象和主要功能，平台可分为网络销售类、生活服务类、社交娱乐类、信息资讯类、金融服务类、计算应用类等6大类。综合考虑用户规模、业务种类以及限制能力，互联网平台可分为超级平台、大型平台、中小平台3个级别。互联网普及和移动互联网全面覆盖，在搜索引擎、智能终端、社交网络、电商物流、数字支付、文创娱乐、共享经济、线上线下融合型消费等领域，形成了平台经济优势。平台经济不能满足于网络购物、共享单车这样的初级平台形态。互联网平台正从人口红利期转向智能主导期，从消费型平台向生产型平台转变。

智能技术已成为推动发展的新动力，技术要素、产业形态、商业模式正在融入渗透到经济社会各领域，数字经济进入智能化发展阶段。智能化是平台经济发展的必然趋势。把互联网+转到智能+上，推动智能技术与实体经济深度融合，打造协同发展的智能经济模式，形成智能＋制造、智能＋教育、智能＋医疗、智能＋交通等新兴平台。大力发展智能制造、智慧城市、智能交通、智慧能源、智慧农业、智慧教育、智慧医疗、智慧文旅、智慧社区、智慧家居、智慧政务等，不断催生出智能新技术、智能新产品、智能新服务、智能新模式，推动互联网平台向智能化、高端化发展。

引导平台经济向开放、创新、赋能方向发展。在开放上，重点引导降低平台经济参与者经营成本，推动构建有序开放的平台生态，促进平台经济参与各方平等互利、合作共赢。在创新上，重点引导平台企业在科技创新上增加投入，进一步提高国际竞争力，在模式创新上聚焦发挥数据要素价值、服务中小微企业。在赋能上，重点引导平台企业在赋能制造业转型升级、推动农业数字化转型、促进扩大内需等方面创造更大价值。

02 支持企业平台化发展

平台化是数字经济的重要特征，也是企业发展的重要方向。平台企业通过数据、算力、算法有效组合要素资源，促进供需精准对接，能够有力推动形成需求牵引供给、供给创造需求的更高水平动态平衡。平台企业更好发展，能够通过构建数字化的产业链、供应链和创新链，形成数字产业生态，对于提高国内大循环质量和畅通国内国际双循环发挥着重要作用。平台企业是构建产业生态圈的重要载体，是构建创新生态的重要引领者，是创造普惠贸易的重要支撑，是就业机会和公共产品服务的重要提供者。腾讯、阿里巴巴、百度、新浪、网易、美团、字节跳动、拼多多、快手等一批互联网企业都是平台企业，海尔、三一等一批实体企业向平台化发展。工业领域有一定影响力的互联网平台超过80个，连接了40万家企业，连接工业设备已达6000万台，工业应用程序超过25万个。海尔集团实施平台化发展战略，海尔平台上已经吸引1万多家生态方联合共创。海尔打造的卡奥斯工业互联网平台，已经链接企业近80万家、服务企业7万余家，赋能中小企业，助力实现个性化定制、平台化设计、网络化协同、智能化制造、服务化延伸和数字化管理，通过全链路、全流程创新推动更高质量发展。

企业间的竞争不再是产品的竞争，而是平台的竞争。未来企业发展两条路，平台化或被平台化。企业平台化发展两种模式，平台赋能实体，实体向平台化发展。龙头企业牵头做大做强各行业子平台，初创企业、中小企业上平台用平台。支持企业平台化发展，既要支持平台企业发展，又要支持企业平台化，还要支持企业上平台用平台。探索推动平台企业与产业集群合作，支持有条件的大型企业打造一体化数字平台，加快全价值链业务协同。鼓励和支持互联网平台、行业龙头企业等开放数字化资源和能力，推动传统企业和中小企业数字化转型；鼓励平台企业加强与行业龙头企业合作，推进供应链数字化、智能化升级。鼓励平台企业发挥创新引领的关键作用，推动"互联网+"向更大范围、更深层次、更高效率方向发展。支持平台企业依托市场、数据优势，赋能生产制造环节，发展个性化定制等新型制造模式。引导平台企业参与工业互联网创新发展工程，推动构建多层次、系统化的工业互联网平台体系。深入实施普惠性"上云用数赋智"行动，推动企业上云、上平台。鼓励平台企业创新发展智慧农业，推动种植业、畜牧业、渔业等领域数字化。鼓励平台企业拓展"互联网+"消费场景，提供高质量产品和服务。

03 支持平台企业国际化发展

随着互联网技术的飞速发展，平台经济迅猛发展。我国平台经济已居于世界领先地位，平台经济数量和规模位居世界第二，但与排在第一位的美国相比，价值规模和研发投入等方面相差较大。从平台企业总量看，美国和中国分别以 35 家和 30 家的数量绝对引领；从新增部分看，2019 年美国新增了 8 家价值超百亿美元的平台企业，中国新增了 6 家，都处于全球引领的水平，是全球平台经济发展和成长最为活跃的地区。从价值规模看，美国则是中国的 3.3 倍，具有较大的领先优势，相比 2018 年差距有所扩大。2019 年，美国数字平台总价值达 6.65 万亿美元，占据全球总量的 74.1%；相比，中国数字平台总价值为 2.02 万亿美元，仅占全球的 22.5%。中美数字平台企业创新能力、全球化竞争力等方面差异明显。从研发投入看，我国互联网平台企业研发投入逐年增加，与美国平台企业研发投入之间存在显著差距且不断扩大。2012 年中美主要平台企业的研发投入差距为 714 亿元，2015 年为 1602 亿元，2019 年为 4314 亿元。2012 年中国四家互联网平台企业的研发投入相当于美国四家企业的 13.2%，2019 年为 19.8%。这说明我国互联网平台企业的研发投入有待进一步加强。

一直以来，得益于国内庞大的消费市场，我国平台企业成长快速，但也由于过度依赖国内市场，平台企业仍存在"重模式创新、轻技术创新""重国内市场、轻海外市场"等问题。当前我国人口总量增速放缓、人口红利减弱，互联网普及率趋于饱和、互联网渗透率见顶趋势日益显著，平台经济增速趋缓。我国平台经济进入存量竞争阶段，寻找新的用户增长来源成为平台企业重要的发展方向。平台经济作为引领全球经济发展的新型经济形态，以数据为关键生产要素、以新一代信息技术为核心驱动力，催生网络直播、跨境电商等新业态新模式，打破时空限制，促进数字化供应链和数字贸易的发展，推动经济运行跨越地域，进一步调动国际国内两个市场两种资源，以国际循环提升国内大循环效率和水平，推动构建国内国际双循环的新发展格局。平台企业全球化发展，在多元化国际市场中提升国际竞争力，在构建新发展格局中发挥更大作用。

推动平台企业全球化发展，重点支持平台企业推动数字化产品与服务"走出去"，增强国际化发展能力，提升国际竞争力。支持平台领军企业和行业协会发起成立数字经济国际标准组织和产业组织，探索在跨境电商、电子支付等优势领域，率先形成国际通用规则的"中国方案"。着力培育一批具有国际竞争力的平台领军企业，支持平台企业通过建设境外数字产业园区和海外仓等方式，培育上下游协同创新、大中小平台企业融通发展的数字经济产业集群。鼓励平台领军企业牵头组建创新联合体，支持与国际领先企业联合研发共性关键技术，提升技术创新能力。支持有实力的平台企业通过并购、合资、参股等多种方式在海外设立数字化转型促进中心，参与本地传统产业数字化转型项目，提高本土化经营能力。着力优化平台企业的海外发展布局，引导和鼓励平台企业优先布局东盟和日韩市场，重点培育跨境电商、数字内容、移动支付等国际区域性产业链和生态圈，做大亚太平台经济"朋友圈"。鼓励平台企业参与"数字丝绸之路"建设，大力推进平台企业以"丝路电商"方式构建"一带一路"平台经济国际市场。着力强化平台企业全球化发展支撑保障，提升企业应对合规风险能力。

04 促进平台经济法治化发展

推动平台经济规范健康持续发展，既要充分发挥政府在治理监管方面的作用，又要遵循市场规律；既要帮助平台企业矫正不健康、不可持续的行为，又要从构筑国家竞争新优势的战略高度出发，支持平台企业提升国际竞争力。

强化反垄断，防止资本无序扩张。垄断是市场经济的大敌。平台经济发展，离不开公平竞争的法治环境。没有公平竞争的良好生态，平台经济就会失去创新发展的强大活力。平台经济发展突出的是垄断问题，具体表现为：平台经济领域经营者与其他经营者达成、实施垄断协议；具有市场支配地位的经营者滥用市场支配地位；经营者实施具有或者可能具有排除、限制竞争效果的集中；行政机关和法律、法规授权的具有管理公共事务职能的组织滥用行政权力排除、限制竞争等。平台企业滥用市场支配地位的垄断行为，排除、限制了相关市场竞争，侵害了平台内商家的合法权益，阻碍了平台经济创新发展和生产要素自由流动，损害了消费者权益。平台经济市场主体的垄断行为会危害市场经济健康发展，抑制创新，导致消费者福利减少和国民经济受损。平台经济反垄断，目的是通过建立起平台经济治理体系，维护平台经济领域的公平有序竞争，促进平台经济健康发展。平台经济反垄断，反的不是平台企业在市场中的优势地位，而是一些平台扰乱市场秩序的垄断行为。

强化监管执法，健全平台经济治理体系。加快建立全方位、多层次、立体化监管体系，实现事前事中事后全链条全领域监管，加大监管执法力度，加强平台经济、科技创新、信息安全、民生保障等重点领域执法司法。完善竞争监管执法，依法查处平台经济领域垄断和不正当竞争等行为。严格依法查处平台经济领域垄断协议、滥用市场支配地位和违法实施经营者集中行为。依法查处虚开发票、逃税等涉税违法行为。强化对平台押金、预付费、保证金等费用的管理和监督。改进提高监管技术和手段，强化数字化监管支撑，建立违法线索线上发现、流转、调查处理等非接触式监管机制，提升监测预警、线上执法、信息公示等监管能力。发挥行业协会作用，引导互联网企业间加强对严重违法失信名单等相关信用评价互通、互联、互认，推动平台企业对网络经营者违法行为实施联防联控。

第五节 推进数字化共享

共享经济依托数字技术、数字平台、数据驱动，以"无时不在、无处不有"的泛在连接，以"各取所需、各得其所"的供需对接，实行开放共享、平台共享、普惠共享、存量共享，通过共生共融实现共享共赢。共享经济成为发展势头强劲、发展空间巨大、发展前景广阔的数字经济新模式。

01 共享理念引领共享经济发展

共享成为新发展理念。2015年，党的十八届五中全会提出创新、协调、绿色、开放、共享的发展理念。共享成为五大新发展理念之一。共享发展注重解决社会公平正义问题，促进经济社会发展的物质文明成果和精神文明成果由全体人民共同享有。共享是全民共享，共享发展是人人享有、各得其所，不是少数人共享、一部分人共享。共享是全面共享，共享国家经济、政治、文化、社会、生态各方面建设成果，全面保障人民在各方面的合法权益，促进人的全面发展。共享是共建共享，发挥人民首创精神，全体人民既是成果享受主体，也是价值创造主体，全体人民在共建中各尽其能，在共享中各得其所。共享是渐进共享，立足经济社会发展水平，通过循序渐进的共享政策和制度安排，逐步实现全体人民共同富裕。

共享经济成为数字经济新模式。共享经济是指拥有闲置资源的机构或个人有偿让渡资源使用权给他人，让渡者获取回报，分享者利用分享自己的闲置资源创造价值。共享经济是一种优化资源配置、高效社会治理的经济模式，是基于互联网等现代数字信息技术支撑，由资源供给方通过技术平台将暂时闲置的资源（或技能服务），有偿提供给资源的需求方使用，需求方获得资源的使用权（或享受服务），而供给方则获得相应报酬的市场化模式。共享经济有五个特点：一是基于互联网、物联网、大数据、云计算、人工智能等技术支撑；二是广泛的数据应用；三是通过共享实现海量、分散、闲置资源的优化配置；四是市场化方式高效提供社会服务；五是具有准公共产品的特点。

共享经济是资源配置新模式。共享经济的本质是通过对闲置的碎片资源进行整合再利用，提高资源配置效率和利用效率，增加资源要素回报进而惠及要素所有者。通过再利用闲置资源、整合闲置资源、共享资源，提高资源配置精准度和资源使用度，提升全社会经济效率。

共享经济是商业服务新模式。共享经济是伴随数字互联技术变革而衍生出的一种创新商业形态。经济社会主体将包括资产、劳动力在内的闲置资源与其他主体进行共享的一系列经济活动，包括共享出行、共享住宿等，作为让渡者的主体获取回报，其他主体通过分享让渡者的闲置资源创造价值。共享经济是一种方兴未艾的商业模式。

共享经济是平台创新新模式。利用工业互联网平台资源，通过向各区域各企业提供开放服务，提高制造业企业数字化转型效率，与人工智能等新兴技术深度融合，促进协同创新发展。这是数字产业和其他产业共享，通过开放资源，引导多元产业共创共享产业间资源融合应用方式，辐射带动关联产业的生产方式变革和商业模式创新，实现了从无到有的协同创新。

共享经济是灵活就业新模式。共享经济发展提供大量就业岗位，催生大量新职业，拓宽就业渠道，增加劳动者收入。网约车司机、外卖骑手、电商主播、在线咨询师、电子竞技员等新工种成为越来越多年轻人的就业选择。就业模式从传统的"公司雇员"向"平台个人"转变，就业市场结构发生变化。自谋职业、短期合同工、非全日制就业等灵活就业在就业形态中占比越来越高。"共享员工"模式使得劳动力资源得以有效流动。共享经济成为就业"蓄水池"。

共享经济是社会合作新模式。共享经济通过多元化主体、多样化内容的共享，把卖者与买者、所有者与使用者、占有者与分享者等组成共享经济共同体，实现资源的社会化再利用，满足市场多元化、个性化需求，优化社会资源配置，提升社会化服务水平。共享经济也是一种社会共建模式和社会共治模式。

共享经济成为新经济增长点。共享经济在经历早期"野蛮生长"之后，正逐渐回归理性和规范，保持快速发展，呈现出巨大的发展韧性和潜力，在保市场主体、促进灵活就业、助力中小企业数字化转型等方面做出了积极贡献。共享经济是数字经济活力的典型代表。我国已成为全球共享经济创新发展的主阵地和示范区。国家信息中心发布的《中国共享经济发展报告（2022）》显示，2021年中国共享经济市场交易规模约36881亿元，同比增长约9.2%；直接融资规模2137亿元，同比增长约80.3%；从共享型服务的发展态势看，2021年在线外卖收入占全国餐饮业收入比重约为21.4%，同比提高4.5个百分点；办公空间、生产能力和知识技能领域共享经济发展较快，交易规模同比分别增长26.2%、14%和13.2%。从居民消费的角度看，2021年在线外卖人均支出在餐饮消费支出中的占比达21.4%，同比提高了4.4个百分点；网约车客运量占出租车总客运量的比重约为31.9%，共享住宿收入占全国住宿业客房收入的比重约为5.9%。

02 数字化共享促进共同富裕

共同富裕，是全民富裕、全面富裕、共建共富、逐步共富。共享经济贯彻新发展理念，符合共享发展的要求，契合共同富裕的社会主义本质要求、价值取向和最终目标。发展共享经济，推动共享发展，是逐步实现共同富裕的重要路径。

共享经济是高质量经济形态。共享经济通过再利用闲置资源提高经济增长效率，通过整合闲置资源提升经济增长质量。产业间通过共享整合产业链上的闲置资源，对产业链各环节中闲置的信息资源进行整合和共享，推动生产方式向灵敏生产、精益生产转型升级。既推进同一产业链不同环节的相互协同，促进产业链与产业链之间、制造产业和服务产业之间的相互赋能。共享经济作为新兴业态，有助于培育经济发展新动能，促进经济社会平衡发展，促进区域城乡协调发展，推动高质量发展，助力共同富裕。

共享经济是创新型发展方式。共享经济是一种技术、制度和组织的组合创新方式，通过共享资源创新生产方式转换经济增长模式。共享经济推动资产权属、组织形态、就业模式和消费方式创新，提高资源利用率；强调所有权与使用权的相对分离，倡导共享利用、集约发展、灵活创新等先进理念；强调供给侧与需求侧弹性匹配，促进消费使用与生产服务深度融合，实现动态及时、精准高效的供需对接。

共享经济是共享型分配方式。共享经济坚持"人人参与、人人共享"，在提供资源中分享资源，在提供服务中分享服务，是一种"人人为我、我为人人"的共享式服务方式、消费方式，是一种"人人共享、人人获益"的普惠型就业方式、收入分配方式。《中国共享经济发展报告（2022）》显示，2020年，中国共享经济参与者人数约为8.3亿人，其中服务提供者约为8400万人，同比增长约7.7%；平台企业员工数约631万人，同比增长约1.3%。共享经济的主要参与者是中等收入群体和低收入群体。共享经济带动低收入群体的劳动性收入增长，增加中等收入群体和低收入群体财产性收入。共享经济还通过创新业态破除乡村闲置资源创收壁垒，促进乡村闲置资源市场化流通，增加农村居民的财产性收入来源。共享经济下互联网公益新业态兴起，催生更多规范优质的公益项目，推动慈善等社会公益事业发展。

03 规范共享经济发展防止垄断

共享经济向更宽领域更深层次渗透融合，作用远未充分释放，增长潜力巨大，发展大有作为。我国《"十四五"数字经济发展规划》把深入发展共享经济列为"数字经济新业态培育工程"的重要内容，共享经济新业态新模式迎来新的发展机遇，呈现出新的发展趋势。共享经济的平台式发展端倪已经显现，未来还将朝生态型发展。共享经济，重在规范发展、安全发展、创新发展。

促进共享经济健康有序发展，离不开制度保障和有效监管。监管规范的根本目的是促进共享经济可持续、高质量发展，更好地发挥共享经济在促进经济转型发展、激发消费市场潜力、促进和稳定社会就业等方面的潜在动能。未来共享经济发展，要把握开放利用、平等使用、充分竞争、自主选择、多元参与、相互制约的本质特点，进一步增强开放性、包容性、自主性、选择性。规范监管重点是建立全链条全领域监管体系，强化监管执法，构建多方参与的数字经济治理体系，进一步落实共享经济平台企业的主体责任，尤其是在数据安全治理和隐私保护、商品质量保障、食品安全保障、劳动保护等方面责任。

防范共享经济领域安全风险。共享经济最大的风险在于数据信息安全风险，个人数据安全事关国家安全。平台企业存在数据过度收集甚至是非法收集、数据滥用、数据泄露等多种潜在风险，在拓展国际市场过程中面临更大的不确定性和更高的合规成本等。随着共享经济的发展，共享平台上积累了庞大的用户规模，也汇聚了大量的个人数据，既包含用户的身份证、手机号码、银行卡账号、住址等个人隐私信息，也包含大量的动态交易数据。个人信息、个人数据的保护成为社会各界关注的焦点，亟须提高数据安全管理的法治化水平。严格坚守公共安全、用户权益、文化安全等监管底线，防范系统性风险。建设大数据监管平台，充分利用大数据等技术手段，形成共享经济新型监管方式，逐步探索放宽事前准入要求，建立事中事后监管体系。探索建立国家共享经济大数据监测平台，对各领域共享经济发展情况进行有效监测，提供实时性、全局性的大数据支持。

拓展共享经济发展领域。共享经济从存量向增量、从消费向服务、从生活服务向生产服务、从国内竞争向国际市场拓展，是发展大趋势。医疗、教育、农业、养老和制造业产能分享等更多领域，有望成为共享经济新风口。知识、技能、办公空间、生产能力等要素共享成为必然。共享经济向生产领域的拓展渗透融合，必将重塑生产要素配置方式，提高生产要素配置效率。深化共享经济在生活服务领域的应用，扩大协同办公、互联网医疗等在线服务覆盖面，引导多样化社交、短视频、知识分享等新型就业创业平台发展。支持社交电商、直播电商、知识分享等健康有序发展，积极发展共享员工等新兴商业模式和场景应用。利用工业互联网平台搭建资源和能力共享平台，全面推进生产制造领域产能共享，有效整合产业链不同环节的供应商、制造商、服务商等分散化资源，构建起网络协同和共创共享的运营模式，形成产业链上下游企业、大中小企业等不同主体灵活参与的共创共享产业生态圈。探索平台企业与产业园区联合运营模式，丰富技术、数据、平台、供应链等服务供给，提升线上线下相结合的资源共享水平。推动共享制造平台在产业集群落地和规模化发展，探索建立各类产业集群跨区域、跨平台协同新机制，促进创新要素整合共享，提升产业链供应链协同配套能力。鼓励企业开放平台资源，推动公有云资源共享，打造共享生产新动力；探索生产资料共享新模式，鼓励各类经济主体按照市场化配置方式推进生产资料共享。

第六节　强化数字化赋能

数字化赋能，是指数字经济驱动经济社会发展各方面创新增长与发展的过程。数字经济的高融合性、强深透性、广覆盖性，决定了数字经济强大的赋能作用。通过数字技术、数据要素、数字生态、数字平台、数字人才和数字市场赋能经济社会发展各方面，再造生产流程，重塑产业格局，重构商业生态，走出一条覆盖面广、融合度深、效益效率高、各具特色的数字赋能之路。

01 数字化赋能高质量发展

以数字经济为代表的科技创新要素成为催生新发展动能的核心驱动力，数字要素创造的价值在国民经济中所占的比重进一步扩大。数字经济赋能，工业制造业加速构建更加智慧的生产、经营、管理体系，数字化成为我国经济供给侧结构性改革的重要抓手，持续推动经济社会高质量发展。数字技术渗透释放增长潜力。新一代信息技术蓬勃发展，以5G、大数据、人工智能为代表的数字产业逐渐成为我国产业结构中的重要组成部分。预计2022年我国5G通信产业规模将接近2万亿元，大数据产业规模有望突破1万亿元，人工智能产业规模也将接近1000亿元。在线教育、互联网医疗、线上办公等数字经济催生出的实体经济新业态，可以激活消费市场、带动扩大就业。工业互联网、大数据、人工智能等数字技术深度渗透到实体经济，数字经济与传统产业持续深度融合，推动传统产业转型升级。数据驱动下，有效调动供给侧海量数据资源，挖掘数据价值，构建循环往复的数据价值链，通过建立数据平台和数据生态，促进供给侧资源整合和优化配置，整体提升供给侧创新能力和水平，企业的生产效率将进一步提升，生产要素配置更加优化。2020年，电子商务交易额达37.21万亿元，电子商务服务业营业收入规模达5.45万亿元。工业、农业、服务业数字化水平不断提升，极大地推动国内国际双循环相互促进新发展格局的形成。研究表明，数字化程度每提高10%，人均GDP增长0.5%至0.62%。

02 数字化赋能乡村振兴

数字乡村建设是实现乡村振兴的重要举措，是实现农业农村现代化的重要途径。数字乡村建设，对激发乡村发展内生动力、推进乡村治理转型、提升乡村生活服务水平、拓宽农民增收渠道、保障改善农村民生、促进城乡融合发展产生多重赋能作用。数字乡村建设的信息"大动脉"初步建成，基本实现与城市同网同速。截至2020年底，农村广播节目综合人口覆盖率达99.17%，电视节目综合人口覆盖率达99.45%；农村电网改造升级工程覆盖了2389个县市，惠及农村居民达1.6亿人。农业农村大数据广泛运用，生猪、棉花、大豆、油料、糖料等一批重要农产品全产业链大数据平台建成，标准农田、农药兽药、新型经营主体等一批农业大数据管理系统上线，北斗卫星导航系统、高分辨率对地观测系统在农业生产中的应用进一步普及。

数字信息技术推动农业转型升级，物联网、大数据、人工智能、云计算等新一代信息技术与种植业、畜牧业、渔业、种业、农机装备全面深度融合，一批无人农场、植物工厂、无人牧场和无人渔场涌现，实现农场作业全过程智能化、无人化。农村电子商务和新型农业发展，全国农村网商（店）已达1640万家。2020年全国返乡入乡创业人员首次突破1000万。休闲农业、乡村旅游、创意农业、认养农业、观光农业、都市农业等新业态，游憩休闲、健康养生、创意民宿、创业园等新产业蓬勃发展，农村一二三产业呈现融合发展新局面。数字化赋能乡村振兴，推动城乡之间资源和机会均等化，弥合城乡"数字鸿沟"，初步实现了数字化与乡村居民生活有机融合，为农业全面升级、农村全面进步、农民全面发展提供新动力。

03 数字化赋能绿色发展

实现碳达峰碳中和，是绿色发展的战略目标和方向。推动经济社会发展绿色化转型，数字化转型是重要抓手。数字化转型推动生产方式变革，推动实施提能效、降能耗、能源替代和碳移除，促进建筑、交通、工业、电力等高排放企业绿色升级，加速供给端节能减排。数字化转型推动生活方式变革，智能设备、共享出行、无人驾驶、移动支付等数字化技术应用优化资源配置效率，直接降低消费过程碳排放，减少消费端碳排放。数字化转型推动城市治理变革，把数字化植入城市建筑和基础设施之中，建立以污染数据、交通数据等多种数据为基础的"城市数字大脑"，实行精细化、专业化管理，提升城市资源使用效率，促进城市整体绿色转型，实现城市生活场景节能减排。

坚持绿色技术和数字技术融合创新，推动绿色化和数字化双转型。探索建立碳数据标准体系和碳数据安全机制，积极构建公众碳排放相关数据平台，构建能够实现行为记录、量化核证等功能的个人碳账本。注重数字技术和绿色技术融合创新，构建协同、开放式创新网络，加速大数据、云计算等数字技术在污染控制、循环再生等绿色技术创新过程中的应用，借助数字技术推动零碳技术研发、实验和推广。推进人工智能、区块链、云计算等在绿色金融领域中的应用，为客户筛选、投资决策等提供技术支持，帮助金融机构准确锁定真正的"绿色"企业，利用金融科技精准助力绿色转型。建多层次数字化"双碳"应用场景，企业层面在建筑、交通、工业、电力等行业建设形成一批标志性示范数字化与绿色化融合型企业，园区层面推动一批数字技术巨头驻在智能制造、云计算、大数据等领域与传统高耗能企业展开全面合作，城区层面加快城市基础设施的数字化转型,加速数字技术在城市管理中的应用,形成城市碳达峰、碳中和监测数字化体系,实现各类碳数据动态关联共享、标准化、即时化。

04 数字化赋能文化建设

文化生产领域的变革总是与科技进步息息相关。文化产业数字化是文化和科技深度融合的集中体现。文化和科技融合,催生新的文化业态,延伸文化产业链。当前我国数字文化产业还面临数字化水平不高、供给结构质量有待优化、新型业态培育不够、优质产品供给缺乏等新问题。互联网和数字技术广泛普及、网民付费习惯养成、超大规模市场优势,都为数字文化产业发展提供了广阔空间。

把握文化产业和数字经济融合发展的新趋势,坚定文化自信,坚持守正创新,实施文化产业数字化战略,加快发展新型文化企业、文化业态、文化消费模式,以丰富数字文化产品和高品质文化服务的有效供给,推动数字文化产业高质量发展,不断丰富人民群众的精神文化生活,更好满足人民群众日益增长的精神文化需求。坚持内容为王、质量为先,以优秀的数字文化产品弘扬和培育社会主义核心价值观,更好地引领社会风尚。充分挖掘文化产业的高附加值、高融合性、高渗透性和低资源消耗的产业价值属性,提高数字文化产业品质内涵,通过数字技术手段创造性叠加多元文化、传统文化、文化品牌和文化价值符号等要素,讲好中国故事,展示中国形象,弘扬中国精神。充分运用动漫游戏、网络文学、网络视频、数字艺术、创意设计等产业形态,推动中华优秀传统文化创造性转化、创新性发展,打造更多具有广泛影响力的数字文化品牌。推动内容、技术、模式、业态和场景创新,共建共享文化产业数据管理服务体系,促进文化数据资源融通融合。推进数字文化旅游、数字影视、数字动漫、数字游戏等新模式快速发展,促进文化产业与数字经济、实体经济深度融合，构建数字文化产业生态体系。打造大数据支撑、网络化共享、智能化协作的文化产业智慧供应链创新和共享经济平台，培育发展一批共享经济骨干和示范文化企业，培育一批具有较强核心竞争力的大型数字文化企业，带动上下游中小微企业发展。

05 数字化赋能社会治理

运用大数据、云计算、物联网等信息技术，推动大数据与社会治理深度融合，让各项治理更加聪明、更加智慧、更加精细。加快数据梳理汇聚、数据治理和授权管理，盘活"政务云"海量数据，融合个人、企业海量数据，打造公共信用信息平台，促进政务数据与交通出行、旅游气象、市场监管等相关行业间关联信息共享，全面提升社会治理的数字化、智能化、精细化水平。深化大数据在社会民生领域的应用，深化民生领域大数据的整合、挖掘与分析，推进大数据与教育、医疗、养老、社会保障等重点领域深度融合，促进惠民应用，形成渠道丰富多样、服务普遍覆盖、内容高效精准的数字惠民服务机制。推进交通基础设施数字化、网联化，积极探索人工智能在出行领域的应用，提升交通运输智慧水平。探索大数据、人工智能等新技术在健康、养老领域的应用，开展远程健康监护、紧急救援等智慧健康养老体系建设。建立教育资源公共平台，不断丰富教育资源内容，促进优质教育资源共建共享，为公众提供更加普惠的教育。

第七节 营造数字化生态

数字时代，以数字信息技术为代表的新一轮科技革命和产业变革深入发展，形成以数字理念、数字发展、数字治理、数字安全、数字合作等为主要内容的数字生态，深刻影响经济社会发展、生产生活和国际格局，深刻变革社会生产方式、生活方式和治理方式。数字经济竞争范式从企业竞争、产业竞争、供应链竞争迈向数字生态竞争。着力营造开放、健康、安全的数字生态，是加快建设网络强国和数字中国，增创数字经济竞争新优势的重要战略任务。

01 智能互联的数字社会生态

连接的密度乘以计算的精度乘以融合的深度，就是数字经济的强度。从互联网的互联互通，到物联网万物互联，到智能互联网的智能互联，这既是数字经济的发展，也是数字社会的发展，也是数字生态的发展。中国互联网络信息中心（CNNIC）发布的第48次《中国互联网络发展状况统计报告》显示，截至2021年6月，我国网民规模达10.11亿，较2020年12月增长2175万，互联网普及率达71.6%。超10亿用户接入互联网，形成了全球规模最大、应用渗透最强的数字社会。农村互联网普及率进一步提升，城乡差别正在缩小；中老年网民规模增长最快，截至2021年6月，50岁及以上网民占比为28.0%，较2020年6月增长5.2个百分点；互联网平台经营及数据安全加强监管，引导互联网产业健康有序发展。随着互联网应用和服务的广泛渗透，我国构建起了数字社会新形态：8.88亿人看短视频、6.38亿人看直播，短视频、直播正在成为全民新的生活方式；8.12亿人网购、4.69亿人叫外卖，购物方式、餐饮方式发生明显变化；3.25亿人用在线教育、2.39亿人用在线医疗，在线公共服务进一步便民。

网络基础设施不断完善，网络正成为更普惠的发展方式。农村互联网基础设施建设不断完善。全国行政村通光纤和通4G比例均超过99%，农村和城市"同网同速"，让城乡互联网接入鸿沟逐步缩小。农村数字经济新业态不断形成，"互联网+"农产品出村进城工程初见成效，以直播电商为代表的互联网新模式发挥带货能力，成为引领农产品网络销售的新路径。农业、工业、服务业三大产业数字化转型深入推进。无人拖拉机、无人抛秧机、"5G+智能大棚"等智能设备推动农业生产、农业发展从信息化走向标准化和智能化。制造业数字化转型持续提升。协同研发设计、远程设备操控、柔性生产制造、无人机巡检等"5G+工业互联网"数字化应用场景加速拓展。截至2021年6月，企业关键工序数控化率、数字化研发设计工具普及率分别达53.7%和73.7%。从餐饮、旅游到办公、教育、医疗等各类传统服务市场因数字化赋能实现了线上线下共融。庞大的网民规模、完善的基础设施、成熟的应用场景，快速发展的数字经济已成为经济增长的核心动力。

02 数实共生的数字产业生态

大数据、云计算、人工智能、物联网等交叉融合形成的新技术群落广泛运用、多领域融合渗透，使经济社会发生深刻变革。数字经济与经济社会、生产生活呈现全面融合的发展态势。数字经济是以数字技术为基础，以数据为核心生产要素，以全社会、全产业、全要素为坐标，以人的需求为导向，以开放、共享、链接、协同、融合为组织方式的全新的资源配置与价值创造模式。实体经济数字化变革带来全社会、全产业、全要素资源配置效率的提高和价值创造模式的改进，带来产业发展方式、产业组织方式和产业发展形态结构性、颠覆性变化，使产业由原来的上下游、产供销的线性关系向立体、多维的网络化、生态化方向发展。

产业生态化发展是经济融合发展的主流趋势，培育产业生态是数字经济和实体经济深度融合的核心路径。从全社会、全产业、全要素，构建新的产业标准和产业体系，突破现有部门分割、行业分割、产业分割、政策分割的体制约束，以数据作为核心生产要素，优化产业生态，推动数字经济和实体经济深度融合。企业平台化发展，企业与企业之间从竞争关系转变为相互连接、相互赋能的竞合关系，企业与企业之间、企业平台和企业平台之间，形成不同的平台生态链。产业链、供应链之间链接打通，形成不同类别的产业生态圈。产业生态化发展，促进各类经济主体融合，推动数字经济向生态化、融合化发展。优化数字产业生态，以高效的业务协同、数据协同、要素协同，实现价值共创、利益共享，构建数字产业生态共同体。对于产业链上游，数字产业生态助力企业实现智能化供给，保证产业链供给安全；对于同类型企业，借助数字生态下知识共享、技术共享、产能共享、订单共享、员工共享等多种数字化模式创新，实现优化资源配置，提升竞争优势；对于产业链下游，数字产业生态打破生产与消费相互割裂的状态，将生产、商业、消费、社交有机融合，借助数据分析优化产品设计、产能投放，精准匹配用户需求，提高有效供给。

03 开放共享的数字创新生态

网络化、平台化、生态化的创新是数字技术创新、数字经济创新的必然要求。营造多主体协同、多要素融通、开放共享、充满活力的数字创新生态，提升数字创新生态的赋能和创新能力，提升数字生态的技术创新迭代能力。建立平台生态型技术创新机制，发展开放式创新平台合作，协调政产学研关系，政府加强资源协调和整合，科研机构承接基础技术研发，高校提供复合型创新人才培养，企业实现技术产品化，平台实现成果转移。完善产学研用协同创新机制，进一步强化企业创新主体地位，支持企业与高校、科研院所等构建产业技术创新战略联盟，打造"研发—转化—生产"良性循环的创新链。搭建面向数字科技的高水平科技创新公共服务平台，促进数字技术和通用软硬件的开源开放。激励企业研发投入，发挥海量应用场景优势，牵引相关技术和产品迭代升级。促进各类数字创新要素融通聚合，激励激发企业家精神，鼓励企业家与科学家深度合作。构建适应数字经济新型人才激励机制，畅通科技成果转化渠道。建立与数字经济创新活动需求相适应的科技金融体系，利用新一代信息技术为传统金融活动赋能，实现金融链和产业链、创新链、数据链多链互动、高效协同。

04 法治安全的数字治理生态

构建数字生态规则体系，全面提升数字生态治理能力，推动数字生态健康、有序、可持续发展。构建清朗网络空间，加快建立健全网络综合治理体系，大力加强网络文明建设，用积极健康、向上向善的网络文化滋养人心、滋养社会，营造文明办网、文明用网、文明上网、文明兴网的良好氛围。依托数字政府和数字社会建设，不断提升公共服务数字化、均等化、便捷化水平，加快推进数字乡村、新型智慧城市建设，持续提升重点民生领域数字化水平，丰富数字化生活场景和体验，打造智慧共享、和睦共治的新型数字生活。提升数据治理效能，加快完善数据治理体制机制，建立健全数据资源产权制度、交易规则和管理规范，完善数据资源开放共享制度，推动政务数据、公共数据、企业数据、个人数据等全社会各类数据良性互动、融合应用。规范互联网平台运营，依法保障新产业、新业态、新模式健康发展，确保平台经济公平竞争、有序发展。筑牢数字安全新屏障，深入实施《网络安全法》《数据安全法》《个人信息保护法》《关键信息基础设施安全保护条例》等法律法规，有效防范和化解网络安全和数据安全领域的风险挑战，全面加强重要领域数据资源、重要网络和信息系统以及个人信息的安全保障。着力构建数据安全保障体系，建立健全数据安全管理、风险评估、检测认证等机制，构建贯穿基础网络、数据中心、云平台、数据、应用等一体协同安全保障体系。提升网络安全防护能力，防范应对数字新技术新应用安全风险，加强网络安全基础设施建设，强化跨领域网络安全信息共享和工作协同，完善关键信息基础设施安全保护体系，大力发展网络安全产业，加快形成多方参与、优势互补、融合发展的网络安全良性生态。

坚持开放共享，构建数字生态合作新格局。深化网络空间数字生态合作，激发数字经济活力，增强数字政府效能，优化数字社会环境，构建数字合作格局，筑牢数字安全屏障，加快构建网络空间命运共同体，促进发展共同推进、安全共同维护、治理共同参与、成果共同分享。打造数字生态合作平台，深化数字贸易、数字技术、数字服务等各领域合作，着力打造开放、互利、共赢的数字生态，共享数字化发展成果。

· 第四章 ·

数字化新技术
——数字翅膀

第四章

数字化新技术——数字翅膀

以互联网为代表的新一轮数字技术革命，正从"点"的爆发转向"群"的突破，已形成包括云计算、大数据、物联网、区块链、人工智能、5G技术、元宇宙、量子技术等"新技术群"，推动数字技术从PC互联网到移动互联网、从消费互联网到产业互联网、从互联网到物联网、从万物互联到万物智联、从物联网到智联网、从弱人工智能到强人工智能、从强人工智能到超人工智能发展。

第一节 云计算——数字底座

云计算（cloud computing）是一种分布式计算，又称网格计算。计算资源共享池叫作"云"。云计算把许多计算资源集合起来，通过软件实现自动化管理。云计算是一种全新的网络应用概念，核心就是以互联网为中心，在网站上提供快速且安全的云计算服务与数据存储，让每一个使用互联网的人都可以使用网络上的庞大计算资源与数据中心。云计算是互联网、计算机之后在信息时代又一种新的革新，是信息时代的一个大飞跃。未来的时代是云计算的时代。

01 云计算技术图景在"算法"

云计算通过高速网络，将大量独立的计算单元相连，提供可扩展的高性能计算能力。它的主要特点是：资源虚拟化、服务按需化、接入泛在化、部署可扩展、使用可计费。"云平台"把巨量数据分解成无数个小任务，分发给众多服务器，汇总出计算结果，返回给用户。云计算主要由数据存取处理、资源分配共享、系统安全保障和服务灵活应用等四个功能区组成，这四大功能区由四大技术支撑：数据中心技术、软件定义技术、云安全技术、移动云计算技术。

数据中心主要是硬件设备，负责对数据进行组织、处理、存储、传输等。根据用户在数据中心扮演的角色，可具体分为平台提供商、服务提供商、终端用户三类。其中，平台提供商为数据中心提供软硬件基础设施；服务提供商提供各种网站和手机 APP 等应用软件；终端用户则是数据中心服务的主要对象，常见的社交通信软件，如微信、微博的使用者就是终端用户。

软件定义技术的核心是"资源虚拟化"和"功能可编程"，主要任务是给硬件"派活儿"，负责组织、协调、统筹。这就好比有一台性能很好的服务器，通过资源虚拟化实现"分身"，承担起好几台服务器的工作，从而保障云计算的基本需求。通过这些技术，软件定义能够支持计算资源池无限扩展，解决存储分配不均问题，提高云平台的网络吞吐量。

网络安全的关键是防范非法访问与恶意代码，云安全的核心则是共享技术的安全利用。云安全技术大致包括数据安全、访问控制与身份认证、共享技术问题、系统安全漏洞、内部人员威胁等。由于云安全复杂多变，云服务商应承担起更多安全责任，不断推进云计算安全生态的构建与完善，对云端数据在服务可用性、数据机密性和完整性、隐私保护、物理安全、恶意攻击防范等形成特定行业安全标准和使用规范。

移动云计算技术，它将云计算的计算、存储优势应用到移动端，从而突破移动端的资源限制，改善用户体验。云计算的技术前沿主要有智慧计算、混合云技术、超融合技术、边缘计算技术等。智慧计算以云计算为基础平台，大数据为认知方法，人工智能为优化工具，实现了从"数据－信息－知识"的联动处理，能够交互学习、自我进化。超融合架构是指同一套单元设备不仅具备计算、网络、存储等计算资源和技术，而且还包括缓存加速、重复数据删除、在线数据压缩等存储相关技术。边缘计算这一新型计算模型有助于解决中心能力不足、网络延迟长、传输能耗大、隐私保护差等问题。

02 云计算应用场景在"计算"

云计算已从概念进入创新活跃、广泛普及、应用繁荣的新阶段。云计算应用场景不断拓展，政务云、金融云、能源云、交通云广泛普及，产业结构涵盖咨询、设计、部署、运营、维护的产业链条逐步完整，国内培育了阿里巴巴、华为、腾讯、百度、京东等一批具有全球影响力的骨干企业。

华为云具备软硬件集成交付能力，在政务云和私有云领域始终保持领先地位，不断扩大互联网企业的客户群。已上线220多个云服务、210多个解决方案，聚合全球超过3万家合作伙伴，发展260万开发者，云市场上架应用超过6100个。华为云服务了600多个政务云、140多个产业云，帮助超过35个城市政务云升级到云原生。Canalys报告显示，2021年，华为云在中国市场份额占比达到18%，每年增长67%。

阿里云在国内起步最早，起初主要应用于阿里巴巴的电商平台，近年来不断推出和升级了多款自研产品和技术，已建立起从底层数据中心到上层产品解决方案的整套云架构。

百度云将 AI 技术与云基础设施服务相结合，聚焦智能服务突出差异化，基于"云智一体"的技术和产品，在制造、金融、能源等领域积极实践。百度智能云已与汽车、装备制造、钢铁等超过 18 个行业的 300 多家企业建立合作。

腾讯云基于在社交、游戏、视频和金融等方面的业务积累和经验，主要深耕音视频直播、文娱游戏行业，在金融云市场位居前列。腾讯持续发力构建包括芯片、服务器、操作系统、数据库在内的完整自主研发体系。腾讯云帮助政务、金融、工业、能源、零售等领域众多用户上云。

京东云已在零售、物流、城市、金融、能源、交通、汽车、健康、制造等多个行业的上下游产业链。目前，京东云已为北汽、中联重科、三一重工等 1500 多家大型企业、超 152 万家中小微企业提供产业数字化升级服务。

03 云计算产业前景在"算力"

云计算已经成为像电网、交通网、互联网一样的社会基础设施，催生出大量数字经济新业态、新模式。2020 年我国云计算市场规模达 1781 亿元，增速为 33.6%。其中公有云市场规模达 990.6 亿元，同比增长 43.7%，私有云市场规模达 791.2 亿元，同比增长 22.6%。我国云计算产业近年来年增速超过 30%，是全球增速最快的市场之一。尤其是新冠肺炎疫情暴发以来，远程办公、在线教育、网络会议等需求爆发式增长，进一步推动云计算市场快速发展。云计算市场空间越来越大，技术创新和产业发展步伐加快，服务模式更加多元化。云网融合、云边协同逐步推进，云计算的应用广度深度持续拓展。艾媒咨询最新发布的报告显示，2021 年我国云计算市场规模已超 2300 亿元，预计

2023年将突破3000亿元。

云计算具有巨大的发展空间和潜力。国务院印发的《"十四五"数字经济发展规划》中，将云计算列为数字经济重点产业，明确了以混合云为重点的云服务产业发展路线：以混合云为重点培育行业解决方案、系统集成、运维管理等云服务行业，让混合云成为产业内众多服务商和用户关注的重点。

第二节 大数据——数字硬核

大数据（big data）是需要新处理模式才能具有更强的决策力、洞察发现力和流程优化能力来适应海量、高增长率和多样化的信息资产，一种规模大到在获取、存储、管理、分析方面大大超出了传统数据库软件工具能力范围的数据集合，具有海量的数据规模、快速的数据流转、多样的数据类型和价值密度低的特征。

01 大数据海量特征

大数据由巨型数据集组成，这些数据集规模超出了常用软件在可接受时间下的收集、管理、处理和使用能力。国际知名咨询公司 IDC 定义的大数据四个特征，也就是 4V 特征——数据量大（Volume）、数据种类多（Variety）、数据价值密度低（Value）以及数据产生和处理速度快（Velocity）。

数据量大（Volume）。传感器、物联网、工业互联网、车联网、手机、平板电脑等等，无一不是数据来源或者承载的方式。当今的数字时代，人们日常生活（微信、QQ、上网搜索与购物等）都在产生着数量庞大的数据。大数据不再以 GB 或 TB 为单位来衡量，而是以 PB（1000 个 T）、EB（100 万个 T）或 ZB（10 亿个 T）为计量单位，从 TB 跃升到 PB、EB

乃至 ZB 级别。顾名思义，这就是大数据的首要特征。

数据种类多（Variety）。大数据不仅体现在量的急剧增长，数据类型亦是多样，可分为结构化、半结构化和非结构化数据。结构化数据存储在多年来一直主导着 IT 应用的关系型数据库中；半结构化数据包括电子邮件、文字处理文件以及大量的网络新闻等，以内容为基础，这也是谷歌和百度存在的理由；而非结构化数据随着社交网络、移动计算和传感器等新技术应用不断产生，广泛存在于社交网络、物联网、电子商务之中。有报告称，全世界结构化数据和非结构化数据的增长率分别是 32%、63%，网络日志、音视频、图片、地理位置信息等非结构化数据量占比达 80% 左右，并在逐步提升。然而，产生人类智慧的大数据往往就是这些非结构化数据。

数据价值密度低（Value）。大数据的重点不在于其数据量的增长，而是在信息爆炸时代对数据价值的再挖掘，如何挖掘出大数据的有效信息，才是至关重要。价值密度的高低与数据总量的大小成反比。虽然价值密度低是日益凸显的一个大数据特性，但是对大数据进行研究、分析挖掘仍然是具有深刻意义的，大数据的价值依然是不可估量的。毕竟，价值是推动一切技术（包括大数据技术）研究和发展的内生决定性动力。

数据产生和处理速度快（Velocity）。美国互联网数据中心指出，企业数据正在以 55% 的速度逐年增长，互联网数据每年将增长 50%，每两年便将翻一番。IBM 研究表明，整个人类文明所获得的全部数据中，90% 是过去两年内产生的。要求数据处理速度快也是大数据区别于传统数据挖掘技术的本质特征。有学者提出了与之相关的"一秒定律"，意思就是在这一秒有用的数据，下一秒可能就失效。数据价值除了与数据规模相关，还与数据处理速度成正比关系，也就是，数据处理速度越快、越及时，其发挥的效能就越大、价值越大。

02 大数据关键技术

大数据技术是 IT 领域新一代的技术与架构，是从各种类型的数据中快速获得有价值信息的技术。大数据本质也是数据，其关键技术包括：大数据采集和预处理，大数据存储与管理，大数据分析和挖掘，大数据展现和应用（大数据检索、大数据可视化、大数据安全等）。

大数据采集和预处理技术。大数据技术的意义确实不在于掌握规模庞大的数据信息，而在于对这些数据进行智能处理，从中分析和挖掘出有价值的信息，但前提是得拥有大量的数据。采集是大数据价值挖掘最重要的一环，一般通过传感器、通信网络、智能识别系统及软硬件资源接入系统，实现对各种类型海量数据的智能化识别、定位、跟踪、接入、传输、信号转换等。为了快速分析处理，大数据预处理技术要对多种类型的数据进行抽取、清洗、转换等操作，将这些复杂的数据转化为有效的、单一的或者便于处理的数据类型。谁掌握了足够的数据，谁就有可能掌握未来，现在的数据采集就是将来的流动资产积累。

大数据存储与管理技术。数据有多种分类方法，有结构化、半结构化、非结构化；也有元数据、主数据、业务数据；还可以分为 GIS、视频、文本、语音、业务交易类各种数据。为了提高业务的存储和读取便捷性，存储层可能封装成为一套统一访问的数据即服务（Data-as-a-Service，DaaS）。DaaS 可以实现业务应用和存储基础设施的彻底解耦，用户并不需要关心底层存储细节，只关心数据的存取。

大数据分析和挖掘技术。大数据分析和挖掘就是从大量的、不完全的、有噪声的、模糊的、随机的实际应用数据中提取隐含在其中的、有用的信息和知识的过程。大数据分析和挖掘涉及的技术方法很多：根据挖掘任务可分为分类或预测模型发现、关联规则发现、依赖关系或依赖模型发现、异常和趋势发现等；根据挖掘方法可分为机器学习、统计方法、神经网络等。其中，机器学习又可细分为归纳学习、遗传算法等；统计方法可细分为回归分析、聚类分析、探索性分析等；神经网络可细分为前馈网络、反馈网络等。

大数据展现和应用技术。将大数据技术的分析成果展现给普通用户或者公司决策者，这就要看数据展现的可视化技术了，它是目前解释大数据最有效的手段之一。在数据可视化中，数据结果以简单形象的可视化、图形化、智能化的形式呈现给用户供其分析使用。常见的大数据可视化技术有标签云、历史流、空间信息流等。

03 大数据核心产业

大数据产业是以数据生成、采集、存储、加工、分析、服务为主的战略性新兴产业，包括数据资源建设，大数据软硬件产品开发、销售和租赁活动，以及相关信息技术服务。我国大数据产业快速起步，据测算，大数据产业规模年均复合增长率超过30%，2020年超过1万亿元，产业发展取得显著成效，逐渐成为支撑我国经济社会发展的优势产业。大数据产业政策体系逐步完善，产业基础日益巩固，产业链初步形成，生态体系持续优化。

我国大数据发展整体上仍处于起步阶段。虽然快速发展的格局基本形成，但在数据开放共享、核心技术突破、大数据驱动发展等方面都面临重重挑战。数据开放共享滞后，数据资源红利尚未得到充分释放，产业链坚韧性和完整性不足，核心技术尚未取得重大突破，安全管理与隐私保护存在漏洞，制度体系仍不够完善，市场活跃程度不够，人才供给严重不足。这些突出问题是制约我国大数据发展的主要因素。目前，大数据发展正进入从概念推广到应用落地的关键时期，需要集中力量加强核心技术攻关，突破大数据的十大技术瓶颈，包括数据供给层面的区块链技术、数据交换技术，数据处理层面的大数据存储管理技术、分布式计算技术、编程语言技术，数据分析层面的大数据基础算法、机器学习、数据智能技术，大数据应用层面的大数据可视化、真伪判定技术。加强大数据科学基础问题研究，围绕大数据科学理论体系、大数据计算系统与分析理论、大数据驱动的颠覆性应用等重大基础研究进行前瞻布局。加强现代信息技术的综合应用，推动互联网、大数据、人工智能同实体经济深度融合，谨防将现代信息技术孤立化、概念化。

巩固我国大数据发展优势，除了推动大数据产业创新发展，还必须在重点领域实现突破。一是鼓励电力、交通、金融、互联网、制造业等一批对国家经济影响巨大、数据丰富、相对容易共享的行业率先运用大数据加快发展，起到示范和带动作用。二是推动大数据在政府治理、民生服务领域实现重点突破，如推动法院、信访系统等积极应用大数据技术，提升政府决策和风险防范水平，推动从源头上预防社会矛盾，提高社会治理的精准性和有效性。三是在教育、医疗、住房、交通等民生服务领域布局一批大数据应用工程，促进相关领域转型升级，显著提升公共服务水平，增强人民群众获得感幸福感。

大数据蕴含着巨量信息，随着大数据的广泛应用，国家数据安全逐渐成为国家安全的一项重要内容。保障国家数据安全，根本之策是建设自主可控的大数据安全体系。应以国家各类重要信息基础设施建设为突破口，推进国产芯片、国产网络设备、国产操作系统、国产数据库和国产云平台、云存储、云安全等关键软硬件产品大规模应用，分期分批实现关键软硬件的自主化。强化大数据技术在信息安全领域的创新应用，加强对关键安全技术的研发，抢占基于大数据的安全技术先机，形成自主核心技术优势，提高我国大数据安全技术水平，逐步形成大数据传输、存储、挖掘、发布以自主可控技术和设备为主的格局。还应加快法规制度建设，在法律框架下明确国家、集体、个人的数据权益，制定数据资源确权、开放、流通、交易相关制度，完善数据产权保护制度，有效维护人民利益、社会稳定、国家安全。

第三节　物联网——万物互联

物联网（The Internet of Things），就是物物相连的互联网，即"万物相连的互联网"，是在互联网基础上延伸和扩展的网络，将各种信息传感设备与网络结合起来而形成的一个巨大网络，实现人、机、物的互联互通。物与物、人与物之间的信息交互是物联网的核心。物联网的基本特征可概括为：整体感知——可以利用射频识别、二维码、智能传感器等感知设备感知获取物体的各类信息。可靠传输——通过对互联网、无线网络的融合，将物体的信息实时、准确地传送，以便信息交流、分享。智能处理——使用各种智能技术，对感知和传送到的数据、信息进行分析处理，实现监测与控制的智能化。物联网具有获取信息、传送信息、处理信息和施效信息的功能。

01 物联网核心技术

物联网技术将新一代信息网络技术进行高度集成和综合运用。把新一代IT技术充分运用在各行各业，把感应器嵌入和装到电网、铁路、桥梁、隧道、公路、建筑、供水系统、大坝、油气管道等各种物体中，将"物联网"与现有的互联网整合起来，实现人类社会与物理系统的整合，在整合的网络当中，存在能力超级强大的中心计算机群，对整合网络内的人员、机器、设备和基础设施实施实时的管理和控制。物联网主要有五大核心技术。

射频识别技术。射频识别（RFID）是通过无线电信号识别特定目标并读写相关数据的无线通信技术。此技术拥有众多优点，无接触的自动识别，全天候、识别能力强、无接触磨损、并且能够对多个物品实现自动识别等。实现"世界想联"的理想可以依靠射频识别技术将全球范围内物品的跟踪与信息共享。如今，RFID 技术市场逐渐应用成熟，标签成本低廉，但是鉴于这项技术一般没有数据采集的功能，所以多用于甄别和属性的存储。在我国，这项技术的应用领域主要是身份证识别、电子收费和物流管理。

网络通信技术。网络通信中包含很多技术，其中 4G 通信技术及 5G 通信技术，还有非常普及的无线通信技术及 M2M 技术。不同的技术应用在不同的领域，发挥出不同的作用。在控制领域，空调 4G 远程控制器，就运用了 4G 通信技术，远程完成对空调的控制过程。在智慧农业中的无线灌溉，就运用了 LORA 无线通信技术，完成自动化灌溉。在智能领域，通过 M2M 通信技术，实现人、机器和系统三者之间的智能化、交互式无缝连接，使机器与机器之间能够在无人为干预的情况下及时进行通信和操作。

GPS 技术。GPS 技术又称之为全球定位系统，它是具有海、陆、空全方位实时三维导航和定位能力的新一代卫星导航与定位系统。GPS 技术和无线通信技术相结合，就可以实现全球定位，在物流智能化、智能交通中占据重要作用。最早的 GPS 卫星定位系统的服役年限即将到期，我国的北斗卫星已经开始启用。同样作为定位系统，一个即将退役，一个刚刚开始，未来的发展可期。

计算机技术。在物联网中，计算机技术得到了全面的普及和广泛的应用。在 20 世纪，计算机技术作为最先进的科学发明之一，物联网技术源于计算机技术，计算机技术依托于物联网再次发展，从而使得万物互联互通，并为社会提供了诸多方便，得到了普通的认可。在智慧农业、智慧城市、气象监测站等设备中，传感器检测数据后上传至环境监控云平台就是运用了计算机技术。

传感器技术。在物联网中，计算机技术是它的大脑，通信技术是它的血管，GPS技术是它的细胞，射频识别技术是它的眼睛，传感器是它的神经系统。外界的一切信息，传感器都可以感觉到，并将感觉到的信息传递给大脑。传感器技术在智能领域应用极广：在测试领域，有86液晶显示温湿度变送器、工业级温湿度变送器、室内型温湿度变送器、防水壳温湿度变送器等；在智慧农业领域，有光照二氧化碳温湿度传感器、风速风向传感器、多功能百叶盒等；在无线灌溉领域，有土壤PH酸碱度变送器、土壤温湿度变送器、土壤速测仪等。

02 物联网智能化应用

物联网技术应用领域特别广泛，几乎包揽了所有行业。物联网智能服务系统使物与物、人与物之间能够以新的方式进行主动的协同交互，从而钩织一张物理世界内生互联的智能协同网络。物联网科技产业在全球范围内快速发展，正与制造技术、新能源、新材料等领域融合，重塑生产组织方式，推动产业革命。随着物联网应用的普及，不同应用需求，如智能可穿戴设备、智能家电、智能网联汽车、智能机器人、智慧医疗等数以万亿计的新设备将接入网络，正在爆发性增长并将形成海量数据，促进生产生活和社会管理方式进一步智能化、网络化和精细化，推动经济社会发展更加智能高效。

物联网在工业领域，与高级计算、分析、传感技术及互联网的高度融合，在物联网基础上将人、数据和机器连接起来，让设备、生产线、工厂、供应商、产品和客户相互间紧密地按需协同，综合应用大数据分析技术和远程控制技术，通过网络化、智能化手段提升工业制造智能化水平，形成跨设备、跨系统、跨厂区、跨地区的互联互通产业链，推动整个制造服务体系智能化。

物联网在智慧农业领域，助力"精耕细作"，通过收集种植环境的温度、降雨量、湿度、风速、病虫害和土壤含量的数据，实现耕种智能处理和决策。甚至可以将物联网获得的数据应用于精确施肥计划，最大限度地减少风险和浪费，减少管理农作物所需的工作量。

物联网在生活、家居、交通、医疗健康等都有用武之地。智能家居将信息技术与室内物品设施、人的室内生活、安全防护等各方面融合协同，推进家居、安防服务信息化、智慧化。智能交通和车联网也离不开物联网技术。在不同要素间无缝连接，能够实现车内和车外通信、智能交通控制、智能停车、电子收费系统、车辆管理控制等多种场景应用。智慧医疗利用物联网技术，可以实现对药品保健品的快速跟踪和定位，降低监管成本；通过建立临床数据应用中心，可以开展基于物联网智能感知和大数据分析的精准医疗应用；也可以充分运用智能穿戴设备（智能手环、智能指环等）和射频识别等技术采集居民健康信息，建立健康大数据创新管理云服务平台。

03 物联网产业发展

随着 5G 和 AI 技术的发展，物联网的大规模应用使跨界融合成为产业发展大趋势，物联网行业正迎来一个前所未有的机遇。据 GSMA 预测，我国物联网市场空间已达 1.1 万亿美元。"十四五"时期是物联网新型基础设施建设发展的关键期。"十四五"规划纲要将其纳入了七大数字经济重点产业。工信部、网信办等部门联合印发《物联网新型基础设施建设三年行动计划（2021—2023 年）》系统谋划未来三年物联网新型基础设施建设，明确提出到 2023 年底，在国内主要城市初步建成物联网新型基础设施，物联网连接数突破 20 亿。按照"分业施策、有序推进"的原则，提出在社会治理、行业应用、民生消费三大领域内，重点推进 12 个行业的物联网部署：以社会治理现代化需求为导向，积极拓展市政、乡村、交通、能源、公共卫生等应用场景，提升社会治理与公共服务水平；以产业转型需求为导向，推进物联网与农业、制造业、建造业、生态环保、文旅等产业深度融合，促进产业提质增效；以消费升级需求为导向，推动家居、健康等领域智能产品的研发与应用，丰富数字生活体验。围绕突破关键核心技术、推动技术融合创新、构建协同创新机制3个方面对提升物联网产业能力进行部署安排，鼓励和支持骨干企业加大对高端传感器、物联网芯片、新型短距离通信、高精度定位等关键核心技术的攻关力度，补齐高端传感器、物联网芯片等产业短板；力争到2023年底，突破一批制约物联网发展的关键共性技术，力争高端传感器、物联网芯片、物联网操作系统、新型短距离通信等关键技术水平和市场竞争力显著提升。

第四节　工业互联网——数字连接

工业互联网（Industrial Internet）是新一代信息通信技术与工业经济深度融合的新型基础设施、应用模式和工业生态，通过对人、机、物、系统等的全面连接，构建起覆盖全产业链、全价值链的全新制造和服务体系，为工业乃至产业数字化、网络化、智能化发展提供了实现途径，是第四次工业革命的重要基石。工业互联网不仅是一项技术、一种基础设施，还是一种新型生产方式和商业模式。

01 工业互联网融合性技术

工业互联网推动智能制造发展，从互联网技术发展到物联网技术、从虚拟现实技术发展到增强现实技术、从网络计算技术发展到云计算技术、从机器学习技术发展到深度学习技术的融合创新。工业互联网是互联网、大数据、人工智能与实体经济深度融合的应用模式，包含网络、平台、数据、安全四大体系。

工业互联网网络体系包括网络互联、数据互通和标识解析三部分。网络互联实现要素之间的数据传输，包括企业外网、企业内网。典型技术包括传统的工业总线、工业以太网，以及创新的时间敏感网络（TSN）、确定性网络、5G 等技术。企业外网根据工业高性能、高可靠、高灵活、高安全网络需求进行建设，用于连接企业各地机构、上下游企业、用户和产品。企业内网用于连接企业内人员、机器、材料、环境、系统，主要包含信息（IT）网络和控制（OT）网络。

工业互联网平台体系包括边缘层、IaaS、PaaS 和 SaaS 四个层级，相当于工业互联网的"操作系统"，有四个主要作用。一是数据汇聚。网络层面采集的多源、异构、海量数据，传输至工业互联网平台，为深度分析和应用提供基础。二是建模分析。提供大数据、人工智能分析的算法模型和物理、化学等各类仿真工具，结合数字孪生、工业智能等技术，对海量数据挖掘分析，实现数据驱动的科学决策和智能应用。三是知识复用。将工业经验知识转化为平台上的模型库、知识库，并通过工业微服务组件方式，方便二次开发和重复调用，加速共性能力沉淀和普及。四是应用创新。面向研发设计、设备管理、企业运营、资源调度等场景，提供各类工业 APP、云化软件，帮助企业提质增效。

工业互联网数据有三个特性。一是重要性。数据是实现数字化、网络化、智能化的基础，没有数据的采集、流通、汇聚、计算、分析，各类新模式就是无源之水，数字化转型也就成为无本之木。二是专业性。工业互联网数据的价值在于分析利用，分析利用的途径必须依赖行业知识和工业机理。制造业千行百业、千差万别，每个模型、算法背后都需要长期积累和专业队伍，只有深耕细作才能发挥数据价值。三是复杂性。工业互联网运用的数据源于"研产供销服"各环节，"人机料法环"各要素，ERP、MES、PLC 等各系统，维度和复杂度远超消费互联网，面临采集困难、格式各异、分析复杂等挑战。

工业互联网安全体系涉及设备、控制、网络、平台、工业 APP、数据等多方面网络安全问题，其核心任务就是要通过监测预警、应急响应、检测评估、功能测试等手段确保工业互联网健康有序发展。

工业互联网融合应用初步形成了平台化设计、智能化制造、网络化协同、个性化定制、服务化延伸、数字化管理六大类典型应用模式。平台化设计是依托工业互联网平台，汇聚人员、算法、模型、任务等设计资源，实现高水平高效率的轻量化设计、并行设计、敏捷设计、交互设计和基于模型的设计，变革传统设计方式，提升研发质量和效率。智能化制造是互联网、大数据、人工智能等新一代信息技术在制造业领域加速创新应用，实现材料、设备、产品等生产要素与用户之间的在线连接和实时交互，逐步实现机器代替人生产，智能化代表制造业未来发展的趋势。网络化协同是通过跨部门、跨层级、跨企业的数据互通和业务互联，推动供应链上的企业和合作伙伴共享客户、订单、设计、生产、经营等各类信息资源，实现网络化的协同设计、协同生产、协同服务，进而促进资源共享、能力交易以及业务优化配置。个性化定制是面向消费者个性化需求，通过客户需求准确获取和分析、敏捷产品开发设计、柔性智能生产、精准交付服务等，实现用户在产品全生命周期中的深度参与，是以低成本、高质量和高效率的大批量生产实现产品个性化设计、生产、销售及服务的一种制造服务模式。服务化延伸是制造与服务融合发展的新型产业形态，是企业从原有制造业务向价值链两端高附加值环节延伸，从以加工组装为主向"制造＋服务"转型，从单纯出售产品向出售"产品＋服务"转变，具体包括设备健康管理、产品远程运维、设备融资租赁、分享制造、互联网金融等。数字化管理是企业通过打通核心数据链，贯通生产制造全场景、全过程，基于数据的广泛汇聚、集成优化和价值挖掘，优化、创新乃至重塑企业战略决策、产品研发、生产制造、经营管理、市场服务等业务活动，构建数据驱动的高效运营管理新模式。

加快完善工业互联网产业生态体系，推动工业互联网在更广范围、更深程度、更高水平上实现融合创新。一是加快推动企业工业互联网融合应用。我国拥有量大面广的大中小型各类企业，面临整体数字化水平较低、部分企业转型动力不足等问题。应进一步强化企业数字化基础，开展以生产现场网络改造、上云上平台等为代表的数字化普及行动，强化人工智能、区块链、边缘计算等新技术的应用探索。推动企业围绕工业互联网平台开展研发设计、生产能力等资源要素的打通汇聚，带动中小微企业价值共享和产业链协同优化。鼓励企业依托工业互联网开展金融、保险、物流等跨领域融通和商业模式创新，打造数据智能服务、产融结合、智慧物流、平台经济等新服务业态。二是充分发挥创新性技术的突破带动作用。加快发展5G、边缘计算、工业智能、工业区块链等创新性技术，突破一批产品和解决方案，加快创新性技术在工业场景的应用，培育一批典型应用案例的应用模式。推动创新性技术与工业技术解决方案的融合，促进工业互联网平台、工业大数据、工业智能与工业软件的结合，实现工业软件的智能化发展，培育构建创新变革的新型技术服务支撑体系。三是加快推动5G+工业互联网发展。鼓励行业龙头企业、科研机构、通信企业联合开展5G与工业互联网应用的试点示范，探索形成可复制可推广的模式。构建融合的创新生态，通过联盟、创新中心等平台为运营商、工业企业、设备企业搭建良好的合作桥梁，积极构建融合应用推广平台。四是加速推进工业互联网标识体系建设。加快突破传统打码采集的读写方式等入口难题，通过主动标识实现标识对象与平台的快速自动连接，推动工业互联网标识产品的规模化、标准化和低成本化。结合供应、生产、流通等环节和不同场景，重点打造与行业深度结合的规模化应用。依托产业组织开展测试床、技术研究、标准研制等工作，培育一批软硬件研发、系统集成、二级节点建设技术服务商、安全厂商等。

02 工业互联网平台式应用

平台化是工业互联网本质特征。工业互联网平台，一头连着工业制造业，一头连着新一代信息技术。依托工业互联网平台完善数字时代的产业新生态，构建产业创新共同体。工业互联网通过跨设备、跨系统、跨厂区、跨地区的全面互联互通，实现全要素、全产业链、全价值链的全面连接，构建数据驱动的工业生产制造体系和服务体系。工业互联网目前已延伸至40个国民经济大类，形成了千姿百态的融合应用模式。

构建开放智能的创新范式。工业互联网广泛汇聚各类创新资源，实现企业创新体系由封闭走向开放，充分利用社会化创新资源，提升企业创新能力。工业互联网正培育形成数据、模型和知识驱动的智能研发，突破传统单纯依赖理论和实验的创新过程，大幅提升创新效率，实现设计过程的自主化和最优化。

形成精准柔性的生产运营体系。工业互联网推动形成基于数据和知识的精准化制造，实现加工过程、设备运行、生产管理与企业运营的最优化决策和自适应调整。通过各类系统、数据的全面互通，工业互联网不断提升生产的柔性水平，实现设备的适应性与生产能力的敏捷组织，使企业能够快速响应不同类型生产要求。

构建基于平台的新型协作关系。工业互联网平台通过汇聚连接设计、生产、物流、供应链管理等各类制造资源，开展面向不同场景的应用创新，全面赋能合作企业，形成对产业链上下游主体的全面支撑，促进行业共生共赢。

创新商业和服务模式。工业互联网推动制造业实现以需求为中心的价值创造变革，催生出规模化定制、服务化延伸等新模式，形成工业电商、供应链金融等新业态，大幅减少中间环节、降低交易成本、提高交易效率，推动平台经济、共享经济等新经济蓬勃发展。

构建融合型产业体系。工业互联网融合了新一代信息技术的通用目的技术特征，具有较强的渗透性、倍增性和带动性，在制造业的广泛深入应用，将深刻改变生产要素构成、投入产出比例、生产关系，促进制造业与服务业融合发展，促进产业结构持续深度优化。

03 工业互联网产业化发展

工业互联网赋能千行百业，步入快速成长发展期。"十四五"期间，工业互联网从探索起步进入产业深耕、赋能发展新阶段。当前工业互联网平台建设已初具规模，阿里云 ET 工业大脑、华为"黑土地"工业互联网平台、百度云"天工"智能物联网平台等逐渐连接起全产业链；三一重工、海尔、徐工等企业分别推出自己的工业互联网平台，推动形成全新的生产制造和服务体系。目前全国各类工业互联网平台数量共有数百家，具备一定行业、区域影响力的工业互联网平台数量超过100个，连接设备数量超过7600万台套，工业机理模型数量达58.8万个，服务企业超160万家。2020年，我国工业互联网产业经济规模达3.1万亿元，占GDP比重为2.9%，新增约255万个新增就业岗位。

2020年工业和信息化部发布《关于推动工业互联网加快发展的通知》，提出推动工业互联网在更广范围、更深程度、更高水平上融合创新发展。坚持以智能制造为主攻方向，提升工业互联网平台核心能力，拓展融合应用场景，推动制造业数字化智能化转型，全面推进5G、工业互联网等数字技术的产业化、规模化应用。遴选10个跨行业跨领域平台，发展50家重点行业/区域平台，推动重点平台平均支持工业协议数量200个、工业设备连接数量80万台、工业APP数量达2500个。

第五节 区块链——数字安全

区块链（blockchain）是由区块组成的链条，每个区块中保存了一定的信息，它们按照各自产生的时间顺序连接成链条。区块链是新一代信息技术的重要组成部分，是分布式网络、加密技术、智能合约等多种技术集成的新型数据库软件。相比于传统的网络，区块链具有两大核心特点：一是数据难以篡改，二是去中心化。区块链存储具有可靠性更高、服务的可用性更高、成本更低、异地容灾性更强四大优势，主要有公有链、联合链、私有链三种类型，主要应用于金融、物联网、保险、公益服务等领域。

01 区块链正成科技竞争新高地

区块链是一种去中心化的分布式数据库系统，它是一种公共记账的机制（技术方案）。通过建立一组互联网上的公共账本，由网络中所有的用户共同在账本上记账与核账，保证信息的真实性和不可篡改性。通过数据透明、不易篡改、可追溯，有望解决网络空间的信任和安全问题，推动互联网从传递信息向传递价值变革，重构信息产业体系。

作为一种新兴技术，区块链技术处于早期发展阶段，面临着核心技术亟待突破、融合应用尚不成熟、产业生态有待完善、人才储备明显短缺等问题，实际产业落地过程中仍面临"信息壁垒"、实物上链困难等挑战。要加快技术创新。目前区块链技术中的加密技术、共识算法等核心技术主要来自发达国家。要掌握发展主动权，保障互联网安全、国家安全，就必须突破核心技术这个难题。要加强区块链技术研发，加大区块链技术研发投入，加快实现区块链技术应用场景落地，推动区块链技术与实体产业深度融合。

区块链与其他新一代信息技术相互融合，实现优势和功能互补。区块链与工业互联网、大数据、云计算、人工智能等融合发展有待进一步激活。将区块链技术应用于工业互联网的标识解析、边缘计算、协同制造等环节，培育新模式、新业态；建设基于区块链的大数据服务平台，促进数据合规有序的确权、共享和流通；利用云计算构建区块链应用开发、测试验证和运行维护环境；发展基于人工智能的智能合约等新技术，探索利用人工智能技术提升区块链运行效率和价值创造能力。

完备可追溯、去中心化和去信用化是区块链技术的三大特点。区块链的本质是为了去中心化，这正是未来市场的发展趋势。在纷繁复杂的全球体系中，要凭空建立一个全球性的信用共识体系，极其困难，因为每个国家的政治、经济和文化情况千差万别，要实现不同国家的企业和政府完全互信，这几乎做不到——区块链技术就试图解决这一问题，通过打破中心化体系的信用枷锁，实现全球节点间的信用与货币互联。因此，从改进市场组织管理架构的角度看，区块链技术应用乃是大势所趋。全球主要国家都在加快布局区块链技术发展，区块链技术应用已延伸到数字金融、物联网、智能制造、供应链管理、数字资产交易等多个领域。英国、美国、日本等发达国家政府与金融机构正"热火朝天"地参与其中，大型区块链金融组织相继成立，力争通过占领区块链技术先机，巩固其国际金融中心的地位。积极推进区块链与经济社会融合发展，不仅有利于拓展区块链技术的应用领域和发展前景，也将助力我国在全球科技竞争取得领先优势。

02 区块链在经济社会中的应用前景

区块链技术应用已延伸到数字金融、物联网、智能制造、供应链管理、数字资产交易等多个领域，展现出广阔的应用前景。近年来，区块链应用已经从第一代的比特币，进化到第二代的支付清算、证券交易、医疗、物流、政务服务等各个领域。目前我国经济环境中的信用成本较高，社会信用环境较弱，区块链技术恰恰很好地提供了一个"低信用成本"的平台，这对于降低我国经济社会整体信用成本，促进信用经济发展具有十分重大的意义。

作为一个制造业大国，我国应将区块链技术的发展重心放到其在生产性服务业中的创新，以此提升实体经济的生产效率。目前主要是在支付清算、证券交易、医疗和物流等领域进行区块链布局。区块链应用已从金融领域延伸到实体领域，已开始与实体经济产业深度融合，形成一批"产业区块链"项目，迎来产业区块链"百花齐放"的大时代。未来，区块链的角色日益重要。

在支付清算领域，由于区块链可摒弃中转银行的角色，实现点到点快速且成本低廉的支付，因此在支付清算尤其是跨境支付行业有显著优势。通过区块链平台，不但可绕过中转银行，减少中转费用，还因区块链安全、透明、低风险的特性，提高了跨境汇款的安全性与清算速度，大大加快了资金的利用率。未来，银行与银行之间也可以不再通过第三方，而是通过区块链技术打造点对点的支付方式。

在证券交易领域，证券交易市场是非常适合区块链技术的应用领域。传统的证券交易需要经过中央结算机构、银行、证券公司和交易所这四大机构协调工作，才能完成股票交易，效率低、成本高。引入区块链后，就可独立地完成一条龙式服务。尤其对于私人股权交易而言，只需要一个可靠的系统来记录股权归属并进行股权交易，不需要具备很强的交易处理能力，区块链技术的特点正好符合这样的需求。

在医疗领域，区块链在认证和隐私保护方面有着广阔的应用前景。由于包括病历在内的很多用户资料极具私密性，这就需要很高的安全措施进行信息保护。然而，当前中心化管理的信息系统在各类网络攻击下常常力不从心，容易出现大规模数据泄漏问题。即便是国际上安全技术成熟，采用封闭系统的公司，也曾出现过多次数据泄漏，造成了恶劣的影响。区块链高度安全的加密算法与分布式存储认证体系，正适合解决这一问题。通过设立复杂可编程的权限保护，所有数据都无法随意阅读和篡改。即便区块链系统中部分区块遭到攻击，也不会造成任何影响。

在物流领域，区块链技术就可以起到溯源、对账、征信等作用，极大地提高物流的投递效率与准确性。区块链技术可以记录货物从发出到接收过程中的所有环节。通过创建共识网络，利用区块链分布式账本技术与电子认证技术，企业还构建了区块链单证平台、区块链对账平台，以及可信仓单服务平台，结合物联网、AI、GIS技术，最终实现物流单据数字化、运营规则合约化、物流数据资产化。

03 区块链产业发展

丰富区块链应用场景需要完备的产业链作支撑，针对当前区块链产业存在的短板，建设行业级联盟链，打造一批技术先进、带动效应强的区块链"名品"；培育一批具有国际竞争力的区块链"名企"，培育孵化区块链初创企业，鼓励打造独角兽企业；结合"监管沙盒"理念打造区块链发展先导区，支持基础条件好的园区建设区块链产业"名园"。

"十四五"规划纲要把区块链作为新兴数字产业之一，提出以联盟链为重点发展区块链服务平台和金融科技、供应链金融、政务服务等领域应用。工业和信息化部、中央网络安全和信息化委员会办公室联合发布《关于加快推动区块链技术应用和产业发展的指导意见》提出，到2025年，区块链产业综合实力达到世界先进水平，产业初具规模，培育出3家至5家具有国际竞争力的骨干企业和一批创新引领型企业，打造3个至5个区块链产业发展集聚区，区块链产业生态基本完善。发挥区块链在优化业务流程、降低运营成本、建设可信体系等方面的作用，聚焦供应链管理、产品溯源、数据共享等实体经济领域，推动区块链融合应用，支撑行业数字化转型和产业高质量发展；推动区块链技术应用于政务服务、存证取证、智慧城市等公共服务领域，加快应用创新，支撑公共服务透明化、平等化、精准化。

区块链产业具有巨大发展潜力和广阔发展前景。探索"区块链+"，加快发展区块链产业。在赋能实体经济上，推动企业建设基于区块链的供应链管理平台，利用区块链建设涵盖多方的信用数据平台等；在提升公共服务上，推动区块链技术应用于数字身份、数据存证、城市治理等公共服务领域，建立基于区块链技术的政务数据共享平台；在夯实产业基础上，积极参加区块链全球标准化活动和国际标准制定，培育一批高价值专利、商标、软件著作权等；在打造现代产业链上，培育一批具有国际竞争力的区块链企业，加快建设区块链开源社区等；在促进融通发展上，加快建设基于区块链的认证可溯大数据服务平台，发展基于区块链的人工智能训练、算法共享等技术和方法等。在民生领域，积极推动区块链技术在教育、就业、养老、医疗健康、商品防伪、食品安全、公益、社会救助等领域的应用，为人民群众提供更加智能、便捷、优质的公共服务。在公检法等领域，通过区块链技术实现内部数据共享，提高办案能力和办案效率。

第六节　人工智能——数字大脑

人工智能（AI），是研究、开发用于模拟、延伸和扩展人的智能的理论、方法、技术及应用系统的一门技术科学。作为新一代信息技术的代表之一，人工智能广泛应用了计算机、数学、物理学、生物学、逻辑学等学科的理论与方法，并希望利用计算设备模拟人类思维决策过程。自1956年达特茅斯会议首次提出"人工智能"概念以来，历经60余年的曲折发展，人工智能作为一种新兴颠覆性技术，正在释放科技革命和产业变革积蓄的巨大能量，深刻改变着人类生产生活方式和思维方式，正在对经济发展、社会进步、国际政治经济格局产生深远影响。

01 人工智能技术的"活化效应"

人工智能代表经济发展的无限可能性。在个体劳动层面，人工智能可以推动传统自动化发展为"智能自动化"，持续释放个体创造力，极大提升劳动生产率；在行业生产层面，人工智能可以对行业进行分析并作出控制决策，有力提升生产能力与资本效率；在宏观经济层面，人工智能促进管理效率、资源配置效率和社会交易效率提升，提高全要素生产率，深化分工形式，大力拓展产品创新的空间，从提升分工专业化效率转向提升分工多样化效率，从多样性角度拓展生产的可能性边界。人工智能具备"技术—经济"特征：

一是渗透性。作为一种兼具通用性、基础性和使能性的数字技术，人工智能具备与经济社会各行业、生产生活各环节相互融合的潜能。在发展初期，人工智能多应用于简单场景，解决一些抽象概念性的游戏问题。随着技术的进一步发展，人工智能被越来越多地应用于多元化、综合化场景，具有对经济增长的广泛性、全局性影响能力和潜力。在可预见的未来，人工智能将更加全面地融入生产生活中。

二是协同性。在生产领域，人工智能的应用可以提升资本、劳动、技术等要素之间的匹配度，加强上游技术研发、中游工程实现、下游应用反馈等各个生产环节之间的协同，从而提高运行效率；在消费领域，人工智能可以实现对用户消费习惯与消费需求的自动画像，完成个性化需求与专业化供给的智能匹配，进一步释放消费潜力。

三是替代性。人工智能可以实现对劳动要素的直接替代。从简单工作到复杂工作，人工智能将持续发挥替代效应，在作为独立要素不断积累的同时，可以对其他资本要素、劳动要素进行替代，其对经济发展的支撑作用不断强化。

四是创新性。人工智能已经被广泛应用于药物发现及筛选、材料识别及模拟等科研活动，更是在金融、数字建模、应急救援、音乐绘画等领域被广泛赋予分析决策甚至是创造创新的权利，展现出人类历史上从未有过的来自人类头脑之外的创造力量。人工智能的创新性可以生产出"额外"的知识，增加人类整体智慧总量，从而促进技术进步、提高经济效率。

02 人工智能技术应用的融合扩张效应

人工智能的价值在服务人、帮助人，而不是超越人、替代人。人工智能具有与生产生活应用更高的融合度，正赋能千行百业，拓展产业新空间，推动核心产业规模持续高速增长，已形成覆盖技术层和应用层的完整产业链。人工智能是促进经济高质量增长的路径之一。

人工智能促进不同产业融合发展。人工智能通过输出智能化设施、智能化方案，对已有产业进行智能化改造，实现数字经济与实体经济的融合发展，通过提质增效促进经济高质量发展。在农业领域，人工智能融入农业生产、物流等环节中，实现农业生产的无人数控、基于数据分析的生产决策、智能农业机器人的精准执行等；在工业领域，人工智能提供精准升级的生产服务，在生产端调整优化资源资产配置、提升生产效率，在消费端精确匹配个性定制，充分释放消费潜力；在服务业领域，人工智能早已应用于金融、旅游、物流、文化体育等各个领域，正越来越多被应用于供应链、交通物流、工业互联等领域。

人工智能激活潜在关联产业。作为一项颠覆性技术，人工智能对经济体系中的潜在关联产业产生重要驱动作用，为其带来创造性增长。人工智能行业产品输出、服务输出、技术输出、范式输出、商业模式创新，越来越多地刺激经济社会各个潜在关联产业新一轮发展，推动高效集约、创新绿色高质量增长。

2020年，全球人工智能产业规模达1565亿美元，同比增长12.3%。我国人工智能产业发展迅猛，我国产业规模为434亿美元，同比增长13.75%，超过全球增速。在全球人工智能竞争格局中，中国已跻身第一梯队。《2020全球人工智能创新指数报告》显示，中国人工智能创新指数升至第2位，仅次于美国。清华大学发布的《人工智能技术发展报告2020》显示，中国人工智能技术申请专利量占全球总量的74.7%，成为全球第一。在自然语言理解处理、机器学习算法、芯片技术等技术支撑下，中国10余个人工智能子行业跃升全球前沿。市场研究公司Markets and Markets发布的报告预测，全球人工智能市场规模呈高速增长之势，将从2021年的58.3亿美元增长到2026年的309.6亿美元。

03 智能经济呈现发展新图景

人工智能不同于常规计算机技术依据既定程序执行计算或控制等任务，而是具有生物智能的自学习、自组织、自适应、自行动等特征。可以说，人工智能的实质是"赋予机器人类智能"。随着移动互联网、物联网、大数据、云计算和人工智能等新一代信息技术的加速迭代演进，人类社会与物理世界的二元结构正在进阶到人类社会、信息空间和物理世界的三元结构，人与人、机器与机器、人与机器的交流互动愈加频繁。当前，人工智能正处于新一轮发展浪潮的高峰，正在从专用智能迈向通用智能，进入了全新的发展阶段。人工智能"可知、可控、可用、可靠"的未来可期。

人工智能对经济的推动和牵引，可能呈现出三种形态和方式。其一，它创造一种新的虚拟劳动力，能够解决需要适应性和敏捷性的复杂任务，即"智能自动化"；其二，人工智能可以对现有劳动力和实物资产进行有力地补充和提升，提升员工能力，提高资本效率；其三，人工智能的普及将推动多行业的相关创新，提高全要素生产率，开辟崭新的经济增长空间。人工智能发展正从技术智能化阶段向经济智能化阶段、社会智能化阶段发展。智能经济是在数字经济充分发展的基础上，由人工智能等智能技术推动形成和发展的新经济形态。与其他经济形态相比，智能经济具有数据驱动、人机协同、跨界融合、共创分享的特征。互联网数据中心（IDC）预测，2024年，中国在全球人工智能市场的占比将达到15.6%，成为全球市场增长的重要驱动力。预计到2030年，人工智能将助推全球生产总值增长12%左右。人工智能将催生数个千亿美元甚至万亿美元规模的产业。

国务院印发的《新一代人工智能发展规划》提出"三步走"战略目标：第一步，到2020年人工智能总体技术和应用与世界先进水平同步；第二步，到2025年人工智能基础理论实现重大突破，部分技术与应用达到世界领先水平；第三步，到2030年人工智能理论、技术与应用总体达到世界领先水平。人工智能赋权生产，降低企业和用户的相互搜索成本，将提高生产制造系统的柔性化水平，形成具有自感应、自学习、自决策、自执行、自调适等功能的智能制造系统，以高效的智能化供应链满足市场需求。人工智能的智能分析能精准洞察收入水平，知识图谱可精确把握收入结构，也能解读准确预测收入期望。根据人工智能在资本、技术、劳动的分配算法中的偏向性，建议加速收入分配体制改革，规避人工智能对劳动收入分配的冲击，提升不同人群的收入获得感。

人工智能促进智能型消费，优化智能型消费发展环境，培育线上线下相融合的新消费模式。人工智能将为流通系统提供智能化数据决策支持和服务，通过推进智慧平台、智慧支付与智慧物流三重体系的融合，实现信息流、资本流、实物流无缝对接，打造线上服务、线下体验、智慧物流深度融合的新流通模式，形成智慧化的流通业态结构与生态系统。

人工智能正在深度融入产业链的全生命周期，应加快构建智能化基础设施建设，加快各类感知技术与深度学习技术的商业性研发，加快布局工业互联网，实现全产业链的智能制造，实现产业链上下游智能连接，打造智能化数字经济系统。通过智能化的数据处理技术，为供应链提供智慧化产品和服务，人工智能在供应链端到端的不同环节中，智能化需求预测、智能化计划管理、智能化生产监管、智能化仓储物流等环境，能够提高供应链上下环节的智能化整合能力，打造高效协同的供应链体系。人工智能作为通用型智能技术引入到产品研发、产品制造、产品销售的整个价值链创造周期，乃至整个产业体系的价值链之中。价值链的数字化、立体化、网络化会催生智能化的价值链创造能力，最终形成全价值链智能生态模式。

人工智能通过物联网"万物互联"，渗透进各个产业领域——智能制造、智能商业、智能物流、智能医疗、智能金融等，以数据连接世界，最终实现对以供需结构为核心的资源配置的智能化调节。积极推进人工智能为全产业链赋权，推动供给侧和需求侧的智慧化，打造新生产、新分配、新流通、新消费。

第七节　5G 技术——数字神经

5G（第五代移动通信技术）是具有高速率、低时延和大连接特点的新一代宽带移动通信技术，是实现人机物互联的网络基础设施。5G作为一种新型移动通信网络，不仅解决人与人通信，为用户提供增强现实、虚拟现实、超高清（3D）视频等更加身临其境的极致业务体验，更解决人与物、物与物通信问题，满足移动医疗、车联网、智能家居、工业控制、环境监测等物联网应用需求。5G渗透到经济社会各行业各领域，成为支撑经济社会数字化、网络化、智能化转型的关键新型基础设施。

01 我国5G技术全球领先

5G是新一代信息通信技术创新应用中最具代表性的技术之一，也是人们期待最强、创新应用最广、产业生态最大的技术之一。以5G技术为基础，与人工智能、大数据、区块链、边缘计算等新兴技术融合创新，万物感知、万物互联、万物智联的数字世界正在加速到来。我国5G商用从网络覆盖到终端普及，从技术创新到应用落地，正加速推进5G网络建设和应用，取得了令世界瞩目的成绩。

从全球范围看，我国5G建设发展走在前列，5G基站占全球70%以上，是全球规模最大、技术最先进的5G独立组网网络，5G终端用户占全球80%以上，网络和用户规模均居全球首位。截至2021年11月，我国已建成5G基站139.6万个，5G网络已覆盖全国所有地级以上城市，5G终端用户达到4.97亿户。目前，全国县级行政区已开通5G网络超过2900个，占比超过97%，已有29个省份实现了县县通5G网络。全国乡镇已有1.4万个开通5G网络，占比超过40%。东部地区累计建设开通5G基站超过51万个，乡镇5G覆盖比例达76%，在全国处于领先水平。到2022年3月底，我国累计开通近156万个5G基站，5G移动电话用户数累计达4.03亿户。到2022年底，中国移动计划累计开通5G基站110万个，其中700兆赫基站达48万个。中国电信计划在用

5G 基站超过 99 万个，5G 网络覆盖至全国所有市县和部分发达乡镇。

5G 共建共享有利于各方资源和优势发挥出最大效用。5G 网络新技术如网络切片的应用，本就适合共享。中国电信和中国联通的 5G 频段相邻，一套设备就能实现两家的 5G 覆盖。两家企业的资源在南北方具有很大互补性，通过在全国共建 5G 接入网络，能够高效实现 5G 网络覆盖，快速形成 5G 服务能力，增强 5G 网络和服务的市场竞争力，提升网络效益和资产运营效率，达到互利共赢。中国电信和中国联通 5G 网络共建共享，建成全球首个规模最大的 5G 独立组网（SA）共建共享网络，实现了大规模产业化应用，拉动了上下游产业链，推动 5G 产业高质、健康、绿色发展。

02 5G 应用"百花齐放"

5G 创新点亮生活、改变社会。以 5G 为代表的新一代信息技术正融入各行各业，催生新基建、新要素、新生态，引发生产方式和商业模式深刻变革，加速经济社会数字化转型。5G 正赋能千行百业呈现出百花齐放的态势。在实体经济领域，重点应用行业是工业互联网、车联网、智慧物流、智慧港口、智慧采矿、智慧电力、智慧油气、智慧农业和智慧水利等，加快重点行业数字化转型进程。在民生服务领域，重在加大智慧教育、智慧医疗、智慧文旅和智慧城市的 5G 应用创新，探索新模式新业态，提升人民幸福感、获得感。在信息消费领域，新型信息消费和融合媒体是重点应用领域，重在拉动新型产品和新型内容消费，加快 5G 在媒体领域的落地应用。

"十四五"时期，我国 5G 发展进入商用部署关键阶段，5G 网络规模化、应用场景和产业生态快速发展。围绕 5G 网络建设和规模化应用，布局一系列重大工程，把 5G 建设推向全面深度覆盖新阶段。工业和信息化部等十部门印发的《5G 应用"扬帆"行动计划（2021—2023 年）》

明确了未来三年我国 5G 的发展目标：到 2023 年，我国 5G 应用发展水平显著提升，综合实力持续增强；5G 个人用户普及率超过 40%，用户数超过 5.6 亿；重点领域 5G 应用成效凸显，5G 应用生态环境持续改善，关键基础支撑能力显著增强。

实施 5G 行业应用"十百千"工程，即选择 10 个垂直行业，每个行业形成 100 个标杆示范，新建 1000 个 5G 行业虚拟专网，提升 5G 融合应用水平。以 5G 为代表的新型基础设施加快建设，融入千行百业，推动数字产业规模稳步扩大。在电商平台上，"5G+ 虚拟现实"带来真实的消费场景；在工厂车间，"5G+ 工业互联网"带来更智能的柔性制造；在旅游景点，"5G+ 文旅"带来更便捷的游园体验。大力培育 5G、千兆光网"双千兆"网络融合应用，目前累计发掘应用创新案例 2.3 万个。面向工业、智慧城市等应用领域，发布了首批 44 个国家新型数据中心。面向企业的新兴数字化服务已成为电信业务收入增长的第一拉动力。

实施 5G+ 工业互联网应用工程，逐步形成了适用工业生产需要的 5G 网络部署模式。5G+ 工业互联网赋能应用范围逐步扩大至 40 个国民经济重点行业，融合应用覆盖 20 余个国民经济重要行业。在航空、机械、汽车、钢铁、矿业、港口、能源等行业实现率先发展，行业应用基站数量超过 3.2 万个，涌现出数据采集和感知、高清视频、机器视觉、精准远程操控、现场辅助、数字孪生等六类典型应用场景，应用范围向生产制造核心环节延伸。加快 5G 基站建设和行业虚拟专网规模化发展，支持企业运用 5G 等新型网络技术和先进适用技术改造建设企业内网，支持企业设备上云，推动工业互联网平台进企业、进园区、进产业集群。5G+ 工业互联网应用普及促进新兴技术群体融合创新、协同应用。5G+ 工业互联网已进入行业越来越广、应用场景越来越多的关键时期。5G+ 工业互联网应用正从"样板房"走向"商品房"。

5G 规模化推动媒体融合发展。5G 技术在新闻报道、节目传播、文化宣传、广告营销、展览展示等具有一定传媒属性的传播活动中的应用，增强移动带宽满足超高清的媒介传输，打破了传统媒体中文字、普清视频的限制；低时延和高可靠性能支撑 VR（虚拟现实）、AR（增强现实）等新的呈现方式，使全方位的信息呈现成为可能。

5G 独立组网网络承载社会数字化转型刚需。中国移动推出 5G 新通话产品，包括 5GVoNR 超清通话、5G 视频客服、AI 语音识别、屏幕共享、远程协作、与虚拟数智人通话等特色功能。5G 新通话和 5G 消息商用一起共同打造数字化社会的信息化生产力平台。5G 消息是多媒体、能互动的，不仅有文字、图片，还能发视频、位置，甚至完成支付。5G 消息将极大改善行业企业与用户之间的沟通效率和体验，在企业级市场的应用前景更加广阔，将收获千亿元级行业信息市场。

03 5G 产业发展未来可期

全球正在掀起 5G 产业布局新热潮。70 个国家和地区的 170 多家运营商已推出 5G 服务，260 多家运营商正在投资部署 5G 网络，网络加快部署带动 5G 终端出货量强劲增长。据预测，到 2035 年，5G 将在全球创造超过 13 万亿美元的经济产出，带来 2000 多万个工作岗位。预计今年全球 5G 智能手机出货量将接近 5 亿部，到 2023 年将超过 10 亿。

我国拥有 14 亿消费者，移动电话普及率远超世界平均水平，是全球最具潜力的 5G 市场。中国所拥有的全球门类最全、体量最大的传统制造产业。未来，中国 5G 应用场景丰富且发展空间巨大。中国拥有中兴、华为两大通信巨头，5G 标准专利储备量世界第一。数据显示，我国提交的 5G 国际标准文稿占全球比例为 32%，主导的标准化项目占比更是达到 40%。欧美 5G 网络建设在 3 年内无法达到中国目前水平。中国 5G 网络建设 10 年左右领先全球。

我国正在重点探索 5G 垂直行业应用二次开发技术体系，提升 5G 垂直行业应用的适应能力。同时，开展 5G 设备研发、试验攻关，确保 6G 世界领先。从技术积累看，我国 6G 研发有优势。目前，各国在 6G 专利方面竞争异常激烈。日本 2021 年 9 月份发布过一项调查报告，在通信技术、量子技术、基站和人工智能等 9 个 6G 核心技术领域，按国家和地区分析了已注册和正在申请的约 2 万件专利。结果显示：全球 6G 专利申请量占比，中国高达 40.3% 排第一，美国以 35.2% 排第二，日本以 9.9% 排名第三。从市场潜力看，6G 应用将比 5G 更宽广。6G 网络将是一个地面无线与卫星通信集成的全连接世界，意味着更高的接入速率、更低的接入时延、更快的运动速度和更广的通信覆盖。6G 不仅仅是简单的网络容量和传输速率的突破，它更是为了缩小数字鸿沟，实现万物互联这个"终极目标"，还将满足未来的全息通信、元宇宙等新型应用需求。

第八节　虚拟现实与增强现实——数字空间

虚拟现实（VR）是指通过传感器和计算机平台，利用眼镜、头盔、耳机、手套等设备，提供交互性、沉浸式的虚拟三维动态视景空间，典型应用场景包括景观动画、三维漫游、三维游戏、全景视频等。增强现实（AR）是指将计算机生成的虚拟物体或信息叠加到真实场景中，从而提供一种虚实交互的新体验，为用户展示更丰富有效的信息。两者的区别在于，虚拟现实强调虚拟世界的沉浸感，而增强现实强调在真实场景中融入计算机生成的虚拟信息，不隔断观察者与真实世界之间的联系。

01 虚拟现实让虚拟无限逼近真实

虚拟现实技术作为引领全球新一轮产业变革的重要力量，跨界融合了多个领域的技术，是下一代通用性技术平台和下一代互联网入口，将拓展人类的感知空间，改变各类产品形态、增强产品功能、丰富服务内容。虚拟现实技术融合了多媒体、传感器、新型显示、互联网和人工智能等多个领域的技术，将有望成为众多创新应用的基础平台，催生诸多新产品、新业态、新模式，引领新一轮技术与产业变革，是新一代信息技术的重要前沿方向。

我国虚拟现实关键技术进一步成熟，在画面质量、图像处理、眼球捕捉、3D声场、人体工程等领域有了重大突破。在图像处理方面，AMOLED（有源矩阵有机发光二极体）显示技术已经成熟，图形处理技术的成熟带动了图像引擎和渲染算法的优化发展。在光场技术上，我国光场拍摄系统实现了高精度三维建模，精度达到亚毫米级。在终端产品上，国产虚拟现实眼镜已经成功应用在"太空之旅"中航天员的心理舒缓上。我国解决了虚拟现实头盔被线缆束缚的问题，开发出全球首款虚拟现实眼球追踪模组。从视觉向触觉、听觉、动作等多通道交互发展，弥补了单个特征识别技术的缺陷，进一步提升了虚拟现实服务的沉浸感和可靠性。5G技术的应用将全面提升虚拟现实体验，华为、HTC、联想等企业纷纷加快布局"虚拟现实+5G"业务。虚拟现实软件开发花费巨大且效果有限，相关的算法和理论尚不成熟。在新型传感机理、集合与物理建模方法、高速图形图像处理、人工智能等领域，都有很多问题亟待解决。新一轮技术突破将引发虚拟现实发展浪潮。在图像处理上，分辨率、眩晕控制、视点渲染、视角控制成为突破方向。在交互技术上，惯性动作捕捉、光学跟踪、语音识别、眼球追踪、空间交互等多项技术将出现大规模应用。

02 VR/AR 应用持续拓展空间

虚拟现实技术让人们从二维的平面世界进入到三维的立体空间。虚拟现实技术正在逐步走向成熟，已逐渐应用到更广泛的领域，如虚拟直播、医疗保健、教育、工程、零售、军事、服装、建筑和旅游等。在工业制造领域，虚拟现实与增强现实和其他三维可视化技术的融合，为产品研发、生产制造带来了前所未有的变革。通过 VR/AR 视觉识别技术提升生产、检验的自动化水平，提高劳动生产率和产品质量。建立生产实时监控与指挥系统、特殊工种体验式培训系统，用以降低维保成本，缩短企业用工培训周期。在医疗健康领域，虚拟现实技术可以帮助医生更好地实施风险高、难度大、操作复杂的手术。在游戏领域，虚拟现实提供了安全沉浸式的体验，开辟了文化娱乐的新玩法。在网络购物领域，虚拟现实技术能展示商品的形态，给顾客更为真实的购物感受。面向信息消费升级需求和行业领域应用需求，加快虚拟现实整机设备、感知交互设备、内容采集制作设备、开发工具软件、行业解决方案、分发平台的研发及产业化，丰富虚拟现实产品的有效供给。

03 产业发展方兴未艾

经过 10 多年发展，目前国际上 VR/AR 技术正逐步走向成熟，全球产业生态初步成形。虚拟现实技术正不断地渗透到各行业各领域，市场需求、行业应用正在激活，虚拟现实产业发展的战略窗口期已然形成。当前，全球 VR 产业正从起步培育期向快速发展期演进，尚未进入超级爆发期，VR 技术真正实现产业化仍需要时间。我国与发达国家基本处在同一起跑线上，这是一个难得的机遇。2018 年 12 月，工信部发布《关于加快推进虚拟现实产业发展的指导意见》，明确我国 VR 产业的发展思路与目标：到 2025 年，我国虚拟现实产业整体实力进入全球前列，掌握虚拟现实关键核心专利和标准，形成若干具有较强国际竞争力的虚拟现实骨干企业，创新能力显著增强，应用服务供给水平大幅提升。近年来，我国在硬件制造、内容应用开发及业务体验推广等产业链各环节快速发展，是全球虚拟现实产业创新创业活力最强、市场接受度最高、发展潜力最大的地区之一，正成为全球虚拟现实市场的增长中心。虚拟现实产业生态体系进一步完善，开源平台、资源共享平台成为重要发展方向。要深化对虚拟现实产业发展特点和发展趋势的认识，推动虚拟现实产业快速健康有序发展，促进虚拟现实技术、产品在制造、商贸、研发、政务、消费等领域的应用普及，推动产业创新发展。

· 第五章 ·

数字化新要素
——数据富矿

第五章

数字化新要素——数据富矿

　　数字经济是以大数据、智能算法、算力平台三大要素为基础的一种新兴经济形态。没有大数据，数字经济犹如"无米之炊"；没有智能算法，数字经济就不能创造价值；没有算力平台，数字经济则将"不复存在"。数据、算力和算法构成数字经济最基本的基石，数据是新生产资料，算力是新生产力，算法是新生产关系。算法即数字应用技术，直接决定数字经济发展的高度，算力即数据处理能力，直接决定数字经济发展的广度和速度，数据本身决定数字经济发展的深度。数据具有基础性战略资源和关键性生产要素的双重属性，对生产、分配、流通、消费，以及经济运行机制、社会生活方式和国家治理能力产生重要影响。

　　党的十九届四中全会通过的《中共中央关于坚持和完善中国特色社会主义制度、推进国家治理体系和治理能力现代化若干重大问题的决定》提出，健全劳动、资本、土地、知识、技术、管理、数据等生产要素由市场评价贡献、按贡献决定报酬的机制，首次将数据列为与劳动、资本、土地、知识、技术、管理并列的生产要素。2020年，中共中央、国务院颁布的《关于构建更加完善的要素市场化配置体制机制的意见》进一步提出，加快培育数字要素市场，充分挖掘数据要素价值。"十四五"规划和2035年远景目标纲要提出，要充分发挥海量数据和丰富应用场景优势，建立健全数据要素市场规则。2022年，《中共中央 国务院关于加快建设全国统一大市场的意见》要求加快培育数据要素市场，建立健全数据安全、权利保护、跨境传输管理、交易流通、开放共享、安全认证等基础制度和标准规范，推动数据资源开发利用。加快培育发展数据要素市场，进一步激活数据要素潜力、挖掘数据要素价值、释放数据要素"红利"，是加快发展数字经济的重中之重。

第一节　数据要素的三种形态

生产要素是不断演变的历史范畴，每一次经济形态的重大变革，必然催生新的生产要素，每一个社会发展阶段总有其特定的活跃生产要素。在农业经济时代，土地和劳动力是活跃要素，汇聚资源的要素主要是土地，创造价值的要素主要是劳动力；在工业经济时代，资本是活跃要素，汇聚资源的要素主要是资本，创造价值主要靠的是制造技术；在数字经济时代，数据是活跃要素，数据成为汇聚资源的新要素，数字技术与土地、劳动力、资本等传统要素相结合，构建形成基于数据和应用场景驱动的数字经济发展新范式。

数据作为新的关键生产要素，从供需多个渠道提升经济发展效率，具有基础性资源作用和创新引擎功能，蕴含着巨大价值，已经成为驱动发展的重要基础性和战略性资源。数据通过资源化、资产化、资本化，实现数据价值化、市场化。数据资源化是数据加工，本质是提升数据质量、形成使用价值；数据资产化是数据应用，本质是形成数据交换价值、实现数据价值；数据资本化是数据交易，本质是实现数据要素的社会化配置。资源化、资产化、资本化的数据要素具有"软""轻""融"的特点，具备通用性、全局性、价值性、流通性等多种属性，形成数据软资源、数据轻资产、数据融资本三种要素形态。

01 数据软资源

资源是人力、物力、财力等要素的总称。软资源是指非物质形态的经济要素，包括科技资源、信息资源、社会资源、空间资源等以智能为基础的无形资源。以大数据为代表的信息资源向生产要素形态演进，数据已同其他要素一起融入经济价值创造过程。与土地资源要素相比，数据资源要素具有衍生性、共享性、非消耗性三大价值，打破了自然资源有限供给对增长的制约，为持续增长和永续发展提供了基础和可能。数据成为数字经济时代的关键要素，也将以市场化方式参与流通和分配，这意味着传统的市场要素正在被赋予数字时代特点，甚至成为更高级的生产要素。数据是一种非物质存在，数据本身并不像土地、劳动力、资本等传统生产要素那样，可以表现为具体的实物个体价值。数据作为科技资源、信息资源、智能资源，是典型的软资源。数字经济的核心在于数据，在于数据价值，在于依托数据数量、数据质量和内核知识生成的数据价值。数据资源化就是数据资源整合后形成的数据价值，为数据所有者、数据经营者和数据使用者带来数据价值。

数据资源与传统生产要素相比，数据在要素主体、价值、流转、融合等方面均呈现出新的特点。从要素主体来看，数据具有易收集、可复制、非排他性的特点，要素主体比较繁杂，包含数据产生者、存储者、处理者、应用者等。需在合理保障主体权利基础上，激励各主体对数据要素进行开发利用。从要素价值来看，数据具有分散性、稀疏性的特点，数据聚合才能充分发挥价值。推动数据资源的集聚，对激活数据资源价值具有重要意义。从要素流转来看，数据具有强动态性及非排他性，权属流转较为复杂。比如企业数据，既包括自身运营的原始数据，也有对外部数据开发后的衍生数据，这些数据衍生产品的权属尚不清晰。从要素融合来看，数据具有强外部性，能够与其他生产要素不断组合迭代和交叉融合。

数据资源是数字经济发展的主要驱动,具有独特优势。一是丰富性。数据要素种类繁多、来源广泛,基于数据要素的生态体系呈现开放、异构、融合、协同、共享等特点。随着新一代信息技术渗透到经济社会的方方面面,数据资源供给规模呈现指数级增长。二是非独占性。数据资源既可以被重复使用,也可以被众多主体拥有,使用和拥有数据要素的边际成本很低,而且不存在效用递减等问题。三是支撑融合性。数据要素和其他要素相比有更好的支撑融合作用。在生产、分配、交换和消费环节,数据要素往往和技术、劳动等其他要素融合在一起,发挥强大的支撑效应,特别是和技术要素融合,可以提升全要素生产率。

我国是人口大国、互联网大国,网民规模巨大,应用市场广阔,数据资源丰富,有海量数据和丰富应用场景优势。我国网民规模突破10亿,互联网普及率为70.4%,主要指标在全球均位居前列。庞大用户群体基于互联网办公、购物、社交、娱乐等活动,产生了海量数据资源。伴随新一代信息技术的发展,基于"泛在连接"、智能感知的机器设备将产生大量数据。公开数据显示,当前我国数据资源总量和数据资源中心数量分别约占全球的20%和23%,成为名副其实的数据资源大国和全球数据中心。我国成为全球数据要素市场发展最为活跃、最具潜力、环境最好的国家之一。预计到2025年,我国数据资源总量约占全球总量的1/4。

数据资源化的本质是实现数据共享与服务,而数据共享是数据资源化的基础。大数据走向资源化是大势所趋。在数据资源化的过程中,必须建立高效的数据交换机制,实现数据的互联互通、信息共享、业务协同,以成为整合信息资源、深度利用分散数据的有效途径。

02 数据轻资产

资产是带来经济利益的资源。任何具有商业或交换价值的东西都可称之为资产。信息资源和数据资源概念演变，数据资产概念进一步扩大，并随着数据管理、数据应用和数字经济的发展而普及。《数据资产管理白皮书（4.0）》将数据资产定义为：由企业拥有或控制的，能够为企业带来未来经济利益的，以物理或电子的方式记录的数据资源。数据资产实质是拥有数据权属（勘探权、使用权、所有权）、有价值、可计量、可读取的网络空间中的数据集。数据资产是把数据变成可产生经济价值的资源。数据资产具备可复制、可共享、无限增长和无限供给的禀赋，可买卖交易、可拥有获利、可支撑生产。数据作为一种新型生产要素，作为一种新型资产，同实物资产一样具有价值和经济收益的特征。数据按贡献度、价值创造收益能力参与分配，反映了数据对提高生产效率的乘数作用。数据资产化有助于提升数据资源价值，赋予数据更多属性，演化成为一类无形资产形式。数据资产是轻资产，大数据产业都是轻资产行业，大数据战略都是轻资产战略。

数据资产化是数据价值变现的重要过程。数据资产化已成为驱动商业模式创新和发展、增强企业核心竞争力的重要途径。数据核心价值变现可归结为两种模式：一是内部使用，即业务数据化；二是外部商业，即数据业务化。实现数据资产化之后，数据资产会渐渐成为企业的战略资产，企业将进一步拥有和强化数据资源的存量、价值，以及数据分析、价值挖掘的能力，进而极大地提升核心竞争力，增进数据产业生态发展的正向反馈。数据资源、数据资产、数据资本都是数据发展到一定规模、集聚一定价值后的产物。数据资产化是构建数据要素市场的关键与核心，包括数据权属的确定、数据资产的定价、数据的交易流通。数据资产化，首先要推进对数据资源的资产属性确定、权属确认、价值评估、交易等资产管理工作。

03 数据融资本

　　数据资本如同金融资本、实物资本一样，能够产生新的、有价值的产品和服务，提高数据资本拥有者的预期收益。数据资本化离不开数据资产与其价值的连接。从数据资源、数据资产到数据资本，从数据资产化向数据资本化衍生，最大化挖掘数据价值，是数据产业发展的必然趋势。大数据时代，数据资本成为一类更具创造价值的新型资本。数据技术的迅猛发展正在消除金融资本、实物资本与数据资本之间的鸿沟，巨大的颠覆性创新正在逐步将数据资本带入资本市场的核心位置。

　　数据资本化是指通过数据交易流通将数据资产转变为数据资本的过程，在更高层次上实现数据资本价值。数字经济是融合型经济，数据要素是融合型要素，数据资本是融合型资本。数据融合应用市场广阔，数据资本化过程就是数据深度融合应用过程。

　　数据融入要素资本化。数据贯穿研发、生产、流通、服务和消费全流程，通过多种方式融入其他生产要素后，发挥其乘数作用和叠加效应、聚合效应，优化传统生产要素配置效率，促进全要素生产率提升，放大劳动力、资本等要素价值。数据要素通过"数据—信息—知识—智慧"递阶过程实现资本化。数据要素与劳动力、资本、技术等传统要素深度融合，催生出智能机器人等"新劳动力"、金融科技等"新资本"、人工智能等"新技术"。

　　数据融入技术资本化。数据加工过程就是技术进步过程，表现为与数据资本积累相伴的数据处理、数据分析和数据使用能力提高。数据融入人工智能、区块链等技术创新，促进数字技术与相关领域融合创新，推动数据资产转化数据资本，以新型的数据资本提升全产业链价值,拓展全产业链服务价值承载力,提高制造业服务化转型发展能力,形成新的生产方式、生活方式和经营方式。

数据融入产业资本化。数据与产业广泛深度融合,释放出巨大价值和潜能。数据融合正在从电信业、金融业,扩展到健康医疗、工业、物流、能源、教育文化等行业。数据产业资本促进不同行业、不同价值链高效协同,推动新商业模式和新业态发展,进一步深度赋能不同产业,提升各行业整体发展水平。

数据资本化的目的在于追求数据价值最大化。数据资本化主要有四种形式:数据证券化,依托数据资产,通过IPO,并购重组等手段获得融资。数据质押融资,数据权利人将其合法拥有的数据出质,从银行等金融机构获取资金的一种融资方式。数据银行,通过吸纳"数据存款",把分散在个人和集体中的数据资源集中起来,使其易被发现、访问,并具备互操作。数据信托,数据出让方将自己所持有的数据资产作为信托财产设立信托;信托受益权转让,委托方通过信托受益权转让获得现金收入;受托人继续委托数据服务商对特定数据资产进行运用和增值,产生收益;向社会投资者进行信托利益分配。

第二节 加快培育发展数据要素市场

数据作为数字经济的关键生产要素,构建数据要素市场是发挥市场在资源配置中决定性作用的必要条件,是发展数字经济的必然要求。加快培育发展数据要素市场,是构建更加完善的要素市场化配置体制机制、加快建设全国统一大市场的重要战略任务,对更好发展以数据驱动和创新引领的数字经济、推动经济高质量发展具有重要意义。我国具有超大规模市场、丰富数据应用市场、海量数据资源优势,数据要素市场发展空间和潜力巨大。5G、人工智能、区块链等新一代信息技术研发和创新应用，在一些领域已经达到甚至领先于国际先进水平，"云、网、端"等数字基础设施不断建设完善，为完善数据要素生产、交易、流转和消费整个数据要素价值链，促进数据高效流动和优化配置，构建全国统一、联通全球的强大数据要素市场体系，创造了关键性载体支撑和技术基础，培育发展数据要素市场具备良好条件。

我国数据要素市场可分为数据采集、数据存储、数据加工、数据流通、数据分析、数据应用、生态保障七大模块。这覆盖了数据要素从产生到发生要素作用的全过程。其中数据采集、数据存储、数据加工、数据流通、数据分析、生态保障六大模块，主要是数据作为劳动对象，被挖掘出价值和使用价值的阶段。数据应用模块，主要是指数据作为劳动工具，发挥带动作用的阶段。目前，我国培育数据要素市场处于起步阶段，还面临着数据确权难、数据定价难、数据安全保护难、数据价值化较低等诸多挑战。

用好大数据，开放共享是基础，高效配置是关键，依法规范是保障。培育发展数据要素市场，重在创新突破数据要素市场发展制约因素，坚持价值引领、基础先行、系统推进、安全发展、开放合作的基本原则，以推动高质量发展为主题，以供给侧改革为主线，以释放数据要素价值为导向，采好数据、管好数据、用好数据，着力推动数据资源高质量、技术创新高水平、基础设施高效能，形成数据资源汇聚共享、数据流动安全有序、数据要素市场化配置、数据价值优化整合与高质量应用的良性发展格局。

01 坚持开放共享，让数据汇聚起来

数据应用的前提是数据集聚，数据规模越大，应用价值就越高。大数据是数据的集合，以容量大、类型多、速度快、精度准、价值高为主要特征。数据汇聚主要通过数据采集和数据聚合，包括数据收集、

数据传输、数据存储、数据集成汇聚等。我国数据体量巨大、种类多样，具备较大的数据供给潜力，但数据资源碎片化现象突出，跨领域、跨行业的数据融合机制有待完善。从物理载体看，大数据中心建设存在结构性失衡，需进一步加快构建全国一体化的大数据中心体系。从数据采集看，目前我国数据采集的标准、通信协议、数据格式都不统一，使数据流通互认困难。要进一步优化数据共享机制，增强算力的匹配和调度，完善数据相关标准，支持发展数据标注等新业态，为数据要素市场更好发展注入活力。

加快数据"大体量"汇聚，努力打造多元化的数据供给体系。建立数据开放机制，完善数据要素资源体系，加快建设国家数据统一开放平台，加快打造政府经济治理基础数据库，建立"部门间"数据共享、"政企间"数据开放、"企业间"数据融通的数据要素流通共享公共服务体系，加快推进数据资源有序共享、交互共享。支持企业通过升级信息系统、部署物联感知设备等方式，推动研发、生产、经营、服务等全环节数据的采集。建立多级联动的工业基础大数据库和原材料、装备、消费品、电子信息等行业数据库，推动工业数据全面汇聚。建立数据仓库，以增强数据资源集聚、存储、管理能力。培育发展数据采集、数据标注、数据存储等产业化集群，逐步形成完整的数据资源供应链。

02 坚持综合智算，让数据处理起来

数据资源集聚，必然利用数据计算、加工、分析等配套工具，建立数据管理、数据共享、数据安全保护等处理机制，强化数据"多样性"处理，这是数据实现价值创造的路径演进和必然要求。通过数据清洗，让数据"去伪存真"；通过数据加工，让数据"去粗取精"；通过数据分析，让数据"由此及彼"；通过数据计算，让数据"由表及里"。

要提升数值、文本、图形图像、音频视频等多类型数据的多样化处理能力。促进多维度异构数据关联，创新数据融合模式，提升多模态数据的综合处理水平，通过数据的完整性提升认知的全面性。建设行业数据资源目录，推动跨层级、跨地域、跨系统、跨部门、跨业务数据融合和开发利用。

对数据而言，开放才有意义，但开放的前提则是安全。由于不同类型的数据，其级别和价值均不同，不能等同视之，应根据数据的重要性、价值指数，予以区别对待。数据安全法提出建立数据分类分级保护制度。数据分类是为了规范化关联，分级是安全防护的基础，不同安全级别的数据在不同的活动场景下，安全防护的手段和措施也不同。比如关系国家安全、国民经济命脉、重要民生、重大公共利益等数据属于国家核心数据，将实行更加严格的管理制度。

分类分级是数据全流程动态保护的基本前提，不仅是数据安全治理的第一步，也是当前数据安全治理的痛点和难点。数据安全建设需要针对数据的收集、存储、使用、加工、传输、公开等各个环节，进行数据安全风险的监测、评估和防护等，需要用到权限管控、数据脱敏、数据加密、审计溯源等多种技术手段。只有做好数据分类分级工作，才能进行后续数据处理和安全建设。

03 坚持优化配置，让数据流动起来

数据只有实现流通才能发挥其价值。促进数据大范围流通是培育数据要素市场的关键环节，是数据作为社会生产要素产生更大价值的重要前提，需有效破除数据流通壁垒，为数据流通规范化发展提供制度保障。目前，在数据治理、数据分类分级领域，要防止出现地方分类分级标准不一，造成数据市场地方割裂现象，避免阻碍数据要素的自由流通，以防数据要素的价值打折扣。数据流通共享，是数据要素

市场完善成熟的必然要求。数据若不能流通共享，则不利于数字经济新产业、新业态、新模式的形成和发展。在社交媒体、共享经济、互联网金融、电子商务等数字经济重点领域，平台收集、占用并垄断数据的特征日益明显。政府和市场主体的数据共享程度也不高。培育数据要素市场，要着力推动数据流通共享，推动数据"时效性"流动，提升数据流动效率。尽快列出数据共享清单、可交易清单，明确数据共享流通方式，切实推动数据流通共享。打通从数据源到数据流再到数据链的壁垒，孵化数据服务产业，积极探索数据资源资产化、市场化、产业化发展的有效模式和可行路径。建立金融、工业、交通、医疗等行业级数据要素流通平台，建设跨行业的综合型数据要素流通平台，实现大数据平台由数据集成型向知识集成型、应用集成型升级。探索建设区块链数字资产交易平台，支持数字资产确权、价值评估、上链与交易。

以数据流促进资金流技术流。数据要素是推动各类生产要素流动的重要纽带，通过对技术、资本、人才等生产要素进行数字化、智能化改造和整合，推动技术、资本、劳动力、土地等传统生产要素深刻变革与优化重组。数据流在人流、物流、技术流、资金流、商贸物流中发挥着越来越重要的作用。加快数据要素化，提升数据要素配置作用，发挥数据要素在连接创新、激活资金、培育人才等的倍增效应，培育数据驱动的产融合作、协同创新等新模式。推动要素数据化，引导各类主体提升数据驱动的生产要素配置能力，以数据流带动人才流、资金流、技术流集聚，促进劳动力、资金、技术等要素在行业间、产业间、区域间的合理配置，提升全要素生产率。

以数据链带动供应链产业链。数据要素具有"自我繁衍"和强渗透性、高流动性、低成本、外部经济性等特征，数据挖掘、存储、管理、分析、交换等已形成数据链，产业"黏合剂"作用明显。利用数据要素，联动不同产业集群和组织，促进跨网、跨地区、跨企业数据交互，推动产业链和价值链互联互通，打通"数字产业化—产业数字化—全要素数字化"路径，引起生产模式、组织形态和价值分配领域发生全面变革，重构原有产业的资源配置状态，畅通提升产业链、供应链和价值链，推进数字产业化和产业数字化协同，以数据驱动产业数字化的存量扩容和数字产业化的增量提速。打造数据资产产业链，建立基于数据资产管理、交易、服务的产业生态，构建"交易所＋基地＋企业集聚"数字产业生态圈模式，建设数据要素产业集聚区。

以数据源激活创新源价值源。数据已成为重要创新要素，是创新之源、财富之源，数据可用不可见。在全社会普及推广"数据要素思维"，树立正确的数据资产权益理念，让各行业都能重视数据、用好数据，唤醒大量沉睡数据，让"数字石油"真正流动起来，充分挖掘数据要素价值。探索建立准确衡量数据价值的数据资产价值评估模型和数据定价规则，建立数据交易市场化机制，搭建包括数据交易撮合、登记结算、资产评估在内的市场运营体系。建立健全包括企业数据、政府数据、个人数据在内的数据共享与交易制度，加快构建以数据确权为前提、数据估值为关键、数据交易为基础和数据隐私为底线的生产管理体制机制，释放数据要素价值，保障数字安全。

04 坚持转化利用，让数据增值起来

数据在转化利用中，通过降低搜寻成本、复制成本、交通运输成本等降低经济活动成本，提高经济运行效率，提升政府治理效能，释放数据社会价值、经济价值。要探索多样化数据利用机制，丰富数据应用场景，拓展数据应用空间，推动数据在旅游、交通、医疗、金融、商贸、制造、农业等领域创新应用，促进数据要素与实体经济深度融合，实现数据"高价值"转化。强化大数据在政府治理、社会管理等方面

的应用，提升态势研判、科学决策、精准管理水平，降低外部环境不确定性，提升各类主体风险应对能力。强化大数据在信息消费、金融科技等领域应用，推广精准画像、智能推介等新模式，推动商业模式创新。强化大数据在制造业各环节应用，持续优化设计、制造、管理、服务全过程，推广数字样机、柔性制造、商业智能、预测性维护等新模式，推动生产方式变革。引导企业实现研发设计、生产加工、经营管理、市场服务等全流程数据贯通，加快全价值链业务协同，围绕数据要素来分析和发掘发展新价值和新商机。推行普惠性"上云用数赋智"服务，鼓励龙头数字企业开放数字化资源，帮助传统企业进行数字化转型。发挥数据要素的无边界优势，以数字技术推动跨行业、跨区域、跨平台的企业协作新机制，以数字要素促进其他生产要素及创新要素的整合共享，构建创新协同、错位互补的区域数字化生态。探索开展数据资产质押融资、数据资产保险、数据资产担保、数据资产证券化等数据金融创新应用。

全面深化数据融合应用，推动数据要素价值化。充分发挥大数据交易中心的中介作用，鼓励数据交易主体开展多源数据汇集、数据清洗、数据建模等应用。搭建涵盖数据交易撮合、交易监管、资产定价、争议仲裁在内的全流程数据要素流动平台，提供数据要素所有权交易、使用权交易、收益权交易的数据产品交易服务。基于区块链、人工智能等新一代技术，建设数据授权存证、数据溯源和数据完整性检测平台，确保数据流通可信、透明、可追溯，解决数据交易流通中数据非授权使用等问题，提高数据供需双方交易流通效率。联合大数据企业、研究机构等开展数据产品研发，打通数据价值创造、价值交换、价值实现等全链条。

05 坚持法治安全，让数据规范起来

数据治理是数据要素市场健康发展的重要环节。当前，各领域对数据价值的认识参差不齐，缺乏统筹管理，缺乏全生命周期闭环管理。有必要推动经济社会重要领域加强数据治理，探索政府主导、多元联动、共建共治的新机制，鼓励数据治理技术、治理规则、治理模式创新，加强数据"高质量"治理，提升全社会数据管理能力，强化数据法治，确保数据安全。围绕数据全生命周期，通过质量监控、诊断评估、清洗修复、数据维护等方式，提高数据质量，确保数据可用、好用。完善数据管理能力评估体系，实施数据安全管理认证制度，推动《数据管理能力成熟度评估模型》（以下简称 DCMM)、数据安全管理等国家标准贯标，持续提升企事业单位数据管理水平。强化数据分类分级管理，推动数据资源规划，打造分类科学、分级准确、管理有序的数据治理体系，促进数据真实可信。

第三节 建立健全数据要素市场规则体系

建立健全数据要素市场规则，促进数据交易、共享、转移等环节规范有序，为构建数据要素市场、实现数据要素市场化和自由流动提供制度规范，成为优化数据要素配置、发挥数据要素价值的关键影响因素。数据共享难、流通难问题依然突出，数据的权属、估值问题依然模糊，数据的定价机制、交易机制尚未建立，数据要素市场化、数据交易制度化、数据治理法治化问题亟待解决。"十四五"规划和 2035 年远景目标纲要提出，建立健全数据要素市场规则，统筹数据开发利用、隐私保护和公共安全，加快建立数据资源产权、交易流通、跨境传输和安全保护等基础制度和标准规范。要围绕各类主体应用需

求、强化数据流通规则完善和标准建设，推进数据权属界定、开放共享、交易流通、监督管理等标准制定和系统建设，加快破除制约数据应用的体制机制障碍，完善法律、政策、标准、技术等相关制度保障，建设好数据要素市场，促进数据要素市场健康发展。

01 健全完善数据要素产权制度

数据资产权界定是数据要素市场发展的基础。从实践经验来看，世界各国并未采取"先明晰产权，再推进数据资产化"的模式。数据的价值不能够被体现，与数据相关的各利益相关主体则不具有积极性去参加确权谈判，真正实现数据产权的清晰也将较为困难。当前，我国数据权属界定尚不清晰。一方面，数据确权的相关法律制度不完善，未对数据权属问题给出明确答案。另一方面，对于数据权属的认知有时会存在差异，还尚未形成具有共识性的数据确权行业实践。

由于数据尚未被赋予法律意义上资产属性，数据所有权、数据经营权、数据使用权等权益没有被相关的法律充分认同和明确界定。数据也尚未像商标、专利一样，具有明确的权利申请途径、权利保护方式，法定的数据权利尚未有完整的法律保护体系。正是因为数据资产在数据权利主体、数据权属分配等方面存在诸多争议，增加了数据资产权属界定的困难。

数据资产权属界定可以简单理解为法律意义上由哪个企业拥有数据、经营数据和使用数据，表现在企业是否有数据购买合同（企业本身产生的数据除外）或者预先获得许可，有无约定数据资产所有权、经营权和使用权。数据资产权属界定需要明确相应的权利和责任，包括谁能够创建、读取、修改、复制、共享或删除哪些数据等。即使企业对外开放或共享数据，在法律保护下，企业仍没有失去所有权、经营权和使用权。在数据资产具有可复制性的不利背景下，数据资产权属界定可以保障数据资产安全。

建立健全完善数据要素产权制度，对个人数据和非个人数据的所有权、使用权、处置权和收益权进行明确界定，加强数据产权侵权保护和执法，确保各类利益主体的合法权益；探索制定非个人数据产权界定的办法，明确非个人数据在数据产生、流转、交易、处理等过程中的产权边界；完善数据溯源体系，探索制定应用新一代信息技术界定数据产权的操作方法和管理办法；完善个人信息授权许可制度，平衡各类主体之间的利益；建立数据资产知识产权管理制度。

02 建立数据要素价值评估制度

数据要素价值评估是数据要素有效配置的前提。与其他生产要素相比，数据要素最大的特点是虚拟性，难以界定权属关系、定价机制和交易规则。由于数据资产价值具有动态性、模糊性、不确定性，增加了数据资产价值评估的难度。数据价值化定义不清，对数据价值化的理解和衡量方式存在多样化的现象，数据价值化评估方式与方法欠缺，缺乏统一的数据价值化衡量标准。在形成统一、规范的数据资产价值评估方法之前，数据资产价值评估只能由交易双方根据市场行情商定。在数据价值评估方法中，成本法、收益法和市场法均具有局限性，不仅成本法不适用于数据资产价值评估，而且收益法和市场法也有适用场景的前提枷锁。

坚持数据要素价值市场决定、流动自主有序、配置高效公平，完善数据价值评估定价机制，探索构建一套科学、有效的数据价值化评估体系，实现数据价值最大化。以"平等、合理、非歧视"为基本原则，平衡"用户—企业""企业—企业""企业—政府"等多主体间数据权利义务关系，活化数据要素交易价值。以"安全合规+应用场景"为必要条件，构建数据资产评估指标体系，准确反映数据要素的资产价值。制定数据要素价值评估框架和评估指南，包括价值核算的基本准则、方法和评估流程等。建立数据定价标准，确保数据交易具有法定的定价依据。建立数据资产评估机制、数据资产会计入账等制度，确保企业数据在企业资产中得到其应有的价值体现。在互联网、金融、通信、能源等数据管理基础好的领域，开展数据资产价值评估，推动将数据作为无形资产列入会计目录，作为评估资产价值、投资转让、融资贷款的内容和依据。

03 健全完善数据开放共享制度

共享开放是数据要素市场健康发展的前提条件。当前我国数据要素市场化发展仍面临不少问题和挑战。首先，数据的资产地位在法律层面尚未确立，数据没有法定的资产身份，这制约了数据要素市场的发展。其次，存在数据资源的垄断现象。现实中的数据质量往往参差不齐，标准化数据采集难度大、成本高，数据市场存在的壁垒垄断了数据市场，这不利于数据共享。

建立健全数据开放机制，建立数据分级分类开放的具体规则，建立健全数据开放清单制度，完善数据开放的动态评估机制。建立数据互通、汇集、开放和共享的公共服务体系，完善数据要素市场的制度框架、支撑体系和保障机制，建立全样本、全维度、全生命周期的数据关联和融合利用体系，加快推进数据资源的标准化、商业化、市场化，推动数据资源开发利用。加快建立国家数据资源目录和数据资产管理制度，推进国家数据资源价值评估和清查审计；构建政府数据采集、质量保障和安全管理标准，完善统一的政府数据开放平台和标准体系，建立促进政务数据流通共享的技术服务体系，加强政府数据分级分类开放，加快推动政府数据共享开放和社会化开发利用；推进经济治理基础数据库动态优化，加快完善政企数据资源共享合作制度，探索推进政府公共数据授权管理制度,打通政企数据库接口;重点推进企事业单位、科研院所、社会大众之间数据开放共享、利益分享制度建设,引导各方开展数据资源共享合作。

04 健全完善数据安全管理制度

确保数据安全是数据要素市场健康发展的关键。数据资产安全涉及每一个相关者的利益,如数据所有者、数据经营者和数据使用者,会给利益相关者带来难以控制的风险。无论数据所有者提供数据时是否有偿,都会担心数据隐私无法得到应有的保护;即使数据经营者拥有先进的数据保护技术,但仍然存在数据资产安全隐患而影响应得的数据资产经营收益;面对数据的可复制性,数据使用者唯一掌控数据资产的愿景存在随时被打破的风险。数据流通交易与隐私保护之间的矛盾日益突出,涉及数据存储管理风险、信息泄露风险等安全问题频频爆发。

我国《数据安全法》对数据分类分级、重要数据目录、数据安全风险评估、数据跨境流动管理等重点制度仅做了原则性规定,亟须加快制定配套的实施细则。应加快健全数据安全保护的相关法律法规,加强与现有法律法规的衔接,形成比较完备的数据安全管理法律法规体系。加快建立数据分级分类标准体系,健全完善数据资源分级分类管理制度,重点制定分行业分领域的数据安全管理实施细则,明确各类利益主体分级分类安全管理主体责任。完善数据安全保障、风险评估及安全审查制度,健全数据泄露通知制度,建立内外有别的跨境数据流动安全保障体系。构建更完善的数据安全监管和风险防范平台,对数据供应、交易和利用的全过程进行监督,提高风险管控能力,保障数据交易过程的合法性和安全性。

05 健全完善数据要素交易制度

促进数据流通交易是数据要素市场健康发展的重要一环。由于数据资产权属、数据资产价值评估的局限性，以及数据资产交易政策和监管机制的缺失，我国数据资产交易市场依然面临诸多困难，不成熟的市场环境是数据资产化进程的障碍。梳理数据生产、应用和流通中的标准化需求，围绕数据资源上下游引进和培育一批数据服务商和供应商，构建多层次数据要素交易市场体系，为上下游合作伙伴提供数据采集、存储、计算、清洗、分析、咨询、展示、应用等全链条、全方位、一站式服务。建立促进数据流通交易的业务规则体系，明确涉及个人信息、商业秘密和国家安全等不同属性数据的流通交易和使用范围、对象、方式等，确保数据平稳有序流动。探索建立正面引导清单、负面禁止清单和第三方机构认证评级相结合的数据要素市场准入管理制度，支持引导数据密集型行业平台和企业积极参与数据要素市场交易，形成一批合格的交易主体和数据服务中间商。创新数据要素交易模式和交易规则，规范、简化数据业务市场准入备案制度，制定数据交易内容、格式、流程标准，不断完善数据交易（共享）的技术保障、检测认证、风险评估、信息披露和监督审计等相关制度规范。构建涵盖数据交易主体、数据合规咨询、质量评估、资产评估、交付等多领域的数据交易配套制度，在"不合规不挂牌、无场景不交易"基本原则下，让数据流通交易有规可循、有章可依。以"一数一码，全域可查"为标准交易形式，设立全国公认的数据产品登记凭证与首发数据产品说明书，实现可登记、可统计、可阅读、可普查。

加强数据要素交易监管。主要是明确组织架构中主管部门和相关部门的工作职责，建立数据交易全程可追溯、可审计的监管制度，建立数据市场风险评估、预警和防控体系，完善数据交易维权投诉机制，配套出台运行管理制度，按行业分领域制定数据安全管理实施细则。构建数据要素市场第三方生态体系，加快打造提供数据估值、数据清洗、法律咨询、市场分析、安全审计等服务的支撑生态。探索跨境数据流动分类监管模式，开展数据跨境传输安全管理试点。推动建立数据保护能力认证、数据流通备份审查、跨境数据流动和交易风险评估等数据安全管理机制。

06 健全完善数据市场治理制度

目前，数据市场治理体系尚不完善。国家层面缺乏有效的手段，对经济社会发展各领域数据的开发利用和流通交易等活动实现全面监管，个人数据滥采滥用和违法交易等活动十分猖獗。强化市场治理是数据要素市场健康发展的保障。构建数据监管治理体系，完善数据监管治理法律法规等制度保障，全面考虑政务数据、个人数据和企业数据，兼顾线上数据和线下数据，统筹考虑数据开发利用、流通交易、安全保障、资产化等因素，完善数据监管治理标准程序规范，加快推进数据市场治理法治化。进一步完善市场竞争监管法律法规体系，强化数据要素市场监管和反垄断，坚决打击和防范数据滥用和不当使用行为。构建线上线下无缝衔接的数据要素市场全流程全生命周期监管体系，完善多元主体参与、协同共治的数据要素市场治理体系。构建数据监管治理平台技术支撑体系，建立数据流动态势感知、安全预警、应急处置等平台，提高数字化、网络化、智能化监管水平。

07 健全完善数据要素收入分配制度

党的十九届四中全会首次将数据纳入生产要素，提出了要健全数据等生产要素由市场评价贡献、按贡献决定报酬的机制。国务院印发的《"十四五"数字经济发展规划》更是将初步建立数据要素市场体系作为"十四五"期间我国数字经济发展的目标之一，提出基本建成数据资源体系，显现数据要素市场化的成效，有序开展数据的确权、定价、交易，探索建立与数据要素价值和贡献相适应的收入分配机制。合理的收入分配是数据要素市场健康发展的重要内容。应在明确产权的基础上形成数据要素按市场评价贡献、按贡献决定报酬的初次分配基本框架。多方发力，完善数据要素收入分配政策体系，确保数据要素收入分配兼顾效率公平，让企业和个人有更强动力和更大空间去利用数据要素创造价值和增加财富。

08 健全完善数据要素市场法律法规制度

目前，数据要素市场的法律法规体系尚未完善，国家层面缺乏一部统筹促进各领域数据流通交易、开发利用和安全保障的法律法规，《网络安全法》《数据安全管理办法》等法律和部门规章，仅对利用网络开展数据收集、存储、传输、处理、使用等活动的安全保障做了约束性规定，与网络无关的数据活动缺乏相应的法律来规范。

我国法律对数据产权的归属、类型和结构界定规则仍然比较模糊。要加快数据立法进程，通过立法形式，明晰数据要素产权界定，明确数据权属和确权程序，从数据的收集、挖掘、利用、共享和交易等环节对数据产权进行认定，明确数据所有权、使用权、处理权、控制权、收益权等各种权利的种类和属性，明确各种数据权拥有者的相关权责，尤其要加快明确涉及个人隐私、商业秘密和国家安全等数据，在大数据营销、企业数据共享、数据跨境流动、政府社会治理、公共服务、公共安全应用等特定使用场景下的权利使用约束。

海量数据在收集、存储、流转和利用过程中，容易受到非法势力攻击和窃取，造成数据泄密。随着数据流通的日益频繁，数据安全风险也不断放大。我国已颁布实施《网络安全法》《数据安全法》《个人信息保护法》，构成了我国数据安全管理的基本法律框架。在国家战略与合法合规的双重驱动下，隐私计算、区块链等新兴技术飞速发展，成为释放数据价值及保障数据安全的重要技术。积极研发和推广防泄露、防窃取等大数据保护技术，制定数据隐私保护制度和安全审查制度，完善数据分类分级安全保护制度。建立公共数据、商业数据、产业数据融通的全生命周期安全防护制度，推动专业机构开展数据安全能力评估和认证等服务。

· 第六章 ·

数字化新基建
——数字立交桥

第六章

数字化新基建——数字立交桥

基础设施是经济社会发展的基石，具有战略性、基础性和先导性作用。以数字经济为代表的新经济，代表着发展前沿、发展方向、发展趋势和发展未来。新经济需要与之相适应、相配套的新型基础设施。以数字型基础设施为代表的新基建正在蓬勃兴起，拥有广阔发展空间，推动形成以国内大循环为主体、国内国际双循环相互促进的新发展格局，为高质量发展"强筋壮骨"。所谓新型基础设施，是以新发展理念为引领，以技术创新为驱动，以信息网络为基础，面向高质量发展需要，提供数字转型、智能升级、融合创新等服务的基础设施体系。数字新基建其实质是软硬兼容、数实共生、开放共享的数字综合体，"数字"是特质，"综合"是功能，"体"是载体和平台。数字新基建是关乎国计民生的重大战略工程。全面推进新基建，依托大数据、人工智能、云计算等数字技术，统筹信息基础设施、融合基础设施和创新基础设施网络空间布局，推进新型基础设施资源共享、设施共建、空间共用，共同培育肥沃的"数字土壤"，促进新型基础设施与产业融合发展，增强经济发展新动能，抢占未来发展主动权。

第一节　新基建的数字特质

不同经济社会时代，"设施"形式日益多样，"基础"作用并未改变。在农业社会，水是命脉，水利设施直接决定农耕水平与农民生活质量。在工业社会，机械设备等在生产生活中的作用日益突出，交通运输、管道运输、电力网络等成为重要基础设施。数字经济时代，数据和信息成为经济社会发展的关键要素，互联网等成为新型基础设施。

基础设施，有"传统"与"新型"之分。传统基础设施，主要包括铁路、公路、机场、桥梁等。新型基础设施，一般包括5G、大数据中心、人工智能、工业互联网、物联网等基础设施。以铁路、公路、桥梁等建设为主的传统基础设施建设面向的是工业经济时代，以信息、融合和创新为核心内涵的新型基础设施建设面向的是数字经济时代。

2018年12月，中央经济工作会议将5G、人工智能、工业互联网、物联网定义为"新型基础设施建设"，即"新基建"。2019年政府工作报告要求加强新一代信息基础设施建设。新基建主要包括七大领域：5G基站建设、特高压、城际高速铁路和城市轨道交通、新能源汽车充电桩、大数据中心、人工智能和工业互联网。

新基建主要包括三类：一是信息基础设施，主要是指基于新一代信息技术演化生成的基础设施，既包括以5G、物联网、工业互联网等为代表的通信网络基础设施，也包括以人工智能、云计算、区块链等为代表的新技术基础设施，还包括以数据中心、智能计算中心等为代表的算力基础设施等。二是融合基础设施，主要是指深度应用互联网、大数据、人工智能等技术，对包括能源、交通、城市、水利在内的传统基础设施进行数字化改造，进而形成的融合基础设施。如智慧能源基础设施、智慧交通基础设施、智慧城市基础设施、智慧水利基础设施等。三是创新基础设施，主要是指支撑科学研究、技术开发、产品研制的具有公益属性的基础设施，如重大科技基础设施、科教基础设施、产业技术创新基础设施等。

传统产业的数字化转型是数字新基建的价值所在。在供给侧结构性改革的推动下，传统产业面临着转型升级的迫切需求。以数字化为核心的新型基础设施建设，能够为传统产业的转型升级提供有力支撑。我国传统制造业的数字化转型和智能制造的发展需要工业互联网的支撑；我国新能源汽车和智能网联汽车的发展需要能源互联网、车联网和智能化交通基础设施的支撑；我国水、电、气等城市公共基础设施的数字化和智能化转型需要城市物联网的支撑；我国智慧农业的建设需要农业物联网的支撑。我国以人工智能为代表的数字化技术正在成为新型基础设施的重要组成部分，为传统产业的转型提供技术赋能。

数字化新基建是新型基础设施的核心。以5G、人工智能、工业互联网、物联网为代表的新型基础设施，就是数字化的基础设施。随着物联网推动的万物互联，全球范围的网络连接终端数量大幅增加，数字技术与网络技术相融合，生成的数据呈现指数型增长，云计算、大数据、人工智能、物联网、区块链等新一代信息技术支撑的数字经济进入快速发展阶段。新基建本质是数字化的基础设施，是支撑数字经济、联通数字网络、连接数字空间、融合数字技术、承载数据要素的数字生态共同体。

01 新基建是数字经济新底座

数字经济呼唤新基建，新基建助力数字经济，已成为数字经济的发展基石以及转型升级的重要支撑。新基建是面向数字物理空间开发的基础设施。传统基建主要是面向物理空间开发的建筑、交通、能源、水利等工程。数字物理空间是人类社会未来发展的空间，无论政府、企业还是个人除了在物理空间中存在，也同时存在于数字空间中。新基建要同时搭建在两个空间中建立新秩序的基础设施。新基建是数据要素市场化配置所需要的基础设施。数据类似于传统的生产要素，其走向要素化还需要大量的基础设施支撑。在数据要素化和要素数据化的过程中，需要用创新思维建立新型数据中心、算力网络、数据交易市场等基础设施。新基建是支持数字生产力发展的基础设施。人类社会数字革命是以数字生产力的发展为标志。三类新基建都要为数字生产力的发展提供支撑，尤其是创新基础设施，更要成为创造人类未来生产力的关键基础设施。新基建是构建数字化生产关系的基础设施。数字生产力需要数字化生产关系与之匹配。新基建并不只是"硬"设施建设，更包括了与之配套的大量"软"设施，也就是生产关系的变革。通过新基建上云、用数、赋智等应用路径，从政府的数字治理，到企业的数据资产管理，再到个人的虚拟生活方式，在每家企业、每个产业、每个地域，建立适应于新生产力的透明性、可信式、对等性的新数字化生产关系，创造智慧红利，创造新的价值。

02 新基建是数字网络高速路

数字技术的快速发展和深度应用，推动面向个人用户的互联网科技服务逐步面向各行业生产领域，特别是向制造业渗透，构建以工业物联为基础、以工业大数据为要素的工业互联网，推动形成新的工业生产制造和服务体系。人与人、人与物、物与物之间的联系互动方式，通过消费互联网、产业互联网联通，通过互联网、工业互联网、算力网、物联网、智能网实现。新基建、数据要素和产业互联网紧密相连、互相促进。有专家将三者关系类比成"路—油—车"。新基建是连接数字网络，通往数字社会的"高速公路"，数据是驱动数字经济发展的新"石油"，产业互联网则是高效运行的"智能汽车"。新型基础设施的数量、质量等决定了数字经济发展的速度和高度。构建以数字为基础、网络为支撑的数字经济资源开发服务平台，是推进新型基础设施建设的重要目标。

03 新基建是数字空间连接器

以互联网为代表的新一代信息技术革命，加快引领经济社会时空发生重大变化。一是从低速状态转向高速状态，产业生命周期、产品生命周期、技术生命周期、知识生命周期变短。二是从确定性情景转向不确定性情景，不确定性成为常态，任何活动都置于"VUCA"情景（V，易变性；U，不确定性；C，复杂性；A，模糊性）。三是从线性变化转向非线性变化，指数型组织、指数型成长成为必须，意味着高速度增长和高质量发展两者融为一体、相互加持。四是从实体空间转向虚拟空间，虚实空间打通融为一体，虚拟空间具有"三零一无"特点，即零时间、零距离、零成本、无边界。五是从同道追赶转向换道超车，跨界竞争成为必然，跨界融合成为趋势，新业态新模式层出不穷，构建数字经济生态成为大势。经济社会从非信息化、非数字化、非智能化、非网络化向信息化、数字化、智能化、网络化全面转型，人类生活方式、生产方式乃至思维方式发生重大革命，一切都在颠覆之中，一切都在重构之中。

基础设施的本质就是互联互通发挥连接作用。一是打通实体空间之间的相互联系，二是打通虚拟空间之间的相互联系，三是打通实体空间和虚拟空间之间的相互联系。空间是人类从事一切经济活动的场所。随着时代变化，对空间的认识不断深化。空间1.0主要指陆域；空间2.0增加了海域，包括浅海深海、近海远海；空间3.0进一步增加了空域，包括低空、高空、太空；空间4.0又增加了虚拟空间。当今社会，正是借助基础设施，不仅陆域海域空域融为一体，而且实体空间与虚拟空间也融为一体。

传统基础设施大多局限于实体空间尤其陆域，重在有形连接，即"桥连接"，主要包括公路、铁路、机场、港口、码头、桥梁等，俗称"铁公基"。新型基础设施不仅在实体空间，更拓展至虚拟空间，重在无形连接，即"云连接"，主要包括以互联网为代表的新一代信息技术群，也称"云设施"。新基建进一步促进了网络空间与物理空间的连通和融合。

04 新基建是数据要素集装箱

就像工业时代的石油、矿石一样，数据是数字经济时代的财富源泉和重要生产要素。所有经济活动，必须依托数据。数据具有价值，通过数据采集、数据储存、数据加工、数据集成、数据分析，数据作为生产要素驱动经济增长。新型基础设施承载海量数据，数据类型和来源多样化，数据交换、数据融合、数据共享、数据安全等，都需要通过数字新基建实现数据价值。实行数据开放，一则数据跨界融合，二则数据跨界共享。这都以数字新基建为依托和载体。新基建最突出的功能是支撑数据收集、存储、加工与运用，满足数字经济发展需要。新基建就是数据生产要素的存储器和承载体。新基建构建数据"采、传、存、算、易、用"等完整产业链基础设施。通过"采"在物联网、"传"在东数西算、"存"在分布式数据中心、"算"在算法库、"易"在数据交易所、"用"在行业数据平台，加速数据资源化、资产化、资本化，数据驱动经济社会发展。

05 新基建是数字服务软平台

传统基础设施建设的投入多以自然资源为主，往往只关联某些部门和行业。与铁路、公路等基础设施建设直接相关的主要是交通运输部门。新型基础设施建设的投入则以信息技术为主，兼有公共产品和新兴产业的特性，是一种新型业态。新型基础设施作为公共产品，把涉及数字收集、存储、分析、运用的相关产业联成网络，使消费者、生产者信息可即时对接，聚合物流、支付、信用管理等配套服务，极大突破沟通和协作的时空约束，大幅减少中间环节、降低交易成本、提高交易效率，推动平台经济、共享经济等新经济模式快速发展。新型基础设施服务的产业越多、集聚的数字资源越多，其外部效应就越大。数字基础设施的正外部效应和用户效率提升的示范效应，会吸引更多用户使用和参与。新基建所形成的互联互通、数实相融合的基础设施，是各行各业数字化转型的基础，有利于重塑各行业的基础规则。在这些数字基础设施平台上，社会的共性认知将走向数字化，形成基于数字技术的信用、认证、交易、法规、文化和伦理服务体系，并形成新的生活方式、生产方式和社会治理方式，推动农业、工业、服务业革命性改变，引发生产力和生产关系重大变革。

06 新基建是数字技术融合体

新型基础设施，既是基础设施，也是数字技术，还是新兴产业。数字基建是技术创新的新载体。新基建融数字技术、制造技术、新材料技术、装备技术于一体，融数字设施、数字技术、数字产业于一体，推动5G、人工智能、大数据、物联网、云计算和区块链等技术融合创新和场景化应用，为数字经济发展厚植"数字土壤"。

新一代网络信息数字技术不断创新突破，数字化、网络化、智能化深入发展，数字技术和人类生产生活交汇融合。新基建所在的领域都是基于数字技术，以5G、物联网、工业互联网、卫星互联网为代表的通信网络基础设施，以人工智能、云计算、区块链等为代表的新技术基础设施，以数据中心、智能计算中心为代表的算力基础设施等基于新一代信息技术演化生成的基础设施。5G赋能交通，使智能网联汽车、自动驾驶汽车成为可能，车联网成为5G技术最主要的应用场景；人工智能赋能机器，诞生了工业机器人、无人系统等产品；工业互联网赋能产业，通过全要素、全产业链、全价值链的全面连接，实现工业经济数字化、网络化、智能化发展。数据中心赋能云计算、边缘计算，使工业互联网实现万物互联成为可能。数字技术日益成熟、应用场景日渐增多，铁路、公路、机场等传统基础设施越来越智能化和自动化，与数字技术的结合也越来越紧密。未来，新基建与新技术一体化，"老基建"与新技术融合化，界限逐渐模糊，共同服务于经济长远健康发展，持续提升人民生活水平。

第二节　数字新基建的综合功能

数字新基建以数据创新为驱动、以通信网络为基础、以数据算力设施为核心，具备深度的纵深渗透和显著的集约整合能力，对有效打破信息界限、知识界限、产业界限、空间界限，促进供需互动、产业提升等方面具有显著优势。数字基础设施通过挖掘数据新型生产要素的巨大潜力，打通经济社会发展的信息"大动脉"，发挥为经济赋能的"稳定器"和"倍增器"关键作用，为经济社会数字化转型提供关键支撑和创新动能，成为经济发展的新引擎和新动能，具有强大的增量空间和辐射带动效应。新型基础设施建设，就是未来经济的"种子工程"。

01 基础支撑功能

基础设施是经济社会发展的重要支撑。基础设施状况反映一国经济实力和发展水平。与生产力发展需求相适应的基础设施建设对提高生产效率、改善人民生活质量具有重要促进作用，反之则会成为制约经济社会发展的瓶颈。基础设施的一个重要功能，是实现人流、物流、资金流、信息流等顺畅流动，为经济发展和社会进步提供基础性条件。基础设施犹如经济社会发展的筋骨，节点布局合理、网络密度适宜、通道运行高效、传输能力符合社会需要，筋骨就强健有力，对经济社会发展的支撑就稳固有效。在新一轮科技革命推动下，人类社会正在由工业社会迈向数字社会，对新型基础设施的需求迅猛增长。把人工智能、工业互联网、物联网等作为新型基础设施建设，赋予基础设施新内涵，增强基础设施新功能，加快数字经济发展，支撑经济社会发展。

我国正处于数字经济发展起步阶段，新型基础设施是经济发展的短板。一方面，与新型基础设施相关的硬件产品制造能力和产品质量与需求之间仍有差距；另一方面，体现科技创新能力的软件设计也存在短板。还应看到，我国信息技术与实体经济融合不够深入，数字经济发展受到制约，主要原因就在于新型基础设施配置不到位、数据采集难度大、缺乏自主可控的数据互联共享平台等。实践表明，要更好支撑数字经济发展，抓住新科技革命的历史机遇，培育竞争新优势、推动新旧动能转换、促进经济转型升级，必须加快新型基础设施建设。我国是人口大国、制造大国和互联网大国，具有其他国家无可比拟的发展数字经济的市场规模条件，新型基础设施具有丰富的应用场景和广阔的市场空间。加快新型基础设施建设，是实现我国经济由大向强转变的加速器。

02 公共服务功能

数字新基建实质是开放型、平台型、枢纽型、生态型的公共服务综合体，是保障社会经济活动正常进行的重大科技基础设施和公共服务体系。新基建涉及新的产业链重构，其上游是基站、天线、传感器、存储器、光纤光缆等，下游是智能手机、智能汽车、智能家居、智能机床等终端硬件以及软件开发服务，构建电子商务、电子政务、网络教育、网络娱乐等公共智能服务平台，提供智能化、多样化的生产生活服务。网络已成为农民生产的"新农具"、跨越数字鸿沟的"新桥梁"、产业转型升级的"新引擎"、经济社会发展的"新抓手"、解锁幸福生活的"新密码"。

数字新基建让生活更智能。依托数字基础设施所形成的智慧城市、智慧医疗、智慧交通、智慧家居等智能服务体系，提高公共服务质量，为医疗、教育、交通、餐饮、娱乐等领域深度赋能，催生更多消费新形式，提升消费服务水平，改善民生福利。智能供应链和智能物流将像水电煤一样，成为现代智慧城市不可或缺的部分，极大方便民众教育、医疗、出行等。以供应链为基础的零售平台精准匹配，推动民生物资迅速对接、物流及时配送；远程医疗、线上药店提供便捷的"互联网＋医药"服务。人工智能、物联网和 5G 网络让智能家居走入千家万户。"智能魔镜"根据天气情况和用户穿搭习惯为其提供穿着建议；"智能照明"感应室外光线，自动调整灯光明暗，更加节能实用；"智能扫地机器人"通过住户远程操控，按指定路线进行清扫。

数字新基建让生产更智能。数字新基建对有效扩大内需、提升供给体系对需求的适配性、保障产业链供应链安全性等发挥关键作用。工业互联网引导平台增强 5G、人工智能、区块链、增强现实、虚拟现实等新技术支撑能力，强化设计、生产、运维、管理等全流程数字化功能集成，发展智能制造、服务制造、绿色制造。依托现有资源建设农业农村大数据中心，加快物联网、大数据、区块链、人工智能、第五代移动通信网络、智慧气象等现代信息技术在农业领域的应用，发展智慧农业生产。

数字新基建让就业更高质。数字创造出更多、更高质量的就业机会。《中国数字经济发展与就业白皮书（2019 年）》显示，2018 年我国数字经济领域就业岗位为1.91亿个，占当年总就业人数的24.6%，同比增长11.5%，显著高于同期总就业规模增速。区域经济体借助新基建可促进产业整体向高端集聚，衍生出新的创业和就业群体，形成产业人力资源分流，助力产业结构调整。

数字新基建让贸易更便利。构建网络空间命运共同体，打造专业化国际化的数据智能技术平台，促进全球数据资源共用共享，为跨境电子商务、跨境智能物流、跨境智慧旅游等提供支撑服务。推进"一带一路"数字基础设施建设，优化跨境通信交流、导航定位以及大数据采集管理、交换共享与挖掘分析水平，改善区域通信状况和互联互通的层次。开源开放平台是数字经济技术开发应用的关键基础设施。强化国际化的开源社区、开源平台等基础设施建设，为企业开放基础框架、基础服务、开发工具、基础算法组件等底层技术，吸引全球开发者团队、行业企业和优秀的开源项目入驻平台，促进技术的协作攻关与迭代升级。

03 创新引领功能

数字新基建技术知识含量高、产品附加值高，具有强大产业关联性和渗透能力，短期提升投资与消费需求，长期具有巨大的创新杠杆效应。通过加快5G网络、数据中心等新型基础设施建设，发挥其赋能作用，激发更多新技术、新应用、新业态，创造出更大的发展空间和美好未来。

新基建是知识密集型、科技密集型的基础设施，具有科技含量高的公益属性。依托重大科技基础设施、科教基础设施、产业技术创新基础设施等支撑科学研究、技术开发、产品研制的具有的基础设施，加快建建设打造高校、科研单位产学研融合创新平台、产学研合作云服务平台，发挥创新基础设施对科技创新的支撑引领作用，提高产学研供需对接能力，着力解决制约产业发展的行业共性关键技术和涉及社会民生的重大科技难题。

新型数字基础设施的突出特点在于其全新的数字化技术体系，不仅立足于当前世界科技发展的前沿水平，以新一代数字化技术为依托，而且通过新技术的产业应用，催生出大量创新业态，形成了新的商业模式。数字基础设施与前沿科技联系紧密，市场需求紧迫，具备社会公共性、效果长期性、收益间接性特点，产生"一业旺百业兴"的推动作用和乘数效应。核心技术是国之重器，国家积累的核心技术越多，具备的创新能力越强，发展后劲就越足，成长空间就越大。依托5G、物联网、工业互联网、人工智能、云计算、大数据等新一代信息技术演化而成的信息基础设施，推动编码技术、基带芯片、核心元器件等方面关键核心技术基础性突破，加强前瞻性、引导性技术攻关，提升产业竞争力，赢得发展主动权。

新型数字基础设施涵盖传感终端、5G网络、大数据中心、工业互联网等，包括利用物联网、边缘计算、人工智能等新一代信息技术，对交通、能源、生态、工业等传统基础设施进行数字化、网络化、智能化改造升级。把握新一轮信息技术变革和数字化发展趋势，紧扣新基建、新技术、新材料、新装备、新产品、新业态，聚焦新网络，加快推进新型基础设施建设，布局5G网，建设一批5G标杆工程，打造"数据港"，提升"计算力"，加快建设大数据中心，建好工业互联网、农业物联网、智慧文旅网、数字城市网，推动经济社会各领域"触网登云""用数赋能"。聚焦新业态，加快推进融合基础设施建设，推动产业数字化、园区新型化、企业智能化、项目智慧化，布局一批有影响力的国家级重大创新平台，构建形成创新型现代产业体系。

"十四五"时期，正处以科技创新引领全球技术链、供应链、产业链、价值链分化重构的关键时期。面向未来的新技术体系正在加速建立，竞争的焦点从单一产品转变为技术设备体系和生态体系的竞争。伴随网络化、融合化和体系化发展，信息领域技术与产品形态正不断创新发展，不断产生新平台、新模式，并基于其渗透性和扩散性，带来社会各行各业深刻变革。新一代网络、量子信息、人工智能、类脑计算、新型材料等已成为全球新一轮技术革新的重点；高效能、类脑化、一体化、平台化等成为未来芯片和计算机发展的主要方向；以操作系统为核心的信息技术产业垄断趋势进一步加强，并呈现和数据库、中间件、应用软件等相互渗透、融合发展的趋势；高可扩展、高安全、移动、高服务质量、绿色、低能耗的新型网络正成为产业界和学术界研究重点；区块链、边缘计算等技术给互联网基础资源领域技术革新带来重要机遇；5G、边缘计算等新一代信息技术发展正推动物联网快速进入全联网时代，从而引发新的技术突破空间和产业机遇。坚持以新基建为抓手，利用自身优势，做好战略统筹，自主创新发展，大力发展信息领域平台级产品，形成核心技术发展的"微生态"，以谋取核心技术发展重大突破和实现某些领域的"弯道超车"。

04 投资带动功能

新基建与高新技术发展紧密相连，是发展信息化、智能化、数字化的重要载体，也是创造与满足新需求的重要保障。新基建一端连接着巨大的投资与需求，一端连接着不断升级的消费市场。数字新基建既是"生产型"投资，又是"消费型"投资，还是"创新型"投资。我国具有超大规模的应用场景、极具深度的消费潜力、日益增强的资本对接能力。数字新基建可以支撑数字经济新业态、新技术发展，也可推动传统产业数字化、智能化转型，其所承载的数据还可以无限复用并创造新价值，具有边际收益递增效应，有带动投资作用。数字新基建可以支撑国民经济大多数行业，还可以通过拉动消费需求助力扩内需和增就业，有利于提升全要素生产率，具有乘数效应。数字新基建投入大，产出效益高，产业带动性强，投资导向功能强，对经济发展具有长远积极影响。

数字新基建作为数字经济、智能经济等的技术支撑，不仅本身将带来巨大的投资需求，还通过数字技术产业化，创造新的产业、新的业态，创造新的创业就业机会，拓展新的消费热点。新基建领域投资潜力巨大，蕴藏着巨大的拓展空间。2020年，我国5G投资规模近3000亿元、特高压投资规模超600亿元、轨道交通投资规模在5000亿元左右、充电桩投资规模100亿元、数据中心投资规模约1000亿元、人工智能投资规模约350亿元。统计显示，高铁建设投资对拉动关联产业的乘数效应约为3倍，而5G、人工智能、工业互联网等新一代信息技术的投资拉动乘数效应高达6倍左右。预计到2025年，新基建将给我国信息消费创造8.3万亿元产业规模。国家发改委数据显示，到2025年，在5G、城际高铁、轨道交通、大数据中心等七大领域，直接投资有10万亿元左右，带动的间接投资将会有17万亿元。"十四五"期间将会有30万亿元左右的直接间接投资。

以5G为例，一张5G网络，连接了从通信设备厂商、通信运营商、互联网服务提供商，到各行各业实体的上下游产业链，能支撑起一个庞大的新一代信息产业，还能够渗透到其他各个领域，形成强大的溢出效应和牵引效应，创造更大的综合效益和社会价值。5G网络建设投入大，仅基站建设的5G投资就大约是4G的1.5倍，形成庞大的投资需求。5G商用还带动巨大的移动数据流量消费、信息服务消费和终端消费。根据测算，到2025年，我国5G网络建设投资将达到1.2万亿元，创造约300万个就业岗位。预计到2030年，5G将直接贡献总产出和经济增加值6.3万亿元和2.9万亿元，间接贡献是10.6万亿元和3.6万亿元。5G网络建设有助于培育繁荣的互联网经济、人工智能、数字经济等新技术产业，间接带动数十万亿元的经济总产出。

05 资源配置功能

工业经济时代，生产要素主要在"路"上流动，包括铁路、公路、航路、水路等；数字经济时代，生产要素主要在"网"上流动，包括互联网、物联网、算力网等。我国经济正在经历结构性变革，从"马力"经济向"算力"经济转变，数据经济驱动的新增长方式正在形成。以人工智能、云计算、区块链等为代表的新技术基础设施，正在与各行各业深度融合，有效拓展数据应用的广度和深度，突破供需物理限制、产业行业边界，优化配置要素资源，提高全社会资源配置效率。数字新基建通过对技术、人才、资本、数据等各类产业资源的泛在连接、弹性互补和高效配置，打通全要素、全产业链、全价值链，促进各行业深度融合、上下游联动，促进资源优化配置，渗透放大各生产要素生产力，全面提高劳动生产率和资本回报率。

发展数字新基建有利于加速数字技术对传统产业的赋能，更好实现数据生产要素价值、畅通现代物流体系、推动现代商业模式发展，提升供给体系对国内市场需求的适配性，形成需求牵引供给、供给创造需求的更高水平动态平衡。通过5G、人工智能、大数据中心等数字新基建，把人流、物流、信息流、资金流转化为数据流、价值流，实现价值链上企业间的互联融通、要素共享，实现资源优化配置。数字新基建将巨大的投资需求、产业迭代需求与不断升级的消费市场连接起来，有效推动经济社会数字化转型和消费升级。构建全新的产业组织方式，寻找技术和产业的最佳契合点，促进更高水平供需循环，推动数字新基建与产业基础高级化和产业链现代化的融合，切实提高产业链供应链的稳定性和竞争力，让数字新基建创造更大的综合效益和社会价值。

数字新基建不同于传统基础设施的土地、资源要素投入，可以拉动新一代信息技术、高端装备、人才和知识等高级要素的投入，为战略性新兴产业、现代服务业提供需求载体。数字新基建支撑的平台载体高效拓展生产经营活动空间与市场空间，有利于破除传统经济活动中生产要素跨境、跨地区流动的壁垒，让优势资源能够更好地满足消费者需求偏好，让我国超大规模市场形成更加强大的国际影响力与资源聚合效应。

06 治理提升功能

全社会加速数字化重构，过去传统工业文明的治理方式已经无法适应数字时代的需要。以5G网络、数据中心、人工智能、物联网建设等为代表的新基建正改变着政府建设、社会治理等各个方面。通过数字新基建，借助数据化、平台化，加快数字政府建设，建立"用数据监测、用数据分析、用数据预警、用数据管理、用数据决策"的创新机制，让政府的组织体系更加灵活，让政府的协同更加高效，提升政府数据治理能力和水平。物联网、人工智能、大数据等新型基础设施正加速应用到社会治理中，助推破解政务、交通、应急等领域难题。依托大数据、人工智能技术，创新治理模式、优化治理流程，促进通信、交通、公安等多系统数据对接。数字政府建设，促进数字政务系统从部门独立运作向部门间协同治理转变，推动数字基础设施建设向基层社会治理单元深度延伸，强化"后台"的数据分析监测能力，弱化"前台"的人海战术，提升社会治理专业化、精细化、智能化水平。

智慧城市实现公共服务供给与数字化治理相结合，不断提升数字经济时代治理能力。围绕优化城市资源统筹协同能力、提升城市应急响应能力和应急保障能力等，智慧城市建设构建适应数字经济、智能社会发展需求的基础设施体系，搭建数字化城市管理平台，把数字新基建与交通、教育、商务、医疗、金融、安防等城市智能场景相结合，提升公共服务水平，促进公共服务智慧化、社会治理精细化、安全监管精准化。数字新基建让城市治理更精细，让城市治理更高效，让城市更安全。

07 安全保障功能

网络安全不仅仅靠产业和政策带动，更重要的是伴随着《网络安全法》和《关键信息基础设施安全保护条例》等重要法律法规和标准的颁布实施，强化新基建安全保障，靠新基建保障安全。未来网络安全和企业生产已经紧密相连，安全产品跟企业生产场景和安全场景相融合。当未来网络安全扩展到新基建相关领域，如 5G 安全、物联网安全、工业互联网安全、人工智能安全等新兴数字化技术领域安全后，传统安全建设思想和方法论已经无法满足新型数字化和新技术应用带来的安全需求。新基建的网络安全建设与数字化新基建同步发展。网络安全建设已开始从过去零散、局部、被动地建设，升级为构建内在、体系化、主动有序的安全体系。

5G 建设打造信息高速公路升级版，人工智能培育智能经济形态，大数据中心夯实智能经济基础，工业互联网重构工业生产体系，城际高速铁路和城际轨道交通构建城市群网络，特高压建设全球能源互联网，新能源充电桩消除里程焦虑；等等。安全建设的保障重要性是和新基建建设内容所处的层级有着密切关系。处于新基建最底层的基础数据支柱层为最重点保护内容。政府和企业构建"低、中、高"三位能力层级的网络安全系统。在低位安全能力层，建立基于传统网络安全设备、软件、管理端构成的安全技术管控和保障能力；在中位安全能力层，构建 5G 自身安全防护能力、人工智能自身安全防护、大数据自身安全防护能力、物联网安全自身防护能力、区块链安全防护能力等安全保障体系；在高位安全能力层，建设覆盖包括5G、大数据、人工智能、云计算、物联网等所有新基建领域的安全监测、安全智能分析、安全可视化、安全智能运行管理、安全智能事件监测和响应等新基建整体防控体系。

数字新基建是实现万物互联的关键信息基础设施，应用场景拓展到智慧城市、工业互联网、车联网、物联网等诸多应用领域，支撑更广范围、更深程度、更高水平的数字化转型。把数据安全建设作为整体新基建产业群安全保障体系的首要重点，从法规政策、标准规范、技术手段、安全评估、人才队伍、可控生态等方面构建数字智能安全体系，保障网络安全、数据安全、算法安全和信息安全。

第三节　数字新基建的全面建设

新一轮科技革命和产业变革深入发展，抢占未来发展制高点，基础设施建设必须先行。发展数字经济、建设数字中国，数字新基建是"先行官"。国务院印发《"十四五"数字经济发展规划》，把新基建列为重要任务，重点布局建设5G基站、数据中心、人工智能平台、工业互联网、智慧能源基础设施建设。"十四五"信息通信行业发展规划提出，构建以技术创新为驱动、以新一代通信网络为基础、以数据和算力设施为核心、以融合基础设施为突破的新型数字基础设施体系。要坚持创新引领、均衡协调、绿色环保、开放合作、惠民共享、依法治理、安全可控的原则，建设高速泛在、天地一体、云网融合、智能敏捷、绿色低碳、安全可控的智能化综合性数字信息基础设施，成为建设制造强国、网络强国、数字中国的坚强柱石。

01 5G 网络建设

新型基础设施也需要基础设施的支撑,所以应用场景必须依托5G。5G 建设可看作是数字新基建的领头羊。5G 网络,一是高速率,5G 网速是 4G 的 50～100 倍。二是低时延,5G 网络有着低至 1 毫秒的延迟。三是广覆盖,包括更多设备、更大范围、更高容量,5G 容量是 4G 的数十倍。四是高可靠,包括高感知性、高安全性、高稳定性、高灵敏度。五是高成本,包括基站密度之高,投资巨大。5G 网络是当之无愧的数字经济基础设施,其高可靠性、超低时延性、广泛覆盖性和大连接性与互联网应用相结合,为智慧城市建设、工业物联网、车联网、智慧农业和智慧医疗等领域的发展提供新机遇。加速推进数字新基建,核心是加快推动 5G 网络建设、增加 5G 投资规模、扩大 5G 覆盖范围、提高 5G 使用率。注重建设以通信设备制造商、通信运营商、通信服务商为核心的上下游 5G 产业链条,形成强大的信息基础设施体系。通过5G 产业链条协同发力,促使 5G 覆盖产生附加值和溢出效应。

适度超前建设 5G 网络,结合应用场景需求,有序推进 5G 网络由规模建设广泛覆盖转向按需建设深度覆盖。"十四五"时期力争建成全球规模最大的 5G 独立组网网络,力争每万人拥有 5G 基站数达到 26个,实现城市和乡镇全面覆盖、行政村基本覆盖、重点应用场景深度覆盖,行政村 5G 通达率预计达到 80%。据测算,满足全国基本需求,建设基站总数要达 400 万～500 万个,充分满足产业互联网需求,基站数还要在此基础上翻一倍。

5G 融合应用是促进经济社会数字化、网络化、智能化转型的重要引擎。目前,全国超过 2300 家企业已开展 5G 创新应用项目 4200 余个,5G 应用创新的案例已超过 1 万个,覆盖 22 个国民经济重要行业。教育、医疗、信息消费等领域 5G 应用加速发展。教育领域,全国涌现出一批

5G空中课堂、5G虚拟实验室、5G云考场、5G智慧校园等典型应用和标杆项目。医疗领域，全国已有超过600个三甲医院开展5G+急诊急救、远程诊断、健康管理等应用。信息消费领域，AR导游、4K/8K直播、沉浸式教学等5G应用，在游戏娱乐、赛事直播、居住服务等领域大幅提升消费体验。"十四五"面向信息消费、实体经济、民生服务三大领域，重点推进15个行业的5G应用，实现重点领域5G应用深度和广度双突破，加快推动5G+智慧城市、5G+智能制造、5G+数字服务、5G+智慧农业等行业应用的规模发展，建立5G产业生态圈，让5G助力数字化、网络化、智能化转型。

02 工业互联网建设

工业互联网是数字经济发展的高级阶段。工业互联网全面链接工业生产中的全要素、全产业链、全价值链，是第四次工业革命的重要基石。加快工业互联网创新发展步伐，有助于重塑现代工业体系中的各个要素，包括推动工业生产组织形态变革和生产效率提升，形成基于集群式创新、开放式创新的新型科技创新体系，构建基于工业大数据的新型产融结合模式，建立应用导向的人力资源协同发展路径。

工业互联网是新基建的重要战场。工业互联网深度融合新基建各领域建设成果，是数字化、网络化、智能化时代各项先进技术在工业领域的深度融合。在新基建领域中,5G技术是工业互联网核心网络支撑，数据中心是工业互联网平台的重要载体，人工智能是工业互联网的关键技术。建设发展工业互联网，可以有效推动5G、数据中心、人工智能等其他新型数字化基础设施的建设，大幅提升新基建整体建设成效。目前，全国培育较大型工业互联网平台超过150家，5G+工业互联网在建项目超过2000个，工业互联网网络、平台、安全三大体系加快构建，高质量外网连接超过18万家工业企业。

"十四五"期间，工业互联网从探索起步阶段进入产业深耕、赋能发展的新阶段。"十四五"信息通信行业发展规划明确基本建成覆盖各地区、各行业的高质量工业互联网网络，构建平台体系，提高工业互联网平台技术供给质量和应用服务水平，推动"5G+工业互联网"融合发展，加快工业互联网向各行业的赋能应用。

打造全面互联的工业互联网。加快建成覆盖各地区、各行业的工业互联网网络。完善多层次的工业互联网平台体系，培育一批跨行业跨领域的综合型平台，建设面向重点行业的特色型工业互联网平台，支持发展面向特定技术领域的专业型工业互联网平台，加快工业设备和业务系统上云上平台。推进工业互联网创新发展，构建端到端服务质量保障的高质量外网体系，建设边云协同、云网协同、固移协同的园区网络，加快跨行业跨领域平台、特色型平台、专业型平台建设。持续深化"5G+工业互联网"融合创新，加快工业互联网向各行业的赋能应用，构建综合型、行业型、专业型平台体系。建设和完善涵盖国家级、区域级、行业级的工业互联网大数据中心体系，依法依规利用工业互联网大数据。

03 数据中心建设

人类生产生活正在被数字所定义，可以说无数据不存储，无数据不计算，无数据不真相。数字应用必然带来人们对信息基础设施的需求，信息基础设施建设的规模、质量将直接决定数字经济时代经济发展的速度与高度。大数据中心是智能经济的底层基础设施，建设大数据中心是产业数字化转型的必然要求。大数据中心被列入新基建行列实至名归。大数据中心未来发展，其主要推动力来自5G、人工智能、工业互联网、区块链等场景化应用与发展。

数据中心是数字经济时代的数字银行和数据资源库。数据中心是数据存储和数据处理的现代化工厂，承担与"计算"和"存储"数据相关的任务。大数据中心通过汇聚、处理、分析、共享和应用各类数据资源，推动经济全要素、全产业链、全价值链的数据流通共享。数据中心承载5G、人工智能、区块链等催生的愈来愈多新应用，创造全新的应用场景和商业模式。数据中心是核心基础设施平台。数据中心是新基建的重要组成，也是新基建发展的核心IT基础设施，对数字经济腾飞起到底层支撑作用。

大数据中心建设是心脏系统。统筹规划数据中心建设，加快数据中心融合发展，构建集中算力与边缘计算、数据传输与应用、区域与行业相统一的数据中心科学布局体系。推进跨行业、跨区域数据共建共享，鼓励行业企业上云上平台，提升全社会数据资产使用价值。

我国是全球数据资源大国，大数据体量急剧增长。据统计，2015年以来，我国数据增量年均增速超过30%，数据中心规模5年间从124万家增长到500万家。数据量的增大提升了算力的需求，需要有对应的强大算力作为支撑。计算力成为核心生产力，数据中心成为数字化时代的新基建。目前全球数据中心大多以云数据中心为主要形态。随着数字经济飞速发展，我国数据中心的超大规模化趋势日渐明显。有数据表明，2019年，中国超大型、大型数据中心数量占比达到12.7%，规划在建数据中心320个，超大型、大型数据中心数量占比达到36.1%。我国大数据产业正呈现健康快速发展态势，包括大数据硬件、大数据软件、大数据服务等在内的大数据核心产业规模有望达到5700亿元。

智能计算需求正呈指数级增长，未来将占据80%以上的计算需求，承载这种需求的将是智算中心。云数据中心将进一步提升为智算中心。智算中心是智慧时代最主要的计算力生产中心和供应中心，它以融合架构计算系统为平台，以数据为资源，以强大算力驱动AI模型，对数据进行深度加工，源源不断产生各种智慧计算服务，并通过网络，以云服务形式向组织及个人提供服务。专家们预测，未来 5～10 年，智算中心将在重点行业、重点地区大规模布局，成为推动社会经济智慧化转型的核心基础设施。

继"南水北调""西电东送""西气东输"等重大工程后，国家正在建设数据中心"东数西算"工程，建设算力和数据中心集群。2022 年 2 月，国家发改委等部门宣布"东数西算"工程正式全面启动。通过构建数据中心、云计算、大数据一体化新型算力网络，将东部算力需求合理有序地引导到西部，优化国家大数据中心建设布局，促进东西部协同联动。数据中心布局实现东中西部协调发展，提高集约化、规模化发展水平，形成数网协同、数云协同、云边协同、绿色智能的多层次算力设施体系，增强数据与算力设施服务能力。

04 人工智能平台建设

自工业革命以来，创新和效率一直是推动世界经济发展、人类生活改善的重要动力。以人工智能为核心驱动的智能经济，将成为经济发展新引擎之一。人工智能将从人机交互、基础设施、行业应用三个层面对社会、经济和生活产生广泛而深远的影响。人工智能培育智能经济形态，重塑人类经济结构和生产关系，迎来更具创造力、生命力的智能时代。

我国人工智能领域相关企业已超过 2000 家，正逐步在底层基础支撑、核心技术创新、上层行业应用之间建立初步产业链条。我国人工智能产业在长三角、珠三角、京津冀等区域呈爆发式增长，北京、上海、天津、广东等地初步形成特色人工智能产业集群。截至 2019 年 10 月，我国人工智能专利申请量累计已达 44 万余件，全球排名第一。

目前，人工智能应用的范围在行业中非常广泛，并且每年都保持高速增长。据 IDC 和浪潮联合研究发布的《2019—2020 中国人工智能计算力发展评估报告》显示，互联网仍然保持第一并且占据中国 62.4%的人工智能算力投资市场份额，典型应用场景包括电商的精准营销、图像识别和智能客服，视频的内容审查、人脸识别和智能写作等，主要集中在平安城市、智慧城市、智慧交通等城市运营和管理平台。金融行业典型应用场景主要包括金融行业的身份验证、支付过程中的人脸识别、欺诈分析与调查等。制造业的质量管理（QC 自动化）、智能工厂等发展迅猛。电信行业应用场景包括相对成熟的智能客服和精准营销等。

人工智能基础设施成为新一轮新型基础设施建设的重中之重。2017 年 7 月，国务院发布《新一代人工智能发展规划》，提出若干发展阶段目标。2019 年 3 月，《关于促进人工智能和实体经济深度融合的指导意见》发布，提出构建数据驱动、人机协同、跨界融合、共创分享的智能经济形态。人工智能产业发展正处于关键时期，蕴含巨大潜在能量，面临着基础设施投入不足、人才缺口限制发展潜力、基础研究薄弱三大挑战。要加快人工智能平台建设，构建面向行业应用的标准化公共数据集，提升公共数据开放共享及赋能水平，打造人工智能算法框架，鼓励企业加快算法框架迭代升级。构建先进算法模型库，打造通用和面向行业应用的人工智能算法平台，加强软件与芯片适配。支持企业、科研机构搭建普惠的人工智能开放创新平台。借助人工智能基础设施的核心支撑，通过人工智能人才带来的创新力量、清晰明确的政策导向和扶持以及规模庞大应用市场，实现人工智能发展持续良性循环，推动我国成为人工智能强国。

05 区块链建设

区块链是一种分布式的、可信的计算技术，它真正的价值在于改变了产业生态的可信性，让产业变得更智能化。区块链本质上就是数据技术，通过组合更多的数据、加密算法、计算力和运转机制，让运转在区块链之中的数据具备多种新特性，让数据更有效、全方位确保数据真实性、实现数据多方共信，为大数据技术提供数据确权，为5G技术提供数据保护，为人工智能技术提供数据分析，为云计算技术提供可靠数据来源，为物联网技术提供去中心化运维。作为数据安全传输的保障，区块链技术让数据难以篡改、可溯源、可共治。

区块链本身不是单一的技术，在与更多业务场景匹配的过程中，区块链必然与其他技术融合，综合利用多种技术的功能组合满足不同业务场景的发展需要，在更多场景、行业和产业当中得到应用，获得更加广阔的应用发展空间。目前基于区块链技术构建智慧城市基础应用，包括教育、就业、养老、精准脱贫、医疗健康、商品防伪、食品安全、公益、社会救助等领域的业务流程和常规体系。区块链还在电子发票、司法存证、跨境贸易等场景中得到应用。未来区块链应用场景，包括区块链+信息共享（政务、医疗、征信等）、区块链+鉴证证明（司法、知识产权等）、区块链+物流链、区块链+金融（供应链金融）、区块链+支付（跨境结算、电子发票）、区块链+数字资产（数字货币、数字黄金）等。

区块链与云计算、5G通信、人工智能等信息技术正在有机融合，共同构成数字经济和智慧社会的重要基础设施。作为数据安全保障体系重要一环，区块链被正式纳入新基建范畴。区块链基础设施被国家层面明确为新型基础设施。区块链成为基础设施建设中的基础建设，发挥出真正的技术+场景实力。区块链成为新型基础设施的一个组成部分，必然要求区块链自身技术体系的标准化和规范化，否则难以形成统一的基础设施，也难以向上层应用提供稳定可预期、可推广复制的规模化服务。

区块链不应该面向某一个行业或某几个行业，而要具有相当的普适性。区块链公共服务平台已经具备成为实用性基础设施要求。建设区块链基础设施，推进区块链公共基础设施网络建设，为开发者提供统一的区块链运行环境和底层技术服务。构建基于分布式标识的区块链基础设施，支持同构链和异构链的跨链互通，提升区块链系统间的互联互通能力。支持云化部署的通用型和专用型区块链公共服务平台建设，布局区块链即服务（BaaS）云服务平台。

06 融合基础设施建设

传统基础设施的数字化改造是新型基础设施建设的重点。我国传统基础设施建设进入成熟阶段，为发挥投资最大效能，必须统筹存量和增量，实现新型基础设施和传统基础设施融合改造提升。融合基础设施坚持信息网络为入口、数字平台为支撑、数据融通为核心、智能应用为关键、轻量服务为特色，重点面向数字经济、数字政府、数字社会发展需求，核心路径在于数字信息技术的融合应用，核心目的在于全面支撑各领域发展方式转变、结构优化和增长动力转换。重点推动交通、物流、能源、市政等基础设施数字化、网络化、智慧化改造。

加快车联网建设应用。"条块结合"推进高速公路车联网升级改造和国家级车联网先导区建设。协同发展智慧城市基础设施与智能网联汽车，积极开展城市试点，推动多场景应用。推动 C-V2X 与 5G 网络、智慧交通、智慧城市等统筹建设，加快在主要城市道路的规模化部署，探索在部分高速公路路段试点应用。推动车联网关键技术研发及测试验证，探索车联网运营主体和商业模式创新。协同汽车、交通等行业，推广车联网应用，加速车联网终端用户渗透。

协同推进社会生活新型基础设施建设。进一步加强远程医疗网络能力建设，鼓励企业参与远程医疗平台等智慧医疗系统建设。配合教育部门，充分利用国家公共通信资源，加快推进教育虚拟专网建设。支持基础电信企业利用物联网、网络切片等技术与电网企业合作建设智能电力物联网。支撑基于5G网络的高清远程互动教学、VR沉浸式教学等应用场景建设。积极推动环境监测、治安、消防应急救援等典型场景的智能感知设施和多功能杆柱统筹布局和共建共享。

支持新型城市基础设施建设。推动利用5G、物联网、大数据、人工智能等技术对传统基础设施进行智能化升级。加快推进城市信息模型（CIM）平台和运行管理服务平台建设；实施智能化市政基础设施改造，推进供水、排水、燃气、热力等设施智能化感知设施应用，提升设施运行效率和安全性能；建设城市道路、建筑、公共设施融合感知体系，协同发展智慧城市与智能网联汽车；搭建智慧物业管理服务平台，推动物业服务线上线下融合，建设智慧社区；推动智能建造与建筑工业化协同发展，实施智能建造能力提升工程，培育智能建造产业基地，建设建筑业大数据平台，实现智能生产、智能设计、智慧施工和智慧运维。

第四节　数字新基建的统筹发展

党的十八大以来，从中央到地方，各级党委政府出台了一系列数字基础设施建设相关规划、政策、文件，从顶层设计上高度重视，从行动上加快建设步伐。2013年国家出台《"宽带中国"战略及实施方案》，我国宽带网络建设进入高潮。从"新基建"一词于2018年底中央经济工作会议首次被提出，到2019年"加强新一代信息基础设施建设"被写入政府工作报告，"十四五"规划提出"加快建设新型基础设施"，再到2022年政府工作报告明确提出"建设数字信息基础设施，逐步构建全国一体化大数据中心体系，推进5G规模化应用，促进产业数字化转型"，数字新基建支撑经济社会发展的战略性、基础性、先导性作用日益凸显。

2021年以来，工信部密集发布《"双千兆"网络协同发展行动计划（2021—2023年）》《工业互联网创新发展行动计划（2021—2023年）》《新型数据中心发展三年行动计划（2021—2023年）》和与其他部门印发《5G应用"扬帆"行动计划（2021—2023年）》等系列文件，系统推进新型基础设施建设、应用、安全一体化发展。2021年11月，工信部印发《"十四五"信息通信行业发展规划》，明确到2025年，基本建成高速泛在、集成互联、智能绿色、安全可靠的新型数字基础设施，成为建设制造强国、网络强国、数字中国的坚强柱石。2022年3月，国家发改委、工信部等四部门联合发布包括"八大枢纽、十大集群"的全国一体化大数据中心体系总体布局，"东数西算"工程正式全面启动。

数字新基建是一项战略性系统工程，涉及多元主体联合、多样技术组合、多个产业融合、多种要素整合，必须坚持以人民为中心的发展思想，坚持问题导向、目标导向，统筹谋划和规划，统筹布局和建设，统筹发展与安全，统筹存量与增量，统筹传统和新型基础设施发展，以整体优化、协同融合为导向，系统谋划、整体协同，精准补短板、强弱项，优化基础设施布局、结构、功能和发展模式，构建集约高效、经济适用、智能绿色、安全可靠的现代化基础设施体系，实现经济效益、社会效益、生态效益、安全效益相统一，服务国家重大战略，支持经济社会发展，为全面建设社会主义现代化国家打下坚实基础。

01 统筹当前与长远，适度超前科学规划

新基建面向新领域、依靠新技术、引领新风口，既是当务之需，更是长远大计。加快新型基础设施建设，必须兼顾短期经济平稳运行

和中长期经济高质量发展，既着眼于短期经济增长需要，又从经济中长期发展大势出发。要深刻认识到数字新基建的长期性和艰巨性，遵循市场规律、产业规律，坚持科学规划、适度超前、分类施策、量力而行。根据国民经济和社会发展规划确定的目标和任务，围绕重大国家战略作出前瞻性安排，适度超前布局和建设新型基础设施，确保在国际竞争中占据更有利位置，在新一轮变革中赢得先机，使新基建带来的信息技术更新、产业模式创新、商业模式革新的效能充分释放，更好地朝产业化、市场化和规模化方向发展，塑造高质量发展新的比较优势，助推现代产业体系建设。

统筹规划新基建和传统基建。新基建和传统基建不是相互排斥、相互替代的关系，而是相互补充、相互支持的关系。新基建依附于传统基建存载，传统基建依托新基建提升。新基建是与传统基建相对应的，其表象是基础设施建设内容的差异，但内核却是技术特征、经济发展阶段等社会历史情境变化所引致的内在差异。相对于上一轮科技或产业发展阶段，"新种育新苗"的新型基础设施或"老树发新芽"的传统基础设施，都应属于新型基础设施范畴。新型基础设施，提升传统基础设施功能，放大传统基础设施效能，更好发挥基础设施建设双轮驱动作用。新基建大有作为，传统基建也有空间。加快推进新基建，并不意味着弱化传统基建，而是把新基建和传统基建统筹起来，一体推进。

统筹谋划新基建与传统基建的顶层设计。目前，我国对交通、物流、能源、水利、通信等传统基础设施建设领域都编制了中长期网络布局规划或行业发展规划，并建立了成熟的规划评估和动态调整机制。对于新基建，其发展态势、建设思路和发展重点尚处于研究探索阶段，缺乏必要的战略考虑。应着力加强新基建顶层设计，尽快启动新基建空间布局、目标思路、发展重点等重大专项规划研究工作。做好对新基建与传统基建的规划引导，以加快推进基础设施高质量发展为目标，加强新基建与传统基建顶层设计的统筹衔接。

统筹协调新基建与传统基建的时序、重点和资源配置。应充分考虑不同时期经济社会发展面临的形势要求、突出问题和战略支撑需求等，统筹考虑基础设施体系短板领域和建设重点、存量升级和增量创新。加快建立高效协同的基础设施建设政策支撑体系，同步推动新基建和传统基建。顺应新一轮科技革命和产业变革趋势，着眼新旧动能接续转换的发展要求，创新要素投入方式，加快推动新基建与传统基建融合发展，推进新基建与传统基建资源共享、设施共建、空间共用，充分利用传统基础设施网络和经济要素资源，统筹新基建与传统基建的空间布局和要素连接。加强大数据、云计算、人工智能等先进技术在交通、能源、水利、市政等传统基础设施领域的广泛应用，加快推进传统基建数字化、智能化、绿色化升级改造，以新基建改造提升传统基础设施。

统筹规划各类数字新基建。新基建各领域不是孤立存在，而是相互渗透。数字新基建覆盖的业务范围广，涉及产业发展、社会服务以及城市治理中的各个细分领域，需要以系统性思维和系统工程方法论为指导，形成具有针对性、可操作性的顶层设计和建设规划，明确建设重点和优先顺序。立足全生命周期，统筹各类基础设施布局，实现互联互通、共建共享、协调联动。着眼长远，强化新型基础设施发展对国土空间开发保护、生产力布局和国家重大战略的支撑，加快新型基础设施建设，提升传统基础设施水平。聚焦新一代信息技术关键领域锻长板，适度超前布局信息基础设施、创新基础设施、融合基础设施。建设以5G、卫星互联网、新一代通信网络等为代表的通信网络基础设施建设；以云计算中心、大数据中心、工业互联网服务平台、物联网服务平台等为代表的信息服务基础设施建设；以超级计算中心（算力中心、智能计算中心等）等为代表的科技创新支撑类基础设施建设；以智慧交通、智慧能源等为代表的支撑智慧城市应用的配套基础设施建设。

我国信息领域新型基础设施建设，如云计算中心、超级计算中心、智能计算中心、大数据中心等的建设和发展尚缺乏全面规划和功能定位。要坚持需求导向、问题导向、目标导向，科学开展新基建项目需求分析与测算，实现新基建从"战略目标"到"业务应用目标"到"系统建设目标"的科学推演设计。特别要立足经济、适用、先进、高效，充分考虑其服务的区域经济结构特点和区域经济总量，走低成本、高效益的新基建发展道路，避免盲目建设、重复建设和铺张浪费，提供人们用得上、用得起、用得好的新基建设施与服务。尽快出台国家新型基础设施投资计划，明确投资范围与项目清单，建立统一规范的新型基础设施投资管理规范。坚持优化新型基础设施投资结构，构建以政府引导和市场主导相配合的投资模式。

02 统筹政府与市场，创新投融资机制

基础设施具有典型的公共物品和公共服务属性。政府在基础设施大规模建设中发挥着重要作用。数字新基建主要为数字技术及应用提供支持和服务，带动的是数字经济产业链，属于专用性质为主的基础设施，市场化导向强，以市场化投资建设为主。政府在新基建中应有所为有所不为，力戒政府主导、大包大揽。新型基础设施建设，需要政府和市场共同发力。要摒弃"重政轻企"思维，坚持多轮驱动，构建政府引导、市场主导、多方参与的共建共投共享的体制机制，发挥政府和市场、中央和地方、国有资本和社会资本多方面作用，处理好企业利益与社会利益、局部利益与整体利益、短期利益与长期利益的关系，使新基建走上健康发展道路。

坚持多元主体共建，推动形成全社会共建共享的数字新基建"生态圈"。与传统基建国家主导投资不同，数字新基建推进需要更多主体百花齐放。要厘清政府与市场的关系，明晰政府与市场的各自主要职责与界限，坚持政府引导、市场主导、企业先行，注重发挥"有为政府"和"有效市场"的协同作用，协调好中央政府与地方政府、政府投资与民间投资、国有企业和民营企业的关系，形成政府、科研院所、各类市场主体共建共享的数字新基建"生态圈"。

政府主要是规划引导、政策引导、服务引导，重在明确发展标准、统筹规划、监管监督、风险防范和营造发展环境，解决"建不了""建不好""建不快""建不强"的问题，发挥发展方向"引导者"和发展环境"守护者"作用。一是统筹规划。遵循市场规律和产业规律，做好顶层设计，科学规划、按需实施，统筹布局、合理建设。把数字新基建纳入国家和各地"十四五"规划，并制定专项规划，做到一次规划、分步实施，分层分类推进新型基础设施建设。既算经济账，又算综合账，提高基础设施全生命周期综合效益。二是政策引导。针对各个领域和细分领域，精准施策，出台产业政策、电力政策、土地政策、税收政策，进一步放开数字新基建领域市场准入，扩大投资主体，着力通过财政、金融、产业等配套制度改革，实现减税降费、降低成本，优化政策环境、制度环境。三是要素保障。建立重大数字新型基础设施建设协调机制，强化用地、用海、用能等资源要素保障。适应基础设施建设融资需求，拓宽长期资金筹措渠道，加大财政投入，更好集中保障国家重大基础设施建设的资金需求。四是强化监管。制定法律法规、行业规则、设施标准、监督考核等，提高监管水平，提供高效服务，促进和维护公平竞争，引导并规范数字新基建的有效投资和有序建设。

坚持多元资本混合投资，推动形成全产业链互利共赢的数字新基建联合体。在传统基础设施建设中,往往以政府、国企为主,民营社会资本参与门槛较高。数字新基建具有专业性和需求导向性,市场主体具有投资优势和技术积累,不能完全依靠政府投资,应更多依靠市场主体、发挥市场配置资源的决定性作用,注重在投资主体、区域分布、管理方式等更加多元化、市场化。进一步深化投资领域改革,鼓励不同主体运用市场机制,灵活性地开展多种形式合作,形成多元主体联合、多元资本混合的投融资体系。

政府投资主要聚焦基础性、公益性部分,通过政府投资改善营商环境和产业条件,撬动更多社会投资。按照"资金跟着项目走"的原则,切实用好政府投资,充分发挥政府投资"四两拨千斤"的引导带动作用,逐步激励市场发挥投资主体功能,加强资源整合和共建共享,提高资源要素配置效率。用好中央预算内投资、专项债券资金及其他政策性金融手段,鼓励商业性金融机构探索设立新基建专项贷款,提供产业基金、融资租赁、投贷联动、资产证券化等综合性金融服务需要。依托多层次的资本市场体系,鼓励多种方式发展直接融资,提高间接融资的效率,发挥政策性、开发性金融机构的积极作用。除增量投资外,支持以资产证券化、不动产投资信托基金(REITs)等方式盘活存量资产,形成以"存量带增量"的有效投资良性循环。

探索投融资机制创新,充分调动民间投资的"主力军"积极性。厘清新型基础设施的产权属性,完善政府、国企和民企之间的投资合作机制。进一步放宽市场进入,完善支持社会资本参与投资的相关政策,降低新型基础设施投资的进入门槛,破除对民营企业进入新型基础设施投资的隐性障碍,提高民间资本参与数字新基建项目的便利程度,积极鼓励和引导民间资本进入新型基础设施建设。

企业是新基建的主体,发挥先导优势、起着引领作用。新企业代表着数字经济发展质量和数字经济活跃程度。未来超级数字平台企业、独角兽企业、瞪羚企业势必成为经济发展的标配。要充分调动民营龙头企业的积极性，充分发挥这些企业的专业能力、创新能力和适应市场变化的能力。要像大规模发展新基建一样，大批量培育新企业。重点支持一批 BAT 这一类超级数字平台企业成长，加快发展一批类似头条、小米、滴滴这样的独角兽企业，全力推出一批瞪羚企业。高度重视新型基础设施产业生态建设，加强产业链上下游企业协同发展，鼓励在技术、资本和市场方面相关性较高的企业共同构建包容开放的生态共同体。

03 统筹城市与乡村，优化区域布局

新中国成立以来，我国已成为全球基础设施大国。尤其是党的十八大以来，我国在重大科技设施、水利工程、交通枢纽、信息基础设施、国家战略储备等方面取得了一批世界领先的成果，基础设施整体水平实现跨越式提升。我国幅员辽阔、人口众多，各种资源要素空间分布不平衡，城乡和区域之间基础设施发展不均衡、人均基础设施存量水平与发达国家还有较大差距。人均基础设施资本存量只有发达国家的 20%～30%。我国交通、物流、能源、水利、市政等传统基础设施网络还存在诸多短板和不足，基础设施供给在区域间、城乡间、城市间、不同消费群体之间，存在发展不平衡、供给不充分等问题，基础设施的整体质量、综合效能和服务水平还有很大的提升空间。随着区域经济布局、国土开发保护格局、人口结构分布、消费需求特征、要素供给模式等发生深刻变化，基础设施同国家发展和安全保障需要相比还不适应，需加快建设和改造升级。必须着力统筹城市与乡村，优化区域布局，推进传统基础设施和新型基础设施建设，加快打造系统完备、高效实用、智能绿色、安全可靠的现代化基础设施体系。既要"承前启后"，又要"左顾右盼"；既要合理扩大基建规模，又要补齐基建

短板；既要加强传统基础设施改造升级，又要加快新型基础设施建设。

不同地区对信息和网络技术掌握水平、应用程度以及创新能力存在差别。数字新基建在区域分布上，要精准对接区域发展定位和区域发展战略，找准新基建的优先投资领域，发展数字经济，促进区域经济转型升级，在一定程度上消弭区域发展鸿沟，减小区域发展差距。进一步发挥区域中心城市在创新资源集聚方面的优势，增加中西部地区在工业互联网基础设施网络中顶级节点的数量，助推后发区域由传统经济发展洼地向新经济发展高地跃迁。紧密结合京津冀一体化、粤港澳大湾区建设、长三角一体化等区域发展战略，以及自由贸易试验区、内陆开放型经济试验区、新旧动能转换综合试验区等功能性区域发展平台，找准投资优先领域，谋划区域数据中心、智慧交通等基础设施布局，推广智慧城市建设，推动区域城市形态转型和经济转型升级。

从全国范围来看，新基建的战略遵循是以点带线、以线支撑面的发展。目前，中心城市和城市群等经济发展优势区域正成为承载发展要素的主要空间，但同时面临着地理边界限制、区域能源安全保障不足等薄弱环节和短板。坚持以城市群、都市圈作为布局数字基建的重点，以京津冀、长江经济带、粤港澳大湾区建设等重大战略为引领，加快构建城市群数字网络，带动人流、物流、资金流、信息流的合理流动和高效集聚，提升资源配置效率和生产效益，开拓区域融合发展新空间。推进城市群内、城市群间基础设施的数字化、智能化改造，打造连接紧密、智慧管理、便捷高效的"1小时都市圈"。与新技术关联的新基建应重点投向京津冀城市群、长三角城市群、粤港澳大湾区、成渝城市群、长江中游城市群、中原城市群、关中平原城市群等，为进一步提高城镇化水平和提升人们的生活工作质量创造条件。

数字新基建的普惠性与可及性需进一步下沉，缩小城乡之间的"数字鸿沟"，推动中西部地区、落后地区等数字基础设施建设与改造。

要着眼于未来人口等要素流动方向，充分考虑产业布局和发展需要，坚持投资效率和公平发展相结合，超前谋划新型数字基础设施建设，科学规划新基建布局和规模，聚焦区域一体化发展薄弱环节补短板。加快布局城际高速铁路和城际轨道交通、特高压电力枢纽，以及重大科技基础设施、科教基础设施、产业技术创新基础设施等，统筹推进跨区域基础设施建设，不断提升中心城市和重点城市群的基础设施互联互通水平。加强东部地区与中西部地区的资源共享、平台共建和产业合作，加快城市新基建向农村延伸覆盖，构建数字经济时代城乡融合发展的数字基础设施体系，畅通以数据为代表的新型生产要素在城乡间的双向流动。加大农村地区信息和通信基础设施建设力度，完善农村电子商务、远程教育培训、自然资源遥感监测和农业物联网平台、智慧农业等基础设施，加快建设数字乡村，避免"信息落差""知识分隔"带来新的贫富分化加剧。

04 统筹建设与应用，强化融通共享

我国约14亿人口、16亿移动电话用户、4.5亿固定宽带接入用户和8.5亿手机网民，超大市场规模、完备工业体系和丰富网络资源，为数字经济发展、数字新基建落地应用创造了巨大市场需求和广阔应用场景。

数字新基建具有基础设施的基础性和公共性，是集聚创新要素多、应用广泛、辐射带动作用大的技术创新领域，具有显著的产业性、消费性、技术性、应用性等多重属性。数字新基建的价值不仅在"建"，关键在"用"。数字新基建的多样性应用，具有"一本万利"的乘数效应、"一夜爆红"的网络效应、"一触即发"的平台效应和"点石成金"的赋能效应。要摒弃"重建轻用"思维，坚持以用为本、建用并重、以建带用、以用促建，推动数字基础设施建设与应用场景协同发展，

探索创新不同的数字新基建建设应用运营模式。

推进平台式应用。利用工业互联网平台,优化资源整合、运营管理、安全保障等服务支撑,支持工业企业构建数字化的生产、经营、管理体系,推动智能制造、大规模个性化定制、网络化协同制造和柔性化生产,引领制造业数字化转型。积极探索5G、人工智能、大数据、物联网、云计算、区块链等新技术在工业互联网中的技术融合和丰富应用,为各垂直行业和领域赋能赋智,促进产业集群数字化发展。

推进融合式应用。围绕促进转方式调结构、建设现代产业体系、培育战略性新兴产业、发展现代服务业等,深化数字新基建拓展应用,推动交通、物流、能源、市政等民生基础设施智慧化改造,促进传统产业与新基建融合发展,大力发展网上办公、远程教育、远程医疗、车联网和智慧城市、智能交通、智慧能源、智慧物流、智慧水利等应用,加快建设数字经济、数字社会、数字政府,满足人民群众美好生活需要。

推进赋能式应用。数字新基建产业涉及面广,有着高度的产业前后向关联度,具有极强的扩散性和渗透性,可以赋能千行百业,可以赋能千家万户,还可以赋能千山万水。要充分发挥数字新基建对传统基础设施的赋能与提升作用,加速构建以数据为关键要素的融合性基础设施,以数据的畅通流动、开放共享和泛在融合,倒逼和促进社会治理结构、公共服务、产业布局更加合理优化、透明高效。通过数字新基建赋能,加快数字产业化和产业数字化步伐,催生数字经济新模式、新业态、新产业。进一步开放数字新基建市场准入,推动数字新基建管理机制创新、资本运作创新、运营模式创新,打造新基建项目可持续发展的内生动力机制等,持续为高质量发展、高品质生活、高效能治理赋能。

05 统筹硬件与软件,提升数字软实力

"重硬轻软"一直是以往信息化建设的痼疾。数字新基建不仅包含"看得见、摸得着"的"硬基建",也包括"看不见、摸不着"的"软基建",比如信息系统的软件、人工智能算法、虚拟网络空间的管理与服务模式,以及法规、标准等软环境保障等。实践证明,"软基建"往往是决定"硬基建"成效高低乃至最终成败的重要因素。比如,一些地方在智慧城市建设的"硬设施"方面投入可谓巨大,但由于在完善体制机制、科学统筹协调、数据开放共享等"软设施"建设方面不到位、不匹配、不适应,造成"硬建设走在软管理前面"的发展错位,使得智慧城市建设成效不彰。大数据中心、5G基站这些"看得见、摸得着"的"硬"载体上传输运行着数据、信号等各种"看不见、摸不着"的"软"资源,关键是要实现各类"软"的虚拟资源和无形要素的高效流动与有效治理。城市网上购物、线上教育、远程医疗等"软设施",才是城市"硬核"实力。

数字新基建是技术迭代、软硬兼备、协同融合、价值赋能、投资多元的数字综合体,是数据密集、资本密集、技术密集型行业。主要有五大特征:一是以数字技术为核心。交通、能源、市政、社会等领域的传统基础设施主要以机器设备、建筑、设施为主,新型基础设施的核心支撑技术是数字技术,是数字技术形成的产品或服务。新型基础设施提供的是数据采集、存储、传输、处理以及各种软件应用服务。二是以新兴领域为主体。随着基础设施逐步完善,传统基础设施的收益不断递减,主要建设任务是改造升级,新兴领域成为基础设施建设的重点领域。三是以科技创新为动力。传统基础设施建设运营中使用的技术较为成熟,以增量型、渐进式创新为主,其发展水平和质量主要取决于投资规模。新型基础设施建设运营中投入的主要技术具有先

导性，颠覆性创新不断涌现，其发展水平和质量不仅取决于投资规模，而且受制于科技创新进展。科技创新的颠覆性越强，新技术工程化和产业化速度越快，新技术应用越多，新型基础设施发展水平越高。四是以虚拟产品为主要形态。传统基础设施主要是以物质产品的形态存在，新型基础设施同样需要以物质产品为载体，主要是软件、APP、算法、数据等虚拟形态，包括行业技术规范和技术标准，呈现出软硬结合、虚实结合的特征。五是以平台为主要载体。传统基础设施特别是交通、通信、电力基础设施具有典型的网络特征，众多的社会经济活动主体成为网络的末端节点。数据中心、云计算中心、工业互联网等基础设施成为提供数据、算法、算力的平台，大型商业化平台企业成为大量中小企业开展业务的基础。新型基础设施以平台为主要载体的特征凸显。

传统基建偏重硬件建设，新基建偏重软件建设。要摒弃"重硬轻软"思维，坚持软硬同步、协同融合，避免照搬传统基础设施建设方式，注重新技术、新业态、新服务、新主体、新平台、新功能建设，以"软实力"强化新基建"硬支撑"。加强数字技术软实力建设，体系化发展基于自主可控芯片、操作系统、数据库等的平台级产品，大力发展面向云计算的智能化、平台化、服务化、一体化操作系统，推进关键领域应用示范，形成数字核心技术发展的"微观生态""中观生态""宏观生态"。加强数字服务软平台建设，以大数据中心、云计算中心、超级计算中心、工业互联网服务平台、物联网服务平台等数字新基建为依托，构建以数字为基础、网络为支撑的数字创新服务平台，打造"数字平台＋专家团队＋产业创新服务"的垂直数字创新服务模式，成为经济新技术供给者、新产业发展催化剂。

06 统筹发展与安全，保障数字安全

没有网络安全就没有国家安全，没有数据安全就没有经济安全。随着5G、工业互联网、车联网、物联网、大数据中心等新型基础设施和新一代信息通信技术加速向经济社会各领域渗透融合，网络安全在经济社会数字化转型发展中的基础性地位、全局性影响愈发突出。网络安全事关制造强国、网络强国、数字中国发展大局。

新型基础设施建设要统筹发展与安全，坚持安全和发展双轮驱动，做到安全设施与数字基础设施、安全保障能力与数字服务能力同步建设，构建技术、场景、业态全向融通的安全保障体系，建设安全数字新基建。以总体国家安全观为指引，树立正确的网络安全观，把安全发展贯穿信息通信发展各领域和全过程。推进新基建网络安全防护体系建设，规划新基建网络安全防护体系顶层设计，同步建设新基建安全基础设施。完善网络安全分类分级管理制度，加强网络安全供给创新突破，强化网络安全技术保障，加速培育网络安全产业生态。健全行业关键信息基础设施安全保障体系，增强新型数字基础设施融合安全保障能力，提高网络数据安全治理能力。提高突发安全事件应急处置和重大活动网络安全、通信保障水平，防范化解重大网络安全风险机制更加有效。

数字经济时代最大的风险来自数据安全。新基建承载着关系国计民生的海量重要数据，数据安全保护责任重大。加强数据治理、保护数据安全事关国家安全和人民权益。贯彻落实《数据安全法》，把数据安全理念贯穿到规划、建设、运营、维护和使用各环节。建立健全数据分级分类、重要数据保护、数据跨境流动等数据安全管理制度，加快构建数据安全风险技术监测体系。大力发展数据安全产业，开展数据安全关键技术和产品攻关与试点应用，研究推动国家数据安全产

业园等创新载体布局建设。

07 统筹生态与绿色，促进数字低碳化

党中央提出 2030 年前实现碳达峰、2060 年前实现碳中和重大战略目标，必然带来新能源、新投资、新技术、新产业、新交通、新建筑等新发展方式变革。双碳目标是有机联系的，碳达峰不是冲高峰，也不是攀高峰，而是碳中和的基础和条件，通过逐步降低碳强度来实现碳达峰。双碳目标实施路径，核心在于两个构建：一是构建清洁低碳安全高效的能源体系；二是构建以新能源为主体的新型电力系统。未来重点控制化石能源总量，着力提高能源利用效能，实施可再生能源替代。

推动能源结构转型、实现绿色低碳发展是新基建的应有之义。5G、人工智能、互联网等先进技术在更广阔领域、更深程度上与能源产业融合，成为发展我国清洁能源产业、保障国家能源安全的关键。国家发改委、国家能源局等对外发布《贯彻落实碳达峰碳中和目标要求 推动数据中心和 5G 等新型基础设施绿色高质量发展实施方案》，提出到 2025 年，数据中心和 5G 基本形成绿色集约的一体化运行格局，数据中心运行电能利用效率和可再生能源利用率明显提升。信息通信行业把"绿色环保"作为"十四五"期间发展的基本原则之一，设置了"绿色节能"类别的发展指标。到 2025 年底，信息通信业绿色发展水平迈上新台阶，单位电信业务总量综合能耗下降幅度达到 15%，新建大型和超大型数据中心 PUE 值下降到 1.3 以下。

数字新基建降低能耗、减少碳排放，强化统筹布局、调整电力结构是关键。优化数据中心建设布局，尽可能向西部风光资源富集、气候适宜的地区转移。鼓励在数据中心和 5G 网络管理中应用人工智能技术，加强自动化、智能化能耗管理，提升整体节能水平。加快推动老旧高能耗设备退网和升级改造。加快节能 5G 基站推广应用，采用新工艺、新材料、新方案、新设计，降低基站设备能耗。鼓励使用风能、太阳能等可再生能源，提升数据中心和 5G 基站绿色电能使用水平。结合储能、氢能等新技术，提升可再生能源在数据中心能源供应中的比重。

·第七章·

数字化新制造
——智能制造

第七章

数字化新制造——智能制造

党的二十大报告提出,加快建设制造强国,推动制造业高端化、智能化、绿色化发展。制造业决定一个国家的综合实力和国际竞争力,是国家经济命脉所系,是立国之本、兴国之器、强国之基、富国之源。制造业价值链长、关联性强、带动力大,在很大程度上决定着现代农业、现代服务业的发展水平。现代化经济体系建设离不开制造业的引领和支撑。当前,我国正处在构建新发展格局、推动高质量发展、促进共同富裕、全面建设社会主义现代化强国的关键时期。"十四五"是建设制造强国、构建现代化产业体系和实现经济高质量发展的重要阶段。形成经济发展新动能、塑造国际竞争新优势,重点在制造业,难点在制造业,出路也在制造业。制造业是畅通经济循环构建新发展格局的主阵地,是创新驱动经济高质量发展的主力军,是带动就业实现共同富裕的主引擎,是建设社会主义现代化强国的主动力,是我国迈向高收入国家的"入场券"。在全球经济变革中,我国只有坚定不移深入实施制造强国战略,深入推进新一代信息技术与制造业融合,加快发展数字化、网络化、智能化新制造,才能充分发挥制造大国和网络大国的双重优势,孕育新业态、新模式和新动能,增强制造业竞争优势,推动制造业高质量发展,实现在新工业革命中从"跟跑"到"并跑"

再到"领跑"的历史跨越。

第一节　数字化网络化智能化是制造业发展的方向

当前，世界各国尤其是发达国家竞相将数字经济作为抢抓新一轮科技革命和产业变革新机遇、构建国家竞争新优势的战略重点。制造业是数字经济发展的主战场。"十四五"规划和2035年远景目标纲要提出，充分发挥海量数据和丰富应用场景优势，促进数字技术与实体经济深度融合，赋能传统产业转型升级，催生新产业新业态新模式，壮大经济发展新引擎。建设制造强国，推动数字经济和实体经济融合发展，促进制造业高质量可持续发展，数字化、网络化、智能化是方向。

01 数字化网络化智能化是工业化走向现代化的"必修课"

人类文明进步史也是一部工业革命变迁史。纵观世界近现代经济发展史，工业化是一个国家经济发展的必由之路。工业化是现代化的前提和基础。现代化是由工业化驱动向现代社会变迁的过程，工业化也可被看作是经济现代化。历史上的每一次工业革命，都会带来生产力发展的重大突破和飞跃。第一次工业革命，以机械化为代表的"工业1.0"，蒸汽机为人类提供机器动力，解放了人类的双手；第二次工业革命，以电气化为代表的"工业2.0"，电力实现动力的远程传输，解放了人类的双腿；第三次工业革命，以自动化为代表的"工业3.0"，电子技术实现了生产自动化，解放了人类的神经。我国工业化发展几十年走过了发达国家几百年的历程，建成了体系完整、产能巨大的工业体系，成为世界制造业第一大国和全球第二大经济体，成功探索出一条符合中国国情的工业化道路。2020年基本实现工业化，开启全面建设社会主义现代化国家新征程；到2030年全面实现工业化，到 2035 年基本实现社会主义现代化。"十四五"规划和 2035 年远景目标纲要提出,到 2035 年,我国要基本实现新型工业化、信息化、城镇化、农业现代化,建成现代化经济体系。工业现代化已成为社会主义现代化强国建设的重要支撑。

以互联网、大数据、人工智能技术等为重要内容的新一轮科技革命和产业变革深入发展,以数字化、网络化、智能化、绿色化为核心特征的第四次新工业革命,以数字化为代表的"工业 4.0",正在改变着传统工业化的生产方式和社会发展方式。互联网、大数据、人工智能与制造业的结合越来越广泛、深入,智能制造、智能服务正在成为全球传统工业和制造业转型升级的主要方向。必须走工业 2.0 补课、工业 3.0 普及、工业 4.0 示范的并联式新型工业化发展道路。推动新型工业化是新发展阶段我国经济实现更高质量、更有效率、更加公平、更可持续发展的重要任务,是全面建设社会主义现代化强国的必然要求。新型工业化强调生产智能化、分工网络化、产品定制化、过程绿色化,通过大数据和互联网等新技术的广泛应用,推动产业融合发展,加快现代化经济体系建设步伐,带动整个经济社会的发展与进步。从国家战略、市场需求、国际分工与产业演化规律来明确发展方向,从现有基础和优劣势决定突破领域,从长远未来部署前沿技术、前沿产业,以数字化、网络化、智能化、绿色化为主线,通过推进质量革命、数字革命、网络革命、智慧革命、制造革命、服务革命、能源革命、生物革命、材料革命、绿色革命,走出一条具有中国特色的新工业革命道路,全面建设社会主义现代化强国。

02 数字化网络化智能化是制造大国走向制造强国的"必答题"

我国工业拥有 41 个大类、207 个中类、666 个小类,是全世界唯一拥有联合国产业分类中全部工业门类的国家,500 多种主要工业产品中，有 220 多种工业产品产量居世界第一位。2021 年，制造业增加值达 31.4 万亿元，连续 12 年位列全球首位，占全球比重从 20% 左右提高到近 30%。我国建成全球规模最大、技术领先的网络基础设施。2021 年，我国有 143 家企业进入世界 500 强榜单，其中工业企业入围 73 家。我国作为制造业大国，拥有强劲的全球竞争力和良好的制造业基础，正在迎来从"制造大国""网络大国"向"制造强国""网络强国"的历史性跨越。

我国已成为全球制造业大国，制造业规模跃居全球第一，但大而不强的问题尤为突出。自主创新能力还比较弱，原创性、变革性的技术产品不是太多；产业基础能力相对较弱，重要基础技术和关键零部件对外依存度高；产业结构不够优化，资源密集型产业占比较高，技术密集型产业、高新技术产业占比偏低；产业国际竞争力有待提升，参与全球价值链分工的低端锁定问题有些突出；产出效率相对不高，劳动生产率等指标仍落后于传统制造强国。我国人均制造业增加值依然较低。2020 年，我国人均制造业增加值为 2749 美元，与高收入国家人均制造业增加值平均 6000 美元左右的水平相差较大。德国和日本的人均制造业增加值均超过 8000 美元，美国和韩国的人均制造业增加值则均超过 7000 美元。我国制造业整体效率和效益水平仍然较低，有很大提升空间。

我国正处于经济结构转型的关键时期，迫切需要发展数字经济以促进新旧动能转换，加快建设制造强国。《中国制造 2025》明确提出，到 2025 年我国将迈入制造强国行列，在全球产业分工和价值链中的地位明显提升，2035 年制造业整体达到世界制造强国阵营中等水平，新中国成立 100 年时制造业大国地位更加巩固，综合实力进入世界制造强国前列。这意味着，到 2025 年，我国综合指数将接近德国、日本，实现工业化时的制造强国水平，基本实现工业化，进入世界制造业强国第二方阵。实现制造强国目标，包括企业自主创新能力大幅提升、产业结构大幅改善、质量品牌意识大幅提升、生产方式必须绿色和智能、产品供应链稳定可靠、机制体制创新。数字化是推动制造业结构优化升级的重要路径，是培育制造业发展新动能的重要支撑。加快推进数字化、智能化、网络化技术与制造业深度融合势在必行。从制造大国向制造强国迈进，必须推动制造业数字化转型向纵深拓展，加快传统产业的数字化改造和新兴产业的数字化进程，提升数字技术对制造业的融合度与渗透力，走数字化、网络化、智能化发展之路。

03 数字化网络化智能化是中国制造走向中国智造的必由之路

我国制造业发展取得历史性成就，总体规模、创新能力、综合实力跃上新台阶。中国制造重点领域创新取得新突破，高铁、核电、4G/5G 等成体系走出国门，"蛟龙"入海、"嫦娥"探月、"神舟"飞天、"祝融"探火、"羲和"逐日、"天和"遨游星辰、"北斗"组网；大飞机首飞，万米载人深潜器、极地破冰科考船建成交付，一些前沿领域开始进入并跑、领跑阶段，为加快制造强国建设奠定了坚实基础。但制造业整体数字化、网络化、智能化水平还不高，与中国智造、中国创造还有较大差距。截至 2021 年 12 月底，全国规模以上工业企业关键工序数控化率、数字化研发设计工具普及率分别为 55.3% 和 74.7%，网络化协同、服务型制造的企业比例分别为 38.8%、29.6%。

我国是制造大国和互联网大国，推动传统行业数字化转型具备丰富的应用场景、广阔的市场空间和强大的内生动力。体量巨大的制造业规模为数字化制造发展提供了广阔的舞台，快速发展的新型基础设施为数字化制造发展提供了强大支撑，不断完善的政策体系为数字化制造的发展提供了有力保障。产业数字化深入发展，我国数字化进程正由消费端全面渗透到生产端。我国拥有完备的现代工业体系，是全世界唯一拥有联合国产业分类中全部工业门类的国家，在生产端拥有丰富的场景优势。几乎在所有工业领域，我国企业都是世界前沿技术和设备的最大用户。近年来，我国大力推进以5G、工业互联网为代表的新型基础设施建设，有利于我国生产端的用户场景优势转化为产业链供给侧的数据红利。随着大数据、云计算、物联网、人工智能等技术发展并进入商业化应用，数字技术的赋能作用进一步增强，加快向制造业渗透。我国具备世界上规模最大、门类最全、配套最完备的产业体系，国内市场规模潜力巨大，人力资源、创新资源储备丰富。必须顺应世界经济数字化发展大势，推进产业数字化，以制造业数字化转型行动为基础，推进智能制造工程、企业数字化赋能行动，对制造业进行全方位、全角度、全链条改造，推动制造业数字化、网络化、智能化发展，加快实现中国制造向中国智造转变。

04 数字化网络化智能化是价值链低端走向全球价值链高端的必然选择

尽管我国是制造大国，但是制造业长期处于产业价值链的中低端，低端产能过剩与高端产品有效供给不足并存。自2015年开始每年持续发布的中国制造强国发展指数报告，已经成为客观评价我国制造业整体水平的权威指数。报告显示，中国、美国、德国、日本、英国、法国、韩国、巴西、印度9个国家，2019年制造强国发展指数排名，美国高于各国，处于第一阵列；德国、日本稳居第二阵列；中国、韩国、法国、英国处于第三阵列，中国居前。从基础产业水平来看，2018年我国基础产业增加值占全球比重为6.40%，仅为美国、德国的25%左右；标志性产业集中度仅为40.57%，不足美国、日本、德国的一半；高技术产品贸易竞争优势指数更是远低于工业发达国家。从研发投入来看，2019年我国制造业研发投入强度仅为1.45%，低于全国平均水平。与

2018年相较，我国制造业研发投入强度下降了0.87%。总体上，我国制造业存在产业基础薄弱、高端供给不足、产业集群集约能力低等问题，需要提升国际竞争力，向全球价值链高端迈进。

随着人民日益增长的美好生活需求从"有没有"向"好不好"的发展，以品质、品牌为核心的优质供给存在不足。从产品结构看，低端产品供给过剩与高端产品有效供给不足并存；从产品质量看，中高端产品和个性化产品缺乏，"中国制造"质量竞争力不够强；从企业品牌看，自主品牌的培育能力、市场竞争力相对不足，世界级知名品牌偏少，从"做产品"到"做品牌"的转变任务艰巨。

推动制造业价值链向高端化发展，必须聚焦产业基础高级化、产业链现代化，通过数字化转型、网络化协同、智能化升级，提升产业链水平。提升产业链优化水平，以延链、补链、融链为产业链优化路径，对产业链进行增减、整合甚至重组、再造等优化，增强产业链韧性，提升产业链水平。提升产业链融合水平，加快推动产业链与创新链、资金链、人才链有机融合，以科技、金融、人才等现代化发展要素的契合式注入驱动现代化产业链发展。提升产业链集约水平，以绿色发展提升产业链集约能力，全链式推行绿色设计、绿色工艺、绿色产品；以产业集聚集群促进产业链集约发展，打造具有引领性和竞争力的链式产业集群；以要素集约利用提高产业链集约效率，全面推动产业链品质提升、效率变革。

第二节　数字化转型带来制造业全方位深刻变革

制造业数字化转型是以数据作为核心驱动，以新一代数字信息技术与各行业全面融合为主线，以更高生产运营效率、更快市场响应水平和更大价值创造为目标，变革产品服务形态、生产组织方式和商业模式的过程。新制造涉及企业内部生产链条、产品全生命周期和商业生态等全方位，赋予生产要素、生产力和生产关系新的内涵和活力，不仅在生产力方面推动了劳动工具数字化，而且在生产关系层面构建了以数字经济为基础的共享合作生产关系，促进了组织平台化、资源共享化和公共服务均等化，重构产业体系和经济体系，极大地解放和发展社会生产力，进一步推动社会生产力发展和生产关系变革，优化生产关系和生产方式。

新制造是建立在互联网数字新技术上，采用智能化大规模定制化生产方式的制造，是一种全新的不同于过往的制造模式，是制造业现在与未来发展的方向，成为重构制造业竞争优势的重要力量。数字化新制造的本质，就是增加信息与知识要素在整个制造系统的流转速度，促进地域空间分工细化与区域间交易效率的提升，优化区域间的分工结构，实现区域间产业结构的转型升级。对传统制造业进行全方位、全角度、全链条的数字化改造，推动体系重构、流程再造，形成新的数字化场景、数字化车间、数字化企业，形成新的价值创造、价值获取和价值实现模式。数字技术通过重塑传统制造业的生产模式、盈利模式、服务模式等，为先进制造业赋予新的内涵。运用数字化、智能化、网络化技术来提升产品设计、制造和营销效率的全新制造方式，包括数字化设计、数字化工艺、数字化加工、数字化装配、数字化管理等。数字化新制造的发展，深刻改变企业的要素组合、组织结构、生产方式、业务流程、商业模式、客户关系、产品形态、服务模式等。

01 要素组合的变革创新

依托数字技术和数字平台创新，变革创新生产组织形式和生产要素组合模式，共创要素新价值。要素组合融合的广度和深度取决于数字基础设施、数字经济发展和数据监管政策因素。数字基础设施越完善，数字经济发展水平越高，数字监管政策越有效，要素组合的范围越广，要素整合的链条越长，要素融合的程度越深。

数据驱动资源重组融合提升要素。数字技术正处于创新变革活跃期，创新成果赋能作用日益显现。高端芯片、基础软件、核心工业软件、智能传感器等关键领域数字技术创新周期不断缩短，步入代际跃迁和群体性突破的重大变革期。新一代数字信息技术加速与能源、材料、生物、空间技术交叉融合，驱动全领域技术变革、产业变革，引发要素资源重组、经济结构重塑。数字技术在制造业中的应用，催生出全新的智能装备产品和服务，加快制造业产业链、供应链、价值链的融合、贯通，使上游与下游、生产与消费对接更高效，供求更平衡，资源配置更优化，有效提高全要素生产率。利用互联网新技术对传统产业进行全方位、全链条的改造，整合、提升传统生产要素，大大促进传统生产要素优化配置、传统生产方式变革，实现生产力水平跨越式提升。

数字网络打破时空局限共享要素。制造业整个生产服务链条包括设计研发、原料采购、仓储运输、订单处理、生产制造、批发和零售等环节，人工智能、大数据、物联网等技术通过"共享经济"模式赋能制造业，实现原料采购、仓储运输、生产制造、批发零售等环节的生产要素共享。数字化转型打破传统产业的生产周期和生产方式，使企业能够借助互联网广泛的数字连接能力打破时空局限，将产品和服务提供给更广泛的用户和消费者，提升企业产出效率，推动企业生产规模扩大；让企业有效利用现代数字技术精确度量、分析和优化生产运营各环节，降低生产经营成本，提高经营效率，提高产品和服务的质量，创造新的产品和服务。

数字科技改变资源禀赋均衡要素。发达国家具有资本、技术和人才优势，发展中国家具有简单劳动力数量和低成本优势。前者从事产业链价值链的资本、知识和技术密集型环节，后者从事劳动密集型环节。

数字科技向制造业的渗透与融合正在改变各国的资源禀赋。数据日益成为关键的生产要素和经济价值的重要来源，并成为生产函数中投入的重要内容进而改变生产函数的组合；人工智能、大数据、量子计算、机器人等数字科技成为重要的生产力工具，极大地提高传统生产要素的产出效率。数字化赋能改变传统要素的重要程度。数字科技和数据能够对传统生产要素实现替代，提高传统生产要素的产出效率，减少其在生产投入中的比重。人工智能、智能化机器人在更广泛的领域替代人工，并在某些工序可以做到比工人具有更高的投入产出比，使得发展中国家具有的简单劳动力和低工资优势被数字化削弱。相应地，发达国家的高工资劣势得到弥补，一些原本在低成本发展中国家开展的劳动密集型环节的活动在发达国家开展成为可能。

02 组织结构的变革创新

组织关系决定着产业发展的活力和高度。面对分层化、小众当前的产业组织形式，在生产上表现为不同企业以供应链为纽带形成的上下游配套关系，在空间上表现为不同企业以产业园区为载体形成的地域集聚。面对分层化、小众化、个性化的市场需求，由与之相适应的网络架构和产业集群来促进企业间、企业与其他主体间形成高效协作关系。组织关系从产业链上下游企业间的生产关系向各类主体网络化协同配合转变。必须遵循产业发展规律，加快推动产业组织模式变革，积极发展新型产业组织，通过产业集群实现线上平台与线下集聚的有机结合，形成创新协同、技术共生、利益共享的组织形态，实现效率价值的提升和资源配置的优化。

发展扁平化产业组织。工业经济时代，企业主要有直线型、职能型、流程型、网状型等多种组织形态，基本是金字塔式的科层组织结构。现在98%的企业都是金字塔式的组织结构。数字经济发展创造了新的生产方式，通过与传统生产组织的融合、创新，构建出具有数字经济特性的新型生产关系和组织关系。数字化、网络化和智能化生产带来多品种、小批量、个性化、多样化的市场需求，使生产组织呈现扁平化发展趋势。数字经济时代的企业组织都是组合式、扁平化的组织结构，组织效率更加强调内部协同，组织边界越发模糊，走向跨界融合和开放式共享。组织机制从过去的集权管控走向授权赋能，从过去的单决策中心走向多元化决策中心，由管理层的经验决策走向基于大数据的决策。扁平化组织更加注重分工协同，从工作管理到业务管理、从系统整合到产业链整合，实现社会化协作、网络化协同。

发展平台型产业组织。平台是数字经济的典型组织形态。推动产业联盟和数字平台等新型产业组织发展，推动行业协会、社会服务机构的平台化、社会化和市场化转型，发挥第三方中介组织的"润滑剂"作用，提高其资源整合能力和公共服务能力。充分发挥大企业的产业组织作用，围绕打通产业链、构建产业生态体系，促使大企业与中小企业之间形成更紧密的新型产业合作关系。支持龙头企业强化产业链上下游资源整合和供应配套，构建分享制造平台、协同创新平台等，带动一批中小配套企业协同发展。

发展联合体产业组织。在战略性、基础性领域，推动地理位置相邻的大中小企业与高校、科研院所、金融机构围绕先进技术领域融合共生，形成产业高度集聚和分工协作合理的先进制造业集群，探索建立服务集群发展的第三方促进机构，促进产业链上下游企业间的知识、信息和经验交流，引导集群内不同类型主体迅速参与到研发、设计、生产、物流和服务等环节之中。通过系统集成建立产业链生态新机制，围绕创新技术转化和应用来培育产业链，建立新型创新联合体，打破部门、行业、院校、企业的体制壁垒，以跨领域开放式创新平台为核心，构筑企业为主体、市场为导向、学研用联合攻关的开放式创新平台，形成"政产学研"协同合作联合体。

03 生产方式的变革创新

数字化新制造的本质是全新的制造生产方式，这种新的生产方式是以互联网为支撑的智能化大规模定制生产方式，其核心是为消费者个性化消费需求而进行的个性化定制生产服务。新制造工厂生产设备互联互通智能一体化运行，能够更快地感知、自我反应、计算判断、分析决策、自行组织，实现机器自组织机器进行生产服务，这是根据数据计算分析后的智能化制造。新制造的物流方式发生巨大改变，这就是智慧供应链方式。

新制造依托的新技术主要是"硬、软、联"三个方面：一是以5G、新材料、新能源、新配送等为代表的"硬基础"，二是以大数据技术、人工智能技术、IT技术与软件等为代表的"软基础"，三是以工业互联网、智能物联网、C2M平台等为代表的"互联性技术基础"。5G、大数据技术、人工智能技术是新制造的基础性新技术，三者形成关联生态系统，成为新制造的核心技术基础。

数字化新制造生产方式从工序分工到企业专业化，从"知行分离"到"知行合一"，从大规模生产到定制化生产。在数字经济时代，"软件定义"在制造业中普遍存在，企业在产品制造过程中积累的各种知识、技术通过算法和代码内嵌到生产系统之中，软件可以根据不同的场景，对生产设备自动地进行适应性调整。在工业互联网、云计算等技术支持下，对生产线的调整依靠云端的算力、算法和数据对生产线进行控制。智能机器人、人工智能、增材制造等技术的成熟和应用，使得生产线的柔性化程度显著提高，能够根据细分市场需求进行小批量生产，甚至进行单件定制，生产成本不会有明显的提高。越来越多分散化的个人参与到产品研发设计中来，制造企业通过开源软件社区、创新任务众包平台等数字平台吸引全球范围内的创新资源为其服务，个性化定制、小批量生产的产品越来越被市场所接受，制造活动从集中走向分散。每个人都可以成为物质产品的制造者。

数字化新制造生产方式变化对产业链布局影响深刻。数字化软件化加强了制造企业对产业链的控制。在制造业数字化智能化转型后，链主企业处于数据的枢纽地位，其所处的价值链、供应链与产业生态、产品全生命周期（包括用户使用情况）的数据都会传输、集中到一起，从而能够准确掌握市场需求的变化、供应链的运行情况。在软件定义产品和生产过程后，生产过程的知识以代码、算法的形式内嵌到产品中，可以远程实现对生产线的控制、调整、维护和升级，链主企业就可以更牢固地抓住对全球产业链价值链的控制权，保障产业链韧性和供应链安全。

04 业务流程的变革创新

数字技术与产业的深度融合，创新优化业务流程，推动制造业需向更高技术水平、更高附加价值、更加绿色低碳的方向持续升级。随着仿真软件、数字孪生、人工智能、3D打印等技术应用于产品研发，在数字化虚拟环境中对产品进行原型设计、使用仿真、性能测试、优化改进，能够加速产品开发速度、缩短开发周期、降低研发成本；智能机器和智能制造系统更加精准和稳定，能有效提高产品质量的稳定性与可靠性，并通过分析生产线各个环节、各个设备运行中生成的海量数据，优化生产线的工艺参数，提高良品率，减少损耗；基于对生产过程、供应链和产品运行、用户使用过程中的海量数据进行分析，智能化生产系统能够自动提供定制化增值服务，在满足用户多元化服务需求的同时，推动制造业由生产型制造向服务型制造转型。

制造业企业不再自上而下地集中控制生产，不再从事单独的设计与研发环节,或者单独的生产与制造环节,或者单独的营销与服务环节,而是从顾客需求开始,到接受产品订单、寻求合作生产、采购原材料或零部件、共同进行产品设计和生产组装,整个环节都通过互联网连接起来并进行实时通信,从而确保最终产品满足大规模客户的个性化定制需求。一是智能机器人、人工智能等先进数字技术的应用,能够提高生产线的柔性,产品开发、加工制造、供应链管理系统可根据订单情况快速进行产品设计、调动物料供应、安排产线生产,在需要时生产线的配置和工艺参数也可以根据订单情况在较短时间内完成调整,推动生产方式从大规模生产向大规模定制转变。二是通过连接各级供应商和制造企业、销售企业的供应链数字化、智能化改造,制造企业可以即时了解市场需求、预判市场走势,并根据用户订单或预测数据协调整个供应链的生产活动,提高对市场变化的响应速度,实现供应链条中各企业的高效率、低成本运营。三是全球价值链中的龙头企业可以通过泛在连接的网络、实时采集的数据、智能化的决策系统及时掌握生产、物流、销售数据,加强对分布于世界各地的工厂和供应商的控制。四是生产制造经验和知识的代码化、软件化,可以让制造企业掌握加工制造过程中不断更新的技术和知识,在出现自然灾害等冲击时,也可以根据需要扩大生产或恢复生产能力。

05 商业模式的变革创新

新制造的商业模式是全新的商业模式,模式的载体是 C2M 平台,依托工业互联网与智慧物联网,其中 C2M 平台是消费者直接连接制造商的平台。这一平台不光聚合链接生产商与消费者,还链接着供应商、服务商等,提供互动、交流与协同配合。制造商通过平台可以掌握消费者消费偏好的大数据,与定制生产的大数据实现互动,提高和优化每一次生产制造品质,实现消费者消费效用最大化。新制造商业模式的价值主张就是创造消费者个性化满意的产品，不仅通过为消费者个性化生产定制产品获得收益，还可以通过大量数据流量的分析与应用，实现数字资产价值变现产生收益，此外还可以为消费者进行使用产品的深化服务获得收益。

06 客户关系的变革创新

从多层级销售到平台中心辐射。传统的工业产品销售通常是经过多层级分销体系将产品交付用户。从销售公司到大区域分销商，再到地市级分销商和终端渠道，终端渠道又包括百货公司、超市、便利店、批发市场等不同的商业业态。在数字经济时代，在线销售成为最重要的销售渠道。互联网的广覆盖和通达性，使在线销售的产品能触达全球用户。越来越多的品牌将网店作为主要的销售平台。电子商务包括跨境电商呈现高速增长态势。在销售渠道向电子商务转变的过程中，传统销售渠道的功能也在发生变化，如线下实体店成为展示、体验中心，线下经销商成为售后服务商，承担配送、安装、维修等功能。

从信息的单向流动到信息的双向互动。在数字经济时代，企业的价值链既是物质流动过程和价值创造过程，也是数据流动过程，用户可以通过产品端的传感器、软件以及泛在的网络连接，将使用数据实时反馈至制造企业；同时，制造企业也能够通过用户（特别是消费者）在互联网上点击、浏览、转发、评价等数字足迹，对用户的消费习惯进行大数据分析，刻画出更加精准的用户"画像"，以此作为产品开发、推广宣传等生产经营活动的基础。在信息双向流动后，用户就成为企业经营活动的主动参与者。目前已经有一些公司自己建立或通过众包平台、开源社区，吸引具有一技之长的用户直接参与到产品的开发设计之中。

从用户隔离到用户社群化。进入数字经济时代，互联网、移动互联网的广泛覆盖和智能终端设备的普及，带来信息交流的成本极大下降，人们可以方便、快捷地在网络上进行交流，而且不仅局限于现实世界的熟人之间，陌生人之间也能够因为相同的兴趣爱好、同一产品用户等原因聚集到一起形成社群。大数据精准推荐算法通过向用户推荐他喜欢的信息，会进一步强化具有共同爱好的人向社群聚集。

07 产品形态的变革创新

从物质到数字。数字经济时代，许多制造业的产出从物质产品形态转变数字形态。实现路径主要有：一是物质产品直接以数字化的形态呈现，如图书、杂志、报纸从以纸张为载体转变为完全以数字化形态呈现。二是物质产品生产过程的分解，从产品设计方案到最终产品制造完成的价值链中，产品设计方案、产品原型以数字化形态呈现，最终产出仍是物质形态。在投入方面，除了传统的物质形态投入品外，数据成为关键生产要素和价值的重要来源。

从硬件到软件。随着信息技术的发展，软件在产品中的应用日益普遍、作用不断增强、价值含量占比不断提高。软件通过发挥定义产品功能强化了硬件的功能，即通过运算支撑硬件完成特定功能的操作。软件还兼具优化产品功能，可以实现原本由硬件实现的功能，效率更高、结果更优或成本更低。软件日益成为产品不可分割的组成部分，与硬件一起组合成为完整的产品。

从产品到服务。自20世纪80年代开始，制造业开始了服务化转型，制造企业从主要从事生产活动转向更多地提供基于产品的增值服务，从原来主要提供产品转向提供"产品+服务"的组合，从一次性销售产品获得收入转向持续提供服务获得收入。数字科技的发展加强了生产链、价值链中的数据流动和循环，进一步拓展了服务型制造的空间、丰富了服务型制造的模式。

08 服务模式的变革创新

数字化推动先进制造业和现代服务业耦合共生，鼓励立足区域产业特色探索两业融合新路径，大力培育两业融合新业态新模式，促进制造业企业拓展定向研发、咨询设计、系统集成、运维管理、信息服务等生产性服务业和服务型制造领域，以"生产+服务"推动传统制造业转型升级，为新兴制造业蓄势赋能。

产品数字化后，制造企业可以直接通过互联网将产品发送给购买或订阅用户，相关支持服务也可以借助软件、算法，通过远程控制和调整来实现。基于电商平台及其覆盖全球的特征，企业可以实现产销的直接对话，减少销售的中间环节。数据和以数字形态存在的产品与服务的国际贸易相对于货物贸易更有优势。当前，世界贸易结构仍以货物贸易为主。在产品数字化的推动下，服务贸易有巨大的发展空间。

产品服务化是制造企业凭借在产品研发、设计和生产中获得的资源和能力，并基于产品向用户提供增值服务。服务型制造活动具有技术含量高、对高端服务人才需求大等特点。物质产品销售出去后，其许多增值型服务或服务型制造活动，需要与用户或产品接触才能实现。例如，家具的个性化定制需要制造企业与用户面对面地反复沟通；全生命周期管理需要制造企业帮助用户在现场操作、管理和维护设备。产品的服务化成为制造企业将服务活动本地化的推动力。

制造业的数字化不仅体现在产品本身和制造过程，也体现在研发环节。借助于数字化开发工具，不但能够显著提高研发效率，对新产品的制造和应用过程进行仿真和改进，而且产品开发设计的结果也可以数据包的形态呈现。在国际产业链价值链分工中，一个国家的企业可以通过国际贸易将产品设计方案进行数字交付，在另一个国家对数据包解码后，按照设计方案的说明进行产品生产。数字科技通过软件定义使服务型制造活动得以基于对数据的分析、响应以及对数字化、智能化生产线的控制自动化、规模化地开展。高度数字化的服务活动也变得可以远程操作、离岸提供。

第三节 网络化协同推动制造业全链条融合

网络使世界变得更"小",大数据使世界变得更精确,人工智能使世界变得更智慧。网络化协同制造,利用互联网平台跨时空、无边界、促共享的特性,推动互联网与制造业融合,加强全产业链协作,提升制造业数字化、网络化、智能化水平,推进智能制造、大规模个性化定制、网络化协同制造和服务型制造,打造一批网络化协同制造公共服务平台,加快形成制造业网络化产业生态体系,发展基于互联网的协同制造新模式,促进企业间的数据互通和业务互联,实现企业内部与企业之间各类资源的集成整合,推动供应链上下游企业与合作伙伴共享各类资源,实现网络化的协同设计、协同生产和协同服务。纵向集成企业内的协同制造,建立有效的纵向生产体系。横向集成企业间的协同制造,网络协同产业链上、下游组织之间的协作,满足个性化定制需求和差异化市场需求。网络化协同促进制造业生产方式、组织方式和服务方式的系统性变革,在生产环节,有利于提高供给质量、实现降本增效;在分配环节,有利于稳定就业岗位、增加劳动者收入;在流通环节,有利于构建便捷销售渠道、实现供需高效连接;在消费环节,有利于精准定位消费者需求、实现供需动态平衡。

01 网络化协同生产与消费

生产与消费是生产制造的主要矛盾,矛盾运动的轨迹是:经过一个时期的发展后,生产超越了消费而陷入困境,其后生产通过改进重新启动消费、重新与消费协调发展。工业生产与消费的协调发展主要涉及产品功能、产品质量、产品成本、产品生产效率四大要素。每一次工业革命都通过改变工业生产方式，使工业生产要素得到改进。新一轮工业革命，通过数字信息技术和人工智能技术及最新管理技术运用，企业建立基于互联网、传感器、工业软件、信息交互和服务平台的大批量定制生产方式。网络化实现数据、信息、知识和生产要素的互联互通，运用智能产品、建设智能产线、打造智能工厂、构建智能生态等，显著提高产品功能的个性化、产品质量的可靠性、产品生产和服务的效率及降低产品生产的成本，以重新启动消费，促进生产与消费协同发展。

网络化协同制造连接生产与消费，打通产业环节，从销售端向生产端逐步融合。消费者把个性化、集成化、便利化需求通过互联网C2M平台输入数据中心，数据中心进行计算分析，传递给新制造系统，新制造系统进行智能化定制，完成后交付给消费者。新制造系统在生产制造过程中将生产过程中产生的大数据收集并传递给数据中心，进行云计算分析处理，把优化的数据转化新一轮制造过程优化方案，完善生产制造。智能互联生产服务系统调整与控制生产线，不断优化完成个性化的产品生产与服务，使消费者满意度最大化。

02 网络化协同供给与需求

供给侧改革的最终目的是满足需求。消费互联网快速发展，激发消费者个性化需求，企业的经营模式转变成以客户为中心，需求侧最大的特点是个性化，而且是低成本的大规模个性化。网络化智能制造推动企业从产品为中心向用户为中心转变，推动企业走向万物互联、数据驱动、软件定义、平台支撑、智能主导的智能生产、智慧企业新阶段。

借助大数据与算法成功实现供给与需求的精准对接。随着5G迈向商用，万物互联实现生产过程中的人、设备、产品、物料等产生的即时海量数据连接起来，工业互联网平台逐步搭建起来，生产车间变成各个环节合作共生的"有机生命体"，打破人、机、物以及服务间的边界，推进产品全生命周期的数字化和模型化。工业互联网平台实现全要素、全产业链、全价值链的全面连接，以低成本开启大规模个性化生产，组织网络化协同、规模化定制、服务型制造等新模式、新业态，推动制造业生产方式和企业形态根本性变革。通过连接客户，获得客户画像，实现精准营销和个性化定制；通过连接产品，由"卖产品"转向"卖服务"，制造服务化新模式逐渐成为主流；通过连接供应商，打通产业链上下游，实现网络化协同生产、协同设计，提升全链条资源配置效率。这正是工业互联网展现的新制造愿景，也是网络化协同制造的发展方向。

03 网络化协同线上与线下

线上线下融合是一种消费、服务新模式，也是制造业发展的一种潮流和趋势。越来越多的实体商业主动运用网络平台、移动终端、社交媒体开展全渠道营销，在营销、支付、售后服务等方面加强线上线下互动融合，商品交易市场向数字化、定制化、平台化方向发展。通过大数据和云计算分析，把线上消费端数据和线下生产端数据打通，运用消费端的大数据逆向优化生产端的产品制造。通过建立线上线下一体的协同设计、开发、展示、交流平台，建设研发制造、体验展示、销售交易、创新孵化、金融服务等数字公共服务支撑体系，发展个性化定制、柔性化生产，引导实体企业更多开发数字化产品和服务，鼓励实体商业向场景化、体验式、互动性、综合型消费场所转型，实现线上流量与实体制造融合共生，建构引领全新的消费模式和制造模式。

云制造是线上线下协同融合制造新范式，它能够转换制造资源（软件和硬件）和能力（生产制造性能）为云服务，基于制造环境中的客户、制造商、代理商、设计者和IT解决方案提供商的连接，构建开放、安全、互联和去中心的云制造生态系统，推动跨领域、跨行业网络化协同融合，支持在不同产品生命周期各个阶段的信息集成、交换和决策，实现在产品、工厂、商业网络和客户等不同利益相关者之间共享制造资源和能力，以支持商业和实体生产，实现商业价值的最大化。通过云制造系统，推动企业经营管理、研发设计、生产控制、智能应用、数据要素、平台系统、基础设施、生产能力上云，打造智能研发、智能生产、智能营销、智能服务等智能化应用，提升数字化、网络化、智能化水平。企业依托云制造系统开放研发设计、测试实验、生产制造、物流配送、售后服务、回收再利用等生产能力，创新生产组织模式和专业化品牌化服务，提升社会制造资源配置和使用效率，大幅降低生产成本，逐步形成数字驱动、网络协同、共享发展的制造业新生态。

04 网络化协同产业与金融

经济是"肌体"，金融是"血脉"。制造业借助互联网、物联网、大数据、云计算运用，通过集合众人智慧、按需设计、自我制造、个性生产，正在向分散式和扁平式方向发展，产业链供应链生态主体日益多元化。金融生态网络结构、产品形态、环境要素丰富多样。强化政策协同、信息共享和资源互补，探索金融服务实体经济的新模式新路径，协同产业生态与金融生态，发掘"实体之需"，供给"金融之力"，引导更多金融活水流向实体经济。疏通产业链供应链"堵点""断点"，迫切需要金融机构转变供应链金融业务服务方式，发展数字供应链金融。数字供应链金融是指运用数字金融科技手段，整合资金流、产销信息流等信息，构建核心企业与上下游企业一体化的金融供给体系。多产品融合的数字供应链金融不仅有担保、保理、质押、抵押、票据等传统供应链金融产品，还有信托、第三方支付、风险投资、众筹、资产证券化等新型金融产品。金融产品间的组合协同，带动产业链上下游协同发展，推动数字供应链金融+数字化制造业转型变革。数字供应链金融着眼于产业链供应链运行提供金融服务，可以结合预付款项、原材料或产成品存货、应收款项等设计金融服务方案，包括融资、支付结算、账款管理等多种类型的金融产品，可以结合产业链供应链的特点设计有针对性的金融服务。

数字供应链金融涉及多方主体，主体之间具有共生关系，需要构建"产业主体共生—信用环境共创—金融服务协同"的协同机制，充分释放供应链金融支持实体经济中的作用。"产业主体共生"是先决条件，也是资金需求方；"信用环境共创"是中介手段，连接产业与金融；"金融服务协同"是资金提供者，回应产业发展需求。三者共同构成供应链金融协同运营的网络结构，缺一不可。要提高供应链金融数字化水平，充分利用人工智能、大数据、云计算、区块链、物联网等现代数字信息科技，在供应链金融发展中实时监控物流、商流、资金流，完善风险控制技术和模型，提高金融服务的精准度、覆盖面和便利性。支持供应链金融服务商规范发展，扩大供应链金融服务供给。鼓励供应链管理公司开展供应链金融服务，向专业化供应链金融服务商转型，扩大供应链金融的服务供给。优化监管配套和支持政策，进一步加强信息服务平台、配套基础设施建设，健全供应链金融信用体系，调动各方主体参与供应链金融的积极性。强化数字金融科技应用，加强数字供应链金融共享平台建设，确立平台统一数据标准、强化数据共享共通，建立供应链金融网络平台和生态圈。鼓励金融机构利用数字网络平台提供结算、融资、理财、咨询等一站式系统化金融服务，进一步推广知识产权质押，创新担保方式，积极探索多样化的信贷风险分担机制。

05 网络化协同制造与服务

制造与服务协同是制造业发展的必然趋势，制造业与服务业融合是产业高质量发展的必然选择。数字化新制造依托数据驱动、数字网络，构建以智能制造为引领、以现代生产性服务为支撑的产业协同发展机制，推动制造业逐渐由单一生产型向"生产+服务"型转变，促进制造业与服务业相融共生、协同发展。在产业链协同上，上游产业链由制造环节向前延伸拓展到技术研发、产品定制、成果转化等环节，提高产品科技含量；下游产业链由制造环节向后延伸发展到信息服务、智慧城市、电子商务等现代服务业，市场拓展到产品推广、售后服务等环节。在产业群协同上，制造业集群内，搭建研发设计、知识产权、信息服务、金融、商贸等数字服务平台，整合制造业内部投入要素间的关联性与互补性，构建围绕制造业集群的区域服务体系，形成产业共生、资源共享的开放、互动、协同发展格局；服务业集群内，实现物流管理、人力资源管理、信息技术研发等生产性服务行业企业的聚集，为制造业提供专业化、个性化服务，推动产业链节点细化和功能延伸，打造特色生产性服务业集群。

制造与服务协同融合的本质是以满足客户需求为导向。围绕客户多元化、个性化需求，用数字化智能化技术赋能制造业企业，通过打造数字化智能化服务平台，实现制造全要素全过程服务。服务型制造是制造业与服务业深度融合的新型制造模式、新产业形态。面向制造业全供应链产业链，打造专业服务型、综合服务型和共性技术型等数字公共服务平台，形成面向特定制造领域、围绕产业链的服务型制造网络，完善研发设计、产业技术基础、协同制造、定制化服务、供应链管理、全生命周期管理、信息增值服务和融资租赁等领域的公共服务，实现多场景、多渠道、全生命周期的风险共担和信息共享，促进信息流、资金流和物流的协同整合，提升供应链产业链服务整体效率和效益。

制造与服务协同融合的目的是实现价值最大化。向服务型制造转型是制造业拓展盈利空间、提升附加值、重塑竞争优势的必由之路。从微笑曲线看，在价值链中，附加值更多体现在两端，即设计和销售，处于中间环节的生产附加值相对较低，服务型制造有助于企业向高附加值攀升。服务型制造可以从两个层面推进制造业与服务业融合，实现制造服务化延伸和价值增值。一方面是加大制造过程技术要素、信息要素、资金要素等生产性服务要素的投入，促进高端要素密集进入生产制造过程，有利于提高制造业技术水平和创新能力，推动产业基础高级化；另一方面是拓展制造过程的价值链环节，从单纯的制造环节拓展到全生命周期的各个环节，尤其是向价值链的高端环节延伸，提升制造业在全球价值链体系中的分工地位，有利于提高产业链现代化水平。加强研发设计创新服务，创造先进制造业的需求空间；重视智能运维服务，提升先进制造业的综合价值；建立检验认证体系，完善先进制造业的产品质量管理；提升现代物流体系，提高先进制造业物流供应链效率；加速电子商务创新，保障先进制造业的价值实现；发展新型金融服务，优化先进制造业的资源配置。

制造与服务协同融合的路径具有多样性、创新性。制造业企业可基于核心技术优势拓展专业的社会化服务；以制造业流程外包促进制造和服务供应链一体化；推动基于产品全生命周期管理与系统解决方案服务的制造与服务全价值链集成；促进基于智能化产品和装备的制造与服务功能一体化；实现基于产业互联网平台的制造和服务资源整合；推动基于客户深度参与的产品个性化定制；拓展基于研发、创意、设计、品牌等服务优势的生产制造网络等。

06 网络化协同国内与国际

我国经济已深度融入全球产业链供应链创新链体系，形成以国内大循环为主体、国内国际双循环相互促进的新发展格局。数字化新制造以数字平台为依托，构建自主可控的数字经济创新生态，不断完善产业链、稳定供应链、强化创新链，协同联通国内市场和国际市场，促进国内国际创新资源对接、供需精准匹配，形成数据开放共享的机制和数据驱动制造业创新的发展模式。这种新制造模式有机连接两个市场、匹配两种资源、打通内外循环堵点，促进内需和外需、进口和出口、引进外资和对外投资协调发展，提升我国价值链分工层次，加快培育参与国际合作和竞争新优势。

数字平台运用大数据、云计算等新一代数字化智能技术，集成外贸供应链各环节数据，提升企业智能化、个性化、定制化生产能力，构建新业态驱动、大数据支撑、网络化共享、智能化协作的供应链体系，在更大范围内形成数字驱动的新型国际供应链和价值链。数字贸易应运而生，对贸易模式、对象、结构、格局产生深远影响，是国际贸易创新发展的一次巨大飞跃，是贸易模式的一种变革。数字贸易推动全球产业链、供应链、价值链和创新链深刻变革，是产业创新、结构升级、畅通内外循环的重要支撑，正在成为全球贸易的新形态、经济增长的新引擎、制度构建的新高地、国际竞争的新赛道。

数字贸易是以数据流动为关键牵引、数字技术为手段、数字服务为核心、数字化平台为载体、数字化交付为特征的贸易新业态，主要包括信息技术服务、数字内容服务和离岸服务外包，涵盖信息通信技术、金融保险、知识产权、文化娱乐，以及其他商业服务等数字化交付的知识密集型服务贸易领域。与传统贸易相比，数字贸易特征体现在两方面：一是贸易方式的数字化，二是贸易对象的数字化。贸易方式的数字化，是指面向贸易全流程、全产业链的数字化转型，是数字技术在货物与服务贸易领域的广泛应用，由此催生出跨境电商、智慧物流、线上展会等新业态。贸易对象的数字化，是指以数据形式存在的要素和服务成为国际贸易中的重要交易对象，大体分为三类：信息通信技术（ICT）服务贸易，包括电信服务、信息服务、软件复制和分发的许可证等；ICT赋能的服务贸易，包括数字金融、数字教育、数字医疗、工业互联网等；具有商业价值的数据要素跨境流动。

数字贸易带动全球创新链、产业链和价值链加速整合优化。强化"生产+贸易+服务"理念，以促进制造业数字化、智能化、绿色化、服务化转型为目标提升制造业开放质量，扩大数字化、智能化产品服务供给，提高先进制造业利用外资水平，吸引跨国公司研发设计中心、供应链管理中心、数据中心、结算中心等服务体系。支持头部企业构建全球创新平台，引导企业融入全球创新链，大力发展研发、工业设计、跨境电商等各类数字化平台，在更大范围、更宽领域组合全球创新资源；以产业链供应链为依托构建开放的创新链，注重发挥外资企业在技术引进中的独特优势、在构建全球创新链中的黏合剂作用、在组合全球创新要素中的内引外联作用，与发达国家构建以产业链供应链为纽带的技术合作新模式。扩大与制造业相关的信息技术、研发设计、知识产权等数字服务进口，推动技术创新和价值链升级；依托货物贸易带动相关的金融、保险、结算、电子商务、供应链管理等数字服务出口，提升贸易价值链增值水平；发挥平台企业的数据资源整合优势，面向传统企业提供信息、数据和供应链服务，支持制造业企业建立数字化、智能化、网络化的制造系统和实时跟踪服务系统，发展远程维修维护和数据服务。

第四节　智能化变革引领制造业高端化发展

制造业作为国民经济主体，是国家创造力、竞争力和综合国力的重要体现。制造业发展水平事关我国经济高质量发展，事关我国未来制造业的全球地位。新一代数字信息技术发展使社会生产向数据驱动、实时在线、智能主导的智能化方向发展。全球新一轮科技革命和产业变革深入发展，新技术不断突破并与先进制造技术加速融合，为制造业高端化、智能化发展提供了历史机遇。智能化是全球制造业发展的必然趋势，是制造业高端化的必由之路，智能制造是制造强国建设的主攻方向。发展智能制造，对建设制造强国、加快建设现代产业体系、构建新发展格局、推动高质量发展、全面建设社会主义现代化强国具有重要战略意义。

我国智能制造发展已由理念普及、试点示范转向系统创新、深化应用的新阶段。工业和信息化部、国家发展和改革委员会、教育部、科技部、财政部、人力资源和社会保障部、国家市场监督管理总局、国务院国有资产监督管理委员会等八部门联合印发的《"十四五"智能制造发展规划》明确提出，到2025年，规模以上制造业企业大部分实现数字化网络化，重点行业骨干企业初步应用智能化；到2035年，规模以上制造业企业全面普及数字化网络化，重点行业骨干企业基本实现智能化。

智能制造是一项持续演进、迭代提升的系统工程，需要构建数字基础设施、数字智能技术、数字网络平台、数字生态、数字安全保障、数字专业人才六大支撑体系。推进智能制造，要立足制造本质，紧扣智能特征，坚持创新驱动、市场主导、融合发展、安全可控、系统推进，以新一代信息技术与先进制造技术深度融合为主线，以工艺、装备为核心，以数据为基础，依托制造单元、车间、工厂、供应链等载体，深入实施智能制造工程，构建虚实融合、知识驱动、动态优化、安全高效、绿色低碳的智能制造系统，加快构建智能制造发展生态，着力提升创新能力、供给能力、支撑能力和应用水平，持续推进制造业数字化转型、网络化协同、智能化变革，构建强大、智慧、安全的制造业供应链体系。

01 大力实施工业互联网创新发展工程

工业互联网是新一代信息通信技术与工业经济深度融合所形成的全新产业和应用生态，是连接工业全要素、全产业链、全供应链和全价值链的新载体，是优化配置和组合各类生产要素的新组织方式，有利于实现制造资源的泛在连接、动态供给和高效配置。

我国工业互联网正处于快速成长发展的关键期。近年来，我国工业互联网加速发展，工业互联网广泛应用在 40 多个国民经济重点行业，具有一定区域和行业影响力的平台超过 100 家，平台连接的工业设备数量达 7600 万台套，平台汇聚的工业 APP 突破 59 万个，平台服务的工业企业达 160 万家。未来，每一件产品、每一台设备、每一条生产线、每一座工厂都将实现数据化，并实时映射到数字世界，形成物理世界和数字世界的"双生子"。

当前我国缺乏系统化、国际性的国家工业互联网平台，区域层面更是缺乏工业互联网平台。要实施新一轮工业互联网创新发展工程，加快建设一批跨行业跨领域综合型工业互联网平台，打造一批具有国际影响力的工业互联网平台，建设一批面向重点行业和区域的特色型工业互联网平台，发展一批面向特定技术领域的专业型工业互联网平台，支撑构建数据驱动、软件定义、平台支撑、服务增值、智能主导的新型制造体系。支持大型集团企业、工业园区，围绕内部资源整合、产品全生命周期管理、产业链供应链协同、中小企业服务、工业数据处理分析，建立各具特色的工业互联网平台。

坚持工业互联网创新发展同核心技术攻关紧密结合，开展智能制造技术攻关行动，围绕基础技术、先进工艺技术、共性技术以及适用性技术等四类关键核心技术，实现工业芯片、工业软件和工业控制系统等核心技术攻关突破。坚持工业互联网创新发展同工业园区转型升级紧密结合，促进工业互联网平台进园区，促进千行百业、千园万企加快数字化转型，加快打造一批行业特色鲜明、品牌影响力强、带动作用显著的工业互联网示范区。坚持工业互联网创新发展同产业数字化紧密结合，推动工业互联网与细分行业融合，加快新模式新业态推广，打造5G全连接工厂标杆，挖掘产线级、车间级典型应用场景。坚持工业互联网创新发展同新业态新模式创新紧密结合，在研发设计、生产制造、经营管理、供应链产业链管控、产品服务全产业链过程，发展平台化设计、智能化制造、网络化协同、个性化定制、服务化延伸、数字化管理新业态新模式。坚持工业互联网创新发展同企业数字化转型紧密结合，通过对产业链上下游的全要素进行数字化转型和再造，深刻重塑工业生产制造和服务体系。支持有条件的产业链龙头企业开展工业互联网建设，鼓励行业龙头企业在工业互联网平台发展成熟时向同行业企业开放，加速培育传统工业重点领域的工业互联网平台企业，依托工业互联网平台企业完善数字时代的产业新生态，以工业互联网平台为载体构建产业创新共同体。

02 大力实施企业上云用数赋智工程

企业是数字经济发展的主力军，也是数字化转型的主战场。当前大多数中小企业的数字化能力还不足，需要进一步从政策、资金、技术和公共服务等方面持续推动，提升中小企业"造血"能力，促进制造业数字化转型向纵深发展。数据显示，2020年，我国规模以上工业企业生产设备数字化率、数字化设备联网率分别提升至49.9%和43.5%。

数字化转型是企业提升竞争力的"必修课"。实施企业"上云用数赋智"工程，以创新链、产业链、供应链、数据链、资金链、服务链、人才链为着力点，打通产业链上下游企业数据通道，促进全渠道、全链路供需调配和精准对接，形成产业链上下游和跨行业融合的数字化生态体系，构建设备数字化—生产线数字化—车间数字化—工厂数字化—企业数字化—产业链数字化—数字化生态的典型范式。以数字化平台为依托，构建"生产服务+商业模式+金融服务"数字化生态，形成大中小企业相互依存、相互促进的发展新格局。鼓励大企业打造符合中小企业特点的数字化服务平台，开发一批"小快轻准"低成本的产业链供应链协同解决方案和场景。面向中小企业提供一批成本低、见效快、适用性强的数字化解决方案。组织100家以上工业互联网平台和数字化转型服务商，为10万家中小企业提供数字化转型评价诊断服务和解决方案，推动10万家中小企业业务"上云"。鼓励中小企业积极融入5G、工业互联网的应用场景和产业生态，夯实中小企业数字化服务基础。

03 大力实施智能工厂建设工程

智能化建立在以软件、数字传输、集成分析为主的战略性新兴产业充分发展的基础上，智能制造依托以智能车间、智能工厂为主体的智能制造群体。通过建设智能场景、智能车间和智能工厂，实现泛在感知、数据贯通、集成互联、人机协作和分析优化，引导龙头企业建设协同平台，带动上下游企业同步实施智能制造，打造智慧供应链。《"十四五"智能制造发展规划》提出，到2025年，70%的规模以上制造业企业基本实现数字化网络化，建成500个以上引领行业发展的智能制造示范工厂。工信部等四部门发布的《智能制造试点示范行动实施方案》提出，到2025年，建设一批技术水平高、示范作用显著的智能制造示范工厂，培育若干智能制造先行区，探索形成具有行业区域特色的智能转型升级路径。

开展智能制造示范工厂建设行动，面向企业转型升级需要，打造智能场景、智能车间、智能工厂和智慧供应链，形成多场景、全链条、多层次应用示范。加快建设智能制造示范工厂，开展场景、车间、工厂、供应链等多层级的应用示范，培育推广智能化设计、网络协同制造、大规模个性化定制、共享制造、智能运维服务等新模式。实施中小企业数字化促进工程，加快专精特新"小巨人"企业智能制造发展。拓展智能制造行业应用，引导各行业加快数字化转型、智能化升级。促进区域智能制造发展，鼓励探索各具特色的区域发展路径，加快智能制造进集群、园区，支持建设一批智能制造先行区。开展行业智能化改造升级行动，针对装备制造、电子信息、原材料、消费品等四个传统产业的特点和痛点，推动工艺革新、装备升级、管理优化和生产过程智能化。

开展智能制造装备创新发展行动，加快研发基础零部件和装置、通用智能制造装备、专用智能制造装备以及新型智能制造装备等四类智能制造装备。开展工业软件突破提升行动，推动装备制造商、高校、科研院所、用户企业、软件企业强化协同，联合开发面向产品全生命周期和制造全过程的核心软件，加快开发应用研发设计、生产制造、经营管理、控制执行、行业专用及新型软件等六类工业软件。推进新型创新网络建设，围绕关键工艺、工业母机、数字孪生、工业智能等重点领域，支持行业龙头企业联合高校、科研院所和上下游企业建设一批智能制造创新载体。

04 大力实施"灯塔工厂"示范工程

"灯塔工厂"被誉为智能化时代"世界上最先进的工厂",成为"数字化制造"和"全球化4.0"示范者,被视为第四次工业革命的领路者,代表当今全球制造业领域智能制造和数字化的最高水平。自2018年开始,世界经济论坛与麦肯锡咨询公司在全球发起评选"灯塔工厂"项目,寻找制造业数字化转型的典范。"灯塔工厂"广泛分布于消费品、汽车、家用电器、钢铁制品、医疗设备、制药、工业设备等多个领域,积极探索适合自身的数字化路径,展现了传统产业数字化转型的巨大潜力。中国5G+工业互联网大会上最新发布的《灯塔工厂引领制造业数字化转型》白皮书显示,截至2021年9月,全球已有90家工厂入选"灯塔工厂",中国以31家"灯塔工厂"的数量,成为目前拥有"灯塔工厂"最多的国家。

"灯塔工厂"最大的特点是智能化、数字化、自动化等技术的集成与综合运用,其评价标准主要看是否大量采用自动化、工业互联网、云计算、大数据、5G等第四次工业革命新技术,并综合运用这些新技术实现商业模式、产品研发模式、生产模式、质量管理模式和消费者服务模式等全方位变革,促进效率提升、节能减排和经营优化。"灯塔工厂"涵盖了智能制造、数字化转型等重要发展方向,是科技含量高、创新性强、劳动生产率高、经济效益好、绿色低碳发展的"代名词",是智能制造和数字化转型的先锋模范。

"灯塔工厂"已经成为一个新趋势和风向标,"照亮"未来智造之路。以数字化赋能的"灯塔工厂"正成为制造业的引航者。我国产业体系完善、产业链条长、产业集群丰富,数字化应用场景广阔,有助于在数字化转型方面实现规模经济和范围经济,且市场庞大、人口众多,拥有"工程师红利""灯塔工厂"示范引领中国制造业数字化转型前景广阔。许多地方瞄准"灯塔工厂"目标，企业竞相布局、加快构建智能制造的新生态。中国"灯塔工厂"中，除了大型跨国公司设在中国的制造业基地，还有很多本土制造商的工厂，有不少创造了行业纪录。宁德时代新能源科技股份有限公司的宁德工厂，是全球首个获评"灯塔工厂"的电池工厂。青岛啤酒厂、阿里巴巴犀牛工厂等在入选时，也是全球啤酒饮料业、服装业的首家"灯塔工厂"。经过多年培育发展，全球自动化厂商更加重视中国市场布局，本土供给能力不断提升，关键零部件、核心算法、系统解决方案实现长足进步，支撑体系建设逐步完善，标准、示范、平台等支撑能力不断增强。越来越多的"灯塔工厂"有助于加速"中国制造"向"中国智造"转型。

05 大力实施工业机器人推广应用工程

机器人的研发、制造、应用是衡量一个国家或地区科技创新和高端制造业水平的重要标志。制造业智能化与制造业自动化有实际差异，智能化并不等于自动化，更不等于无人化。自动化追求的是机器自动生产，本质是"机器换人"，强调大规模的机器生产；智能化追求的是机器的柔性生产，本质是"人机协同"，强调机器能够自主配合要素变化和人的工作。在推动大量智能制造过程中，只有通过机器和人的共融，让人的工作能力和方向得以拓展，让机器赋能实现最大化。工业机器人推广应用所追求的生产组织模式，不是简单的"机器换人"，而是将工业革命以来极度细化甚至异化的工人流水线工作，重新拉回"以人为本"的人机协作型组织模式，让机器承担更多简单重复甚至危险的工作，而人承担更多管理和创造工作。

工信部等十五部门联合印发的《"十四五"机器人产业发展规划》提出，力争到 2025 年，我国成为全球机器人技术创新策源地、高端制造集聚地和集成应用新高地，推动一批机器人核心技术和高端产品取得突破，关键零部件性能和可靠性达到国际同类产品水平，形成一批具有国际竞争力的领军企业及一大批创新能力强、成长性好的专精特新"小巨人"企业，建成3个至5个有国际影响力的产业集群；制造业机器人密度实现翻番。当务之急是要加强核心技术攻关。突破机器人系统开发、操作系统等共性技术；研发仿生感知与认知等前沿技术。发挥机器人重点实验室、工程（技术）研究中心、创新中心等研发机构作用，加强前沿、共性技术研究，加快成果转化。鼓励骨干企业联合开展机器人协同研发，提高新产品研发效率；推进人工智能、5G、大数据、云计算等新技术融合应用，提高机器人智能化和网络化水平。面向重点行业需求，集聚优势资源，推进高端机器人产品研制，拓展机器人产品系列和种类，提升性能、质量和安全性。

实施"机器人+"应用行动，组织产需精准对接，推进机器人典型应用场景开发。面对制造业、采矿业、建筑业等行业发展，重点推进工业机器人、服务机器人、特种机器人重点产品的创新及应用，推动产品高端化智能化发展。在汽车、电子、机械、仓储物流等已形成较大规模应用领域，着力开发和推广机器人新产品，开拓高端应用市场。在矿山、农业、电力、应急救援等初步应用和潜在需求比较旺盛的领域，开发机器人产品和解决方案，开展试点示范，拓展应用空间。在卫浴、陶瓷、五金、家具等特定细分场景、环节及领域，形成专业化、定制化解决方案并复制推广，打造特色服务品牌。

06 大力实施"工业大脑"开发应用工程

工业大脑是基于大数据一体化计算平台，通过数据工厂对企业系统数据、工厂设备数据、传感器数据、人员管理数据等多方工业企业数据进行汇集，借助语音交互、图像/视频识别、机器学习和人工智能算法，激活海量数据价值，为智能制造打造的数据智能产品。工业大脑开放平台是集数据工厂、算法工厂、AI创作间以及应用工厂于一体的智能应用平台。工业大脑开放平台包括智能感知控制（感知）、全面互联互通（平台）、深度数据应用（智算）、创新服务模式阶段（服务）四大功能。

"一切智能即服务"。工业大脑运用云计算、大数据、人工智能、物联网、区块链等技术数智技术，依托算力、数据、算法这三个关键要素，与5G、新一代自动化技术聚合发展，产生聚变效应和辐射效应，推动物理世界数字化转型、传统企业上云、各行各业智能化升级。5G将大幅增加实时处理、现场处理、虚实融合的数据需求。物联网则通过各类网络接入，实现物与物、物与人的泛在连接，实现对物品和过程的智能化感知、识别和管理。云计算底座承载大数据处理和人工智能算法，通过5G触达人们手中的智能端，完成云网端一体的大闭环，共同构成一个万物智能的世界。从开发"工业大脑"，实现"产、供、销、人、财、物"数据的智能挖掘，到建立物联网追溯体系，对加工、储运、流通全过程实时监控，工业大脑为智能制造提供重要路径和方法。

知识是工业大脑之源，数据是工业大脑之基，算法是工业大脑之魂，算力是工业大脑之力。如果工作母机、重大设备和生产线等是智能制造硬装备，那么数据中心、计算中心、智能中心等就是智能制造的软装备。硬装备是"躯体"，软装备是"大脑"。开发应用工业大脑，推广工业大脑开放平台，支持建设一批工业大数据创新中心，推进工业大数据与云计算、人工智能融合，开展数据收集分析，实现快速诊断、跟踪追溯、历史数据分析、智能决策，提升决策分析智能水平，提高企业管理智能水平。

07 大力实施智能制造人才培养工程

在智能化生产范式下，产业竞争优势将向人力资本和知识密集方向转变。智能制造高创新性、强渗透性、广覆盖性的共性特征，决定了培养、引进和使用智能制造人才是企业数字化转型的核心驱动力、智能化发展的第一资源。拥有智能制造人才是打造竞争新优势、抢占经济发展制高点的重要战略。围绕智能制造发展规划，定期编制智能制造人才需求预测报告和紧缺人才需求目录，研究制定智能制造领域职业标准。完善校企合作的人才培养机制，在智能制造领域建设一批现代产业学院和特色化示范性软件学院，增加智能制造领域人才数量，提高综合素质，提升人才的培养效率和适配度。深化新工科建设，优化学科专业和课程体系设置，构建智能制造发展相适应的知识结构和课程体系，形成以科学与技术专业为核心，细分衍生专业为补充，重点培育智能制造领域高端人才，特别是既懂智能技术，又懂产业的复合型人才。依托高技能人才培训基地等机构，开展大规模职业培训。加强应届毕业生、在职人员、转岗人员数字化技能培训，推进产教融合型企业建设，促进智能制造企业与职业院校深度合作，培养"制造＋服务""数字＋融合"的专项人才。弘扬企业家精神和工匠精神，鼓励开展智能制造创新创业大赛、技能竞赛。

· 第八章 ·

数字化新服务
——数字孵化器

第八章

数字化新服务——数字孵化器

服务业发展水平是衡量综合竞争力与现代化程度的重要标志。我国已全面进入服务经济时代，正处在服务经济加速发展的黄金期。现代服务业是经济高质量发展的"压舱石"、传统产业转型升级的"助推器"、新经济新动能加速成长的"孵化器"、多渠道新就业的"蓄水池"、扩大高水平对外开放的"新赛道"。

我国有超大规模的市场优势和内需潜力，有世界上最大规模的4亿多中等收入群体，拥有世界上规模最大、门类最全、配套最完备的制造业体系，有1.5亿市场经济主体，这些都为服务业发展提供了深厚土壤。随着制造业专业化程度的提高和社会分工的日益深化，生产性服务需求不断衍生；随着人民收入水平的提高，生活性服务业的发展规模、种类和服务能力不断提升。我国服务经济发展面临许多机遇，全面深化改革、全方位对外开放和全面依法治国正释放服务业发展新动力和新活力。城乡居民收入持续增长和消费升级，为服务业发展提供了巨大需求潜力，新型工业化、信息化、城镇化协同推进，极大拓展了服务业发展的广度和深度。

数字经济在基础设施、生产要素、生产方式、服务模式等方面表现出新技术、新经济特征。通过智能互联，把设备、生产线、工厂、供应商、产品和客户紧密联系在一起，实现线上线下全网、全渠道和全链条、全流程、全场景的连接，加速生产要素在人与人、物与物、人与物、用户与产业、需求与供给之间的流动，形成平台经济、共享经济、算法经济、零工经济、数字服务等新经济形态。在消费领域跨越时空限制，在生产领域延伸产业链，多个产业和多种生产要素融合，重组要素资源、重塑经济结构、改变竞争格局，促进产业链上下游企业全渠道、全链路供需调配和精准对接，创新推出一系列新产品、新服务、新产业，创新发展数字贸易、新零售、在线消费、无接触配送、互联网医疗、网络教育、共享员工、远程办公、"宅经济"等新业态。

我国服务经济时代的到来伴随着数字化的步伐，服务业搭上数字化快车。物联网、大数据、云计算、人工智能、5G等为代表的新一代数字信息技术广泛应用，深刻改变生产生活方式。数字经济全方位赋能服务经济，推动服务经济深刻变革，跨界融合、协同联合、包容聚合的态势更加明显，服务业的内涵和形式更加丰富、分工更加细化，服务内容、服务模式和服务方式不断创新，各类平台型服务模式和共享经济模式应运而生，个性化、体验式、互动式等服务消费蓬勃兴起，服务经济发展进入数字化新阶段。我国服务业数字化蕴藏巨大红利，在多个服务业领域将具备较强的国际竞争力，未来我国很可能将持续成为全球消费潜力最大、增长速度最快的服务业市场。我国正在经历零售业数字化、制造业数字化、城市治理数字化，必将迎来服务业数字化。顺应数字化发展潮流，大力推进服务业数字化转型，推动生产性服务业融合化发展，加快生活性服务业品质化发展，构建优质高效、布局优化、竞争力强的服务产业新体系。

第一节　数字政务服务

政务服务是指各级政府、各相关部门及事业单位，根据法律法规，为社会团体、企事业单位和个人提供的许可、确认、裁决、奖励、处罚等行政服务。政务服务事项包括行政权力事项和公共服务事项。

"互联网+"正在改变着传统的政务服务方式，让群众办事更加便利省时。数字政务服务是指运用现代数字信息技术和"互联网+政务服务"平台，创新行政审批和公共服务方式，不断简化优化企业和群众办事流程，构建集约化、高效化、透明化的政府治理与运行模式，向社会提供新模式、新境界、新治理结构下的管理和政务服务产品。通过建立一体化的数字政务服务体系，实现多方位的数据共享，满足公众多元化的服务需要，切实增强政务服务的主动性、精准性和便捷性。数字政务服务是数字政府建设的重要内容。数字政务服务有助于政府实现科学、民主决策，有助于提高政府行政效率、降低行政成本，有助于促进跨部门、跨区域和跨行业的信息资源共享，减少寻租腐败，实现有效监管。

01 架好网连千家万户的数字连心桥

随着互联网发展，人们生产生活全面"触网"。这对政府服务形式和服务质量提出了更高要求。政务服务已进入从政府供给导向转为群众需求导向，从以信息服务为主的单向服务向以跨区域、跨部门、跨层级一体化政务服务为特征的整体服务阶段。以云计算、大数据为技术支撑的全天候、一站式综合性服务平台，实现与"互联网+政务服务"深度融合，推动政务服务线上线下"一体化"办理，整体提升政务共服务能力和水平。政务融合互联网架起连通千家万户的数字连心桥。

移动政务服务网。凭借微信这个具有 12 亿用户量的移动社交工具，建立相应的移动客户端，民众可以快速发起事务咨询和业务办理，通过开放窗口平台了解最新政策。政府推出的"政务 APP"承载多重功能需求，让民众能够利用网络视频、音频、文字与窗口人员沟通交流，提供办理所需的材料，完成事项办理，最大限度地打破时空限制和地域限制，推进政务服务智能化、云端化，推动更多政务服务网上办、掌上办、一次办，满足全社会用户数字政务办理需要。

政务直播间。公众通过微信公众号接收直播信息，通过点击直播链接，实现快速拉起直播服务小程序，进行观看直播，还能通过 APP 的推送，直接在平台上观看政府的政务直播。政务直播有多种方式可以呈现，如视频直播、录屏直播、音频直播等多种方式，还有直播间舆情监管、视频智能鉴黄及直播视频存档等多种功能，成为政府机构提供政务信息公开的新平台、展示形象的新窗口、了解民意的新渠道、回应关切的新途径，实现"互联网＋政务服务"。

智慧办事窗口。完善线上线下"一窗受理"运行机制，推动线下窗口向"互联网＋"线上窗口转变，打造系统构建在云上、数据连接在网上、服务推送到端上的"云网端"一体化平台，形成纵向五级贯通、横向全面联通的"泛在化"政务服务网络，构建以用户为中心的数字政务服务体系，提高线上处理公务、服务社会、服务企业、服务民众的能力，不断提高政务服务线上受理率、可办率和办结率，实现"全在线""全公开""全评价"。

02 用好海纳千山万水的信息数据库

借助大数据技术，统筹建立自然人、法人、电子证照、地理空间信息、社会信用、统一事项目录、业务信息等基础信息数据库，构建数据共享交换平台。发挥政务服务访问的"公共入口",地方部门数据交换的"公共通道",身份认证、证照互认、安全保障等"公用支撑"作用,加强公共数据开放共享,实现政务信息资源的跨界互联互通、协同共享,推进数据跨部门、跨层级、跨地区汇聚融合和深度利用。扩大基础公共信息数据安全有序开放,探索将公共数据服务纳入公共服务体系,构建统一的公共数据开放平台和开发利用端口,优先推动企业登记监管、卫生、交通、气象等高价值数据集向社会开放。开展政府数据授权运营试点,鼓励第三方深化对公共数据的挖掘利用。

推动政务信息化共建共用,加大政务信息化建设统筹力度,健全政务信息化项目清单,持续深化政务信息系统整合,布局建设执政能力、依法治国、经济治理、市场监管、公共安全、生态环境等重大信息系统,提升跨部门协同治理能力。完善电子政务网络,集约建设政务云平台和数据中心体系,推进政务信息系统云迁移。加强政务信息化建设快速迭代,增强政务信息系统快速部署能力和弹性扩展能力。

围绕服务事项发布与受理、服务事项办理、行政职权运行、服务产品交付、服务评价等关键环节,组织梳理政务服务资源,建设形成统一的政务服务事项库,实现事项名称、事项类型、法律依据、基本编码统一,建立事项信息库动态更新机制和业务协作工作机制。优化政务服务办理流程,深化并联审批,加强事中事后监管,促进政务服务向街道、乡镇和城乡社区延伸。

03 建好智通千行百业的数字综合体

随着大数据、物联网、云计算等新技术不断涌现,建立一体化的网上政务服务平台,推进"互联网+政务服务",是促进政务服务提质增效的必然趋势,成为政务服务数字化的重点和方向。"互联网+政务服务"平台体系由国家级平台、省级平台、地市级平台三个层级组成，各层级之间通过政务服务数据共享平台进行资源目录注册、信息共享、业务协同、监督考核、统计分析等，实现政务服务事项就近能办、同城通办、异地可办。"互联网+政务服务"平台主要由互联网政务服务门户、政务服务管理平台、业务办理系统和政务服务数据共享平台四部分构成。互联网政务服务门户统一展示、发布政务服务信息，接受自然人、法人的政务服务申请信息，经与政务服务数据共享平台进行数据验证、比对和完善后，发送至政务服务管理平台进行处理，将相关受理、办理和结果信息反馈申请人。政务服务管理平台把来自互联网政务服务门户的申请信息推送至政务服务数据共享平台，同步告知业务办理系统；政务服务管理平台从政务服务数据共享平台获取并向互联网政务服务门户推送过程和结果信息，考核部门办理情况。业务办理系统在政务服务数据共享平台取得申请信息和相关信息后进行业务办理，将办理过程和结果信息推送至政务服务数据共享平台，同步告知政务服务管理平台。政务服务数据共享平台汇聚政务服务事项、电子证照等数据，以及来自互联网政务服务门户的信息、政务服务管理平台受理信息、业务办理系统办理过程和结果，实现与人口、法人等基础信息资源库的共享利用。

"互联网+政务服务"平台是一体化、集约化的数字综合体。集群式平台建设、集约化应用服务、集合数据信息、集成在线平台、聚集网络运维、集中统一管理，使政务服务平台成为技术统一、功能统一、结构统一、资源向上归集的一站式、面向多服务对象、多渠道（PC网站、移动客户端、微信、微博等）、多层级、多部门的综合性平台。深化"互联网+政务服务"，实现"业务融合、技术融合和数据融合"的融合受理，提升全流程一体化在线服务平台功能，打造无差别政务服务体系，构建广泛的政务服务新生态，推动政务服务向跨层级、跨区域、跨专业、跨部门、跨系统等一体化服务转变，做到"全天候""全周期""全链条"

服务企业和群众。

第二节　数字公共服务

公共服务是指由政府部门、国有企事业单位和相关中介机构履行法定职责，根据公民、法人或者其他组织的要求，为其提供帮助或者办理有关事务的行为。公共服务事项是由法律、法规、规章或者行政机关的规范性文件设定，是相关部门必须有效履行的义务。

公共服务关乎民生、连接民心。高质量公共服务是高质量发展的重要内容，是高效能治理的重要体现，是高品质生活的重要保障。公共服务包括基础公共服务、经济公共服务、公共安全服务、社会公共服务，涵盖公共教育、公共就业、医疗服务、社会保障、公用事业、生态环境、公共交通、公共安全、公共文化、公共体育、养老服务、政务服务等众多与民生高度相关的领域。《"十四五"公共服务规划》提出，推动数字化服务普惠应用，充分运用大数据、云计算、人工智能、物联网、区块链等新技术手段，鼓励支持新技术赋能，为人民群众提供更加智能、便捷、优质的公共服务。数字技术推动公共服务模式创新，突破方位、领域、时空限制，打破组织之间、平台之间、数据之间的壁垒，推进跨部门、跨层级、跨地区、跨系统、跨领域协同，以供给需求精准化识别、供给主体多元化改革、供给资源最优化配置、供给流程数字化转型，构建多层次、多方式的数字公共服务供给体系，推动公共服务高质量发展。

01 数字化优化公共服务新供给

公共服务分为公民底线生存服务、公民发展服务、公民基本环境服务、公民公共安全服务。人民日益增长的美好生活需要从生存需要转向发展需要，美好生活需要日益广泛，不仅对物质文化生活提出了更高要求，而且在民主、法治、公平、正义、安全、环境等方面的要求日益增长。提供高质量公共服务是满足人民美好生活需要的必然要求。以高质量公共服务满足人民美好生活需要，公共服务层次质量应随之匹配转型。公共服务重点从"有没有"开始转向"好不好"，推动公共服务从"无"到"有"、从"有"到"优"。互联网、大数据、人工智能、5G技术、云计算、区块链等新技术向公共服务领域渗透并逐渐全面应用，促使与人们日益增长的公共服务需求密切相关的服务数量、服务内容、服务品质、服务模式等方面发生深刻变化，推动公共服务的供给模式从单一转向多元、供给动因从管理转向服务、供给内容从粗放转向精细、供给方式从分散转向协同、供给绩效评估从封闭转向开放，催生公共服务领域新消费、新产品、新动力，丰富公共服务产品供给模式，提供多样化和个性化公共服务产品。

数字化推动供给主体多元化改革，构建政府主导、市场和社会主体多方参与的公共服务供给格局，健全和完善政府与社会资本合作模式（PPP），提高供给效率，降低供给成本。鼓励采取合同外包或者特许经营的方式进行公共服务采购，满足多元化公共服务需求。数字化促进供给流程数字化转型，创新数字公共服务模式，搭建物联、数联、智联的三位一体数字信息系统，建立一个物到物、人到人、资源到资源"全域覆盖、全维感知"连接体系，构建"数据统筹、统筹有数"的一体化公共服务体系，打造数字网络、数据驱动、应用流程、物质资源和公共服务深度融合的"智能调度、智慧运行"公共服务支撑体系。

02 数字化促进公共服务均等化

公共服务具有经济增长效应、收入分配效应和美好生活效应。公共服务均等化，既是"做大蛋糕"和"分好蛋糕"的机制，更是保障美好生活的重要机制。实现共同富裕是促进公共服务均等化的价值目标，促进公共服务均等化是促进共同富裕的重要途径。数字技术通过提高供需匹配精度、降低交易成本和拓展服务边界等途径，有效提高公共服务的匹配效率和服务效率，促进公共服务的均等化。围绕促进人的全面发展、实现共同富裕，构建惠及全体人民、贯穿全生命周期的数字公共服务公平共享体系，以公共服务标准化、数字化推动均等化、优质化，在更高层次上确保公共服务的广泛性、公平性、可及性、持续性，以民生富裕带动共同富裕。

深化数字公共服务均等化机制改革。借助大数据、区块链、人工智能等推进公共服务数字化、智能化改革，促进"城市大脑"与"社区微脑"的互通互联，通过数字技术融入公共服务供给过程，提高公共服务供给效率和质量，拓展公共服务供给普惠性和可及性。不同地区、城乡之间，不同社群之间尤其是弱势群体等，根据其需求能平等、公平、普遍使用数字公共服务，促进公共服务均等化。大力提升公共服务质量，利用现代数字技术区分出公共服务需求较强的群体与需求较弱的群体，针对其需求提供差异化的服务内容，有助于提高公共服务普惠性，也有助于提升服务满意度。重点调整公共服务方式，结合数字网络技术对相关服务需求与内容要求予以整合归类，以整合式、一体化的方式供给服务，加强多元公共服务供给主体协同配合，提高数据整合与共享程度，确保公共服务需求精准整合、均等供给。

完善数字公共服务均等化保障措施。运用大数据、区块链、云计算、互联网＋等新兴技术工具，促进跨部门、跨区域公共服务资源的互联互通，实现公共服务优质共享；加强城乡、区域公共服务一体化建设，通过统一规划、一体供给、数据共享和平台互通等方式，实现公共服务的城乡便利共享，持续推进公共服务均等化，扩大普惠性公共服务供给，丰富多层次多样化生活服务供给。

03 数字化提升公共服务精准度

数字技术具有开放共享、数据驱动、跨界融合特征，推动政府重塑工作机理，重构公共服务方式。数字化通过提高对公共服务群体、公共服务需求的精度识别，实现公共服务供给和公共服务质量评价的精准化。

加强公共服务需求精准化识别。用数据治理、数据驱动、数据跑路的方式和手段，构建便于群众反馈真实需求的数字平台、通道和机制，精准获取城乡居民最为关切、最为期盼、最为紧迫的公共服务需求，深入把准不同区域、不同民族、不同经济状况的群众需求，把群众的需求引导到公共服务政策制定、实施和评价的闭环中来，精准、及时、快速掌握群众需求中的新情况、新动向和新发展。

实现公共服务精准化到位。在数字时代，借助云计算、物联网、互联网、智能技术等数字技术，通过泛在网络、在线获取、菜单点菜式服务，打破单一化供给的思维桎梏，寻求差异化、个性化及定制化的公共服务供给，使公共服务更具"锚向性"。数字技术通过公共服务供需信息及时匹配、公共服务自助获取，解决信息快速处理与资源及时匹配等原有技术上的困难，使公共服务更具"匹配性"。数字技术还可通过数据挖掘、发掘相关对象的公共服务需求，利用云服务平台实现政府与民众公共服务供需的双向互动，通过公共服务供给流程的全新再造，使公共服务更具精准化。通过互联网平台调动公共服务资源，充分利用可得资源，及时精准地满足公共服务需求。运用互联网、云计算、物联网、智能技术，全方位掌握服务对象信息，及时捕捉、科学辨识、快速整合公共服务需求，实现公共服务供给的空间精准化、人群精准化和水平精准化。

实施公共服务质量精准化评价。完善大数据条件下公共服务供需耦合机制、信息整合机制、决策创新机制、跨部门资源共享与协作机制、电子政务平台信息互动机制，为实现公共服务供给的精准化提供基础支撑。健全"互联网+公共服务"平台，建立公共服务质量实时监管机制和长效评估机制，充分利用数字技术对公共服务供给情况进行全流程监管，实时获得公共服务的绩效反馈，对公共服务质量进行实时监管，切实保障公共服务供给的品质。利用数字技术的存储功能和预测功能，建立公共服务数据库和相应的质量评价体系，加快形成公共服务质量评估流程，确保公共服务目标实现。

04 数字化增强公共服务便利性

借助现代数字网络技术实施"互联网+公共服务"，增强公共服务供给应该兼顾便利性与普惠性，提高公共服务便利共享水平。围绕民生保障重点领域，在教育、医疗、养老、育幼、就业、文体、助残等方面推动数字化服务普惠应用，推进线上线下公共服务共同发展、深度融合，支持高水平公共服务机构对接基层、边远和欠发达地区，提供智慧便捷的公共服务。促进人工智能在公共服务领域推广应用，鼓励支持数字创意、智慧就业、智慧医疗、智慧住房公积金、智慧法律服务、智慧旅游、智慧文化、智慧广电、智能体育、智慧养老等新业态新模式发展。促进公共服务与互联网产业深度融合发展，大力培育跨行业跨领域综合性平台和行业垂直平台。探索"区块链+"在公共服务领域的运用。加快信息无障碍建设，切实解决老年人等特殊群体在运用智能技术方面遇到的突出困难，帮助老年人、残疾人等共享数字生活。充分发挥一体化政务服务平台一网通办枢纽作用，推动更多公共服务事项网上办、掌上办、一次办，持续提升公共服务数字化智能化水平。

推动公共服务重心向基层下沉，强化街道、乡镇和社区的公共服务职能，持续改善各类公共服务设施条件，推动基层数字综合公共服务平台统筹发展、共建共享。推进审批权限和公共服务事项向基层延伸，推动医疗卫生、就业社保、养老托育、扶残助残、家政服务、物流商超、治安执法、纠纷调处、心理援助等便民服务场景有机集成和精准对接。推动基本公共服务与社会治理深度融合，实现社区综合服务中心等基层公共服务供给站点与以社区网格员为主体搭建的社会治理网络有机结合。

第三节　数字生产性服务

生产性服务业是促进技术进步、提高生产效率、保障工农业生产活动有序进行的服务行业。生产性服务业依附于制造业企业而存在，贯穿于企业生产的上游、中游和下游诸环节中，以人力资本和知识资本作为主要投入品，是产业加速融合的关键环节。生产性服务业主要包括科技研发设计服务、现代物流服务、信息服务、金融服务、商务服务、节能环保服务、人力资源服务等服务行业。生产性服务业的发展水平决定着产业结构、生产规模和生产效率，影响着制造强国建设进程。

制造业加速向服务化、智能化、数字化转型，服务业从制造业中分离出来已成为普遍趋势，促进产业由生产制造型向生产服务型转变。云计算、物联网、人工智能、大数据等数字技术快速发展，全球生产性服务业数字化、远程化、自动化和智能化进程正在加速。借助5G技术、数字技术、人工智能技术等创新生产性服务产品，增强服务产品功能，开发数字内容、数据托管产品，构建以技术推广、管理咨询等为主要内容的综合性服务平台，丰富生产性服务业态，增强服务性资源品质，提高服务性资源配置效率，充分满足现代社会制造多样化、个性化的生产消费需求，形成全生命周期的数字生产服务数据链、产业链、供应链、价值链。

01 数字生产性服务的产业融合效应

随着产业结构深入调整、高质量发展推进，生产性服务业呈现融合化、数字化双重特点。先进制造业和现代服务业融合是受技术进步、市场开放和制度创新驱动，通过技术渗透、产业联动、链条延伸、内部重组等途径，打破原有产业边界、促进产业交叉融合、培育新业态新模式，实现制造业和服务业相互支撑、高效协同、融合互动的动态过程，推动产业提质增效升级。先进制造企业加快向产业上下游延伸，从专注于制造拓展到注重创意孵化和研发设计，从生产产品拓展到注重提供更专业的售后服务，从服务自身拓展到服务全行业，不断提高制造智能化水平。新技术革命和产业变革推动产业融合发展，现代服务业在产业融合中形成更多服务型发展平台。工业互联网平台汇聚共享并有效整合产品设计、生产制造、设备管理、运营服务、物流和售后服务等方面的数据资源，在融合发展中呈现跨界运营、价值共创和产用融合等横向分层特征。把握产业融合发展趋势，围绕重点领域和关键环节，培育融合发展主体，探索融合发展路径，发展融合新业态新模式，创新体制机制，激发企业融合发展内生动力，推动先进制造业和现代服务业深度融合发展。

打造数字化多元化融合发展主体。支持企业通过多种方式实现对资源要素、技术研发和市场开发的有效整合，注重发挥平台型组织、产业集群的重要作用。支持链主企业带动产业链上下游企业分工协作与联动融通，实现资源、要素、产能、市场的深度整合与共用共享。强化行业领军企业的示范引领作用，支持融合基础条件好、技术模式领先的企业在产业融合的方向、路径、模式上先行先试。完善平台型组织的综合服务功能，积极培育融合平台型企业，引导优势企业和上下游企业、关联企业围绕核心业务和产品共建业务信息平台、交互研发设计平台、供应链管理平台、工业云平台等，形成融合共生的产业生态圈。

探索重点行业数字化融合发展路径。我国制造业门类齐全，服务业业态众多，产业融合发展是一个双向过程，既包括制造业向后端延伸的服务化，也包括服务业反向延伸的制造化。推动消费品行业和服务业深度融合，适应消费结构升级趋势和居民多样化、个性化、品质化需求，推动创新设计、市场营销、品牌管理、售后服务等环节变革；提升装备制造业和服务业融合水平，发展系统集成、工程总包、远程维护等服务，拓展增长空间；推进制造业和互联网融合发展，发展面向重点行业和区域的工业互联网平台；强化研发设计服务与制造业融合发展，采用新技术、新材料、新工艺、新装备、新模式，通过研发设计增强制造业产品的绿色化、智能化、品牌化水平；推进物流服务与生产制造无缝对接，推动制造业借助现代供应链开展资源整合和流程优化，实现供需精准匹配，降低实体经济成本，提升制造业运行效率。

培育数字化融合发展新业态新模式。先进制造业和现代服务业深度融合利用现代数字信息技术和新型组织模式，催生许多新业态新模式。运用物联网、大数据、云计算和人工智能等新一代信息技术，对传统服务业进行全链条改造、全过程赋能，大力发展电子商务、在线定制、线上线下融合等服务模式，满足不同层面、不同消费者的个性化服务需求。推进制造业服务化，积极发展电子商务、售后服务、网络零售等专业服务和增值服务，开展反向制造和反向整合，促进制造业柔性化改造和个性化定制。共享工厂、柔性化定制、反向制造等具有很大发展前景。可依托完整工业体系和强大生产能力，面向中小企业，建立共享生产平台，推广共享工厂模式，推进厂房、设备、人才等资源整合，提升产能利用水平，节省生产投入成本；可支持企业增强柔性制造能力，将用户需求直接转化为生产订单，实现以用户为中心的个性定制与按需生产；可发展服务反向制造，鼓励服务业企业通过品牌授权、贴牌生产、连锁经营等方式嵌入制造业企业，拓展产业增长空间和增值能力。

02 数字生产性服务的产业协同效应

数字化现代服务业发展呈现柔性化、协同化、共享化趋势。服务需求的个性化、多样化、复合化发展，传统大批量集中生产与服务向分散化、个性化定制服务转变。服务业内部各行业各领域、服务业与制造业和农业逐渐融合，产业分工越来越细化、专业化，服务业内部及与其他产业之间协同发展趋势日益明显。通过产业协同联动与融合，把新兴产业技术渗透到传统制造业与生产性服务业，进一步发挥产业正向溢出效应，增强产业发展动态比较优势，形成产业协同与融合发展的新业态。通过技术创新实现产业体系运行效率提升，为突破生产性服务业在低端服务与高端服务两个循环的均衡，找到制造业与生产性服务业从全球价值链分工低端向中高端位势转移的新切入点。通过数字技术与金融、物流、交易市场、社交网络等生产性服务业的跨界融合，促进企业研发设计、生产加工、经营管理、销售服务等业务的数字化转型，促进产业链上下游企业全渠道、全链路供需调配和精准对接，放大产业协同效应。

促进先进制造业与生产性服务业协同发展，大力发展数字化协同服务。主动顺应消费升级和产业升级趋势，运用新一代数字信息技术重构服务模式、组织形式，推动企业内部、企业之间围绕工艺技术、业务流程、功能服务等细化专业化分工，促进线上线下服务紧密对接，实现协同化发展。促进服务业与制造业、农业融合协同，推动服务与生产要素智能匹配和高效协同，形成交叉渗透、交互作用、跨界协同的产业协同发展体系。大力发展数字化共享服务，推动传统服务业的资产权属、组织形态、就业模式和消费方式革新，从销售产品向提供使用权、提供创意服务、发展协同消费等商业模式转变，把共享基因注入研发、设计、采购、生产、营销等各服务环节，推动服务业形态和商业模式创新，培育多层次企业主体，促进服务供需精准匹配，不断壮大共享服务规模。

03 数字生产性服务的产业升级效应

社会分工日益专业化，广泛覆盖研发、信息、物流、金融等领域的生产性服务业逐渐从制造业剥离，成为促进工业技术进步、产业结构转型升级的关键环节。生产性服务业已经是现代服务业的重要组成部分，在畅通和优化经济循环、推动创新方面都具有重要作用，是引领产业向价值链高端攀升的重要力量，也是全球产业竞争的战略制高点。现代服务业是分工和专业化发展到一定阶段的产物，具有较高的知识和技术含量。现代服务业同先进制造业深度融合发展，可以为制造业高质量发展注入人力资本、金融资本、知识资本和先进技术等高端生产要素，促进技术进步和创新成果向现实产品和服务转化，促进先进制造业向微笑曲线两端延伸，提高制造业发展层次和效率，提升制造业发展水平，推动制造业向产业和产品高端发展。

坚持以服务制造业高质量发展为导向，推动数字生产性服务业向专业化和价值链高端延伸。依据现代智能制造业生产模式，重点发展产品研发、生产设计、通信、现代物流、电子商务、软件、人力资源培训等细分行业，强化信息技术和数字技术对生产性服务发展方向的引领，创新服务方式，拓展服务领域，实现服务产品的价值增值，推动现代服务业向专业化、规模化、高端化发展。追踪信息时代先进制造业发展实践，围绕产品设计、生产、消费过程所需，运用数字技术、云计算技术、工业互联网、物联网，开发普适与专业相结合、一般与个别相结合的多元服务产品，延伸制造业产业链。重点培育信誉好、服务质量高的生产性服务企业，建设形式多样的创新载体，发掘生产性服务领域的创新型企业、独角兽企业，打造生产性服务领域的国际著名品牌或顶级品牌方阵，提高生产性服务产品供给质量，增强生产性服务产品的有效供给，为企业提供从产品立项到产品营销的全方位、全过程支持，构建具有全球领先水平的高端生产性服务业体系。

04 数字生产性服务的产业低碳效应

从发达国家的发展经验来看，减碳曲线与一个国家的产业结构以及城市化水平密切相关。绿色低碳是生产方式，是生活方式，也是服务方式。加快建立健全绿色低碳经济体系，不仅是经济结构转型升级的关键领域，也是建立现代化经济体系的重要组成部分。在绿色低碳发展理念引领下，全社会需要绿色低碳的产业发展、技术创新、产品供给、生产服务、基础设施建设，需要相应的市场培育与商业模式创新，这也是生产性服务业发展的内在要求。数字生产性服务解构原有的经济增长模式和区域经济格局，催生大量数字化、绿色化应用场景和市场机遇，通过绿色低碳发展降低资源消耗、生态破坏、环境污染和气候变化成本，实现经济增长和生态环境安全。

数字生产性服务运用物联网、大数据、云计算、人工智能等信息技术提供产品和服务，具有附加值高、科技含量大、绿色低碳无污染的特点，有利于绿色低碳发展。大力发展绿色低碳服务，进一步深化服务业供给侧结构性改革，推动新一代数字信息技术与绿色低碳产业深度融合，以科技、金融、信息软件等现代服务业为支撑，加快电子商务、智能物流、创意设计、远程服务等新业态发展，大力发展战略性新兴产业，促进服务业低碳发展，实现从用户需求到产品服务全过程绿色化，加快建立绿色低碳全体系生产生活模式，推动产业结构由高碳向低碳、由低端向高端转型升级。

第四节 数字生活性服务

生活性服务业是指满足居民最终消费需求的服务活动，涉及文化、旅游、体育、健康、养老、教育等诸多领域。生活性服务业是满足人民美好生活需要、促进形成强大国内市场的最直接载体、最基础的支撑，生活性服务业消费已成为消费增长的重要驱动之一。生活性服务业发展是城市化进程中产业结构演化的重要趋势，是支撑经济增长的重要力量。当前，我国消费升级趋势日益显著，居民消费呈现出由商品消费向服务消费转型的趋势，生活性服务业成为新发展阶段城乡居民消费需求最为旺盛的领域。据中国社会科学院财经战略研究院预测，到2025年，我国服务业增加值占GDP比重、服务业从业人数占全部就业人数比重、服务消费占居民消费支出比重将分别达59.05%、54.96%、50.40%。

高品质生活性服务业是我国构建优质高效、结构优化、竞争力强的服务产业新体系的必然组成部分，正在发展成为一个专业性强、交付性强、数字化趋势强的行业，新需求潜力大、新供给升级空间广、新动能后劲足、新机制保障强等特征突出，具有可观市场规模和巨大发展空间。一是新需求潜力大。我国人均GDP已突破1万美元，预计到2035年达到中等发达国家水平，服务消费占居民消费的比重逐渐上升。2021年美国居民服务性消费支出占总支出的比重为65.2%，日本为57%，韩国为55.9%。同期我国居民人均服务性消费支出占居民人均消费支出的比重为44.2%，还有较大提升空间。二是新供给升级空间广。我国生活性服务业发展仍处于产业发展的初级阶段，供给总量提升空间大，供给结构优化空间大，供给质量提升空间大，生活性服务业发展提质增效趋势逐步显现，进一步促进供需之间的匹配与平衡。三是新动能后劲足。数字经济与生活性服务业融合发展进程加快，催生出一系列新业态新模式，引发行业革命性变革，有效拓展行业的生产可能性边界，推动服务消费快速增长。2020年，我国服务业数字经济渗透率为40.7%，生活性服务业的数字化水平在服务业中处于较低位置。数字经济与生活性服务业在更宽领域、更深层次的融合渗透为行业带来巨大发展潜能。四是新机制保障强。改革持续深化进一步破除生活性服务业面临的体制机制障碍，制度创新激发新动能，提升行业可持续发展水平。

顺应数字化发展大势，适应人民群众需求增长和消费升级趋势，大力推动5G、物联网、人工智能、虚拟现实等数字技术在生活性服务业领域的集成创新应用，以提升便利度和改善服务体验为导向，加快服务新业态新模式发展，加快线上线下服务双向深度融合，推进生活性服务业向数字化、网络化、智能化方向发展，推动生活性服务业向高品质、多样化、品牌化升级。

01 打造数字生活服务新场景

生活性服务业数字化推动服务方式变革，大力拓展网络用户数量，创造生活服务和消费新场景，形成强大网络效应和规模效应。推动生活性服务业数字化向全链条扩散覆盖，形成生活性服务业数字化产业链生态。加强线上线下融合互动，通过预约服务、无接触服务、沉浸式体验等扩大优质服务覆盖面。支持各类企业运用5G、人工智能、虚拟现实/增强现实等新技术构建形式多样的线上消费场景，探索人机互动新模式，创新网络消费方式，提升网络消费体验。大力发展智慧零售，支持传统零售企业数字化转型，加快商业基础设施智能化升级，推广自助终端、电子价签、智能货架、弹性供应链、溯源系统等实体门店数字科技。积极发展智慧街区、智慧商圈，推动智慧体育场馆建设，鼓励餐饮外卖、共享出行等领域商业模式创新和智能化升级，加强智能信包箱（快件箱）、智能取餐柜、智能外卖柜等服务终端建设，进一步丰富线下数字化消费场景。

02 丰富线上生活服务新供给

深化生活性服务业供给侧结构性改革，加快发展健康、养老、托育、文化、旅游、体育、物业等服务业，加强公益性、基础性服务业供给，扩大覆盖全生命周期的各类服务供给。优先发展与公共服务密切配合、有序衔接的高品质多样化生活服务，推动生活服务与公共服务互嵌式、阶梯式发展。鼓励拥有优质资源的生活服务供给主体，通过合作、连锁经营等多种方式，跨地区设置服务网点、参与服务供给，共享先进服务技术和管理模式。进一步优化生活服务网点布局，增强生活性服务业的可获得性和便利性。大力拓展文旅、医疗、教育、体育等便捷化线上服务应用。积极发展智慧医疗，鼓励医疗机构提升信息化、智能化水平，支持健康医疗大数据资源开发应用，发展线上线下一体化的医疗服务，支持医疗机构充分运用互联网拓展服务空间和内容，提供在线挂号、复诊、远程医疗和随访管理服务，引导互联网医院与线下实体医疗机构实现数据共享和业务协同。积极发展在线教育，引导社会资本支持"互联网＋教育"新业态发展，鼓励线上线下教育机构实现教育资源的有效共享。

03 满足线下生活服务新需求

以新一代数字信息技术重塑生活性服务流程，创新服务方式，提升服务功能，丰富服务品类，促进服务消费升级。加快建设一体化综合性数字生活平台，形成"大平台+全产业链数字化"的发展模式，构建"互联网+"消费生态体系，满足居民购物、餐饮、旅游、资讯等多样化需求。支持服务企业拓展经营领域，促进跨界融合发展，鼓励发展体验服务、私人订制、共享服务、智慧服务等新业态新模式。推动生活性服务业电子商务深度应用，开展生活服务数字化赋能行动，提升便民生活圈数字化水平。积极构建"互联网+养老"模式，实现个人、家庭、社区、机构与养老资源的有效对接和优化配置，促进养老企业连锁化、集团化发展。创新家政服务业发展模式，运用数字化手段推进家政行业精细化分工和共享发展。推动发展无接触式交易服务，支持交通出行服务的在线化和智能化，促进分时租赁服务的规范化和协同化，推广无人车配送进产业园区和居民小区。优化完善前置仓配送、即时配送、网订店取、自助提货等末端配送模式，提升末端配送精准服务能力。

第五节 数字文化服务

公共文化服务是指由政府主导、社会力量参与，以满足公民基本文化需求为主要目的而提供的公共文化设施、文化产品、文化活动以及其他相关服务。数字文化是指以文化创意为核心，以计算机、互联网、大数据等数字信息技术进行存贮、创作、生产、传播、交易和消费等的文化数字化共享，是具备创新性、体验性、互动性的文化服务与共享模式。

2020年，党的十九届五中全会通过的《中共中央关于制定国民经济和社会发展第十四个五年规划和二〇三五年远景目标的建议》着重强调未来须加快数字化发展，明确提出文化领域"两个数字化"：推动公共文化数字化建设和实施文化产业数字化战略，这标志着文化数字化已确立为国家战略。"十四五"规划和2035年远景目标纲要明确部署"实施文化产业数字化战略、建设社会主义文化强国",要求"加快发展新型文化企业、文化业态、文化消费模式,壮大数字创意、网络视听、数字出版、数字娱乐、线上演播等产业"。中共中央、国务院印发的《关于推进实施国家文化数字化战略的意见》明确,到"十四五"时期末,基本建成文化数字化基础设施和服务平台,形成线上线下融合互动、立体覆盖的文化服务供给体系。到2035年,建成物理分布、逻辑关联、快速链接、高效搜索、全面共享、重点集成的国家文化大数据体系,中华文化全景呈现,中华文化数字化成果全民共享。

数字时代,数字技术极大推动文化发展,文化成为数字技术最重要的应用领域之一。数字文化服务作为公共文化服务体系建设的重要组成部分,是信息化、数字化、网络化、智能化环境下文化建设的新平台、新阵地,是利用数字信息技术拓展公共文化服务能力和传播范围的重要途径,对构建覆盖全社会的公共文化服务体系、满足人民群众不断增长的精神文化需求、提高全民族文明素质、建设社会主义文化强国具有重要意义。

01 文化价值数字化导向"正"起来

纵观历史,文化始终是推动人类社会发展的最深层、最持久的力量。文化是一个民族的灵魂,是人民共同的精神家园。没有高度的文化自信,没有文化的繁荣兴盛,就没有中华民族伟大复兴。意识形态属性是文化产业的本质属性。文化的价值在于以文化人育人、以文固本培元、以文守正创新。数字文化产业依托数字技术进行创作、生产、传播和服务,具有意识形态功能,影响着人们特别是青年一代的思想观念和价值取向。数字文化服务必须坚持正确的政治方向和文化价值导向,提高数字文化产业品质内涵,以优秀的数字文化产品引领社会风尚。

数字文化服务坚持习近平新时代中国特色社会主义思想为指导。深入开展习近平新时代中国特色社会主义思想学习教育，加强党史、新中国史、改革开放史、社会主义发展史教育，加强爱国主义、集体主义、社会主义教育，坚持马克思主义在意识形态领域的指导地位，深入贯彻落实党的十九大和十九届历次全会精神，坚定文化自信，推动中华民族最基本的文化基因与当代文化相适应、与现代社会相协调，发展中国特色社会主义文化，凝魂聚气、强基固本，建设中华民族共有精神家园，提升国家文化软实力，维护国家文化安全和意识形态安全，推进社会主义文化强国建设。

数字文化服务坚持以社会主义核心价值观为引领。数字文化产业本质上是一种内容产业。数字文化服务具有辐射面广、传播迅速、广泛共享等特点，其内容属性与人们的生活、娱乐、社交、教育等息息相关，影响着人们的所见所闻、所思所想，是凝聚共识、加强思想引领和情感认同的重要手段。要发挥数字文化服务的独特优势，坚持把社会效益放在首位、社会效益和经济效益相统一，坚持内容为王、质量为先，提高文化内涵、创意水平和附加价值，以优秀的数字文化产品弘扬社会主义核心价值观，宣传主流价值，传递正能量，弘扬主旋律，引领社会道德风尚，引导人们向往和追求讲道德、尊道德、守道德的生活，让社会主义核心价值观在每个人身上内化于心、外化于行。以数字化方式讲好党的故事、革命故事、英雄故事，不断丰富中华文化的当代表达。以优质数字文化产品引领青年文化消费，增强对伟大祖国、中华民族、中华文化的认同，增强中国特色社会主义的道路自信、理论自信、制度自信、文化自信。

数字文化服务坚持以满足人民群众日益增长的精神文化需要为目的。数字化引发的文化服务方式变革，有效打破时空阻隔，提高资源配置效率，深刻影响文化消费行为，极大丰富文化消费渠道、消费业态和消费体验，促进服务消费提质扩容，形成覆盖广泛、传输便捷、互联互通的文化服务体系，让人民群众最大程度共享数字文化与互联网发展成果，给文化产业数字化发展提供广阔市场空间。要坚持以人民为中心，坚持以人为本、全民共享，坚持文化数字化为了人民、文化数字化成果由人民共享。扩大优质数字文化产品供给，促进满足人民文化需求和增强人民精神力量相统一。用群众喜闻乐见的形式把文化融入日常生活，让信息技术、数字技术、网络技术等现代科学技术和传播手段更好地服务于人民群众日益增长的文化需求，提升文化发展的普惠性便捷性水平，满足多样化、个性化、高品质文化需求。

数字文化服务坚持以传承弘扬中华优秀传统文化为己任。中华优秀传统文化是中华民族的精神命脉，是最深厚的文化软实力，是涵养社会主义核心价值观的重要源泉，是中国特色社会主义植根的文化沃土，也是我们在世界文化激荡中站稳脚跟的坚实根基。中华优秀传统文化影响并左右着每个中国人的世界观、人生观、价值观，潜移默化地影响着中国人的思维和行为方式。要坚定文化自信，坚守中华文化立场，把数字技术运用于中华优秀传统文化的传播、保护、转化、创新，把中华优秀传统文化的价值内容与网络形式的新技术要素结合在一起，用心用情创作生产出更有底蕴、更接地气的中华文化数字化成果，丰富传统文化表达，传承中华文明基因，实现文化价值、技术要素、社会效益的有机统一，让优秀传统文化走进千家万户、走进百姓生活，增强文化的传播力、吸引力、感染力，极大释放中华传统文化魅力，让中华优秀传统文化在新时代大放异彩。

02 文化资源数字化挖掘"活"起来

中华文明源远流长、博大精深，拥有着五千多载的文化资源，是中华民族独特的精神标识，是当代中国文化的根基，是维系全世界华人的精神纽带，也是中国文化创新的宝藏。文化的魅力历久弥新，科技的力量日新月异。我国数字技术发展迅猛，已广泛应用到文化领域，给文化产品的生产、传播和消费方式带来很大的变化。把握数字化发展趋势，加快发展新型文化业态，改造提升传统文化业态，提高文化产业质量效益和核心竞争力。将中华文化入"网"上"云"，实现在数字世界的永久留存、永续利用，已被纳入国家战略。实施文化数字化战略，推动中华文明创造性转化和创新性发展，激活其生命力，把跨越时空、超越国度、富有永恒魅力、具有当代价值的文化精神弘扬起来，让收藏在博物馆里的文物、陈列在广阔大地上的遗产、书写在古籍里的文字都活起来，使丰富的传统文化资源不再被束之高阁，中华文化以本真样貌在数字世界里得到传承。

经过历史淘洗沉淀下来的文化遗产，既是中华儿女共同的文化记忆，也是我们传承历史文脉的鲜活见证。运用数字技术的力量，能以"今"入"古"，让流转千年的古风古意穿屏而出，联通历史与当下，融合文化与科技，中华优秀传统文化在数字经济时代绽放出耀眼的光彩。故宫博物院、敦煌研究院、河南博物院等文博机构推动文化生产与消费全流程数字化转型，让文物活起来，也形成新的消费体验。全国143家顶级博物馆、美术馆的馆藏珍品纷纷亮相，由馆长或专家以短视频形式，讲述文物蕴含的历史内涵、文化精神、当代价值，为观众奉上云端文化大餐，让人足不出户便能漫游历史文化长河。通过这些传统元素、经典意象被进一步激发，在文化消费新模式的引领下，以新的姿态走入公众视野、大众生活。

以数字技术促进新型文化业态发展，需要平衡好科技与文化的关系，注重科技手段创新和文化内涵挖掘。积极拓展重点应用场景，让新技术、新产品、新玩法、新体验更好走入公众生活。依托"文化+科技"的融合，5G、物联网、大数据、云计算等技术，已成为推动文旅发展的新动能。云南丽江将一款AR（增强现实）探索游戏与古城的建筑、街景等结合，把虚拟空间嵌入实景线路，结合游戏叙事开发消费场景，增加了新的旅游体验。拓展数字技术在旅游、公共文化服务等重点场景的应用边界，创新文化产业数字化的实现形式，有助于扩大优质文化产品供给。从网络文学、网络视频、网络直播、数字图书馆、虚拟博物馆、电子竞技的持续火热，到云演出、云观展、云旅游等新业态的不断出现，数字技术手段对文化资源的开发、利用、存储、表达和传播，丰富文化产品类型和服务种类。随着数字化的深入，文化消费体验将实现从"在线"到"在场"的跨越。面对这个迥异于传统文化样式的数字空间，需要用新的眼光和新的逻辑语言，提取具有历史传承价值的中华文化元素、符号和标识，创造新的文化样式和优质内容。调集最大"算力"、设计最佳"算法"，促进数字化联动整合，深入挖掘中华文化的优质IP，让文化"动"起来，让文化空间"活"起来，"网"聚书香、"云"游四方成为现实，数字文化借由互联网平台"飞入寻常百姓家"。文化空间的场域大大拓宽，文化内容的可及性更高，获取文化内容的效率和体验得以提升，不断丰富中华民族文化基因的当代表达，让中华优秀传统文化在数字世界发扬光大。

03 文化资产数字化整合"聚"起来

公共文化服务经历长期发展，公共文化资源总量增长迅速，但不平衡、不充分、效率不高、系统性不强等问题比较突出，主要是整体融合程度明显不足。亟须通过数字化技术与平台赋能，打破部门分割各自为政，融汇、类聚和重组文化资源，实现分布式公共数字文化资源的互联，针对不同地区、不同民族的用户需求，深化具有区域特征和民族特色的公共数字文化服务交流与融合，为公众提供统一的资源获取平台，促进公共文化服务供给侧结构性改革，更大范围共享数字化文化成果。

数字化"扩容"公共文化服务。公共文化数字化是通过数字化的方法和技术，使得承载文化资源的物理空间和物质载体打破资源约束，使得受众接受公共文化服务不再受时间和地域限制，拓展公共文化服务的能力和传播范围，弥补传统公共文化资源的不足与传统服务方式的局限。实施文化数字化战略，进一步打通传统文化生产和消费过程中存在的堵点难点，推动形成高效畅通、安全有效、供需适配的文化供给体系。文旅部数据显示，"十三五"期间，我国累计建成公共数字文化资源达1274TB，内容涉及惠农、影视、文化历史、艺术欣赏、科普教育、政务信息和时政党建等多个方面。公共文化数字化建设也被列为"十四五"阶段的重要工作内容。《"十四五"公共文化服务体系建设规划》提出推动公共文化服务社会化发展和数字化、网络化、智能化建设，力争在"十四五"阶段末，公共文化服务布局更加均衡、服务水平显著提高、供给方式更加多元、数字化网络化智能化发展能够取得新的突破。

把文化数据融合汇聚到文化数据库。世界文明因互鉴而多姿多彩，文化数据因关联而增值赋能。数据资源融合是实现公共文化数字化建设的前提。数据融合是基于现有图书馆、档案馆、博物馆等原始馆藏数据基础上，进一步实现电子化资源的整合。目的是解决数据分散分布、存储地点不同、存储格式不同、数据特征不同以及无法实现集中存取等问题。国家正在建设中华文化数据库，统筹利用文化领域已建或在建数字化工程和数据库所形成的成果，按照统一标准关联零散的文化资源数据，关联思想理论、文化旅游、文物、新闻出版、电影、广播电视、网络文化文艺等不同领域的文化资源数据，关联文字、音频、视频等不同形态的文化资源数据，关联文化数据源和文化实体，形成中华文化数据库。注重数据要素的安全性，在数据采集加工、交易分发、传输存储及数据治理等环节，制定文化数据安全标准，强化中华文化数据库数据入库标准，构建完善的文化数据安全监管体系，完善文化资源数据和文化数字内容的产权保护措施，增强文化资源在消费过程中全流程的可溯源性。

把文化资产融合汇聚到文化大平台。技术资源、服务资源和平台资源的融合是建设公共数字文化平台的保障和关键。现阶段，受限于传统文化资源的布局模式，大量公共数字文化资源往往分布在不同的网站或平台中，缺乏统一标准与获取方式，用户操作难度大。改变传统公共文化数字服务封闭生产、平台垄断、单向服务的惯性依赖，加强服务机构采集、反馈和评估等需求采集机制的融合，通过互开端口、互设界面、互开专区等方式，推动平台统一提供服务，形成文化云资源共享服务链，探索出完备的跨平台资源交互机制，实现公共文化服务能够从"村村冒烟"服务方式到系统性更严密、技术兼容性更强、适用性更为广泛、运行更可靠的平台和服务框架转变，提高资源供给的准确性和全面性。

依托现有有线电视网络设施、广电 5G 网络和互联互通平台，规划建设国家文化大数据体系全国中心，形成国家文化专网以及国家文化大数据体系的省域中心和区域中心，服务文化资源数据的存储、传输、交易和文化数字内容分发。鼓励多元主体依托国家文化专网，共同搭建文化数据服务平台，汇聚文化数据信息，集成同文化生产适配的各类应用工具和软件，提供文化资源数据和文化数字内容的标识解析、搜索查询、匹配交易、结算支付等服务，实现跨层级、跨地域、跨系统、跨业态的数据流通和协同治理,并与互联网消费平台衔接,为文化数字内容提供多网多终端分发服务。支持法人机构和公民个人在文化数据服务平台开设"数据超市",依法合规开展数据交易。文化产权交易机构要充分发挥在场、在线交易平台优势,推动标识解析与区块链、大数据等技术融合创新,为文化资源数据和文化数字内容的确权、评估、匹配、交易、分发等提供专业服务。

把文化产品融合汇聚到数字新媒体。数字文化以文化创意内容为核心,呈现出技术更迭快、生产数字化、传播网络化和消费个性化等特点。数字新媒体已成为文化生产、传播和消费的大载体。数字文化＋数字媒体融合发展是必然趋势。根据机构媒体属性和功能,媒体可分为全域性媒体、区域性媒体、行业性媒体和领域性媒体。现代新媒体、融媒体、智媒体、自媒体实质就是集新闻报道、学术发表、信息发布、知识提供、文化服务等多功能于一体的公共数字文化服务平台。强化用户需求意识和用户服务导向,聚焦特定的服务领域、服务对象,增强服务能力,建设服务型媒体,是数字新媒体的发展方向。坚持以用户需求为导向,以媒体的内容生产、信息传播等能力为基础,把服务意识贯穿于媒体运转全流程和各环节,充分发掘优势资源、创新服务模式,持续提供高质量、特色化、多维度服务的新型媒体,形成资源集约、结构合理、差异发展、协同高效的全媒体传播体系,强化核心内容生产,建设特色网络平台,集成最新技术应用,善用品牌资源,扩大服务覆盖能力,增强新媒体的公共数字文化服务功能,让新媒体与文化产生"化学反应"。

04 文化产品数字化共享"乐"起来

以互联网为代表的数字化技术突破时空限制,整合海量文化资源,打通资源端、生产端、消费端和云端,构建数字文化服务体系,提供便利化服务、满足个性化需求，公共文化服务更加精准，公共文化的公益性、均等性、便利性明显增强。数字技术在内容建设、展示方式、传播途径、交互手段等方面丰富用户文化体验，数字文化日益融入人民群众生活，越来越多地呈现线上线下一体化、在线在场相结合的新特征，新被旧所融，旧因新而活。近年来，线上线下一体化的数字化文化新体验、新场景持续增加。根据中国版权协会公布的数据，2021年中国数字文化产业规模已达7841.6亿元，同比增长14.7%。数字文化消费逐渐成为文化消费的重要形式。

在线式共享。运用数字技术打造产业精准供给链，提供精准、多元、高品质的数字文化产品与服务。"云阅读""云视听""云赏乐""云展览""云旅游""云演出"。数字技术与文化产业的深度融合，给人们带来不少新体验。推动公共图书馆、文化馆、博物馆、美术馆、非遗馆等加强公共数字文化资源建设，统筹推进国家文化大数据体系、全国智慧图书馆体系和公共文化云建设，增强公共文化数字内容的供给能力。创新文化表达方式，推动图书、报刊、电影、广播电视、演艺等传统业态升级，调整优化文化业态和产品结构。鼓励各种艺术样式运用数字化手段创新表现形态、丰富数字内容。依托文化数据服务平台，优化基层公共数字文化服务网络，扩大服务覆盖面，推动服务普惠应用，提升公共文化服务的到达率、及时性，增强人民群众获得感。

场景式共享。发展数字化文化消费新场景，集成全息呈现、数字孪生、多语言交互、高逼真、跨时空等新型体验技术，大力发展线上线下一体化、在线在场相结合的数字化文化新体验。利用现有公共文化设施，推进数字化文化体验，巩固和扩大文化数字化创新成果的展示空间。充分利用新时代文明实践中心、学校、公共图书馆、文化馆、博物馆、美术馆、影剧院、新华书店、农家书屋等文化教育设施，以及旅游服务场所、社区、购物中心、城市广场、商业街区、机场车站等公共场所，搭建数字化文化体验的线下场景。创新数字电视、数字投影等"大屏"运用方式，提升高新视听文化数字内容的供给能力，增强用户视听体验，促进"客厅消费"、亲子消费等新型文化消费发展。为移动终端等"小屏"量身定制个性化多样性的文化数字内容，促进网络消费、定制消费等新型文化消费发展，推动"大屏""小屏"跨屏互动、融合发展。传统文化利用短视频、直播等新兴媒介为扩展其传播范围、提升传播触达率提供了新路径和新方式。网络直播是近年来兴起的网络社交方式，具有直观快速、交互性强等特点。探索利用网络直播推广中华优秀传统文化，构建网络直播的体验场景、生态场景和交互场景。

沉浸式共享。5G 融合应用促进文化产业数字化、网络化、智能化转型。中国电信持续探索 5G 全场景应用，赋能文旅融合创新发展，推出"5G+慢直播""5G+云旅游""5G+智慧景区""5G+云展厅""5G+智慧博物馆"等文旅信息化项目。利用虚拟空间技术等生成逼真、实时、三维虚拟场景，强化互动性和参与感，满足观众感知和互动需求。自由选择观看角度、全方位感受宏大场面、近距离观赏优雅舞蹈。在 VR 艺术会客厅里，可以选择从指挥家、演奏者、观众等不同视角观赏音乐会；通过虚拟场景，与诗人李白"对饮"；新媒体技术与现代展陈艺术结合，打造可观看、可互动、可交易的多元艺术空间。数字化技术让文化产业焕发新魅力，彰显出文化新业态的蓬勃生机。比如，数字敦煌、数字故宫等让人们以新鲜有趣的形式、真实可感的体验"云游"历史文化场景，感受中华优秀传统文化的博大精深。在旅游方面，越来越多景区开始发展 VR 全景虚拟游，依托网络平台的定制化旅游产品和服务逐渐普及。例如，故宫博物院推出"VR 故宫""全景故宫"和"云游故宫"等，敦煌研究院利用数字资源推出"数字敦煌"和"云游敦煌"等线上产品。

05 文化产业数字化发展"强"起来

数字文化产业兼具数字信息强外部性和文化产业广融合性，具有高技术创新潜力和广泛应用潜能，有效提高文化产业生产和组织效率、交易和资源配置效率、产业融合和创新效率。要以数字化、互联网技术为支撑，推进文化产业全链条、全流程、全领域数字化升级，推动文化产业跨行业、跨要素融合发展，不断创新文化的内容、形式、手段、方式，促进产业链、价值链延伸拓展，优化生产、流通、消费等各环节，推动数字文化产业高质量发展。

加快培育发展新型数字文化企业。鼓励和支持文化旅游、文物、新闻出版、电影、广播电视、网络文化文艺等领域的各类文化机构接入国家文化专网，利用文化数据服务平台，探索发展平台化、集成化、场景化增值服务。完善数字文化产业链政策，促进传统文化企业、互联网平台企业、政府机构、金融机构和其他组织的合作，加快数字文化产业链和创新链、金融链融合。在文化数据采集、加工、交易、分发、呈现等领域，培育一批新型文化企业，引领文化产业数字化建设方向。全面调动传统文化企业、各类型文化机构转型升级的积极性，积极培育数字文化领军企业，加速推动数字经济与实体经济融合发展。

加快发展数字文化新业态。以企业为主体、市场为导向，推动文化产业与新型农业、制造业、现代服务业以及战略性新兴产业融合发展，培育新型文化业态，加快文化产业结构调整。加强互联网、超高清、VR/AR、大数据、云计算、人工智能等数字技术在文化产业领域的创新应用，大力推进数字电影、数字电视、数字出版、数字印刷的发展，培育壮大云演艺、云展览、数字艺术、沉浸式体验等新型业态。探索基于互联网的个性化定制、精准化营销、协作化创新、网络化共享等新型商业模式和文化业态。加强数字文化企业与旅游企业对接合作，促进数字文化向旅游领域拓展，支持文化场馆、景区景点开发数字化产品，拓展文旅融合的数字化新阵地。

加快发展数字文化消费新模式。顺应经济转型和消费结构升级大趋势，构建多元化、互动式的特色数字文化消费场景，打造开放型数字文化消费平台，扩大各类数字文化消费品供给，以新消费技术、新消费模式、新消费格局、新消费产品助力数字文化消费。创新网络视频、网络音乐、网络文学等数字文化内容产品付费模式，满足广大消费者网络化、智能化、定制化和体验式的现代生活方式需求。培育壮大线上演播、沉浸式体验等文化新业态。以数字文化平台为重要载体，构建数字文化平台生态体系，形成网络效应和品牌效应。

第六节　数字金融服务

金融是现代经济的核心，是推动经济社会发展的重要力量。金融业本身是数字信息科技运用的前沿行业，也是我国数字信息基础设施最完善、数据资源最丰富的行业之一，拥有开展大数据分析等新技术应用的基础资源，推动数字化转型具有良好的基础条件。我国高度重视金融与数字科技融合发展，从早年的金融电子化、互联网化到近年的互联网金融、数字金融，发展呈现螺旋式上升态势。数字金融是金融与科技融合的高级发展阶段，是金融创新和金融科技的发展方向。数字金融服务泛指金融机构和非金融机构以现代数字信息为载体，通过移动互联网、大数据、云计算、区块链、人工智能以及物联网等一系列数字技术与传统金融服务深度融合发展，创新金融产品、调整金融业务流程、改变金融服务方式等的一种新型金融服务。《数字金融蓝皮书：中国数字金融创新发展报告（2021）》显示，数字金融在金融数据和数字技术双轮驱动下，金融业要素资源实现网络化共享、集约化整合、精准化匹配，进入金融与经济协同发展阶段，数字经济新业态已在金融业各个领域广泛出现。要通过运用数字技术打造数字金融新业态、新应用、新模式，大幅提高金融服务效率，延伸金融服务半径，拓展金融服务类别，扩大普惠金融的覆盖面和受益面，提高数字金融治理水平，加快金融数字化转型，推动数字经济和实体经济深度融合，实现金融与实体经济共生共荣、共同成长。

01 数字商业银行

我们正在进入从竞争向竞合、从博弈向共赢、从单体成长到群体进化转变的时代，数字技术为不同机构合作共赢带来无限可能，正在重塑银行转型之路。商业银行从客户日常生产、消费需求出发，围绕"生态、场景、用户"，探索数字化经营思路，打造彼此相连、同步迭代、实时互动、共创共享的金融生态圈，跨界连接多个客群、多类产业和多种生产要素，经营理念从以产品销售为中心转向以客户体验为中心，战略推进从分兵作战到跨区域、跨条线、跨部门、跨层级统筹协同，营销模式从单点推送营销到"全链路、全渠道、全天候"全域营销。商业银行运用人工智能、大数据、物联网、云计算等新一代数字信息技术，不断推进金融数据治理、安全共享及融合应用，通过捕捉和利用经营全流程中的数据资产要素拓展业务、管控风险，充分激发商业银行金融资源和社会资源连接优势，以线上线下方式，搭建数字金融场景生态平台，不断丰富数字金融服务场景，构建多层次的金融服务体系，提升银行核心竞争力。未来，商业银行以数字科技之力驱动金融赋能，以"新金融＋高科技"谋篇布局，向业务全面数据化、产品服务智能化、银行服务全面开放化与生态化方向转型，发展智能支付、智慧网点、智能投顾、数字化融资等新模式，让银行服务变得更轻盈、更亲和、更下沉、更有温度。

智慧开放银行。金融科技催化加快银行数字化转型，开放银行模式发展已成为银行业重要发展趋势。在未来成熟的开放银行生态下，金融服务被无缝嵌入到生活场景中。银行不再是一个物理上感知的概念，客户也许在不知不觉中已经访问了自己的银行账户、使用了某个金融产品，也许在餐厅、超市、商场。当有金融服务需求时，银行的服务就在那里。目前，我国面向小微客户的金融服务还有很大提升空间，银行通过开放银行模式进入网络消费、数字生活场景，服务小微和大众金融消费者，已成为多家商业银行的重要转型方向。我国已有超过20家银行在战略、业务产品、生态建设和系统改造等层面对开放银行开展探索。中国银行发布的《金融场景生态建设行业发展白皮书》显示，全球最具价值的前100家银行中，70%以上已通过建设开放银行平台等模式投入到场景生态建设浪潮中。

银行与金融科技企业的开放合作，打造"无处不在"的开放银行，成为搭建多层次金融服务体系和推动金融普惠业务发展的必然方向。开放银行与各市场机构，进一步实现系统的连接和数据互联互通。有实力的银行均已搭建或正在搭建数字开放平台，以期实现银行内部各业务部门的开放整合，向客户输出整体金融服务能力，构建数字化开放生态。有不少银行正加强与第三方金融科技机构合作，把金融服务植入到各种消费场景中。开放银行将给消费者更大的选择自由，意味着银行要打破原有业务模式，主动对接金融科技公司以及各类非金融服务提供商，融入各类数字经济生态。银行借助提升数字化能力，对传统组织机构、风控体系、运营模式、服务理念等实现全方位转型。

智慧手机银行。手机银行是指银行以智能手机为载体，使客户在此终端上使用银行服务的渠道模式。手机银行也称为移动银行，指利用手机、PAD和其他移动设备等实现客户与银行的对接，为客户办理相关银行业务或提供金融服务。手机银行既是产品，又是渠道，属于电子银行的范畴。手机银行成为用户享受银行数字服务的第一触点。

我国手机银行的发展是随着手机和移动互联网技术的革新而不断发展的。我国手机网民规模快速增长，网民中使用手机上网人群占比提升至78.5%，手机超过电脑成为上网第一终端，各家银行纷纷推出手机客户端。国内银行中已经推出手机银行业务的，包括工商银行、农业银行、中国银行、建设银行、交通银行等大型银行、全国性股份制商业银行、部分城市商业银行和农村商业银行以及极少数农村合作银行、新型农村金融机构和农村信用社。区域性银行的手机银行基本是网络银行的手机化。手机银行实现的业务从短信时代简单的账务查询、自助缴费、银行转账，逐步发展至如今APP时代的附近网点查询、预约取现、手机号转账、二维码支付等创新功能。手机银行大幅拓展银行的服务范围，对我国商业银行向零售银行进行战略转型具有重要意义。

智慧银行网点。不同性质的银行物理网点借助金融科技力量朝着智慧网点的方向转型。智慧银行网点其实是集智慧厅堂管理、业务办理、营销服务和风险控制于一身，将人工智能、物联网等科技成果转化成有温度的金融服务的过程，最终目标在于提升客户金融服务体验。智慧银行网点发挥更多金融场景作用，加深与客户"生意圈""生活圈"的链接，实现线上线下渠道无缝对接，做优金融服务。

银行智慧网点建设，一是网点服务客户的智能化建设。国有大行主要通过推出和构建实时制卡智能柜员机、搭建企业级服务平台、推出便民万事通等服务场景，构建以网点为连接的开放融合生态，强化线上线下"一站式"服务。客户在网点即使不通过人工柜台，借助智能机器也可以办理许多业务。二是网点自身运营过程的智能化。网点开始在风险流程可控的情况下，通过改进工作流程、加强线上化运营，进而提高离柜率，推动网点向流程、服务、管理全领域数字化发展。

这种服务的优势是以智能机器代替网点员工数量，压缩网点投入成本，把节约的费用再转化为科技投入，如此循环，最终网点和客户会双向受益。

数字银行卡。中国银联联合商业银行、主流手机厂商、重点合作商户及支付机构共同发布了首款数字银行卡——"银联无界卡"。在境内外同步发行17家全国性商业银行、部分区域性银行及互联网银行，其中江苏银行、微众银行等加入首批试点。银联无界卡实现了发卡模式、管理模式、安全应用全流程的数字化，是银行卡产业迈向数字化新阶段的重要一步。

数字银行卡采用虚拟银行卡发卡系统，用户在线上完成申领、开通并使用，没有实体卡的物理形态。这正是银联无界卡的最大特点。银联无界卡能够满足消费、存取现、转账、手机闪付、条码支付等多元化支付需求。银联无界卡能实现"卡码合一"，通过手机可以一键调取无界闪付卡和无界卡二维码，消费者可以选择通过手机闪付或二维码支付。

监管部门正在考虑进行"线上申领银行卡模式"相关试点。目前在这一方面有较为成熟的技术，如引入"光学字符识别（OCR）+人脸识别+电子签名"技术，在用户以网络申请相关银行卡时，通过远程面签方式完成，再以虚拟卡和实体卡两种形式用于移动支付和线下商户的刷卡交易。

02 数字资本市场

在金融运行中，资本市场具有"牵一发而动全身"的枢纽作用，它既是要素资源市场化配置枢纽、宏观政策传导枢纽，又是风险防范化解枢纽和市场预期引导枢纽。我国资本市场基础制度不断完善，更好发挥资本市场功能，进一步激发市场活力潜力，构建有利于资本正向功能发挥的制度体系和市场体系,资本市场风险总体收敛、基本可控,违法违规成本过低的局面得到根本性改变,为各类资本合规发展释放出更大空间,促进资本市场更好服务实体经济。

党的十八大以来,我国资本市场发生结构性深刻变化,包容性大幅提升,投融资功能显著增强,良性市场生态逐步完善,已呈现主板、科创板、创业板、北交所、新三板、区域性交易所等多元性的市场结构。上市公司市值从2012年的24万亿元增至2021年的84万亿元,翻了近两番。上市公司日益成为经济转型升级的重要动力源,激发"数字生产力",实现产业升级、管理优化、生产效率提高,获得更大成长潜力。中国上市公司协会发布的《中国上市公司数字经济白皮书2022》显示,截至2021年年底,在A股4864家上市公司中,以数字经济为核心产业的上市公司有1058家,涵盖数字产品制造业、数字产品服务业、数字技术应用业以及数字要素驱动业四大领域。2021年,数字经济核心产业上市公司总营收达6.6万亿元,1058家上市公司总市值合计约18万亿元,总体净利润达3160亿元。"含数量"高的上市公司受到市场追捧。

数字科技创新引领,推动资本市场数字化转型,是必然方向。数字资本市场的发展路径,一是适应数字经济发展需要,利用数字化技术提升资本市场的配置效率和服务实体经济能力,调整和改进资本市场的服务方式重点。二是用科技手段提升传统金融,在数字化基础上进一步沿着智能化方向,走向智能金融发展阶段。目前技术赋能的证券行业呈现明显数字化、智能化趋势。三是以资产数字化为特征,形成和发展数字资本市场。在数字资本市场时代,资本与科技的结合越来越紧密。近年来一些大型科技公司进入金融服务领域,形成了大型金融科技公司,成为未来资本市场发展的方向。一些拥有技术优势的科技公司,尤其是大型互联网企业,利用其用户规模大优势,正在打造一个基于传统资本市场基本业务之上的、更为灵活和广阔的金融生态环境。促进资本市场主体之间的合作与融合，推动资本市场主体数字化转型。

资本市场加大和助力数字经济企业融资，确保社会资本流向企业数字化转型的关键领域，打开数字经济发展新空间。数据显示，2020年1月1日至2021年3月8日，有465家公司在A股上市，合计首发募资5260亿元，其中，与数字经济直接相关的软件和信息技术服务业、计算机、通信和其他电子设备制造业公司合计106家，共计IPO募资1517亿元，占比28.8%。有295家公司在科创板和创业板上市，合计首发募资3458.9亿元，其中，81家为软件和信息技术服务业、计算机、通信和其他电子设备制造业，合计IPO募资1370.4亿元，占比39.6%。2020年以来106家"数字公司"IPO募资1517亿元。

数字资本市场未来最大的优势是支持普惠金融发展。资本市场改革要把支持实体经济发展放到更加突出的位置，围绕打造一个规范、透明、开放、有活力、有韧性的资本市场的总目标，紧扣稳妥发展金融科技和强化监管科技运用两条主线，扎实推动科技化数字化转型，不断强化数字科技对资本市场的有效支撑，更好发挥资本市场的枢纽作用，畅通产业循环、市场循环、经济社会循环，促进投资与融资有效对接，提高交易机制的流动性、再融资制度的便利性、股权激励制度的适当性、并购重组制度的灵活性等，提高资本市场制度供给质量。要逐步解决长期存在的大金融小证券、大市场小行业、大管制小自律等结构性问题，进一步研究释放投资银行创新活力，激发市场主体活力，提升金融供给体系的质量和效率。坚持守正创新，切实保护好广大投资者，特别是中小投资者的合法权益；强化科技思维，稳妥推进监管科技应用，加快监管科技应用实践，促进技术与业务的深度融合；发挥行业技术引领的示范作用，共同构建开放融合、具有引领发展能力的数字化生态。

03 数字互联网金融

近年来，依托于大数据、云计算等现代技术，互联网金融呈现出加速发展的态势。但也要看到，网络技术漏洞、信息不对称以及监管难度升级等因素，也使互联网金融发展存在诸多风险。互联网金融规模、服务、种类快速增长，亟须探寻规范互联网金融发展的有效路径，构建完善的互联网金融秩序。

促进金融资源公平。互联网金融活动具有显著的虚拟性，交易双方存在信息不对称等现象，而增进参与个体之间关系和谐稳定、交易公正平等，是促进互联网金融健康发展的重要手段之一。需在进一步推动金融资源公平方面下功夫。在政策供给上，要让金融发展惠及每一个个体，更好关注弱势群体的利益，丰富各种类型的互联网金融服务。在制度建设上，需秉承公平原则构建合理的互联网金融制度，增加交易双边的信息获得效率，提高双边信息平等性，破除金融垄断，维护良好的市场环境。

建立健全信用体系。信用是互联网金融的基石，在互联网金融活动中，诚信主要表现为资产信用与道德信用。充分考虑互联网金融交易虚拟化、信息化等特点，逐步建立以诚信、高效为核心的现代化金融信用体系，为交易活动创造良好的诚信环境。加强监管运行的透明度，建立和完善互联网金融信用体系中激励与制裁的相关制度；强化金融机构的信用意识，积极开展诚实守信等业内宣传，引导培育金融机构主动承担信用体系建设的责任；提升网络个体道德水平，进一步建立健全网络个人信用信息基础数据库，在互联网金融交易中降低守信成本、增加失信成本。

服务实体经济发展。互联网金融生存发展之道就在于服务实体经济，脱离了实体经济，就会成为无源之水、无本之木。作为传统金融的有益补充，互联网金融必须回归本质，努力成为实体经济融资体系的重要组成部分。应通过提高资源配置效率、降低交易双边成本、推动业务升级、创新消费模式等，帮扶企业解决融资难题，有效促进实体经济发展。促进互联网金融与实体经济的良性互动，大力整治"资金空转"等乱象，完善制度、创新产品、优化结构，更好服务实体经济转型升级、服务经济社会创新发展。

04 数字保险

保险是经济"减震器"，也是社会"稳定器"，既要"雪中送炭"，也要"锦上添花"。随着互联网等技术在保险行业不断深入运用，互联网保险作为保险销售与服务的一种新形态，深刻影响着保险业态和保险监管。目前我国互联网保险规模偏小，发展势头相当强劲，正驶入规范发展快车道。互联网经济发展，为保险行业带来了明显的增量市场。在数字经济强劲驱动下，原本就以客户数据为最宝贵资产的保险业很快融入数字经济基因，加快数字化转型，给保险市场提供更快、更便捷和更低成本服务的新兴模式，正发展成为数字保险生态。数字保险在重塑保险业，为保险业打开更加广阔的发展空间。

2022年初，中国银保监会印发《关于银行业保险业数字化转型的指导意见》提出，全面推进保险业数字化转型，以数字化转型推动保险业高质量发展，构建适应现代经济发展的数字金融新格局，在确保网络安全、数据安全的前提下，建设合作共赢、安全高效的经营生态环境，提升金融服务能力和市场竞争能力，不断提高金融服务实体经济的能力和水平，有效防范化解金融风险，更好服务实体经济和满足人民群众需要。

数字保险通过数据的积累、分析和应用，正在创新商业经营模式，使保险企业成为数字化保险商。数字技术的应用，提升了保险企业的风险识别、定价、管理等能力，使原来不可保的风险变为可保风险，使传统的事后经济补偿的保障形式变为强化事前预防风险及防灾减损方式，扩大保险覆盖风险的范围，增强保险管理风险的功能作用。保险企业满足人民群众多样化保障需求的保险产品供给进一步丰富，参与社会管理、服务实体经济能力进一步提升。

数字保险聚焦保险数字化基础设施领域，运用以云计算和大数据为代表的数字信息创新技术，提供基础架构的产品和解决方案，对传统保险企业生产系统的IT进行创新，重塑保险企业的IT架构，加速传统保险业数字化转型。应用大数据，注重以数据处理的便利和精益为目标，将营销、产品管理、核保、理赔、销售、财务管理、风险管理等主要的业务内容转向专业的数据化处理。

数字保险推动产品创新，使产品更能满足需求，提升产品保障效果。通过大数据分析建模，对客户行为、痛处、动机和愿望进行定量和定性的洞察分析，从而细化最能反映客户当前生活阶段和风险偏好的需求，改进或量身定制契合需求的特色产品；通过在特定时刻服务客户的触点，完成产品的个性化，运用云技术的实时数据收集能力，能够极大丰富产品种类，针对覆盖范围更广泛且不断扩大，根据具体需求变化去拓展产品；通过数字化技术应用，可以助力突破行业边界，创新产品及服务模式，更加有效对接其他保障体系。积极发展新技术条件下适合实体经济所需的险种，为各类型企业提供风险保障，进一步支持实体经济提高抵御风险的能力。

数字保险凭借数字化媒介打造全渠道服务模式，整合不同的渠道使之互联提高一致性和有效性，为客户提供线上和线下无缝式体验，使渠道成为更广泛、更高频接触客户的服务途径。把人工智能和保险商业平台进行整合，实现智能营销，使营销进入人工智能时代。数字保险提升承保、理赔、客服效能，使用数字化投保平台开展新业务，在投保方式、承保时效及客户体验等方面大大优越于传统烦琐的文书工作模式，使客户签约流程更快捷。能够实现客户及投保信息快速录入、自动核保、自动付款、客户电子签名（拍照）、电子保单签发、电子回执签收、微信回访等一系列线上功能，可支持随时随地投保。把人工智能的脸部识别核心技术综合在手机APP中，能够加速确认投保人的身份认定，并能自动搜集被保险人的各项活动资料，作为计算合理保费的数据基础。数字化新技术不断提升投保及核保过程的时效水平，提升风控水平以及客户体验。

以中国人保、中国人寿、中国平安、中国太保为代表的头部保险企业纷纷将"保险+科技"提到战略高度，均设立了自己的互联网科技子公司，主动构建保险科技生态圈，将科技和自身业务相结合进行线上化转型，促进科技转化为重要生产力，进一步发掘利润增长点。中小险企因技术和资金能力有限，主要选择同科技公司、互联网平台或者保险公司合作，探索数字化转型和高质量发展之路。中小险企借助合作实现公司内部前、中、后台业务数字化运营，促进产品开发创新的差异化、智能化和精准化，帮助破解经营困局。

05 数字人民币

货币数字化是货币形态发展和演变的必然趋势。数字货币正成为全球金融发展大势。截至目前，已有110多个国家和地区不同程度地开展了央行数字货币相关工作。我国数字人民币在技术研发、试点应用、制度保障等方面走在国际前列，被誉为中国数字经济时代的"新基建"。数字人民币发行是中国数字支付和数字金融快速发展的必然结果。

数字人民币是指央行发行的数字形式的法定货币。就数字货币的层面而言，数字人民币主要定位于现金类支付凭证，其功能和属性与流通中的纸币一致，只不过形态是数字化的。从电子支付的定位出发，数字人民币还是一种具有价值特征的数字支付工具。数字人民币并不是一种新的货币，其实质上就是人民币的数字化形态。数字人民币的发行有助于降低货币发行与流通成本、促进支付体系完善并提高支付结算效率和支付安全性、提升金融普惠性、丰富货币政策工具，以及打击洗钱、逃漏税等违法犯罪行为，有助于提高社会的全要素生产率和居民福利。

数字人民币作为主权货币的一种创新性存在形式，数字人民币与现金享有相同的法偿性。数字人民币与微信支付、支付宝存在根本区别。数字人民币是法币，具有法偿性。微信支付和支付宝均不属于电子货币，而是一种第三方支付方式，作为支付工具，主要通过商业银行存款进行货币结算，其不具有法定货币级别的法律效力。数字货币与微信支付、支付宝等之间的关系更类似于"钱与钱夹"：微信支付和支付宝作为钱夹，里面装的是商业银行存款货币，现在也可以装数字人民币；而数字人民币本身就是一种可流通的法定货币。

数字人民币作为一种具有价值特征的独立支付方式，具有诸多优势。第一，数字人民币具有更高的安全性。数字人民币作为我国的法定货币，以国家信用为背书，能够使亿万用户的资产得到更为安全的保障。第二，数字人民币可实现离线转账。微信支付和支付宝均依赖于网络实现支付，而在央行对于法定数字货币的构想中，只要手机上有数字人民币的钱包，无需网络，通过手机之间碰一碰即可实现支付、转账等，具有更高的便利性。第三，数字人民币具有可控匿名性。在当前的支付方式中，无论是微信、支付宝，还是银行卡账户都是实名制。而数字货币在技术上可以实现小额匿名，商户和第三方平台均无法获取消费者的身份信息以及支付数据。同时，可控机制使得数字人民币具有更高的追溯性，防范和打击洗钱、恐怖融资等违法犯罪行为。第四，数字人民币可实现应用场景全覆盖。微信、支付宝等支付平台的主要覆盖范围为个人场景，而数字人民币可实现企业与金融机构、企业与个人之间等应用场景全覆盖。第五，数字人民币存在多终端选择。微信、支付宝等程序脱离了手机则无以附存，而数字货币则存在多种使用终端，除了手机，还可通过 IC 卡、功能机等载体使用。

2019 年末以来，人民银行在深圳、苏州、雄安、成都，及 2022 北京冬奥会场景开展数字人民币试点测试。2020 年 11 月开始，新增上海、海南、长沙、西安、青岛、大连为试点地区。至此，形成了"10+1"试点格局，基本涵盖了长三角、珠三角、京津冀、中部、西部、东北、西北等不同地区，涉及场景包括公用事业、餐饮服务、交通出行、零售商超、证券及政府服务等。截至 2021 年底，我国数字人民币试点场景已超过 808.51 万个，支持数字人民币商户达 362.5 万个，交易金额 875.65 亿元；累计开立个人钱包 2.61 亿个。2022 年 1 月 4 日，数字人民币 APP（试点版）首次在应用市场公开上架。目前，数字人民币已同时支持线下和线上场景，涵盖生活支付、餐饮服务、交通运输、购物消费、政府服务等领域。下一步继续拓展场景，在网上嵌入更多应用场景，加快线下商户拓展和原有机具改造，实现小额支付和零售支付的全场景覆盖。

· 第九章 ·

数字化新消费
——数字发动机

第九章

数字化新消费——数字发动机

消费是最终需求,是生产的最终目的和动力。消费对经济发展具有基础性作用,已成为经济增长第一拉动力,是畅通国内大循环的关键环节。我国有 14 亿多人口形成的超大规模内需市场,有世界上规模最大、成长最快的中等收入群体,是全球最大最有潜力的消费市场,市场规模位居世界前列,释放巨大需求和消费动力。我国已进入消费升级的重要历史阶段,消费规模稳步扩大,消费需求日益多元,消费结构不断升级,消费模式不断创新,孕育着大量消费升级需求。从传统消费转向新兴消费,从商品消费转向服务消费,由模仿型、同质化、单一化向差异化、个性化、多元化转变,高质量消费需求快速增长,新品消费增长加速,消费者"尝新"意愿明显增强,整个消费市场随之不断重构。顺应消费升级发展的新趋势、新变化,依托互联网、云计算、大数据、人工智能等新技术的深化应用,新型消费蓬勃发展,对满足居民生活需要、释放消费潜力和促进经济平稳健康发展发挥重要作用,已成为消费增长的新空间和经济发展的新动能,将为我国经济高质量发展提供重要动力支撑。

新型消费是指不断适应居民消费升级趋势和方向,利用各类新技术实现供需、产销高效匹配,形成一系列新业态、新模式、新场景和新服务，从而有效满足消费者对更好产品和服务的需求，促进消费高质量发展的各类消费的总称。新型消费不是一成不变，而是随着技术进步和经济社会发展水平变化而不断变化的。新型消费具有明显的数字化、网络化和智能化特点。数字化和绿色化成为新型消费最突出的特征。数字技术的普及应用进一步促进消费创新、丰富消费场景、优化消费体验。数字消费持续赋能消费创新发展，是促进消费扩容和引领消费创新的重要支撑，推动消费市场在分化重组中育新机。数字化新消费向新领域延伸，展示更为广阔的应用前景和更为强劲的增长潜力，数字消费将出现多个百亿级、千亿级的新型消费形态。

第一节　实物消费与服务消费双轮驱动

随着居民收入增长和消费持续升级，我国消费市场的结构发生积极变化，从实物商品消费为主转向实物商品消费与服务消费"双轮驱动"，传统消费向新兴消费转换、商品消费向服务消费转换。新中国成立之初，居民消费主要为满足温饱；20世纪六七十年代，自行车、手表、缝纫机是结婚必备的"三大件"；20世纪90年代，彩电、冰箱、洗衣机"新三件"变成生活标配；进入21世纪，智能家电、汽车消费越来越普遍；近年来，网购、潮牌商品、定制化服务等新消费日渐火热。如今，人们的"购物车"越来越丰满了，里面除了有曾是"主角"的食品、衣服之外，文化、旅游、健身等也成为重要选项，折射出我国消费的变迁。

01 新消费转向服务消费为主

我国达到人均GDP超过1万美元的发展水平，进入由中等收入转向中高收入的发展阶段，消费已从模仿型排浪式阶段转向个性化、多样化阶段。2021年，我国人均GDP1.2万美元，居民恩格尔系数为

29.8%，连续10年下降。2021年，社会消费品零售总额达到44.1万亿元，比2012年增长1.1倍，对经济增长的贡献率为65.4%。我国居民人均食品烟酒消费支出7178元，占人均消费支出的比重为29.8%；人均服务性消费支出10645元，占居民人均消费支出的比重为44.2%。消费结构正在从吃、穿等生存型、价格驱动型消费，向教育、旅游等发展型和品质型消费，以及消费服务方式多元化精准化的新时代过渡，消费者更为注重个性、品质、健康、美丽等相关产品，医疗保健、休闲文娱、教育、交通通信等消费占比快速增长，服务消费升级趋势明显。随着新技术、新模式、新业态蓬勃发展，物质型消费服务化趋势明显，在物质型产品中融入大量增值服务，成为传统消费向新型消费升级的突出特点。未来居民收入水平提升和城乡基本公共服务均等化加快，数字经济加快发展，城乡居民服务型消费需求潜力将快速释放，新型消费对服务消费快速增长形成新的更大支撑。

02 新消费促进服务消费均等化

公共服务消费是我国消费领域的短板，存在公共服务供给不足、公共资源配置不均衡、公共服务再分配作用弱、公共服务标准不规范、公共服务主体回应性差等问题，特别是高质量医疗、养老、教育、社会保障等方面供给不足，大量三甲医院、高等院校等优质公共服务和消费品集中在大城市。需要在保障服务消费的均衡性、均等性上下大功夫。从全社会消费理念转变的方向寻求突破，消费者由传统消费转向绿色消费，从物质消费转向"物质+精神文化"消费，从产品需求转向"产品+服务"需求。从普遍提高各阶层收入水平的方向寻求突破，随着收入水平的提高，消费需求从数量追求转向品质追求、多样化和个性化追求。从新技术推动形成新消费的方向寻求突破，通过创新消费平台、消费渠道、消费方式，实现消费创新和升级。未来，我国将会出现诸多新的服务消费增长点，教育消费、文娱消费、医疗养老消费、智慧生活消费等都将有可能成为拉动整体消费的源头动力。顺应居民服务消费升级需求，大力发展服务消费，扩大养老托育、医疗健康、文旅体育等高品质服务消费供给，完善多样化市场供给体系，满足大众多层次、多样化的服务消费需求。把握数字化、智能化大势，加快定制、体验、智能、时尚消费等服务新模式新业态发展，推动互联网和各类服务消费业态紧密融合，有序发展在线教育、在线健康医疗服务、在线文娱、智慧旅游等，培育壮大"互联网+服务"新模式，促进服务消费均等化。

03 新消费推动服务消费创新

新型消费契合居民消费向发展型、享受型和品质型消费快速升级的趋势，与传统消费相比具有创新强、增长快和适配高的特点。一是深度融合性。线上与线下、业态与场景的融合发展是新型消费的典型特征之一。线上下单和预订，线下体验和配送越来越普遍，线上线下融合消费日益成为主导消费模式。"文旅+购物""文旅+康养""娱乐+购物"等消费业态的跨界发展为消费者提供更丰富的选择。二是配置高效性。新型消费通过促进生产与消费、供给与需求的更好匹配，实现消费资源的更高效配置。基于大数据，生产者可以及时响应消费需求新变化，营销、物流、支付等环节数字化推动供应链创新，使消费者需求得以有效满足。借助互联网，医疗资源可以实现跨时空优化配置，提升医疗服务消费的优质、可及和便利化程度。三是发展持续性。依托互联网和数字技术等，新型消费扩大了传统商品和服务消费可触达范围，有助于提升商品和服务使用价值、降低供给成本，既增加供给的丰富性、多样性，又促进消费可持续和高质量发展。如共享型消费，借助"互联网+"，随时随地、批量复制服务成为可能，扩大了消费规模，也提升了服务业生产效率。四是循环畅通性。新型消费在促进生产、流通和消费的畅通循环方面具有更突出优势。网络购物、智慧零售等使需求数据可追踪、可预测，推动柔性供应链发展，生产品类、规模和市场需求空间之间的匹配度更高。快递配送、即时零售等有助于推动流通环节数字化、智能化升级，促进打通堵点、连接断点，提升流通效率。

第二节 线上消费与线下消费协同融合

我国移动互联网基础设施和智能手机产业快速发展。截至2021年底，我国移动电话用户总数16.43亿户，手机网民规模达10.29亿人，5G终端用户超过5.2亿户，形成了全球规模最大、应用渗透最强的数字社会。云计算、物联网、大数据、人工智能、区块链等新一代数字信息技术加速向网络购物、移动支付、线上线下融合等新型消费领域渗透融合，"线下体验—线上买单—线下消费"模式逐步演变为"线上买单—线上体验—线下消费"模式，数字消费新业态、新模式蓬勃发展，扩大线上线下网络规模，提高流通效率与服务水平。数字化、智能化赋能推动便利化消费成为新时尚。根据2021年10月中国信通院发布的《中国无线经济白皮书》测算，我国无线经济2020年规模已超3.8万亿元，占我国GDP比重约为3.8%；2021年我国无线经济规模约为4.4万亿元。

01 网购零售型消费

我国是世界最大的网络零售市场，网络购物已成为消费者的主要消费模式。截至2021年12月，网购用户达到8.42亿人，占81.6%。80后、90后网民群体网购使用率达93%，老年群体网络消费比例也在快速上升，52.1%的老年网民使用网络购物。2021年，我国网络零售稳步增长，全国网上零售额达13.1万亿元，比上年增长14.1%，其中，实物商品网上零售额10.8万亿元，增长12.0%，占社会消费品零售总额的24.5%，对社会消费品零售总额增长的贡献率为23.6%。直播带货、短视频销售和社交零售等新模式快速发展。社区电商美团优选在2021年已覆盖2600个市县，阿里下沉市场电商平台"淘特"年度活跃消费者超2.4亿。网络零售品质不断提升，更好地满足了人们个性化、多样化、品质化消费需求。

02 线上服务型消费

在线办公、在线健康医疗、远程教学、在线文娱、在线健身、在线旅游、网上展会等"互联网＋服务"线上服务新业态，正成为消费增长的新动力和新空间。网络短视频、直播正成为新的生活方式。截至2021年12月，我国短视频用户规模达9.34亿，全国有近一半的人看直播；高峰时期有4.68亿人使用在线办公；在线旅行预订用户规模达3.97亿，较2020年12月增加5466万。全国已有1700余家互联网医院，远程医疗服务县区、市覆盖率达90%以上，在线医疗用户规模达2.98亿人，同比增长38.7%，成为用户规模增长最快的领域之一。各景点、博物馆等通过网络直播、VR等技术打造线上付费体验的新型文旅融合产品，云旅游、云赏剧、云赏花、云看展等成为休闲娱乐消费新时尚。智能健身、云赛事、虚拟运动等新兴运动促进全民健身智慧化发展。

03 无人无接触型消费

消费安全性和便利性需求催生了智慧超市、智慧商店、智慧餐厅、智慧商圈等无接触式商业模式和业态快速发展，服务型机器人、无人超市、AR试衣、无人机配送等场景开始探索商用。北京坊商圈打造全球首个"5G+虚拟现实"智慧商圈，实现商圈内三维实景步行导航。近年来创新比较活跃的鲜活农产品消费形成了生鲜O2O、智慧菜场、社区团购等多样化数字化新渠道。浙江省具备基础数字能力的"放心市场"已接近1100家，覆盖率超过50%，具备较高数字化水平的"智慧菜场"已建成114家，占全省5.3%。

04 平台共享型消费

外卖配送、网约车、即时速递、共享住宿等新业态持续快速发展，助力释放消费潜力和提升生活品质。外卖配送提供了除在家做饭和堂食外的第三种餐饮消费选择，网约车为出行消费提供新方式。据统计，截至2021年12月，我国外卖用户规模达5.44亿人，外卖占全国餐饮收入的比重约21.4%；网约车用户规模达4.53亿人。

第三节 品质消费与品牌消费提质扩容

进入"美好生活时代"，我国居民消费呈现出从注重量的满足向追求质的提升、从有形物质产品向更多服务消费、从模仿型排浪式消费向个性化多样化消费转变，高品质生活匹配高品质消费。消费更趋多元化、个性化、品质化、高端化，智能消费、绿色消费、健康消费成为消费新潮流。如果说，传统消费是以满足基本生活需求为主，新消费主要是为了满足人们美好生活需求。新型消费主要体现在文化、娱乐、旅游、健康、养生等方面，更追逐高品质、高质量的商品，更关注体验、服务、高效的消费需求，追求定制消费、时尚消费、自我消费。新型消费重塑消费习惯、消费需求、消费场景、消费方式，极大地激发消费潜力、激活消费市场、推动消费升级。

01 新国潮引领新消费

目前，商务部认定 1128 家"中华老字号"，这些品牌平均拥有 160 年以上的历史。近年来，我国老字号发展活力不断增强，品牌影响力持续提升。2020 年，近 75% 的中华老字号企业实现盈利。在相当一部分消费者群体中，"国潮"成为流行的消费时尚。一大批国产品牌成为满足消费市场新需求的生力军。国潮、国货、国牌受到追捧。国产品牌的兴起，与其精研中国消费市场，适应消费者多样化需求有着直接关系。调研发现，很多中国品牌商不再走"从国外创意到国内山寨"的路径。依赖互联网庞大的用户群体、快速的传播能力，通过大数据、人工智能等技术对消费者需求进行分析，推进制造业产销对接，促进跨界融合发展，打造智慧供应链，实现上下游物流、信息流、资金流、商流互联互通，加快向数智化、全链路、社会化方向升级，以个性化设计、柔性化生产迎合市场多样化需求，开发出更具魅力的产品，提高品牌价值，激发老字号创新活力。一些老字号企业将传统经营方式与大数据、云计算等现代信息技术相结合，升级营销模式。一些电商平台积极设立老字号专区，为老字号企业提供便捷的数字化服务。新国货对消费市场扩容的贡献更为突出。以快消品为例，新国货贡献了 76% 的市场增量，比国际品牌高 52 个百分点。

中国制造的崛起，蕴含深厚传统文化元素的非遗和老字号品牌，建立在传统之上的数字化智能化产品，正重新焕发青春，逐渐回归消费者的视野。当前，新国潮服饰、美妆、日用品等受到年轻消费者的喜爱。在潮流购物平台得物 APP 上，代表国潮的回力、飞跃、凤凰自行车、英雄钢笔等老字号的讨论热度很高，受到年轻消费者追捧。自 2020 年起，得物 APP 连续 3 年举办"得物国潮设计大赛"，引导年轻一代从中华传统文化中寻求设计灵感，促进国潮商品消费。2021 年，拼多多先后涌现出50多个销售额过亿元的老字号品牌。拼多多启动"2022多多新国潮"行动，计划助力1000家国潮品牌、新锐品牌、老字号拥抱新消费。

02 "数字三品"拥抱新需求

消费品工业是国家经济发展的重要支撑，是我国重要的民生产业和传统优势产业，是保障和满足人民群众日益多元化消费需求的重要支撑，在带动就业、出口、内需经济等方面发挥重要作用。经过多年的发展，我国消费品百余种产品产量位居全球首位，家电、皮革、塑料、食品、家具、五金、陶瓷等行业100多种产品产量居世界第一。制鞋、服装、化纤、棉纺等产能占全球50%以上，消费品上市公司数量全球第一，超过了1200家，上市公司总市值占全球20%。

促进消费品"三品"升级，是顺应我国消费市场变革趋势，是适应和满足消费者对美好生活需要的重要举措。消费品大多是传统产业，具有行业门类较多、进入门槛比较低、产能规模比较大、企业数量多的特点。与国际先进水平相比，我国国产消费品的知名度有待提升，品牌培育力度有待进一步加大，数字化水平及产品附加值有待提升。必须抢抓数字技术发展的新机遇，通过数字技术赋能行业，调整产业结构，推动产业升级，以更好地满足和创造消费升级的新需求，增强消费拉动作用，促进消费品工业加快迈向中高端水平。2022年7月2日，工业和信息化部、商务部、市场监管总局、药监局、知识产权局五部门联合对外发布《数字化助力消费品工业"三品"行动方案（2022—2025年）》，确立未来四年数字化助力消费品工业增品种、提品质、创品牌的主要目标，提出到2025年，消费品工业领域数字技术融合应用能力明显增强、培育形成一批新品、名品、精品，品种引领力、品质竞争力和品牌影响力不断提升；培育200家百亿规模知名品牌，着力提升我国优质品牌核心竞争力；培育 200 家智能制造示范工厂，推广应用 300 个应用场景典型案例，推动实现智能消费体验大幅提升。

数字赋能"三品"，关键是促进工业互联网与消费互联网互联互通、融合发展。深化新一代信息技术创新应用，围绕健康、医疗、养老、育幼、家居等民生需求，大力发展"互联网+消费品"，加快绿色、智慧、创新产品开发，以优质供给助力消费升级；推广数字化研发设计促进产品迭代更新；推进个性化定制和柔性生产重塑产品开发生产模式，支持重点行业优势企业挖掘用户个性化需求，开展个性化定制和柔性生产，加快培育个性化定制企业和公共服务平台；推动数字化绿色化协同扩大绿色消费品供给；推动企业加快智能化升级，推广应用工业 APP 等关键技术和核心装备，加快培育智能制造示范工厂，加深智慧供应链管理提升产业链协同效率。

第四节 信息消费与信用消费交融共享

信用依赖信息，信息支撑信用。信用是信任的量化表现形式，信息与数据是信用的量化表现形式。信息消费是一种直接或间接以信息服务、信息产品为消费对象的消费活动，以信用为基础。信用消费是指消费者向银行或其他金融机构借款，用于购买商品和服务的一种消费方式，以信息为依托。

信息消费和信用消费，坚持以"信"为本，运用互联网、云计算、大数据、人工智能、物联网等数字信息技术，依托数字网络平台，以数据为流量，以信用为价值，互为平台，互通数据，共享信息，共享信用。信息消费与信用消费相互交织、相互依托、相互支撑。信息消费推动信用消费，信用消费激发消费潜能。

01 信息消费促进信息服务

信息消费是指居民或政府为满足个人或公共需求而购买信息产品，以及通过信息产品购买商品与服务的支出总和，分为信息产品消费和信息服务消费。丰富多样的信息产品广泛进入到百姓家中，信息消费已经渗透到衣食住行全过程，成为创新最活跃、增长最迅速、辐射最广泛的新兴消费领域之一，逐渐显现出带动经济发展的重要作用。全球范围内，信息消费每增加100亿元，能带动国民经济增长300多亿元。美国、日本的人均信息消费支出分别为3400美元和2400美元，我国仅为631美元。中国信通院联合中国信息消费推进联盟发布《国家信息消费示范城市发展报告（2022年）》，据测算，2021年我国信息消费规模为6.8万亿，同比增长15%。我国信息消费有着巨大的发展空间。

以互联网为代表的新一代信息技术发展，互联网新业态、新模式、新产品不断涌现，信息消费的内涵和外延在不断扩展。我国信息消费发展经历了三个阶段：一是3G时代下，以"纯线上、信息的消费"为主要特征的1.0发展阶段，信息服务和产品本身的消费占主导。二是4G时代下，以"线上+线下、信息+消费"单向融合渗透为主要特征的2.0发展阶段，融合消费处于多场景的培育成长期。三是5G及新基建时代下，信息消费逐步迈向以"线上与线下、信息与消费"双向融合渗透为主要特征的3.0发展阶段，融合消费迎来全场景的深度拓展期，消费模式将持续衍生发展。

信息消费发展进入3.0新阶段，既有"从有到优"深度广度的延展，也有"从无到有"全新业态的诞生。未来3～4年，全场景下的融合消费将伴随新一代信息技术的进步，带给人们更多未知的新产业和新消费业态，引发全领域、全要素、全场景、全渠道的经济社会生产生活的全新变革。

趋势一，融合方式从单向融合为主到双向融合提速，"互联网+"跨界融合孕育兴起，推动形成了以互联网企业为主导的"信息+消费"的壮大发展，向更大范围、更深程度、更高层次创新突破，衍生出无场景不"信息消费"，全产业链、全渠道融合渗透的新模式新服务。趋势二，消费场景从图文场景向视频场景扩展，视频应用感受更直接，信息更丰富，消费者更直观地了解产品和服务，沉浸到购物娱乐场景中，极大提升用户消费体验，直播电商、短视频、VR/AR、超高清视频激发消费新活力。趋势三，服务模式从接触式服务迈向无接触服务，"宅经济"从电商、外卖开始，向学习、工作、生活逐步延伸，线上租房、线上医疗、云游戏等新业态亮点不断。无接触配送逐步推广，无人配送车已经开始慢慢代替快递员和骑手。无人零售、无人餐厅、无人酒店等无人消费场景创新不断。趋势四，供给制造从M2C向C2M逐渐探索，C2M反向定制以消费者需求串起整个供应链全流程的新型模式，满足用户多元、高质的需求，推动制造业转型升级。趋势五，终端载体从传统信息产品向泛在物联载体延伸，智能终端供给产品不断丰富延展，除传统的电视、手机、电脑等信息化产品外，个人穿戴、汽车出行、家电家居等普通物品也加快迈向智能化，催生形成新的智能联网载体，数字家庭、智能网联汽车等融合型产品成为未来拓展方向。趋势六，市场空间从重点城市向下沉市场深挖，一线、二线城市地区信息消费的普及，信息消费群体和应用逐渐饱和，信息消费相关企业在空间上加速向三线及以下城市和农村地区拓展，进一步盘活下沉市场，开辟信息消费增长新空间。

02 信用消费带动消费金融

互联网、大数据、云计算和物联网的拓展普及，越来越多的消费方式与信用产生密不可分的联系，信用消费在消费领域的应用场景越来越多。通过"互联网+信用"，消费金融覆盖到传统金融无法触及的潜在消费市场，以不同场景和消费业态为内容，消费金融产品满足不同层次不同需求的消费者。传统金融机构的消费金融业务线上化，互联网消费金融得到快速发展。据中国银行业协会统计，目前消费金融公司已将场景金融拓展至3C、家电、家装、旅游、教育/培训、医美等，其中3C、教育和家电是用户发生信贷行为的最主流场景。2021年，中国狭义消费信贷余额达17万亿元，同比增长6.92%。中国互联网消费金融行业放款规模达20.2万亿元，余额规模达5.8万亿元。2020年，中国消费金额公司贷款余额4927.8亿元，同比增长4.34%；累计服务客户16339.47万人，同比增长28.37%。

广义的消费金融是指围绕消费价值链条的资金和资本融通，以小额、分散、精准、高效、应急为显著特点，是消费产品服务的促销工具和金融增值手段，核心是通过"消费金融化、金融生活化"运作，实现消费和金融两种资源跨越时间、空间配置。移动互联网、大数据、云计算、VR、人工智能等新技术深入应用，我国出现了多种互联网消费金融模式。发展消费金融，从刺激需求、完善结构、推动升级等方面促进消费增长。我国消费金融市场主要有三大参与主体可大有作为：一是商业银行，具有资金成本低、客户基础好、风险控制经验丰富等优势；二是头部互联网企业，具有流量大、服务场景多等特点；三是消费金融公司，作为一类新型的持牌金融机构，属于经监管部门批准的"正规军"。消费金融公司拓展了服务广度，覆盖了诸多无法满足商业银行服务准入门槛的"长尾客户"，有助于形成"多层次、广覆盖、有差异"的消费金融服务体系。

居民消费结构的深层次变化已深入改变消费金融服务场景和业务内容。2004年至2019年9月，我国短期住户类消费贷款增长大跨步，从1253亿元增加至9.53万亿元，消费贷款品类包括大量的非耐用品消费贷款和服务性消费贷款。数据显示，目前，用户取得消费信贷后用于购买家电最多，约占三成，而用于家庭装修、教育培训、旅游和非汽车类交通工具消费贷增长迅速。消费信贷多被用于购买手机、电脑、家电、摩托车等实物耐用消费品，如今消费者更注重消费体验、提升生活品质，许多头部消费金融公司在旅游、家装、教育培训、健身、生活美容等新兴消费场景进行布局，以适应新趋势的发展变化。

消费金融行业的普及和发展，越来越多的消费者对借贷消费持开放态度。2019年个人消费贷款保持迅速增长态势，超过半数消费者在拥有信用卡并且有一定额度的情况下，仍选择消费信贷的形式进行消费，且消费信贷的客户呈现出年轻化的趋势，依赖于线上的消费金融业务正在增加。互联网、大数据、人工智能等先进技术、传统金融业务与场景进行深度融合，通过流程改造与工具创新，创新金融交易的产品形态和业务模式。在消费金融服务数字化过程中，强化大数据风控、人工智能识别、线下业务线上化，加快实现消费金融和金融科技深度融合，将决定我国消费金融行业的发展高度。

第五节　城市消费与农村消费互通均衡

我国消费市场广阔，城市消费市场往中高端方向发展，消费增长从一、二线城市到三、四线城市再到农村的阶梯式上升，消费市场下沉明显，农村消费市场潜力巨大。我国地域辽阔、人口众多，不同地方各有特点、优势。新型消费必然形成各具特色、优势互补、协同发展的区域格局。西部大开发、东北老工业基地振兴、中部崛起等区域发展战略持续推进，不同地区间的消费市场发展速度和结构发生较大变化。城乡、区域已形成的消费环境和消费服务功能并不均衡，存在单点强、区域弱，重点领域强、多数领域弱，流通领域强、生产领域弱，线下强、线上弱，城市强、农村弱。必须把消费环境建设从单体向区域延伸、从重点领域向更多领域延伸、从流通领域向生产领域延伸、从线下向线上延伸、从城市向农村延伸，推动城乡消费互通均衡发展。

01 培育建设区域消费中心

城市让生活更美好，城市消费体量大、占比高。上海市、北京市、广州市、重庆市、天津市5个首批国际消费中心试点城市进一步发挥消费升级引领功能，率先带动新型消费。都市圈和城市群新消费增长极发展动能进一步增强。2020年，长三角地区、粤港澳大湾区、京津冀城市群、成渝地区双城经济圈社会消费品零售总额在全国的占比分别达24.2%、10.5%、7.9%、8.1%，合计超过50%，成为消费新高地和主战场。

2020年9月，国务院办公厅发布的《关于以新业态新模式引领新型消费加快发展的意见》首次提出，围绕国家重大区域发展战略打造新型消费增长极，培育建设国际消费中心城市，着力建设辐射带动能力强、资源整合有优势的区域消费中心，加强中小型消费城市梯队建设。培育建设消费中心城市和多层次区域消费中心，是加快发展新型消费，推动形成以国内大循环为主体、国内国际双循环相互促进的新发展格局的重大战略举措。

从功能定位、资源禀赋和发展基础出发，消费中心可以分为国际和全国性消费中心、区域性消费中心、地方特色消费中心。国际和全国性消费中心，主要还是依托一些特大、超大城市，着眼于消费政策制度的全方位引领，以及供给体系的高水平构建，将建成具有全国性影响力的综合性消费高地，成为联通国内国际市场的重要载体和桥梁；区域性消费中心，主要是部分省会和综合实力比较强的地级市，消费服务体系比较健全，有些标准达到国内外先进水平，对周边地区的辐射带动能力强，是区域性的消费高地或者说是集聚区；地方特色消费中心，更加面广量大，包括一些中小城市和一些县（市），通过打造人气活跃、亮点突出的若干消费集聚区，在地域和部分行业领域发挥特色优势和较强影响力。这三个层级的消费中心衔接互动、梯次发展、优势互补，构成覆盖全国大市场的消费地区格局。

消费中心是以中心城市为依托、辐射周边、综合承载能力强的消费高地和集聚区，具有服务体系健全、配套设施完善、内外循环畅通、供给业态丰富、引领集聚突出等特征。

加强对区域消费中心建设的统筹布局，进一步发挥各方面优势，培育建设多层级消费中心，引导各地区更好发挥比较优势，有效促进供给体系、需求结构、流通网络和发展环境提质升级，全方位支撑以国内大循环为主体、国内国际双循环相互促进的新发展格局，更好地满足人民群众对美好生活的新期待。

消费环境是城市吸引力、竞争力的重要体现。培育国际消费中心城市，应充分发挥城市配套、承载能力、营商环境等方面的优势，把地区市场消费潜力激发出来，把全球商品和资源要素吸纳进来，带动国内外消费品有效供给和服务水平提升，为经济高质量发展注入动能。国际消费中心城市的发展绝不是以单一行业为支撑的，而应是多个行业联动发展、破旧立新相结合的有机整体。培育国际消费中心城市，要加快商业街提档升级，建设新型消费商圈；推动消费融合创新，促进传统百货店、大型体育场馆、闲置工业厂区等向消费体验中心、休闲娱乐中心、文化时尚中心等新型发展载体转变，打造消费新场景新模式。

02 构建县域消费新格局

近年来以县城为核心的县域消费不断提速，出现了新消费人群、新消费方式和新消费场景等新特征，许多县城表现出发展成为中小城市的趋向，在引领县域消费扩容升级、扩大农村消费中发挥着不可或缺的重要作用。县城平均人口规模从 2010 年 8.5 万人逐步增长到 2019 年 10.47 万人；2019 年，县城人口占县域比重达 23.13%，比 2010 年提升了 3.89 个百分点。县城逐渐成为农民工市民化的重要依托、数字经济下沉的重要载体、吸引城市消费人群的新平台。据测算，以 2019 年的数据为例，我国县城社会消费品零售总额约 5.1 万亿元，占县域的 27.7%，占全国的 12.5%；县域社会消费品零售总额约 18.4 万亿元，占全国的 45.1%。

县城是多数农民工买房、落户、就业、消费的首选，具有巨大的消费增长潜力。构建县域消费新格局，重在更好发挥县城作为城市与乡村之间关键节点的作用。要把县域作为扩大农村消费的增长点，加快形成以县城为中心、乡镇为重点、村为基础的县域商业体系，以城带乡，推动县域消费品质、消费设施、消费能力、消费规模全面升级。通过消费"下沉"，培育多元化、多层次市场主体，丰富县域消费场景、创新消费业态，引导生产流通企业下乡，带动新产品、新服务、新技术下乡。通过消费"上行"，推动农产品进城，提高商品转化率和价格。

03 发展农村电商畅通城乡消费循环

城乡消费升级趋势明显，广大农村地区消费增长空间广阔，服务消费增长迅速，消费有望保持长期可持续增长。以网络购物为例，2014 年，中国农村网络零售额为 1800 亿元。到 2021 年，已增至 2.05 万亿元。全国建设县级电商公共服务和物流配送中心 2000 多个，村级电商服务站点超过 13 万个。快递网点已覆盖全国 3 万多个乡镇，覆盖率达 97.6%。数据显示，2018 年到 2021 年，全国农产品网络零售额逐年增长，分别为 2305 亿元、3975 亿元、4158.9 亿元、4221 亿元。

数字技术赋能下的新电商平台可以快速整合生产、物流、销售等全链路资源，打通农村和城市间的产销对接通道。电商平台向产业链、供应链延伸，生活服务电商、直播电商、社交电商、跨境电商等新业态、新模式层出不穷。要健全现代商贸流通体系，促进流通企业、电商平台和现代服务企业向农村延伸，加快发展品牌连锁便利店，提升电商进农村综合水平，加快贯通县乡村电子商务体系和快递物流配送体系，推动品牌消费、品质消费进农村。支持传统商业加快数字化、智能化改造，推动城乡商贸流通转型升级，加强农产品供应链体系建设，提高城乡配送效率，让农产品直达千家万户，促进工业品下乡和农产品进城双向流通。

第六节 绿色消费与红色消费交相辉映

我国很多红色文化资源分布在山清水秀之地，革命遗址遗迹与当地自然风光相得益彰，绿色资源与红色资源相间，绿色景区与红色景区相融，绿色生态与红色文化相衬。近年来，绿色低碳消费与红色文化消费交相辉映、相映成趣，成为新型消费的最亮色。

01 绿色消费渐成生活新时尚

绿色消费是各类消费主体在消费活动全过程贯彻绿色低碳理念的消费行为。近年来，绿色消费风尚渐起，迎来新风口，进入爆发期。如今，人们越来越推崇绿色、环保、低碳、健康、安全的消费理念，消费者的绿色、环保意识和要求不断增强，越来越倾向于绿色消费方式、绿色产品，绿色消费开始引领生活潮流。2021年，我国新能源汽车销量达352.1万辆，同比增长1.6倍，占新车销售比例跃升至13.4%，同比增长8个百分点。新能源汽车保有量占我国汽车总量的2.6%，占全球新能源汽车保有量的一半左右。

培育绿色理念，促进绿色消费，加快形成简约适度、绿色低碳、文明健康的生活方式和消费模式，对构建新发展格局、推动高质量发展、实现碳达峰碳中和目标具有重要意义。2022年1月，国家发改委等七部门发布的《促进绿色消费实施方案》提出，加快提升食品消费绿色化水平，鼓励推行绿色衣着消费，积极推广绿色居住消费，大力发展绿色交通消费，全面促进绿色用品消费，有序引导文化和旅游领域绿色消费。到2025年，绿色低碳循环发展的消费体系初步形成；到2030年，绿色消费方式成为公众自觉选择，绿色低碳产品成为市场主流，重点领域消费绿色低碳发展模式基本形成，绿色消费制度政策体系和体制机制基本健全。

绿色消费蕴含着现代文明理念，是促进消费高质量发展的重要方向和新的增长点，是加强生态文明建设的重要途径。绿色消费不仅是消费领域的一场深刻变革，更是生产生活方式的全面绿色转型。推动绿色消费成为全社会共同的消费理念和自觉的消费方式，全面促进消费绿色低碳转型升级。绿色消费发展的关键驱动力是消费端与产业端的良性循环，由消费者与企业共同推动行业螺旋式上升，消费端价值的发掘、创造和提升会成为产业侧持续关注的焦点。从供给侧发力，全链条支持绿色发展，扩大绿色低碳消费产品有效供给，强化绿色消费科技和服务支撑，推广应用先进绿色低碳技术，引导企业提升绿色创新水平，大力推行绿色设计和绿色制造，加强低碳零碳负碳技术、智能技术、数字技术等研发推广和转化应用。加快建立健全绿色消费制度保障体系，制定和完善促进绿色生产和绿色消费的法律法规，进一步优化完善标准认证体系，让消费者更容易分辨出绿色产品和服务，让生产者从绿色发展中获得高认可度和收益，营造鼓励绿色消费的便利市场环境。强化宣传教育引导，推进绿色消费宣传教育进机关、进学校、进企业、进社区、进农村、进家庭，大力宣传普及绿色低碳消费理念，激发全社会生产和消费绿色低碳产品的内生动力。

02 红色文化消费成为消费新热潮

把红色资源利用好、把红色传统发扬好、把红色基因传承好，让干部群众接受红色精神洗礼，是红色文化消费的主题。红色旅游的吸引力来自文物的珍贵、建筑体量的宏大、服务设施的完善，其根本在于革命文化的博大精深、革命人物的感人事迹、革命精神的时代光芒。传承红色基因已经成为新时代发展红色旅游的核心思想，红色旅游、参观红色遗址、接受革命传统教育已经成为老百姓常态化的生活方式。2021年，红色旅游进入高质量发展新阶段，红色旅游在核心内涵、市场结构、游客行为、产品创新、目的地发展、融合方式、科技赋能等方面呈现新特征、新趋势。

红色文化旅游融合创新亮点纷呈。我国已经建成300家红色旅游经典景区，红色旅游经典景区数量有望进一步扩大、内涵将更加丰富、覆盖范围将更广。文化、科技、体育、农业、健康等元素为红色旅游高质量发展赋能，新兴景区深挖红色文化内涵与现代生活需要，符合新时代人民期待的红色景区现代化体系正在形成。各地将红色旅游、乡村游、绿色生态游等结合，打造了新的乡村旅游发展模式。"红色+生态乡村"成为游客新宠。调查显示，2021年游客喜爱的"红色+"融合业态中，游客最喜爱的是红色+影视，其次是红色+体育运动项目，第三位是红色+动漫/游戏，这三项总共占到了红色+融合业态的40%。在具体项目中，2021年游客最喜爱的红色旅游项目类型中排名第一、二位的分别是红色民宿、红色实景演出，两项均接近20%。

红色资源吸引人、美好生活留住人。红色旅游作为精神文化消费的重要方式，红色文化的旅游表达方式创新层出不穷，受到越来越多游客追捧。红色旅游成为一种生活方式、学习方式和成长方式。红色旅游既"圈粉"又"圈心"。调查显示，2021年，游客对红色旅游目的地红色文化氛围满意等级以上的比例为94.5%，其中，非常满意和较满意的比例达79.1%，红色文化已经深深走进老百姓心窝。红色文化吸引人，跟红色资源"活"起来、"潮"起来密切相关。2021年1月以来，"红色旅游"搜索热度较上年同期增长176%，北京以涨幅316%，排名第一，湖南、吉林等省份以热度涨幅202%和196%，位列第二和第三。人气最高的传统红色旅游目的地前十分别是北京、南京、上海、长沙、重庆、西安、保定、青岛、延安、嘉兴。北京成为红色旅游人气最高城市。

红色旅游游客"年轻化"趋势显著。红色旅游经过了多年的沉淀和发展，受到了不同年龄段游客的认可，不仅仅是中老年游客追捧，也同样受到年轻一代的喜爱。2021年，看革命动漫、读革命书籍、逛革命景点蔚然成风，感受革命文化、学习革命历史日渐成为年轻人钟情的一种新潮流。数据显示，年轻人的爱国热忱不断高涨，越来越多的年轻人真真切切地开始体验"红色之旅"。在整体红色之旅人群中，80后、90后占比80%，人数依然庞大。00后、95后的"Z世代"人群总数占比51%以上。年轻群体参与红色旅游比例显著提升，红色旅游正呈现越来越年轻化趋势。

第七节　节点消费与夜间消费全日在线

世界因互联网而更多彩，消费因互联网而更丰富。消费代际更迭、消费地域延伸、消费时空拓展、消费内容升级是新消费发展大势。依托数字技术智连万物、泛在延伸、跨界共享、深度融合的特点，打破时空、创新场景、融合虚实，联通多企业、多产业、多要素，构建新型消费服务形态圈，创优数字化智能化的消费要素配置模式，实现全天候、全周期、全地域的全线新消费，形成节点消费全日在线、假日消费集中释放、夜间消费"不打烊"的态势。

01 春节消费看风向

春节是中华民族最隆重、最热闹的传统佳节，也是一年中最重要的消费旺季。春节假期，新消费形式不断涌现，充满浓浓的"亲情味""科技味""文化味""时尚味"，传统需求的转型升级，新兴需求的强势拉动，实物消费的持续火热，服务消费的快速崛起，正是经济品质改变和"颜值"提升的生动缩影，折射出中国消费市场的巨大潜力，呈现新气象，带动新需求，引领新潮流。"春节经济"已成为全年经济发展的风向标，可以观察到春节消费"日常化"的新趋势。

亲情味中的新礼盒。满满的新春"购物车"，让人们触摸到春节期间亲情的流动。近年来，春节消费越来越多元化和个性化，折射出居民消费水平和理念正在发生巨大变化。消费者更加注重商品和服务的品质感、文化感、科技感和体验感，富含文化底蕴的国货、国潮品牌逐渐取代"洋货"，成为年货消费的主角。京东消费分析显示，超500万种商品在春节期间被异地传送，相当大一部分是高品质食品、新潮电器、智能产品、健康和美妆等品类，是非常典型的高质量消费代表。2021年春节期间，商务部重点监测零售企业的珠宝首饰、服装、通信器材、家电数码销售额同比分别增长160.8%、107.1%、39.0%和29.9%。

科技味中的智能造。春节假期，年货消费更加年轻化、品牌化、智能化，健康、时尚、智能商品等热销。手机通信、家用电器、电脑办公、数码、本地生活／旅游出行、食品饮料的成交额排名领先。阿里巴巴数据显示，扫地机器人、擦窗机器人、洗地机成为孝敬长辈的三大件。在天猫平台上，擦窗机器人、智能马桶盖等成为增速靠前的新年货。智能家居"黑科技"成为年轻人的抢手货。苏宁易购年货节消费数据显示，智能家居成为"造家"标配，智能马桶、触控多功能风暖浴霸、恒温花洒、电热毛巾架等高端产品进入不少消费者的年货采购单。京东大数据显示，"2022全国网上年货节"期间，VR眼镜、游戏手柄、扫地机器人销售额同比分别增长3.8倍、36.5%、30.3%。

　　文化味中的电影热。春节假期，文化、旅游、娱乐等服务消费呈现快速增长势头。中国旅游研究院发布的2022年一季度暨春节文化消费调查显示，文化体验成为春节节假日休闲和拉动消费的主要内容。看电影、听戏曲、逛博物馆、泡图书馆等成为过春节的新年俗。《百度热搜·春节假期大数据》显示，春节假期娱乐消费旺，80后、90后担当消费主力。在2021年排名前十的热门春节活动中，"看电影"是大家的第一选择。2021年，农历正月初一中国电影票房突破17亿元，创下历史同期最高纪录。2021年春节黄金周总票房78.25亿元，春节档观影总人次为1.6亿，再次刷新春节档全国电影票房纪录，创造了全球单一市场单日票房、全球单一市场周末票房等多项世界纪录。

　　时尚味中的线上流。春节期间，线上消费蓬勃发展，无接触交易、网购年货、"云端过节"、数字红包等消费方式，已成为春节消费市场主流风尚。红红火火的"云旅游""云观展"等线上活动使春节气氛更加浓郁。一部手机就可以随时随地"逛商场""逛花市""逛庙会"。商务部会同相关部门指导开展的"全国网上年货节"，2021年1月20日至2月18日活动期间全国网络零售额超9057.6亿元。国家邮政局快递大数据平台监测显示，2021年春节期间（2月11日至17

日），全国邮政快递业累计揽收和投递快递包裹6.6亿件，同比增长260%。央行发布的数据显示，2022年1月31日至2月6日，全国非现金支付业务量为208.4亿笔，金额14.9万亿元。

02 "双11"消费看趋势

近些年来，"双11""8·18""6·18""农货节"等购物节相继兴起，一个个消费时点见证着一个消费大国的旺盛需求和巨大潜力。"双11"购物狂欢节自2009年11月11日诞生以来，历经13年，已经从网络电商逐步发展到线下经济，逐步成为各大商家普遍推崇的电子商务。"双11"整体成交规模不断创下历史新高，早已属于全世界消费者，已经成为世界性的狂欢购物节。2009年，阿里巴巴首次举办线上"双11"，成交额仅为5200万元。2020年，天猫"双11"成交额达到4982亿元，京东"双11"累计下单金额超过2715亿元。2021年，天猫"双11"总成交额达5403亿元，京东"双11"累计下单金额超3491亿元。其中，43276个商家成交额同比增长超200%。

每年的"双11"是观察中国消费市场的重要窗口，是一个令人鼓舞的"晴雨表"。"双11"火爆消费数据看出中国消费市场升级趋势。从"买买买"中看变化、看趋势，新变化预示着新方向，新趋势蕴含着新商机。从买便宜到买品质，从线下到线上，推起"购物车"的人越来越多；从拼价格到拼个性、拼服务，电商竞争不断迭代升级；从"下周见"到"当日达"，快递的速度越来越快……不断攀升的销售总额、不断刷新的"购物车"清单，清晰勾勒出消费结构升级、经济发展转型、不断催生新增长点的轨迹。

新平台创造新模式的大趋势。随着我国电子商务门类扩展，"双11"购物节演变成电商业最大促销盛会，是电商市场飞速成长的缩影，成为我国电子商务发展里程碑式的一页。从集市电商到平台电商，再到社交电商，消费新业态与新模式经历了一次又一次变革和迭代。电商市场走过行业扩张期，进入到规范健康的发展新阶段。2021年"双11"购物节平台包括京东、阿里、拼多多、抖音、快手和苏宁易购等多个平台。电商生态"一家独大"到"百花齐放"。社交电商、直播电商、生鲜电商等新业态新模式日趋完善。电子商务成为创新创业、灵活就业、普惠就业新渠道。2020年，网上零售额占社会商品零售额的比重达24.9%，网上零售额长期居于全球第一，占全球份额达39%。我国已连续8年成为全球规模最大的网络零售市场。未来，中国电子商务必然走向全球，向着更加多元化、垂直化、专业化方向发展。

新场景带来新流量的大趋势。直播电商作为一种"零售新业态"，通过电商平台、短视频平台和社交平台的"主播带货""明星直播间"等新场景，抢占线上消费市场、吸引流量资源，融合线上线下、打通城市乡村、联动内贸外贸、拓展消费空间。全球有超过200个国家和地区、25万个品牌、500万海内外商家参与。天猫"双11"直播场次超过4万场，观看人数超过3亿人次，全国2000个产业带迎来"开门红"。数据显示，产业带专场首日成交额是上年"双11"成交量的17倍，来自广东、浙江、江苏、福建等地的7个产业带1小时内进入"亿元俱乐部"。

新消费引领新制造的大趋势。理性消费、服务消费、品质消费、品牌消费、国货消费、高端消费、绿色消费、健康消费、文化消费、定制消费、信用消费等丰富、多元的新消费催生供给新制造。"分享购物者"意味着开启全新的社交营销、私域分享的新时代。消费者不再是一个个付款的客户，而是有温度的内容创造者。线上平台利用人工智能等新技术，进一步优化购物体验；线下购物积极转型，与体验、娱乐、社交等元素日益交互，激发更大消费潜力。2021年"双11"，天猫商城有342个品牌成交额突破1亿元，包括欧莱雅、海尔、雅诗兰黛、耐克、华为、美的、小米、阿迪达斯等。其中华为、美的、海尔等13个品牌成交额突破10亿元。最受消费者关注的5个品牌分别为苹果、华为、小米、安踏、李宁，国产品牌占据4席。新消费引领推动新供给、创造新需求。京东通过C2M、供应链协同等方式打造"智能制造平台"，智能供应链支撑全国近200个城市的实体企业合作柔性生产、智能物流，拉动内需扩展消费新增量。

03 夜间消费看热度

夜间经济主要指当天18时到次日清晨6时发生的各种经营消费活动，包括休闲、旅游、购物、餐饮等多种服务消费，涵盖线上与线下、实物与虚拟等多种消费业态，是当代城市的一种新经济形态。

夜间经济越来越热，越来越"香"，已经成为消费市场的主流现象。据艾媒咨询统计，我国夜间消费占总体零售额的6成左右；夜间消费品类中，餐饮消费占比超7成。以夜经济为突破口，打造一座又一座现象级"不夜城"，塑造城市产业转型和消费升级的新动能。夜间经济带来幸福生活的别样风情，体现城市文化的独特底蕴，勾勒出城市夜晚的人情味与烟火气。2020年我国夜间经济发展规模超过30万亿元，2021年我国夜间经济发展规模超过36万亿元。

夜间经济是彰显城市特点与活力的有效载体，是城市经济的重要组成部分。夜间经济的繁荣，夜间消费热情的高涨，是衡量一座城市经济开放度、活跃度的重要标志。2021年，夜间经济在"供给"与"需求"端涌现出大量新形态、新趋势，由单一业态的消费模式逐渐进阶成产业多元、场景融合式、延伸到实体零售各个环节的新模式，集"食、游、购、娱、体、展、演"等多元业态于一体的夜间经济，正在成为城市消费的新"蓝海"、城市竞争的新"赛道"。重庆60%左右的城市消费发生在夜间，重庆的夜间文化已经形成"夜游、夜景、夜秀、夜读、夜市、夜娱、夜养"的丰富产品体系。"网红城市"长沙夜间经济蓬勃发展，打造"24小时城市"为主题，逐步形成"餐饮、旅游、购物、娱乐、体育、展览、表演"的夜间经济新业态，成为年轻人眼中的"幸福之城"。

2021年中国城市夜经济影响力十强城市榜单在北京揭晓，重庆、长沙、青岛、成都、上海、北京、武汉、深圳、广州和天津上榜。长沙天心区、北京朝阳区、重庆江北区、青岛西海岸新区、上海静安区、天津红桥区、重庆渝中区、成都锦江区、南京鼓楼区、广州天河区、深圳罗湖区、杭州下城区、长沙芙蓉区、武汉江汉区、沈阳沈河区、西安雁塔区、青岛城阳区、成都武侯区、重庆永川区、济南历下区等20个区县进入2021年夜间经济影响力20强区县榜单。

从消费功能看，夜间经济是一种更好满足生活需求的"增量经济"，是加快发展消费经济的前沿阵地。发展夜间经济是一项系统工程，要选择那些具有较好商业基础的消费集聚区，统筹考虑经营模式、商户类别和经营环境等因素，科学布局，加大供给侧结构性改革力度，形成集聚效应，做到业态互补，提高居民夜间消费的便利度、活跃度和安全性，更好满足百姓个性化、多层次、品质化的夜间消费需求。要充满文化味，把多元文化深度融合到城市夜景营造，增强文化内涵，创新文化消费模式，开发多样化、主题性、特色类的夜间文化体验项目，全面提升文旅公共服务效能，繁荣夜间文化演出市场，激发更多消费热点，推动夜间经济向富有人文内涵、彰显城市底蕴的方向发展，以"文化磁力"放大城市魅力。要充满生活气，运用大数据、云计算、移动互联网、人工智能等现代信息技术不断调整和丰富夜间消费业态，打造多元夜间消费场景，延展夜间经济体验时空，走出以"食、游、购"为主的阶段，向"娱、体、展、演"等消费大市场迈进，满足人民群众高品质生活需要。要充满年轻态，围绕青年群体生活休闲、社交、自我提升等广泛需求，善于运用数字技术作为呈现形式和管理手段，丰富产品供给，培育新型业态，推动夜间消费年轻化、亲子化、高端化发展，演绎夜间经济更多精彩。

第八节　国内消费与国际消费双向循环

　　加入世界贸易组织20年来，中国经济总量从世界第6位上升到第2位，货物贸易从世界第6位上升到第1位，服务贸易从世界第11位上升到第2位，利用外资稳居发展中国家首位，对外直接投资从世界第26位上升到第1位。我国消费结构正处于持续升级阶段，多层次、多样化需求特征明显，消费市场潜力大、韧性强、活力足，具有广阔的发展空间。我国已成为全球第二大商品消费市场。国内国际双循环的基本内容本质上是一致的，都是指市场经济体系再生产过程中生产、流通、分配、消费四个环节相互依存、相互衔接。在国际市场或全球市场中，生产和消费双方供给与需求的信息畅通成为再生产过程循环顺畅的关键。消费作为生产目的和再生产循环的终点在其中发挥着极其重要的作用。扩大消费是促进国内大循环的战略基点，也是顺畅国际外循环的战略基点。消费是国内国际"双循环"的核心动力来源，具有先导引领功能。通过培育建设国际消费中心城市、打造国际品牌平台、做大跨境电商、发展跨国公司，强化贸易消费领域科技创新、制度创新、模式和业态创新，推动进口与出口、货物贸易与服务贸易、贸易与双向投资、贸易与产业协调发展，促进国内消费与国际消费双向循环。

01 依托国际消费中心城市促进消费双循环

　　国际消费中心城市是经济持续发展和城市功能分化的自然结果。工业化时代，生产在城市功能中居于主导地位；后工业化时代，以消费导向为主的服务业开始成为城市发展的重要驱动力，一些城市从生产型为主转向消费型为主，形成消费型城市。一些城市的消费辐射能力开始显现，集聚全球品牌，形成全球消费地标，吸引全球消费者，引领全球消费潮流，成为国际消费中心城市。全球著名国际消费中心城市，如纽约、巴黎、香港等，均集中了众多全球知名品牌。近年来，首店经济在中国兴起，为中国消费者提供全球好物。2020年，909家首店登陆上海，250家登陆北京，150家登陆重庆，112家登陆广州，62家登陆天津。

2021年7月，国务院批准上海市、北京市、广州市、天津市、重庆市率先建设国际消费中心城市，目的是带动培育形成一批各具特色、辐射周边国家及地区的区域性地方消费中心城市，跨城市、跨区域整合消费资源，推动形成消费联动发展新格局。引领全球消费潮流是国际消费中心城市的核心功能之一。未来中国的国际消费中心城市可能是立足国内、辐射周边、面向世界的具有全球影响力、吸引力的综合性国际消费中心城市，可能是专业化、特色化、区域性国际消费中心城市。培育建设国际消费中心城市，要聚焦"国际"，广泛聚集全球优质市场主体和优质商品、服务，加快培育本土品牌，努力构建融合全球消费资源的集聚地。增强对国际技术、资金、人才、商品、服务等要素资源的吸引力，提高国际化供给能力。紧扣"消费"，高标准推进商圈建设，引领消费潮流风尚，加强市场监管服务，全力打造消费升级的新高地。突出"中心"，不断强化集聚辐射和引领带动作用，形成全球消费者集聚和区域联动发展的中心。

02 依托国际品牌平台促进消费双循环

国际化、数字化平台是联通国际国内市场的桥梁纽带。在发挥自由贸易港、自贸试验区、高新技术产业开发区、国家级经开区、服务业扩大开放综合示范试点地区等高能级开放平台作用的基础上，精心办好国际进口博览会、国际服务贸易交易会、国际消费品博览会等重大经贸展会，放大其展会平台作用，增强其消费和投资促进功能，推动国际产品、服务、技术、品牌、标准引进来、走出去，构建陆海内外联动、东西双向互济、国内国际双循环的新发展格局。

国际进口博览会突出促进进出口消费。从2018年开始，每年在上海举办中国国际进口博览会，为世界上第一个以进口为主题的国家级展会。2021年11月5日至10日举办的第四届进博会，共有来自127个国家和地区的近3000家参展商亮相企业展，世界500强及行业龙头企业数量达281家，累计意向成交707.2亿美元。进博会搭建互利共赢的国际平台，联通中国和世界，扩大高品质消费品和服务进口，成为国际采购、投资促进、人文交流、开放合作的四大平台，成为全球共享的国际公共产品。曾经紧俏的优质进口商品，现在正成为越来越多居民家中的"寻常物"。商务部发布《主要消费品供需状况统计调查分析报告》显示，我国79.6%的消费者购买过进口消费品，其中41.7%的消费者购买进口消费品占其购买同类消费品比重超过10%。《世界开放报告2021》显示，2020年，中国进出口总额为20556亿美元，预计未来10年中国累计商品进出口额有望超过22万亿美元。中国市场是国际贸易的重要引擎。

国际服务贸易交易会突出促进服务消费。中国（北京）国际服务贸易交易会是全球唯一涵盖服务贸易十二大领域的综合型服务贸易交易会，是全球唯一一个国家级、国际性、综合型的服务贸易平台，自2012年起，每年5月28日在北京举行。2021届服贸会围绕"数字开启未来，服务促进发展"主题，举办了覆盖服务贸易全部十二大领域的展览展示、论坛会议、推介洽谈及边会活动，吸引了来自153个国家和地区的1.2万余家企业线上线下参展参会，达成一批丰硕成果，总体成果数量、交易金额均超过上届。京交会致力于成为中国服务业"引进来"和"走出去"的重要渠道，权威服务贸易政策和信息的发布窗口，各国服务贸易企业的交流合作桥梁，具有持续发展力和国际影响力的国际盛会。

国际消费品博览会突出促进品牌消费。中国国际消费品博览会，是全国首个以消费精品为主题的国家级展会。每年在海南省海口举办。2021年5月7日至10日，首届中国国际消费品博览会在海南国际会展中心举办，共有来自70个国家和地区、1505家企业、2628个消费精品品牌参展，各类采购商和观展商超3万人。欧莱雅、人头马、资生堂、花王、强生、戴尔、施华洛世奇等国际品牌举办83场新品发布会，共发布新品超过550个。设立的精品直播间，观看人数达1600多万，总引导成交额6800万元。全球精品好货从消博会"飞进"寻常百姓家。消博会成为汇聚国际顶尖品牌和中国本土精品、集聚全球消费领域资源的国际性平台，有利于促进消费产业提质升级，吸引国际高端生产要素和高质量商品与服务，推动构建国内国际双循环相互促进的新发展格局。2022年7月25日至30日在海口举办的第二届中国国际消费品博览会，更加聚焦"高、新、优、特"消费精品，吸引来自61个国家和地区的1600多个国际品牌参展，1200多个国内品牌参展，600多个全球新品首发首秀，各类采购商和专业观众数量超过4万人，打造成为全球消费精品展示交易的重要平台。

03 依托跨境电商促进消费双循环

我国居民消费结构升级步伐加快，消费层次逐渐从满足基本生活需要向更加注重品质和品位转变。消费升级趋势下居民购买进口商品、赴海外消费等行为逐渐增多，消费市场的国际化特征渐趋明显。更多的消费群体愿意"不出境、买全球"。跨境电商是互联网时代发展最为迅速的贸易方式，突破时空限制，减少中间环节，供需精准对接，缩短国内外流行品牌的时间差，成为国际消费的重要渠道。跨境电商通过引进更加丰富多元的海外优质商品，进一步释放消费市场潜力，满足国内居民不断升级的消费需求，是我国发展速度最快、潜力最大、带动作用最强的外贸新业态。据海关总署统计，我国跨境电商进出口5年增长近10倍，2021年规模已达1.92万亿元。天眼查数据显示，到2021年末，跨境电商相关企业注册数量超过10000家，是5年前的3倍多。未来，要完善跨境电商发展支持政策，扎实推进跨境电子商务综合试验区建设，培育发展优秀海外仓企业，完善覆盖全球的海外仓网络，重点培育和建设一批企业、一批品牌和一批标准。

04 依托跨国公司促进消费双循环

我国已形成规模庞大的市场、日益完善的基础设施、逐步健全的配套能力、丰富优质的生产要素、活力彰显的创新资源、逐步优化的营商环境，对跨国公司形成强大吸引力。截至2019年底，在华投资兴业的跨国公司就已经突破100万家，世界500强公司中已有490余家在华投资。跨国公司以全球多元化背景、贴近中国消费市场的"双重"优势，在连接国内国际两个市场、推动国际贸易循环、参与全球投资合作、促进国际技术合作、融入全球供应链网络等方面发挥重要作用。跨国公司作为连接国内国际双循环的重要载体，成为畅通生产、流通、分配、消费各个环节，构建新发展格局的重要动力。新一代信息技术带来消费渠道、消费模式创新。要统筹培育和发展国内国际两个消费市场，把握消费升级基础上消费需求变化趋势，实施消费互联网与产业互联网融合发展，把数字技术新成果转化为新型消费新产品，以国内与国际"双循环"促进产业与消费"双升级"，推动消费主导型新经济发展。培育发展一批具有全球资源配置能力的国际一流平台企业和物流供应链企业，充分依托新型消费带动传统商品市场拓展对外贸易、促进区域产业集聚。

第九节　消费供给与消费需求精准匹配

衡量一个国家经济是否良性循环，主要看消费与再生产其他环节的协调平衡性，看供给与需求的相互匹配性。供给侧管理和需求侧管理是调控宏观经济的两个基本手段。供给侧结构性改革，本身就是协调消费与社会再生产的关系。需求侧管理把着力点放在需求端、消费上。消费水平取决于居民消费能力、消费愿望以及供给与需求的适配性等因素。消费对经济发展的基础性作用，对社会经济的导向价值和拉动作用，消费在社会再生产过程中居于承前启后的关键地位。消费是经济循环的终点也是新起点，是形成需求牵引供给、供给创造需求更高水平动态平衡的关键环节。当前，我国消费逐渐呈现提质、转型、分化、创新等新趋势、新特征。新消费内涵不断拓展，从新技术、新业态、新模式支撑下的传统消费拓展体，发展为反映消费升级趋势和新时代消费潮流的创新体、传统消费新产品形态和新服务业态的融合体、新消费场景和消费工具的联合体。新消费业态不断涌现并发展壮大，既催生新的经济增长点，也满足人民美好生活需要。新型消费是指基于互联网的消费新模式、新业态，最显著的特点就是网络化、数字化和智能化，数智化激活并优化供给与需求两端，实现消费与社会再生产互动循环。新消费根据数智化水平和供需匹配度，分为初始数智化、多维数智化、融合数智化、全面数智化四种状态。

01 初始数智化——因地制宜、适销对路

消费市场已由"卖方市场"转变为"买方市场"，消费升级趋势明显。不同年龄、不同地区、不同偏好的消费者呈现出日益多元、细分的消

费需求。从自行车、缝纫机、手表、收音机等"三转一响"，到手机、电脑、智能家具；从凭票供应到网络购物、移动支付；从注重量的满足到追求质的提升。居民消费升级方向体现人民对美好生活向往的主流方向，需顺应居民消费升级趋势，大力发展服务消费、加快培育新型消费、提升传统消费。新需求催生新供给，新供给创造新需求。因地制宜，精准满足不同消费群体的消费需求，把加快培育新消费、促进消费创新同深化供给侧结构性改革有机结合起来，引导企业以市场需求为导向推动供给创新，生产更多适销对路的产品和服务，加快构建新的供给和产业体系，推动消费产业结构转型升级，培育更加成熟的消费细分市场，促进各类新技术、新产品、新服务、新业态、新模式发展，加快提高供给质量，促进商品和服务供给从中低端迈向中高端，形成以内需为主导、消费为主体的供需均衡循环格局。

02 多维数智化——因势利导、互动共进

居民消费对更高品质、更多种类、更高附加值的产品和服务的需求日益增长。绿色消费渐成时尚，健康消费更受关注，智能产品备受青睐，消费领域提质增效。互联网等数字技术创新与传统服务行业的结合，推动文化、旅游、医疗健康、生活服务等服务性消费越来越火，成为新的消费热点。商务部数据显示，2021年我国人均服务性消费占居民消费比重为44.2%。一些消费需求从线下转到线上，数字技术支撑的新产品、新服务、新业态、新模式迅速适配新需求。快递、外卖行业推出无接触配送，让消费者收得更放心；远程教育走进更多家庭，让消费者用得更省心；电商直播对商品进行个性化讲解，让消费者买得更开心。供给和需求之间往往存在"时间差""地域差"，产品和服务跟不上消费者需求的变化。把握新消费趋势与潮流，因势利导，从时间上、空间上、地域上促进供给和需求匹配。运用大数据、云计算、

物联网、人工智能等新兴技术，对海量用户进行数据分析，商家能更快速、更清晰地了解消费者需求，制定有针对性的生产、经营策略，增强供给结构对需求变化的适应性和灵活性。新供给不仅是对传统产品的升级改造，而且是在用户、品类、体验、方式等多个维度的全面拓新，以新供给满足新需求，实现产业升级、服务升级、消费升级互动共进，推动消费、生产良性互动，实现更高水平的供需平衡。

03 融合数智化——因材施教、协同升级

高质量发展是多维度、多层级和多主体协同演进升级的过程。消费升级是一场深刻变革，带来生产方式深刻变化，引领生产方式走向数字化、智能化、现代化，推动供给和需求协同升级。供给升级是质量变革、动力变革、效率变革的过程。需求升级是人民对美好生活需要提升过程。供给与需求的协同融合升级推动高质量发展、实现高品质生活。借助互联网、大数据、物联网、人工智能等数字信息技术，企业可以建立便捷收集需求偏好的信息系统，把需求数据快速转变为生产数据，通过生产流程改造和技术升级，实现柔性和智能生产，通过产品结构升级适应需求结构升级，实现供给与需求协同升级。产业转型升级需要产业链上多种主体的协同升级。通过产业链上的横向整合、纵向整合和混合整合等，推动产业链上的企业间互动网络结构的升级，推动整个产业向价值链高端攀升，协同优化要素结构、技术结构、网络结构、需求结构和制度结构，促进消费和产业"双升级"。

04 全面数智化——因人而异、个性定制

"新消费时代"，消费个性化、多样化、智能化成为重要趋势。传统制造业的批量化、标准化生产，传统服务业的大众化、流程化服务，难以满足消费者日益个性化、多元化需求。依托物联网、大数据、

工业互联网、人工智能等数字技术，大批量生产走向个性化、定制化，"互联网+""智能+"前所未有地颠覆和重构传统产业。一种消费者直连工厂的新型定制方式——"反向定制"（C2M）逐渐走俏，正成为线上消费新方式。不同于消费者提出要求、厂商生产制造的传统模式，"反向定制"将目光更多聚焦在消费者需求上，要求生产者通过大数据等技术手段在消费端获取用户数据，分析用户偏好，生产出更符合消费者需求的产品。国内众多生产企业已经设立"反向定制"相关事业部、"反向定制"智能工厂等，以赋能上游产业，开展柔性化制造。企业利用消费大数据对市场进行细分，更准确地勾勒消费者"画像"，更好把握消费者需求。消费互联网平台通过汇集信息、传导数据、整合资源、便利交易，集聚海量的商家与消费者，推动商品生产、流通及配套服务高效融合，为定制消费发展提供平台支撑。畅通制造企业与互联网平台、商贸流通企业产销对接，发展"反向定制"和个性化设计、柔性化生产。据艾瑞咨询预测，2022年，"反向定制"产业规模将迈入万亿元市场级别。

第十节 消费主体与消费群体群分类聚

"物以类聚，人以群分。"我国庞大消费主体的"群分"，形成消费群体的消费"类聚"。不同消费群体消费习惯、消费需求、消费心态不同，呈现出迥然各异的消费特征。中老年消费者更倾向于传统的消费模式，看重线下市场，更注重产品实用性；年轻消费者更倾向于个性化消费模式，更喜欢线上消费，注重消费感受和体验、追求新奇。儿童经济、单身经济、她经济、懒人经济、银发经济，不同年龄层次构成的梯度消费格局，消费市场衍生出越来越多的细分领域，推动不同领域、不同层次的消费增长。消费群体的代际更迭，正在深层次影响消费市场发展。

01 年轻群体的时尚型消费

消费群体越来越向年轻化，80后、90后消费力量崛起。我国自1980年以后出生的人口为4.2亿，占总人口的31.4%；1995年到2009年的出生人口（Z世代）约为2.6亿。年轻消费群体是促进消费扩张和推动消费创新的主要力量，越来越多地呈现出视野开阔、崇尚个性和追求自我的特质，他们面临着更为多元的消费选择，秉持着更为独特的消费品位。年轻消费群体催生一系列新经济，其实也属于市场经济发展的必然阶段。年轻群体的兴趣爱好、生活态度投射到各种消费行为上，进而推动商家或市场改变原有的营销策略，接纳这部分人的消费习惯。持续释放年轻消费群体消费潜力，放大其对消费创新的引领作用。

以出生于1995年到2009年的"Z世代"为核心的年轻消费人群，日益成为我国当前及未来5～10年的主力消费群体。"Z世代"的年轻消费群体，出生于我国经济社会高速发展时期，成长在现代信息技术加快普及和应用的年代，具有现代消费理念和消费方式，具有较强的消费能力和较高消费倾向，乐于并善于接受新产品、新技术和新模式。与其他年龄消费群体相比，消费呈现出鲜明的特征和趋势。一是年轻消费群体已经成为新兴消费主力军。我国"Z世代"年轻消费群体总数占总人口数的19.0%，占全球"Z世代"总数的13.7%。创造的消费市场规模位居全球前列，成为推动我国乃至全球新兴消费市场创新发展的重要力量。2020年"Z世代"创造了4万亿元新兴消费市场规模，相当于同期社会消费品零售总额的10.2%，预计到2035年将达16万亿元。二是消费具有明显的个性化与时尚化特征。"Z世代"的消费个性鲜明，自主性强，更倾向选择具有"悦己"、时尚和亚文化特征的产品和服务。年轻消费群体更加注重体验、互动和参与。三是围绕"单身""宅"生活的新产品新服务快速发展。互联网等技术丰富了年轻消费群体围绕"宅"生活的消费场景，促进了外卖、预制菜、智能小家电、新生活服务以及在线数字内容等行业的发展，推动了宠物、夜间、游戏、便利店等千亿乃至万亿级市场发展。四是消费理念更加超前、健康和绿色。年轻消费群体具有"喜欢就买""早买早享受"的超前消费理念。绿色、环保、低碳消费理念也根植于年轻消费群体中，是促进新能源汽车、共享出行等绿色环保产品和服务消费的重要群体。五是对消费创新的引领带动作用日益增强。作为时尚消费的"尝新者"，年轻消费群体起到了引爆和带动新产品、新服务、新理念的作用。在新消费领域，产品服务、场景业态、消费模式以及供应链创新等，大多是以年轻消费群体为目标客群，年轻消费群体引领消费创新的策源效应不断增强。

青年群体是典型"互联网世代"，生活信息化程度高，日常消费具有碎片化信息引导消费行为的特征，时尚消费趋向生活化、个性化、国潮化、科技化、圈层化、共情化、数字化。线上购物是新青年群体的主要时尚消费渠道。调研数据显示，有21%的新青年每天都要进行线上购物，有62%的人群表示未来线上购买的意愿会增加，近七成新青年时尚消费者在购物时首要考虑性价比因素。90后、00后等年轻一代已经成为国潮消费的主力军。一些品牌正是基于新平台的流量、注意力经济和网络效应，形成了消费热潮和新风尚。

02 老年群体的健康型消费

健康是老年人最大的需求，是保障晚年幸福生活的基础。老年健康消费领域既有商品性消费，也有服务性消费，消费需求多样化、个性化、多层次趋势明显。老年群体对于健康越来越重视，对自身健康状况更加关注，反映出更强烈的健康消费需求。中老年健康消费主要聚焦在医疗医保、食品保健、户外运动三大类。其中，医疗医保占比最高，达28%。其次是食品保健，达25%。在选择食品保健消费的中老年人群中，食品保健的消费金额在健康消费总金额中的占比最高，达41.84%，排名第一，其次是医疗保健类，占比近四成。调查显示，除衣食住行等日常生活开支外，我国老年人将30%甚至更多的消费支出用于营养滋补、社交娱乐、健康医疗等方面，且消费潜能巨大。有效激活老年人消费能力，开发出符合老年人需求的医疗保健、养老服务及相关产品，医疗健康产业需求呈指数级增长。中国互联网络信息中心发布数据显示，目前，中老年手机网民占比为95.6%，已有75%的中老年人开通移动支付。"银发经济"、新型老年消费成为重要的经济增长点。

围绕老年群体健康养老需求，积极探索老年健康服务模式，加快推进适老化改造和智能化产品开发，发展适合老年人消费的旅游、养生、健康咨询、生活照护、慢性病管理等产品和服务，发展多层次多样化健康养老服务和产品，积极发展中医医疗、养生保健、健康咨询、体育健身等服务。大力拓展消费新业态新模式，实施智慧助老行动，推动线上线下消费深度融合，优化发展"互联网＋医疗健康""互联网＋护理服务"，提升智慧养老、智慧家政、智慧旅游等消费新业态服务水平。

03 女性群体的悦己型消费

随着女性受教育程度和收入水平提高，女性的消费角色、消费态度和消费诉求正在发生转变，她们逐渐走出以购买家庭生活必需品为中心的消费模式，把"爱自己"放入重要的价值排序，关注"对自己投资""为自己而活"。"悦己"是女性群体对美好生活的向往和追求，她们更愿意在能力范围内取悦自己。悦己消费与体验消费成为"美丽产业""颜值经济"。数据显示，女性在消费中呈现出诸如"力量型""科技型"和"智慧型"等更加多元的新形象。2021年，女性用户对于力量型运动器材的消费数量同比增长65%。女性购买智能科技产品的成交金额同比增长四成，这类产品尤其深受46岁至55岁女性的喜爱。女性消费者一直是购买图书的主力军。2021年，女性贡献了52%的图书销量。数据显示，2021年1月，女性用户在综合电商行业渗透率已达84.3%，女性用户规模达5.47亿。旅游消费存在女性"四高"现象：高话语权、高消费额、高品质、高性价比。携程发布的《2022"她旅途"消费报告》显示，2021年携程女性用户人均旅游订单较2020年增长11%。女性为旅游支付的人均花费高于男性33%，直播订单中女性下单占比为62%。

当前，越来越多女性成为家庭消费的决策者，她们的选择不仅影响家庭的生活质量、健康状况和幸福指数，而且也对产品研发方向和整个经济结构产生了重要影响。资料显示，我国75%的家庭消费决定由女性主导，拥有年龄在20岁至60岁的女性消费者约4亿人，撑起10万亿元规模的消费支出，其中80后、90后女性成为消费主力。女性正通过消费构建与自我和家庭的新连接。家庭消费和悦己消费的边界逐渐模糊，呈现双重属性的产品更受消费者欢迎。2021年，女性购买的智能家务产品数量同比增长实现翻倍，购买的婴儿调奶器、智能看护灯等产品数量也实现成倍增长。女性已经成为我国消费结构升级的重要推动者。企业应重点把握女性消费行为的演变趋势，撕掉女性群体消费的固有标签，以发展的眼光看待女性消费群体，更新对女性消费方向的认知，深挖女性消费群体的需求，努力实现与女性消费者共同成长。

04 中年群体的务实型消费

量入为出、理性务实是中年群体的主要消费特质。中年群体消费行为以理智动机指导消费，多从所处社会地位和家庭实际情况出发进行消费，注意计划开支，讲求经济实用、质优价廉，更多考虑家中其他人需要；对传统的购买习惯比较尊重，较多考虑他人的看法；男性愿意把较多的收入用于自己的事业与爱好的需要方面。消费行为的上游由消费能力、消费意愿和消费决策三者组成。从消费能力看，2020年，城镇就业女性的平均薪酬是男性平均薪酬的75.9%。从消费意愿看，中年男性群体上有老下有小，个人收入在很大程度上分摊到整个家庭消费上，消费理智性大于冲动性。2021男性消费洞察报告显示，男性用户是线上高消费人群的中坚力量，保持持续增长态势，线上消费能力1000元以上男性已达1.22亿。中年男性消费水平并不稍弱于其他年龄段男性，高消费男性年龄占比中，31岁至41岁及以上男性占比总计为32.3%，与25岁至30岁和24岁以下男性群体占比呈三足鼎立之势。

高学历、高素质、追求个性、注重品质，是新中产人群专属特点。新中产是未来消费主力，能创造更多市场空间和更多的盈利"蛋糕"，80%的消费将由新中产贡献。80后是新中产的最大子群体，占比为54%，其次是70后和90后，其中，超过91.7%的人拥有大学本科或专科学历、21.3%拥有硕士或博士学历。新中产的消费主题是"升级"。在消费结构上，他们为幸福和发展的需求花钱，消费构成从生活必需型消费为主转变为以发展型消费和美好型消费为主；在消费观念上，理性消费成为主流，"只买对的，不买贵的"，是新中产"新节俭主义"所信奉的原则。

"投资型"消费是中年群体的消费倾向。中年男性群体在消费前总要考虑收入与家庭，财富增值才是第一要务。中年男人的消费大多能与投资价值挂上钩。房产、豪车、股票这类真正意义上的投资型消费品是中年男性更多的选择。人到中年，相较于花钱，赚钱才更让中年男人感到满足。

第十一节　消费场景与消费环境同步优化

新消费改变的不只是商品与服务，升级的不只是供给与需求，更有场景与环境的拓展优化。新场景拓展新空间，新环境优化新服务。通过网络化连接、数字化改造、智能化变革，推进线上空间与线下空间、实体空间与虚拟空间、有形空间与无形空间同步拓展优化，创造消费新供给，丰富消费新体验，创新消费新模式，满足消费新需求。

01 虚实消费场景同步拓展

在科技赋能和消费升级驱动下，依托互联网、云计算、人工智能等新技术深化应用，加快实体商场、超市、便利店等数字化改造和线上线下协同，推动商业与物业、消费与生活、居家与社区等场景融合，重塑、重构、重整拓展沉浸式、体验式、互动式消费新场景，实现消费业态多元化、集聚化、智慧化发展。新消费场景主要有四类：一类是虚实融合场景，包括智慧超市、智慧商店、智慧菜场、智慧餐厅、智慧书店、智慧药房、智慧商圈等。二类是虚拟空间场景，包括各种网上、线上、云端消费场景，应用虚拟现实（VR）、增强现实（AR）、人工智能（AI）、全息投影、数字动画等现代信息技术，具备"艺术＋创意＋人文＋自然＋科技"的时尚消费场景。三类是智能无人场景，包括智能结算、自助售卖、自助点餐、自助收银和无人零售、无人驾驶、无人服务、无接触配送等"无人经济"新消费场景。四类是平台直播直销场景，包括电商平台、智能制造平台、短视频平台、社交平台、新媒体平台的直播零售、直播带货、主播带货、明星直播间等新场景。

02 软硬消费环境同步优化

消费环境是消费者在生存和发展过程中面临的、对消费者有一定影响的、外在的、客观的因素。消费硬环境包括基础设施完善，消费软环境包括消费服务优化，更包括软件硬件融于一体的数字新基建。加强新型消费基础设施和服务保障能力建设，加快信息网络基础设施建设，大力推动智能化技术集成创新应用，完善商贸流通基础设施网络，健全城乡现代商贸流通体系。优化新型消费发展环境，全面推行"互联网＋政务服务"模式，全面实施市场准入负面清单制度，深化包容审慎和协同监管，健全服务标准体系，简化优化证照办理。深化税收金融制度改革，增强金融服务能力，完善金融服务体系，减轻企业负担，优化企业经营环境，促进新消费模式发展。通过全面优化消费环境让消费者放心消费、舒心消费、开心消费。

第十二节　消费潜力与消费活力相互激发

居民消费是最终消费的主体，是潜力最大的内需。当前我国消费正处在历史性变化过程中，居民消费结构正处于新升级阶段，新产品、新服务、新业态不断涌现。新消费是最需要消费能力、最具有消费潜力、最充满消费活力的高品质消费形态，需从消费供给与消费需求匹配平衡、协同升级上着力，更需从提升消费能力、挖掘消费潜力、激发消费活力上着眼，拓展增收渠道、强化保障服务、创新消费政策。

01 增收提升消费能力

居民收入水平直接代表着居民消费能力。消费增长的根本动力来自居民收入水平的提高。近年来，我国居民人均收入增长基本保持与GDP增长同步，居民收入水平呈现持续稳步增长态势。但居民收入总体水平较低，主要是居民收入偏低、收入差距偏大、中等收入群体规模偏小。我国人均GDP达1.2万美元，和发达国家4万美元以上的人均水平相比差距较大。2021年全国居民人均可支配收入35128元，城镇居民人均可支配收入47412元，农村居民人均可支配收入18931元。2020年，城乡居民人均可支配收入比为2.5：1；地区之间居民收入差距，收入最高省份与最低省份间居民人均可支配收入比为3.55：1；不同群体之间居民收入差距，全国居民人均可支配收入基尼系数为0.468，连续多年高于0.4的国际警戒线。这些差距也是中国经济未来发展的巨大空间和潜力。

增强消费能力、扩大消费规模根本在于提高整体居民收入水平，让消费者"能消费"。着重提高农村居民和城乡低收入群体收入，提高劳动报酬在初次分配中的比重。完善工资制度，健全工资合理增长机制，健全工资决定、合理增长和支付保障机制，完善最低工资标准、工资指导线形成机制。扩大中等收入群体，加大政策调整力度，推动更多低收入人群迈入中等收入群体行列。在收入再分配中，通过所得税和财产税等税收手段调节高收入者的收入，通过鼓励性的资本转移政策和经常转移政策实现收入由高向低的转移，提高中低收入者特别是低收入者的收入水平；通过进一步完善财政转移支付制度，抑制地区间收入差距的扩大。完善按要素分配政策制度，健全各类生产要素由市场决定报酬的机制，探索通过土地、资本等要素使用权、收益权增加中低收入群体要素收入。积极增加城乡居民财产性收入，提高农民土地增值收益分享比例，积极提高宅基地流转变现能力，创新更多适应家庭财富管理需求的金融产品。

02 服务挖掘消费潜力

我国居民消费水平总体上是偏低的，低消费率一度是中国经济结构的典型特征之一。从社会消费品零售总额增长率看，2021年社会消费品零售总额为44.1万亿元，比上年增长12.5%；城镇消费品零售额38.2万亿元，比上年增长12.5%；乡村消费品零售额5.9万亿元，同比增长12.1%；2021年人均居民服务性消费支出10645元，同比增长17.8%，占居民人均消费支出的比重达44.2%。从消费增长率看，2021年城乡居民人均消费支出超过2.41万元，比上年增长13.6%。我国人均商品消费水平约为美国的五分之一。从消费贡献率看，2021年最终消费支出拉动增长5.3个百分点，占65.4%。欧美发达国家最终消费支出对经济增长的贡献率一般在70%~80%。从最终消费率看，发达国家消费率一般都在70%以上，中等收入国家一般是60%左右，我国居民消费率不到40%，明显低于国际上发展水平相近的国家，更低于发达国家。专家预测，2021年我国居民人均消费支出已突破2万元，到2025年有可能接近甚至超过3万元。按14亿人口计算，全国居民消费支出总规模将达到42万亿元至45万亿元，成为世界上最大的居民消费市场。这说明我国提升消费结构、扩大消费需求潜力巨大，消费增长空间很大。

社会保障和公共服务体系直接影响城乡居民消费预期。挖掘消费潜力，拓展消费空间，关键是强化社会保障和公共服务，解除消费者的后顾之忧，让消费者"敢消费"。通过提高社会保障和公共服务水平，提升人民群众消费的愿望和能力。坚持应保尽保原则，按照兜底线、织密网、建机制的要求，加快健全覆盖全民、统筹城乡、公平统一、可持续的多层次社会保障体系，增强社会保障待遇和服务的公平性可及性，完善兜底保障标准动态调整机制，全面加强社会保障能力建设。进一步放宽灵活就业人员参保条件，实现社会保险法定人群全覆盖。健全城镇职工基本养老金合理调整机制，逐步提高城乡居民基础养老金标准。推进失业保险、工伤保险向职业劳动者广覆盖。以城乡低保对象、特殊困难人员、低收入家庭为重点，健全分层分类的社会救助体系，健全基本生活救助制度和医疗、教育、住房、就业、受灾人员等专项救助制度，完善救助标准和救助对象动态调整机制。积极减轻家庭生育、养育、教育负担，强化对失能及特困老年人的兜底保障，完善对经济困难高龄失能老年人补贴制度，逐步提升老年人生活和福利水平。

03 政策激发消费活力

消费活力一靠创新，二靠政策。激发消费活力，需要各种政策和体制改革配套，包括鼓励消费政策和产业支持政策、税收政策、金融政策、城市化政策、收入分配调整政策等综合施策、协同发力。在优化消费供给上，深入落实扶持制造业、小微企业和个体工商户的减税退税降费政策，推动金融系统通过降低利率、减少收费等向实体经济让利，稳住更多消费服务市场主体；加快建立健全生活物资保障体系，畅通重要生活物资物流通道。在鼓励创新消费上，培育壮大智慧产品和智慧零售、互联网+等消费新业态。加强商业、文化、旅游、体育、健康、交通等消费跨界融合。在提质升级实物消费上，加强农业和制造业商品质量、品牌和标准建设，推动品种培优、品质提升、品牌打造和标准化生产。支持研发生产更多具有自主知识产权、引领科技和消费潮流、应用前景广阔的新产品新设备。促进老字号创新发展，培育更多本土特色品牌。在促进健康养老托育等服务消费上，深入发展多层次多样化医疗健康服务，发展适合老年人消费的旅游、养生、健康咨询、生活照护、慢性病管理等产品和服务，支持社会力量提供多元化、规范化托育服务。在拓展文化和旅游消费上，促进出版、电影、广播电视等高质量发展，推动红色旅游、休闲度假旅游、工业旅游、旅游演艺等创新发展，鼓励城市群、都市圈等开发跨区域的文化和旅游年票、联票等，深入推进文化和旅游消费试点示范。在大力发展绿色消费上，推广绿色有机食品、农产品，倡导绿色出行，提高城市公共汽电车、轨道交通出行占比，推动公共服务车辆电动化。推动绿色建筑规模化发展，大力发展装配式建筑。支持新能源汽车加快发展。在充分挖掘县乡消费上，深入实施"数商兴农""快递进村"和"互联网+"农产品出村进城等工程，鼓励和引导大型商贸流通企业、电商平台和现代服务企业向农村延伸，提升乡村旅游、休闲农业、文化体验、健康养老、民宿经济、户外运动等服务环境和品质。在合理增加公共消费上，多元扩大普惠性非基本公共服务供给，提高教育、医疗、养老、育幼等公共服务支出效率。积极发展服务类社会救助，形成"物质＋服务"的多样化综合救助方式。

· 第十章 ·

数字化新城市
——智慧城市

第十章

数字化新城市——智慧城市

党的二十大报告提出，提高城市规划、建设、治理水平，实施城市更新行动，打造宜居、韧性、智慧城市。城市是各类要素资源和经济社会活动最集中的地方，具有高强度社会、经济、自然集聚效应等特征，是现代文明的标志，是现代化的"火车头"。改革开放以来，我国经历了世界历史上规模最大、速度最快的城镇化进程，城市发展波澜壮阔，取得举世瞩目的成就。我国智慧城市概念自2008年提出以来，历经多轮迭代演进，先后形成概念导入期、试点探索期、统筹推进期等重要发展期，目前正迈入集成融合发展新时期。智慧城市建设运用物联网、云计算、大数据、移动互联网等新一代信息技术，促进城市规划、建设、管理和服务的智慧化，是新一代信息技术创新应用与城市转型发展深度融合的产物。通过建设智慧城市，转变城市发展方式，完善城市治理体系，提高城市治理能力，不断提升城市环境质量、人民生活质量、城市竞争力，建设和谐宜居、富有活力、各具特色的现代化城市，提高新型城镇化水平，走出一条中国特色城市发展道路。

智慧城市本质上是利用智慧技术对城市进行重塑和再造，是运用新一代信息技术倒逼城市创新和发展的系统工程。我国智慧城市发展的根本基础和国情特征就是工业化、信息化、城镇化、农业现代化同步发展。我国建设智慧城市和西方发达国家不同，发达国家往往是先完成农业现代化，然后在工业化的进程中完成城镇化，最后再完成信息化和智能化。我国是在促进"四化"同步协调发展中建设中国特色新型智慧城市，数字化、网络化、智能化赋能提升工业化、信息化、城镇化、农业现代化。智慧城市成为融合城镇化、信息化、工业化、农业农村现代化发展的重要综合载体。智慧城市是一个智慧有机体，如同人一样，智慧城市的"聪明""智慧"，源自感知采集数据的"感官"、存储和思考分析数据的"大脑"、传输往来数据的"神经"、推进各项应用的"肢体"。新一代移动互联网络、下一代互联网、物联网、云计算、人工智能等信息技术迅速发展，智慧城市建设不断创新突破，正在向更高阶段的智慧化发展。从城市数字化发展到数字化城市，从建设智慧城市到运营智慧城市，智慧城市内涵得到丰富与延伸。未来，围绕新IT技术+全程服务、数字空间+现实空间、普惠民生+生态和谐、低碳环保+绿色发展方向，努力建设和谐宜居、充满活力、富有特色的现代化新型智慧城市。

第一节 智慧城市之智——智慧发展

城市因数智而兴、因数智而美。城市智能化水平是城市发展水平与核心竞争力的重要体现。智慧城市是运用物联网、云计算、大数据、空间地理信息集成等新一代信息技术，促进城市规划、建设、管理和服务智慧化的新理念和新模式。智慧城市建设以智慧的理念规划城市，以智慧的方式建设城市，用智慧的产业支撑城市，以智慧的手段治理城市，构建高速、移动、安全、泛在的新一代信息基础设施体系，整合重构推动形成特色鲜明的智慧产业体系，重塑纵向贯通、横向集成、社会广泛参与的智能治理体系，构建跨部门、跨地区业务协同、共建共享的公共服务体系，实现资源投入更集约、内部空间更合理、城市管理更善治、城市品质更提升、经济增长更持续、生态环境更绿色、城市体系更优化、城乡发展更融合，蕴藏着创新供给和扩大需求的巨大潜力和空间，提高新型城镇化质量，推动经济高质量发展。智慧城市，就像是城市作为一个巨型生命体，被装上智慧的大脑、血管、心脏和神经系统。智慧统筹规划、建设、管理全过程，智慧协调生产、生活、生态各方面，智慧推进物理空间、社会空间、数字空间融合发展，以智慧产业、智慧交通、智慧物流、智慧能源、智慧技术、智慧服务、智慧治理、智慧生活，形成城市智慧发展新模式。

01 不同城市的不同智慧模式

北京双智引领智慧城市模式。北京市具备新的生产要素、新的基础设施和新的通用目的技术三大数字经济优势，在全国率先开展智慧城市基础设施与智能网联汽车协同发展试点，率先探索智慧城市与数字产业"双智"实践之路，建立"聪明的车"、"智能的路"、车路协同的智能交通管理系统、智能城市管理系统，推动打造智慧城市建设的"四梁""八柱""深地基"。"四梁"包括优政、惠民、兴业、安全的智慧城市目标；"八柱"包括体系交通、生态环保、规划应急、执法公安、人文环境、商务服务、终身教育、医疗健康等智慧城市应用领域；"深地基"包括城市码、空间图、基础工具库、算力设施、感知体系、通信网络、政务云、大数据平台和智慧终端等智慧城市基础底座。坚持筑牢基础、共性统建、个性兼顾的原则，加强共性基础设施统建共用，依托智慧终端和城市码、空间图、基础工具库、政务云、大数据平台等基础设施，统筹推进综合治理、公共信用、市场监管、综合执法、社会保障、应急管理、基层治理等公共基础平台的建设、运营、管理，实现基础设施、数据资源和公共应用支撑体系的集约建设、互联互通、协同联动。建设领导决策智慧平台,依托领导决策智慧平台布局各级决策"一网慧治",深化数据赋能基层治理,推动建立智能决策、统一指挥、整体联动、科学高效的政府运行体系。

上海双网融合智慧城市模式。上海作为超大城市,人口多、流量大、功能密,具有复杂巨系统的特征,城市建设、发展、运行、治理各方面情形交织、错综复杂。上海市实施创建面向未来的智慧城市战略,突出善政、兴业、惠民,围绕智慧政府、智慧社会、数字经济等,立足智能交互、智能连接、智能中枢、智慧应用,聚焦全场景智慧、全要素聚合、全周期运营,推行政务服务"一网通办"和城市运行"一网统管",把城市最小管理单元接入多维数据,在物理城市当中所有的人、物、事件、建筑、道路、设施等都在数字世界当中形成了虚拟映像,信息可见、轨迹可寻、状态可查、虚实同步、情景交融;过去可追溯,未来可预期,虚拟服务现实,仿真支撑决策,实现"感知一栋楼、连接一条街、智能一个区、温暖一座城"的美好愿景,做到"一屏观天下、一网管全城"。目前,"一网通办"接入事项达2341个,超过80%的事项可以"全程网办"。48个部门的179个系统接入"一网统管",实时数据指挥城市运行,每个市民一部手机就可以行遍全城。2020年11月,上海以"泛在化、融合化、智敏化"的智慧城市优势特征,在全球48个国家的350座申报城市中脱颖而出,荣获"世界智慧城市大奖"。

重庆名城重镇智慧城市模式。重庆作为老工业城市,瞄准大数据、人工智能、集成电路、智能网联汽车等"智能因子",聚焦智能产业集群、推动智能制造、拓展智能化应用"三位一体",着力建设"智慧名城",倾力打造"智造重镇",全面建成城市大数据资源中心、新型智慧城市运行管理中心,构建覆盖人、企、事、车、地、物等主体的数据图谱"一张图",推动数字化应用全业务覆盖、全流程贯通、跨部门协同，实现"一网统管、一网通办、一网调度、一网治理"，推进以社会保障卡、居民身份证为载体的"一卡一码"集成应用，在政务服务、卫生健康、疫情防控、交通出行、文化旅游、信用服务、金融服务、财政补贴等领域推行"一卡通用、一码通行"，为社会服务"增智"，为百姓生活"增彩"，在城市运行、政务服务、基层治理、交通出行等领域，打造一批在全国有影响力的智慧应用新范例，力争数据共享开放水平走在全国前列。

广州智芯支撑智慧城市模式。广州市围绕加快建设数字经济引领型城市、国际一流智慧城市、国际信息枢纽城市，聚焦打造科技智慧引领未来的智慧之城、以人民为中心安居乐业的品质之城，建设全国首个城市信息模型（CIM）基础平台，整合城市地上地下、室内室外、历史现状未来的基础地理信息数据、公共专题数据、智能感知的实时数据和空间规划数据多维度时空大数据，构建起三维数字空间的"智芯"城市信息综合体，深度赋能广州市智慧城市建设。依托CIM基础平台，构建丰富多元的"CIM+"应用体系，打造集感知、分析、服务、管理、指挥于一体的"穗智管"城市运行管理中枢，对接35个市直部门、11个区，共115个业务系统，融合汇聚超36亿条应急管理、城市管理、营商环境、民生服务等全域城市治理数据，建设"万物智联"的"一网感知"物联感知体系，构建"人、企、地、物、政"五张城市基础要素全景图，实现对城市运行体征和事件进行运行监测、预测预警、协同联动、决策支持、指挥调度，基本实现城市运行态势"一屏统观"、城市运行体征重点指标"一图统揽"、跨部门跨层级综合治理场景"一网共治"，让城市治理更"聪明"。

深圳智能一体智慧城市模式。深圳是我国首批新型智慧城市试点城市。2018年，深圳出台《深圳市新型智慧城市建设总体方案》，坚持全市"一盘棋""一体化"原则，大力推进新型智慧城市建设，提出"六个一"的发展目标,即"一图全面感知""一号走遍深圳""一键可知全局""一体运行联动""一站创新创业""一屏智享生活"。在全国率先推出政务服务"秒批"改革,实现"网上办、马上办、就近办、一次办"。2019年深圳全国首创无感申报,即"秒报"模式,申请人全程不用见面审批、全城通办。推出政务服务"免证办",一部手机即可办理大部分政务服务业务,实现"一屏智享生活"。2020年,深圳携手华为共建"鹏城智能体",以"数据"为基础,融合5G、云计算、物联网大数据、人工智能、区块链等新一代信息技术,建设"数基、数网、数纽、数脑、数体"系列工程,打造数据驱动的、具有深度学习能力的城市级一体化智能协同体系,实现全域感知、全网协同和全场景智慧,让城市能感知、会思考、可进化、有温度。在"中国智慧城市发展水平评估"中,深圳连续位居全国第一;2020年在巴塞罗那第十届全球智慧城市大会上,深圳荣获"全球使能技术大奖"。

杭州城市大脑智慧城市模式。杭州智慧城市建设谋划早、起步早、推进快,深耕互联网先发优势,率先树立"用数据决策,用数据治理,用数据创新"的创新思维,较早启动了数据多源归集与互通共融工作,实现全面覆盖、统筹全局的数据共享与跨层级、跨地域、跨业务的社会协同管理和服务模式。历经探索阶段、集成阶段、成熟阶段、蝶变阶段,2016年开始建设城市大脑,形成"中枢系统+部门(区、县〔市〕)平台+数字驾驶舱+应用场景"的城市大脑核心架构,建成覆盖公共交通、城市管理、卫生健康等11个重点领域的48个应用场景和168个数字驾驶舱,完善"一整两通三同直达"的中枢体系和"一脑治全城、两端同赋能"的运行模式。依托城市大脑,全面推进经济调节、市场监管、公共服务、社会管理、生态环境保护、政府运行等领域数字化转型,初步实现"用一部手机治理一座城市",城市治理驶入"无人区"。城市从数字化到智能化再到智慧化,"数字智能"已成为新时代杭州城市系统中最鲜明的标识,智慧城市正在变得越来越"聪明"。2018年杭州城市大脑项目获评中国十大创新治理案例之一;2019年杭州入选"2019亚太领先智慧城市"并排名第三;在2020年8月国家相关机构发布的《中国城市数字治理报告(2020)》中,杭州城市数字治理水平位居全国第一,成为国家新型智慧城市建设的典型和标杆。

02 不同类别的不同智慧功能

智慧园区智创业。园区包括工业园区、产业园区、物流园区、都市工业园区、科技园区、创意园区等,园区的智慧功能重点在于促进智慧创业。5G、人工智能、物联网、大数据等数字技术发展,为园区智慧化建设发展提供"技术变革之机"。智慧园区成为发展趋势。智慧园区建设的重点在于"智慧",即将"智慧"技术渗透到园区建设和运营每一个细节,加强园区的业务、服务和管理能力,创新组织结构,控制运营成本,提升服务质量,实现基础设施网络化、管理精细化、服务专业化和产业发展智能化。园区数字化转型,不仅限于园区管理服务数字化,更在于打造数字经济产业生态空间,构建园区企业从初创到孵化到加速的生态发展链条,提升园区产业数字化、智慧化水平。加快园区数字基础设施建设,利用数字技术提升园区管理和服务能力,积极探索平台企业与产业园区联合运营模式,丰富技术、数据、平台、供应链等服务供给,提升线上线下相结合的资源共享水平,引导各类要素加快向园区集聚。

智慧园区作为智慧城市的重要载体,应深度融合智慧城市发展理念,走产城融合的特色化、品牌化发展之路,促进企业品牌、园区品牌与城市品牌互动融合,打造品牌园区。推动信息技术和产业融合发展,从搭建创新平台、打造园区品牌、提升服务质量、优化入驻企业体验等方面,完善园区公共服务体系,带动园内各企业和组织共同参与,建立智慧公共服务系统平台，推动传统园区向智慧园区转型发展。加强园区创新载体建设，完善科技创新平台建设体系，形成以企业研发机构为主体、高校技术转移中心为辅助、科技公共服务平台为支撑的科技平台建设体系，推动园区载体可持续发展。运用智慧城市模式建设发展新型智慧园区，把智慧城市功能空间渗透智慧园区，前端以"展示＋研发＋生产"优化产业布局，后端以"生活＋居住"构建智慧社区，推动智慧城市与智慧园区互动融合发展。

智慧社区智服务。社区是城镇最基层的组织单元，是基层社会服务和管理的基础平台。社区承担越来越多的公共服务要求。社区的智慧功能是服务。智慧社区打通智慧城市管理服务"最后一公里"，构建起网格化管理、精细化服务、数字化支撑、开放共享的智慧社区服务平台，勾勒出美好的社区数字生活新图景。坚持以群众需求为导向，创新政务服务、公共服务提供方式，推动就业、健康、卫生、医疗等服务"指尖办""网上办""就近办"，成为智慧共享、和睦共治的新型数字社区。聚合社区周边生活性服务业资源，建设便民惠民智慧生活服务圈，满足居民的多元化需求。突出急用先行、梯次推进、迭代更新，推动多样化的生活场景数字化。整合分散在政府、企业和社会各方面的数据资源，打破信息壁垒，通过数据分析发掘热心居民、社会组织，促进居民互助交往、任务认领，导入多维应用场景，为各类主体的生产生活提供便利，形成数据驱动的共建、共治、共享社区治理模式。扩展数字化支撑下的线下服务功能，支持社会组织、社会工作者、志愿者等提供专业化、特色化、个性化服务。推动跨部门业务协同、信息实时共享，促进现有党政部门政务信息数据互联互通"一链集成"，实现人、事、物、情、地、组织等数据在社区"一网整合"，社区终端"一屏集合"，让社区更加和谐有序、服务更有温度，不断增强居民获得感、幸福感、安全感。

智慧校区智创新。校区的智慧功能全在于促进智慧教学、智慧科研、智慧创新。智能时代，学习时空高速演变，学习环境正从封闭走向开放，需要进行数字化、网络化、智能化升级改造，实现数据共享、设备协同、知识互联、群智融合。智慧校园建设主要依托物联网、大数据和人工智能等信息技术，优化和升级基本设施、硬件设备、网络条件、智能工具、学习平台等，实现学校改革、教学和管理服务智能化。建设智慧校园、智慧教室和智慧生活场所，打造时空和教学深度融合、线下和线上虚实融合的智能学习空间，推进场景式、体验式、沉浸式教学。智慧校园通过信息技术普及实现优质教育资源跨时空共享。建设智慧校园新型基础设施，利用信息技术升级教学设施、科研设施和公共设施，促进学校物理空间与网络空间一体化建设。完善智慧教学设施，提升通用教室多媒体教学装备水平，支持互动反馈、高清直播录播等教学方式。部署学科专用教室、教学实验室，依托感知交互、仿真实验等装备，打造生动直观形象的新课堂。面向智慧化教学和线上线下融合教学需要，配备高速无线网络、互动大屏、高清追踪摄像头和远程拾音麦克风等设施，为线上线下学生提供同等优质的听课体验及同步互动能力。建设多种布局的智慧教室，满足不同班级规模、不同授课形式的需要。建设智慧科研设施，推动智能实验室建设，利用信息技术辅助开展科学实验、记录实验数据、模拟实验过程，创新科研实验范式。探索实验室安全智能监管和科研诚信大数据监管应用。促进重大科研基础设施、高性能计算平台和大型仪器设备开放共享。建设科研协同平台，提供虚拟集成实验环境、科研实验数据共享等服务，支撑跨学科、跨学校、跨地域的协同创新。建设智慧公共设施，推动高校办公楼、图书馆、体育场馆、食堂、宿舍等设施智能化升级改造，支撑平安校园、健康校园、绿色校园建设。

智慧景区智享美。互联网、大数据、人工智能等新技术在旅游领域的应用，以数字化、网络化、智能化为特征的智慧旅游成为旅游业高质量发展新动能。景区智慧化发展成为必然。智慧景区是指通过智能网络，对景区地理事物、自然资源、旅游者行为、景区工作人员行迹、景区基础设施和服务设施进行全面感知，对游客、景区工作人员实现可视化管理，同旅游产业上下游企业形成战略联盟，实现广泛互联互通和深入智能化的景区。智慧旅游以融合的通信与数字信息技术为基础，以游客互动体验为中心，核心是游客为本、网络支撑、感知互动和高效服务。结合智慧城市、智慧景区建设，开发大型综合性智慧平台，打通旅游线上线下资源，整合全域旅游、交通出行、游客体验、市场监管等模块于一体，实现"吃、住、行、游、购、娱"全要素的智慧化服务，提升旅游的舒适度、体验感、便捷性和自主性。通过数字信息技术和旅游服务、旅游管理、旅游营销融合，实行智慧服务、智慧管理和智慧营销，全面打造内容更加丰富的智慧景区。智慧景区依托智慧化手段，深化线上数字化体验产品，让旅游资源借助数字技术"活起来"，培育云旅游、云演艺、云直播、云展览等新业态，打造沉浸式旅游体验新场景。

03 不同领域的不同智慧场景

智慧交通。5G、大数据、人工智能、区块链等新技术与交通行业的深度融合正在全方位展开，智慧交通场景不断拓展，正在向更深更广的维度演进，正在构筑起安全、便捷、高效、绿色、经济的现代综合交通体系。推动既有设施智能化改造升级和交通新型基础设施建设，协同推进智能交通发展。智能交通已成为现代交通发展的重要方向。多种智能交通方式建设有序推进，无人机、智能船舶、智能网联汽车、无人仓加快应用，北斗系统在交通运输领域深入推广，共享单车、网约车、无人机投递、网络货运等新业态新模式蓬勃发展。利用物联网、大数据、智能化平台,提高城市交通线安全风险监测预警能力,探索城市交通的智慧化管理方式。依托可知可感的基础设施、数据决策和管理系统等搭建起来的车路协同网络,支撑自动驾驶升级,"聪明"的车跑在"智慧"的路上。"车路协同"模式,利用精准感知和智能网联技术,汇聚全面实时信息,为自动驾驶提供超越感知视野的认知智能,实现新能源汽车与智能交通、智慧城市深度融合。"车网互联"模式,通过交通装备与道路网、物联网、能源网等多网融合,打通客流、物流、信息流,实现信息与城市、交通、充电等设施的互联互通,提升现有交通系统的质量与效益。得益于大数据、5G、人工智能等应用先行一步的优势,我国在自动驾驶、车联网等领域走在世界前列。数字时代,智能交通发展空间广阔。

智慧物流。物流作为承载资源流转的重要载体,成为经济双循环的连接器。大数据、云计算、人工智能等推动物流大脑完善,加速物流多个环节智能化进程,构建更加智慧畅通的物流体系,打通产业间、区域间、城乡间的物流循环。智慧物流是现代物流发展方向,在多个环节实现自动化、智能化、可控化、网络化,具有联通性强、融合度广、经济成本低、运行效率高、生态效益好等显著优势。智慧物流发展提高整个社会物流效率,节省物流成本。中国物流与采购联合会数据报告显示,预计到2025年,智慧物流每年将节省超过上万亿元的物流成本。要完善物流基础设施网络,构建和完善交通及物流基础设施、通信及信息基础设施、互联互通基础设施、城市停车卸货系统、物流内外连接系统等,畅通城乡之间的物流衔接。提高物流智慧化水平,构建物流大数据平台和供应链服务平台,实现物流产业链全流程数字化转型和产、供、运、销各环节信息互联互通,提高仓储、运输、分拣配送等物流环节的自动化、智慧化水平。重点建设智慧园区、智慧企业、智慧仓库等。智慧物流正在深刻影响社会生产和流通方式,促进产业结构调整和动能转换。预计未来5～10年，物联网、云计算和大数据等新一代信息技术进入成熟期，物流人员、装备设施以及货物全面接入互联网，呈现指数级增长趋势，形成全覆盖、广连接的物流互联网，"万物互联"推动智慧物流发展。

智慧城管。综合应用大数据、物联网技术等，整合城市管理资源，引入先进城市管理技术，实现体制、机制、手段和技术创新，建立智能化、精细化的城市管理新模式，是智慧城市的重要组成部分。智慧城管以城管物联网平台为载体，通过全面透彻感知、宽带泛在互联、智能融合应用，建设覆盖城管执法、环境卫生、便民服务等功能板块的信息技术系统，构建起集感知、分析、服务、指挥、监察"五位一体"的智慧城管架构。"一网统管、协同共管"是"智慧城管"的最大特色。围绕惠民服务便捷、数字办公高效、执法能力提升、感知能力加强、基础数据汇聚等重点方向，紧扣"管理方式变革、业务流程再造"，突出建设便民服务端、统一工作台、物联感知网、基础数据库等智慧城管场景，拓展行业应用场景，推动城市管理领域全方位升级。通过智能视频、物联网等技术应用，健全城市管理"神经网络"，实时掌握城市基础设施运行情况。推进行业智能化监管，建设涵盖市政设施、河道水设施、市容景观等监管服务、综合执法、智能办案等统一行业平台。丰富智慧便民服务应用，形成平台统一、渠道多样的城市管理公众服务体系，提升城市管理便民服务水平。

智慧零售。大数据、人工智能、云计算等数字技术飞速发展，零售行业从制造、采购、销售到服务环节迎来全新变革，呈现数字化、智能化的重要特征。以数字智能技术为推动力、用户需求为导向的智慧零售新业态正逐渐成为零售行业发展主流。智慧零售是指通过运用互联网、物联网等数字技术，感知消费习惯，预测消费趋势，引导生产制造，为消费者提供多样化、个性化的产品和服务。无人超市、小程序下单、虚拟现实试衣、无人车配送、智能供货等都属于智慧零售的应用范畴，涵盖零售前端、中端和后端，生产者、采购商、商场经理、门店店长和消费者，都是智慧零售重要环节。智慧零售正在改变人们的生活方式。智慧零售把线上线下融为一体，帮助线下实现数字化和在线化，把线下零售业变成可搜索、可推荐的形态。在智慧零售领域，一方面，通过挖掘分析大数据，对消费者的行为进行精准分析，为消费者提供"千人千面"的营销与服务；另一方面，将数据价值反馈给采购、配送的链条，以实现成本更低、效率更高、方式更灵活的生产供应。智慧零售打通生产、流通与消费各环节，实现供给与需求精准匹配和相互促进，有利于推动零售商、中小微经济体"上云用数赋智"，加快数字产业化和产业数字化。智慧零售通过丰富充足的品质供给、高效的供应链网络与物流配送等，为居民的生活与消费提供稳定保障。

智慧港口。港口是基础性、枢纽性设施，是经济发展的重要支撑。港口作为连接国内与国际的交通枢纽，加快港口自动化、数字化、智能化发展是关键。智慧港口实现5G、互联网、大数据、人工智能、区块链等新一代信息技术与传统港航业务深度融合，重塑港口运行模式，提高港口的自动化、数字化、智能化水平，大幅提升服务功能和效率。无人自动化码头是当今全球智慧港口建设的重要标志。运用数字化、网络化、智能化技术，整合港口生产、管理、结算、安全等模块，打通数据共享通道，实现线上线下协同服务，采用自动化吊轨、无人运输车、北斗导航等技术设备，以一流的设施、一流的技术、一流的管理、一流的服务，把港口建设好、管理好、运营好，打造天水共蓝、港城共融、智慧联通、多方联动的智慧绿色港口，提供连接世界、高效畅达的全域全链全流程物流服务。我国智慧港口基础设施总量居世界前列，沿海主要智慧港口装卸技术和服务效率居世界前列。天津港通过智慧港口建设，通过建立技术先进的网络体系和全面感知的物联网体系，配套智能调度、智慧安防、数字孪生、能源管控等智能项目打造出的全新一代无人自动化集装箱码头已逐步上线。单箱综合能耗降低20%，整体作业效率提升20%，相比传统集装箱码头人工成本降低60%。

智慧机场。智慧机场是智慧城市建设的重要组成部分。智慧机场是国际一流机场的显著标志，也是构建现代化国家机场体系的重要内容。建设智慧机场，实现互联网新技术、人工智能、区块链、大数据、云计算、移动互联网等新型信息技术与民航行业深度融合，打造"互联网+机场"的智慧模式，让以服务旅客为中心的智慧机场成为现实。近距离无线通信、传感网海量数据存储、数据挖掘、云计算、信息安全等关键技术的运用为机场和旅客提供更加及时、便利的信息服务，实现智慧出行。2022年1月民航局发布《智慧民航建设路线图》提出，到2035年智慧机场业务实现全要素、全流程、全场景覆盖，实现出行一张脸、物流一张单、通关一次检、运行一张网、监管一平台。大兴国际机场基于5G的智慧出行集成服务系统，综合运用"5G+AI"科技，构筑立体化的智慧出行服务，为旅客带来智慧出行新体验。一张脸走遍机场，旅客只需人脸识别，就可完成从购票、登机、托运到安检、登机等各个出行流程。一张网智能体验，为旅客智能推送覆盖旅客的行前、行中、行后、航班变动等各个场景的全流程服务信息。一颗芯行李管控，5G行李跟踪解决方案，让行李运输全程可视化，旅客可以随时查询托运行李状态。

第二节　智慧城市之眼——智慧感知

智慧主要描述的是像人一样的高等生物，具有神经器官的一种综合能力。感知、分析、决策等都是智慧的表现。城市智慧化水平，很大程度上取决于城市"慧眼"。城市是一个时空交错的复杂有机体，具备全域全量全时的综合感知能力。需要构建互联互通、多维融合的立体化城市泛在感知体系,把城市感知的触角延伸到社交媒体、电商平台、交通出行等应用场景中,用"数字孪生"技术全息感知整座城市的运行状态。给智慧城市安装一层新的"数字视网膜",让智慧城市从"看清"向"看懂"进化。

01 物联网的"慧眼"作用

物联网是以感知技术和网络通信技术为主要手段,实现人、机、物泛在连接,提供信息感知、信息传输、信息处理等服务的基础设施。物联网为智慧城市实现"万物互联、智能感知、科学决策"提供重要支撑,已经成为智慧城市架构中的基本要素。我国较早布局物联网产业。1999年启动传感网研究和开发,2011年被写入国家"十二五"规划,正式上升到国家战略层面。随后,国家有关部门出台一系列政策,推动物联网产业迅猛发展。按照国家规划目标,到2023年底,国内主要城市要初步建成物联网新型基础设施,物联网连接数将突破20亿个。据全球知名市场研究公司IDC预测,2025年中国物联网市场规模将超过3000亿美元,在全球占比约26.1%。物联网在智慧城市中拥有广阔的应用空间。智能电网、智能物流、智慧社区、智慧交通等,都有物联网应用。未来,物联网更加强调开放共享,通过采用开放的体系架构,推动由"万物互联"向"万物数联""万物智联"演进,实现在正确的时间将有价值的数据送到有用的地方,打牢"城市网络化"基础。更加重视整合集约,通过集约化建设和集约化管理,强化共用、整合通用、开放应用,在各行各业应用系统建设基础上,整合政府、行业资源,加快城市数字化进程。更加突出场景驱动,通过应用场景驱动提高智能化水平,支撑城市智慧化发展。更加注重安全可靠,从终端、网络、平台、应用多层次统筹考虑,技术、标准、解决方案多方面深入研究，确保城市运行安全稳定。

02 传感器的"慧眼"作用

　　智慧城市中的市民、交通、能源、商业、通信、水资源形成一个普遍联系、相互促进、彼此影响的整体。借助新一代物联网、云计算等信息技术，通过感知化、物联化、智能化方式，把城市中的物理基础设施、信息基础设施、社会基础设施和商业基础设施有机连接起来。智慧城市物物相连，每一个需要识别和管理的物体上，都需要安装与之对应的传感器。传感器应用在各行各业，充当起"智慧眼睛"的角色。万物互联、感知世界、智慧城市，传感器是基础。传感器是信息输入的"窗口"，物联网、大数据、云计算、智慧城市中的各种技术实现，都依赖于传感器的基础功能。未来智慧城市主要利用电子传感器、红外传感器、热传感器以及接近传感器&激光雷达传感器四大传感器技术来扩展其智慧功能。传感器作为智慧城市的"桥梁"，广泛应用在智能电网、智能交通、智能安防和智慧路灯、智慧停车、智能家居、智慧旅游等城市生活各个领域。物联网、智慧城市是未来传感器主要的应用市场，网络化、微型化、低功耗和低成本是传感器实现海量应用的关键所在。专家预计，未来5年我国传感器市场的年复合增长率将达到30%左右。据预测，再过十年，全球智慧城市接入的传感器终端将达到400亿个。

03 人脸识别的"慧眼"作用

　　人脸识别技术作为一种个人生物信息识别技术，在智慧城市的感知层和应用层都能发挥有效作用。在感知层，人脸识别技术可以更精准地测量和捕获城市人口流动信息和实施行为跟踪；在应用层，通过算法将获取的人脸数据与更多特定数据库进行比对匹配，更加智慧化地进行社会安防。人脸识别技术本质上是一种基于大规模人脸数据分析的人工智能身份验证应用技术。依托人工智能机器学习和图像识别技术的突破，人脸识别的精准度不断提升。人脸识别技术作为身份认证和行为追踪技术，既能够实现陌生人社会中的身份验证，也能够降低流动性社会的交易成本，还有助于城市社会的精准治理。人脸识别技术的应用场景不断拓展，在安防、金融、交通的应用场景是较为成熟的领域，而在零售、广告、智能设备、教育、医疗、娱乐等领域也有较多应用场景。智能安防领域对于人脸识别技术的需求越来越大，在公安巡检、网上追逃、户籍调查、证件查验等方面得到广泛应用。

04 城市天网的"慧眼"作用

天网工程利用图像采集、传输、控制、显示等设备和控制软件组成，形成对固定区域进行实时监控和信息记录的视频监控系统，具有良好的拓展性与融合性。雪亮工程以县、乡、村三级综治中心为指挥平台、以综治信息化为支撑、以网格化管理为基础、以公共安全视频监控联网应用为重点的"群众性治安防控工程"，实现治安防控"全覆盖、无死角"。城市建设的"天网工程""雪亮工程""慧眼工程"，正在加快推进视联网资源系统整合提升，把城市交通摄像头、治安摄像头、城管摄像头的视频数据有机结合起来，构建移动、固定、高空、人脸识别等探头组成的"全覆盖、无盲点"的立体化监控网络，充分运用"视频+AI+数据"技术，探索视频资源的智慧化分析运用，打造"智慧千里眼"，部署场景分析服务器和智慧分析平台，汇聚处理各类海量视频数据，以人工智能促进精细化管理。

第三节　智慧城市之脑——城市大脑

城市就像一个人，智慧城市的核心——城市大脑，它就像"人"的大脑。智慧城市建设能让"人"更聪明、更智慧。城市大脑是基于云计算、物联网、大数据、人工智能、数字孪生等新一代信息技术，打通横向各部门、纵向各层级的业务壁垒，充分推进城市数据资源网络共享、集约整合、高效开发、全面赋能，支撑城市运行生命体征感知、公共资源配置优化、重大事件预测预警、宏观决策指挥的新型基础设施。城市大脑以数据为基础，融合5G、云计算、物联网、大数据、人工智能、区块链等新一代信息技术，打造数据驱动、具有深度学习能力的城市一体化智能协同体系，从"感、传、知、用"四个方面搭建城市整体系统，形成跨行业、跨层级、跨部门的核心指挥中枢，通过智能交互、智能连接、智能中枢、智慧应用，实现对智慧城市规划设计、建设管理、运维服务的全方位管控，提供主动、精准、智能、高效的城市服务。智慧城市既要体现"智慧大脑"的"智商"，也要彰显"中枢神经"的"情商"；既要有覆盖城市全域的广度，也要有下沉基层末梢的深度。城市大脑是数据运营的"催化剂"，是城市治理的"使能者"，是产业发展的"助推剂"，具有多方面强大智慧功能。

01 万物互联的智慧感知功能

智慧城市中，万物互联是基础。智慧城市信息基础设施加快向超高速升级换代，光纤宽带成为主流接入方式。泛在、高速连接使网络获得更加多样化、网络应用更加多元化，进入人、机、物万物互联新时代。智能融入万物实现无缝对接、协同计算，使物与物、物与人之间实现互联，催生人机物融合网络空间的形成和发展，呈现出大融合、大数据、智能化和虚拟化特征。城市大脑的"智慧"水平取决于物联接入能力和感知采集能力。通过物联网、5G网络、移动互联网、人工智能等技术应用,从人体的听、视、触、嗅、行等层面建设城市物联感知系统,采集和获取城市API数据。通过全域感知中心,对数据进行全量接入,为应用开发者、业务管理运维服务人员提供物联感知服务,成为终端设备、数据处理与上层应用之间的纽带。全域感知中心应具备协议匹配、设备及接入管理等功能,向下可以接入设备,向上可以为应用开发者提供开放API,支撑上层业务高效创新应用。摄像头作为智慧城市的眼睛,是智慧城市最重要的感知器官。让智慧城市的眼睛看得清楚,让眼睛通过人工智能算法对图像信号进行处理和分析,以及深度学习构建深度神经网络,对海量的图像数据进行识别,具备对待测物体的精确分析能力。

02 高效传输的网络通道功能

底层传感设备采集到的实时数据通过网络、卫星通信等技术,进行高效传输。智慧城市数字网络为城市构建从中枢神经到末梢神经的全连接能力。城市大脑不像道路、电网那样具有具体形态,而是通过"无从感知"网络通道,智通城市算法服务平台、城市数据资源平台、城市计算资源平台,通过城市大脑实现多场景应用。移动互联网是智慧城市的"神经",云计算是智慧城市的"心脏"。智慧城市系统汇集各类各样数据,大多数据都与图像、视频相关联。数据基本以图像与视频两种形式进入:第一种模式中摄像头就是一个简单的传感器,捕捉到图像或者视频以后,进行一个编码压缩,传送给云端,云端将它存储起来。也可将它解码之后进行分析,识别出人脸、车辆,或者进行交通数据的分析等等,这是一种信息或者数据感知传输的模式。另一种模式叫作智能终端,在摄像头这一端就把人脸或者车牌等信息识别出来，识别出来的信息被传送到云端，直接可以进行分析使用。城市大脑高度依赖海量社会传感器网络、高性能分布式计算、知识自动化等技术，通过智能感知设备、互联网、社交媒体等数字网络，建成数字化、网络化、智能化深度融合的智慧城市。

03 海量数据的智慧处理功能

城市大脑是算力和数据的汇聚地，数据、算力、算法是城市大脑的关键要素。城市大脑以云计算为核心，整合分析海量数据，实现海量存储、实时处理、深度挖掘和模型分析，实现更深入的城市智能化，为智慧城市提供"更智慧的决策"。城市大脑通过智能算法对海量数据进行分析计算，驱动数据流通应用，形成面向各个领域、各个场景、各种事件处置的"思考"能力，坚持用数据说话、用数据管理、用数据决策、用数据创新，推动城市运行从事后统计向事前预测、从被动处置向主动发现转变，从而增强城市整体运行管理、决策辅助、应急处置能力。数据是智慧城市的基本要素，如同人类的粮食、工业的石油。同时，数据与人、财、物一样，都是智慧城市最重要的生产资源。大数据支撑是城市大脑立身之本。智慧城市以政府公共数据平台为基础，推动互联网数据、政务数据、社会数据多元数据双向对接与开放，实现跨区域、跨层级、跨领域的数据归集和互联互通，把多源城市数据整合成标准、稳定、纯净、高效的高价值密度数据资源，形成城市运行管理的感知、分析、决策能力。算力算法是城市大脑的核心能力。海量数据只有经过科学的算法模型和强大的算力处理，才能有效实现数据融合创新，形成对城市运行状态的整体感知、全局分析和智能处置。城市大脑在算力上支持多源异构数据即时连接、调度、处理，在算法服务上智能生成城市运行系统的核心指标和关键数据，有效实现不同领域、不同层级数字平台的实时在线和全局协同。

04 场景应用的智慧服务功能

城市大脑的本质在智慧服务，为城市服务，为市民服务。智慧应用是基于城市智慧处理的用户接口，建立面向决策者和终端用户的应用服务门户。城市大脑可以在城市治理、应急管理、公共交通、生态环保、基层治理、城市服务等方面提供综合应用能力，实现整体智治、高效协同、科学决策。智慧城市应用创新"共性平台＋应用场景"模式，通过综合运行管理平台、城市应急指挥平台、综合决策支持平台、公共信息服务平台、信息安全管理平台，以智能场景规模供给为手段，服务功能智能转型升级为价值，全面提升城市生命体的智慧能力，做到城市运行一网统管、政务服务一网通办、公共服务一网通享、社会诉求一键回应。人工智能重构生产、分配、交换、消费等经济活动各环节，形成从宏观到微观各领域的智能化新需求，进而引发智能链式突破，推动社会生产和消费向自动化、智能化转变，极大提高行业服务精准化、便利化水平，全面提升城市人民生活品质，提升城市社会运行效率，实现为民服务全程全时、城市治理高效有序、数据开放共融共享、经济发展绿色开放、网络空间安全稳定。

第四节　智慧城市之芯——数字孪生城市

数字孪生最初用于工业制造领域，使产品研发、制造和维护各阶段都可以在仿真模型上进行测试和实验，从而降低成本。得益于信息技术、物联网、云计算等技术发展，数字孪生阶段已经不局限于模拟验证，达到足够精度，数字孪生不只应用在工业领域，也可广泛应用于城市管理、农业、航天等领域。《数字孪生应用白皮书（2020版）》定义数字孪生是利用物理模型、传感器更新、运行历史等数据，在虚拟空间中完成映射，从而反映相对应的实体装备的全生命周期过程。其实数字孪生可以理解为真实空间的事物在虚拟空间的实时映射。时空孪生中心面向城市全要素整合对象的物理属性、时空属性、业务属性等数据，形成一个城市级共用的数字底座。随着物联感知、大数据与人工智能技术融合发展，城市内全要素完成管、控、营数字化贯通，形成"万物智联"的城市全要素感知体系，城市物理空间与数字空间可实现精准映射、智能运行。5G、人工智能、虚拟现实动态仿真、图像音视频多媒体融合等新一代数字信息技术为城市大脑、智慧城市应用和智慧产业发展插上腾飞的翅膀，集成成为智慧城市之芯。数字孪生城市推动新型智慧城市建设，通过数字孪生技术可以支撑起具有复杂综合体系的新型智慧城市建设，在信息空间上构建的城市虚拟映像叠加在城市物理空间上，更好地为实体城市建设服务，极大改变城市面貌，重塑城市基础设施，形成虚实交融、孪生互动、同生共存的城市发展新形态。数字孪生城市建设在2022年迎来"整体性落地建设"探索期。

01 物理空间与数字空间孪生互动

发展智慧城市，一方面由于5G、物联网、边缘计算、云计算等支撑数字孪生城市的技术更加成熟；另一方面推动互联网、大数据、人工智能等技术与传统基础设施融合，形成智能融合基础设施，推动物理城市向数字化、网络化、智能化转变。数字孪生城市既是智慧城市的基础，也是对传统城市的补充。数字孪生要求实现城市的全过程、全要素数字化，需要数据的全面及时性、模型精准性、平台智能化。目前城市中诸多基础设施还不能满足城市数字化的需求。解决"数字盲区"，也成为未来智慧城市跨越新阶段的重要任务。面向全域数字化和全局智能的数字孪生城市必将成为未来智慧城市建设发展主战场。

所谓"孪生",指的是"物理空间"和"数字空间"。智慧城市建设离不开物理空间要素向数字空间进行转换,最终形成两个城市:现实城市与虚拟城市。"智慧"来自数字孪生新技术的发展。数字孪生城市是指数字孪生技术在智慧城市建设中的应用。通过构建城市物理世界与虚拟数字空间一一对应、相互映射、协同交互的复杂巨系统,在虚拟网络空间再造一个与物理城市匹配、对应的"孪生城市",实现全要素数字化和虚拟化、城市全状态实时化和可视化、城市管理决策协同化和智能化。数字孪生城市关注城乡居民出行轨迹、收入水准、家庭结构、日常消费等,对相关数据进行动态监测,并纳入模型,实现协同计算。通过在推动以人为核心的城市设计空间上预测人口结构和迁徙轨迹、推演未来的设施布局、评估商业项目影响等。优化智慧城市建设并评估其成效,辅助政府在信息化、智慧化建设中的科学决策,避免走弯路或重复、低效建设。河北雄安新区坚持数字城市与现实城市同步规划、同步建设、同频共振,打造具有深度学习能力、全球领先的数字城市,率先推进数字孪生城市建设。如今在雄安,数字孪生已经开始逐步运用到智慧城市各个领域,协调建筑、电信、电力、交通、安全等多个部门力量,全面建设数字孪生城市,真正实现"一张蓝图画到底"。

02 实体场景与虚拟场景虚实交融

物理实体、虚拟模型、数据、连接和服务是数字孪生的核心要素。数字孪生作为实现虚实之间双向映射、动态交互、实时连接的关键途径,为观察、认识、理解、控制和改造物理世界提供一种全新手段。当前,数字孪生行业应用层出不穷。数字孪生大规模应用场景有待拓宽,数字孪生技术在智慧城市建设中得以更广泛应用,还面临数据、基础知识库、系统融合以及人才等方面的挑战。从信息化到智能化再到智慧化,是建设智慧城市的必由之路，数字孪生技术全面赋能智慧城市建设成为必然趋势。

建设基于数字孪生的智慧城市，一是在物理实体维度，实现城市多源异构物理实体的智能感知与互联互通，实时获取物理实体对象多维度数据，从而深入认识和发掘相关规律和现象；二是在虚拟模型维度，构建城市动态多维多时空尺度高保真模型，保证模型与物理实体的一致性、真实性、有效性和可靠性，实现多源多学科多维模型的组装与集成；三是在孪生数据维度，实现城市海量大数据和异常小数据的变频采集，实现全要素、全业务、全流程多源异构数据高效传输，以及信息物理数据的深度融合与综合处理，孪生数据与物理实体、虚拟模型、服务应用的精准映射与实时交互；四是在连接与交互维度，实现城市跨协议、跨接口、跨平台的实时交互，以及数据—模型—应用的迭代交互与动态演化；五是在服务与应用维度，基于多维模型和孪生数据，提供满足不同领域、不同层次用户、不同业务应用需求的服务。

基于数字孪生的智慧城市具备以下特征：精准映射。通过空中、地面、地下、河道等各层面的传感器布设，实现对城市道路、桥梁、井盖、建筑等基础设施的全面数字化建模，以及对城市运行状态的充分感知、动态监测。虚实交互。在城市实体空间可观察各类痕迹，在城市虚拟空间可搜索各类信息。软件定义。针对物理城市建立相对应的虚拟模型，以软件的方式模拟城市人、事、物在真实环境下的行为。智能反馈。通过在孪生城市上规划设计、模拟仿真等，将城市可能产生的不良影响、矛盾冲突、潜在危险进行智能预警，并提供合理可行的对策建议。

数字孪生城市应用前景广阔。智慧建筑、智慧交通、智慧园区、智慧医疗、智慧教育、智慧电力等细分领域的场景应用将会百花齐放，是智慧城市为之带来的场景机遇。在建设智慧城市道路上，需要积极推进物理空间和网络空间共同建设。在新型城镇化建设中，加强对物理空间的城市研究，做好城市规划、改造升级和科学管理，让智慧城市建设沿着真正实现数字孪生的智慧城市方向前进，城市运行一网协同、城市治理一网统管、城市数据一网共享、城市状态一网感知、政务服务一网通办。

第五节 智慧城市之光——智慧能源

从钻木取火，到蒸汽时代的燃煤，再到石化时代的电力，能源是城市运行的保障和生命线。把城市比作一部复杂机器，能源是维系机器正常运转的原料；把城市比作一个人的身体，能源就如同人体中的血液。能源变革推动人类生产、生活方式变革，推动经济社会发展。能源是城市之基，智慧能源是智慧城市之光。智慧城市经常与数字城市、感知城市、无线城市、智能城市、生态城市、低碳城市等区域发展概念相交。智慧城市有千万种形态，相同基础形态必定是智慧能源。智慧能源是应用互联网、物联网等新一代信息技术对能源生产、存储、输送和使用状况进行实时监控、分析，在大数据、云计算的基础上进行实时检测、报告和优化处理，以形成最佳状态的、开放的、透明的、去中心化和广泛自愿参与的综合管理系统，利用这个综合管理系统获得一种新能源生产及利用形式。智慧能源正全面拥抱大数据、互联网和人工智能等数字信息技术，推动智慧城市与能源生产、传输、存储、消费及能源市场深度融合。通过城市智慧能源建设，实现能源信息有序共享，积极拓展基于数据的综合能源服务，进一步提升能源转化效率、能源传输效率、能源基础设施利用效率、能源与经济社会的结合效率，促进清洁可再生能源利用消纳，最终实现城市能源系统更高效便捷服务城市。城市智慧能源发展，构建清洁低碳、安全高效、智慧灵活的新时代城市综合能源体系，推动整个社会实现"资源可循环、能源可再生"，必将引领新能源革命，引发能源产业变革，促进城市绿色低碳发展。人类能源使用进入智慧能源时代。

01 加快发展城市能源互联网

能源系统与信息通信技术深度融合，可随时在线获取能源大数据，通过充分挖掘数据价值，构建能源发展与城市运行智能良性互动的运营模式，最终实现城市可持续发展。智慧能源是智慧城市的重要组成部分，数字信息技术与城市能源深度融合，实现能源规划统筹、精细；能源结构清洁、低碳；能源设施智能、协同、精益运行；能源检测实时、客观；能源治理高效、精准；能源用户便捷、省心。能源互联网是智慧能源实现的组织方式和形态。城市能源互联网是智慧能源城市的血管和神经系统的结合，为城市能源和信息流通提供载体。通过城市智能电网实现城市能源清洁化、区域化、智能化和互联网化。城市智能电网熟知城市每一个街区、每一栋建筑的过去与现状，洞悉城市每一个领域、每一个人、每一秒钟发生的变化，及时、精确、合理地将资源加以估算、分配与回收。城市智能电网，构建智能微网及城市分布式能源系统，实现新能源自给自足，促进各类能源与电能转换，提高清洁能源在供给侧和电能在消费侧的使用比重，优化城市能源结构、提高能源利用效率、促进清洁能源开发利用，实现城市能源消费的基本无碳化。

微能源网是指一个城乡社区或园区、工厂、学校等可与公共能源网络连接，又可独立运行的微型能源网络。微能源网是一种布局光伏系统、电网、天然气网、能源网等多能联动互补智慧型能源综合利用的区域网络，通过能量储存和优化配置，实现本地能源生产与用能负荷的基本平衡。微能源网运用多能源协调规划、多能源转换、优化协调控制与管理、分布式发电预测等技术，依托新能源储能、柔性网络和微网等技术，分布式可再生能源和天然气协同发展，实现分布式能源高效灵活接入、生产消费一体化，为区域用户提供智慧能源综合服务。微能源网以能源优化利用为导向，可以发电也可以用电，可以用火电也可以用太阳能，是能源互联网的基本组成部分。各种可再生能源发电可由个人、企业以多种方式建设、运营。微能源网主体实现用电、发电、售电等业务融合。微能源网将成为未来主要的用能和用电方式，引领智慧能源多能互补，构建清洁低碳安全高效能源体系。

02 全面建设智慧能源工厂

智慧能源是拥有自组织、自检查、自平衡、自优化等人类大脑功能，满足系统、安全、清洁和经济要求的一种全新能源形式。智慧能源的核心在于信息化与自动化深度融合，为用户提供智能化远程集控、节约能耗的解决方案。智慧能源工厂是一种现代化、信息化和智能化的能源管理系统，不仅让企业使用能源更可靠更智慧，还可以辅助工厂"碳效管理"、智慧节能。智慧能源管理运用机器人、工业物联网、边缘计算以及大数据分析、仿真技术、虚拟现实等技术，对智慧城市各种设备实施综合自动化监控与管理，包括用能监测、能耗计量、能源管控等，在实现节能减排的同时能够为用户提供安全、舒适、便捷、高效的工作与生活环境，全面提升能源绿色生产水平。通过建设智慧能源工厂，搭建能源行业转型的数字基础设施体系，构建发掘能源行业数据要素的价值体系，构建以数字化为特征的新型电力系统，驱动能源行业结构性变革，推动能源行业绿色低碳发展。

03 大力推动能源数字化转型

智慧能源是能源数字化转型的必然选择。云计算、移动互联网、大数据、区块链、5G 技术融合发展，探索出新的能源和更高效的能源利用方式，打破固有的能源发展模式，正在改变能源生产、运行、传输模式，通过数字化赋能，提升管理效率和生产效率，促进能源绿色低碳转型。能源数字化指的是利用数字技术，构筑更高效、更清洁、更经济的现代能源体系，提高能源系统的安全性、生产率和可持续性。加快能源领域数字化转型，推动能源产、运、储、销、用各环节设施的数字化升级，实施煤矿、油气田、油气管网、电厂、电网、油气储备库、终端用能等领域设备设施、工艺流程的数字化建设与改造。

第六节 智慧城市之治——智慧治理

城市治理是推进国家治理体系和治理能力现代化的重要内容。数字化转型促进劳动生产自动化、日常生活多样化、公共服务便捷化、社会交往多元化，对城市政治、经济、社会、文化、生态建设影响深远，引发生产方式、生活方式变革，推动城市治理模式变革。城市治理由数字化、智能化进入智慧化发展新阶段。智慧治理把智慧城市的技术优势与政府治理的制度优势有效结合，有序推进城市治理现代化，提高城市治理现代化水平。智慧治理是智慧城市发展的智慧路径，也是智慧城市展现的智慧善治状态。治理理念从经济主导型向社会服务型转变，治理架构从垂直独立型向扁平协同型转变，管理对象从主要对人流的管理向对人流物流数据流的管理转变，管理方式从行政管理向行政管理与社会自我调节相结合转变，管理制度从单一供给体系向多元供给体系转变，实现精准精细、高质高效、共治共享。

01 数智赋能全地域协同共治

数字化与城市化双轮驱动城镇化高质量发展，城市集中50%以上人口、80%以上经济总量，城市涵盖城市服务、城市治理、城市产业和城市生态等多个领域，城市建设、城市治理、城市发展是牵一发而动全身的系统性工程。5G、大数据、云计算、人工智能、物联网、移动互联网等先进信息技术相互交融带来城市数字、数治、数智一体化发展，赋能城市建设、城市治理、城市发展，形成智慧城市建设、智慧城市治理、智慧城市发展一体化的城市智慧创新模式。智慧城市治理能力表现为数据存储、数据整合、数据分析三种能力综合应用。大数据成为贯穿城市治理全过程、连接城市多元要素，原本分散、固化、有形的城市生产生活生态逐步推向数据化、网络化和智能化，城市社会结构向网状扁平结构转换，城市社会治理格局呈现网络状分布，城市各要素间相互辐射、相互影响。城市治理是一个结构性动态均衡调整过程，需要注重城市发展的整体性、协同性、安全性，需要增强治理主体的全民性、治理过程的共建性、治理结果的共享性。智慧城市治理依托物联网、云计算、移动互联网、大数据、空间信息技术和人工智能集成应用，充分发挥物联网数据采集、云计算数据处理、移动互联网数据传输等智慧化功能，打破地域、城乡、部门限制，消除"数字鸿沟"和"信息壁垒"，打造有利于公共参与的一体化平台，健全有利于权益均衡的法治化保障，巩固有利于安全发展的可靠性屏障，构建权力均衡、利益优化、资源共享的智慧城市整合机制，建立协同运行、集约高效、安全可靠的智慧城市保障机制，推动城市网络互联、城市资源整合、城市数据共享、城市业务协同，形成党委领导、政府负责、社会协同、公众参与、法治保障、科技支撑的智慧城市协同共治格局。通过城市全地域智慧协同共治，城市生命体互动频繁、交流融洽、社会和谐，城市体系协同开放、公共服务智能高效、融资方式灵活多样、技术应用复合集成、政策红利普惠共享，呈现出智慧城市智慧发展新图景。

02 数据驱动全要素融合共享

智慧城市连接在网络,核心在数据,目的在共享。数据取之于民、惠之于民。智慧治理的根本依据是通过各种智能数据采集终端所获取的海量大数据。构建开放融合的数据资源获取和共享体系,集成数据、分析数据,是智慧治理的数字基础。智慧城市治理其实质是数据治理。构建数据感知、互联、共享、应用、开放的全流程体系,让数据"为我所用",让城市运行"智慧"起来,带动城市资源最优化配置、全要素共享。完善城市全域感知系统,加快城市物联网开放平台,打造人与人、人与物、物与物互联互通的全域感知体系与物联终端数字化标识体系,提高城市数字化水平。强化数据整合汇聚、融合计算功能,全面提能"城市大脑",完善物联、数联、智联的城市运行中枢,提升数据运行能力,推进数据开放共享。聚焦大数据的采集、交流、整合与开发利用,推动政府数据上下贯通和横向联动,加快形成政府数据应开尽开、社会数据畅通运行的数据要素高效配置格局。探索司法、医疗、住建、环保、交通、市场监管等领域公共数据开发运营服务模式,支持企业对公共数据创新开发利用,推动公共数据与第三方数据高效融合,激活数据要素的乘数效应。建立健全数据要素市场体系,建设数字资产交易平台,提供数据确权、定价、交易、资产管理和安全保障等综合服务,推动数据资源安全流通。

03 平台支撑全场景智慧服务

城市治理的本质是服务。城市智慧化不是便于监督管理人,而是有利于服务人。坚持人民城市为人民的发展思想,面向人的多元需求,促进人的全面发展,实现人的美好生活需要,建设人人有责、人人尽责、人人享有的社会治理共同体,推动治理服务向每户、每人延伸,提升公众参与度。通过智慧治理打造数字网络平台，构建人技共治的智慧生产和智慧生活服务系统，强化智慧治理的场景应用，健全一站式、集成化、场景式智慧服务体系。围绕数字政府、数字经济、数字社会、数字法治、数字文化建设，不断丰富智慧政务、智慧生态、智慧交通、智慧城管、智慧旅游、智慧物流、智慧医疗、智慧社保等智慧服务应用场景，提升公共管理智能化、精细化水平，增强公共服务的实时性、可视性、互动性。构建智慧生产服务系统，强化智慧金融、智慧物流、智慧文旅、智慧园区等智慧生产服务系统建设，推进智慧生产服务支撑系统的演化提升。打造智慧生活服务系统，聚焦社区生活重点领域，把智慧治理的毛细血管延伸至社区，整合形成个人数字身份统一平台，打造便捷高效的智慧生活服务体系，全面提升市民的便利感、获得感和幸福感。完善智慧治理综合服务系统，加强大数据、物联网、人工智能等数字技术在社会综合治理、城市管理、应急管理、风险防控、市场监管执法、环保监测、能源监测等领域的应用，构建"协同式""联动式"智慧治理综合服务系统。

04 实时在线全周期综合运营

智慧城市建设的方向在于"让城市用起来"。智慧城市治理过程就是智慧城市运营过程，智慧城市高效能治理必然推动智慧城市高质量运营。智慧城市从智慧城市建设向智慧城市运营转变，智慧城市全流程服务和运营成为智慧城市发展的重头戏。传统的城市运营稳中求变，向智慧化运营方向发展。以全生命周期管理统筹城市运营发展，在重塑整体性结构中实现流程再造、场景再造、业务再造、管理再造和服务再造，推动智慧城市运营的整合、创新、优化与转型。通过建立"智感、智防、智辅、智助、智利"的城市智慧体系，智慧感知社会事态，智慧预知防范社会风险，智慧辅助科学民主决策，智慧助力精准打击犯罪，智慧赋能社会和服务民生，形成无处不在的惠民服务、透明高效的在线政府、融合创新的数字经济、精准精细的城市治理、安全可靠的城市运行。智慧城市结构和功能运营。智慧城市涵盖智慧设施、智慧政府、智慧经济、智慧社会、智慧环境，涉及智慧城市设计、建设、运营、管理、保障全过程，包括顶层设计、体制机制、智能基础设施、智能运行中枢、智慧生活、智慧生产、智慧治理、智慧生态、技术创新与标准体系、安全保障体系等各方面，主要是增强智慧城市功能，提升智慧城市治理效能。智慧城市平台和场景运营。主要包括智慧政务、智慧交通、智能电网、智慧医疗、智慧物流、智慧安防、智慧教育、智慧企业和智慧街区、智慧社区、智慧楼宇、智慧商圈等智慧平台和应用场景，主要是创新发展智慧平台，丰富智慧应用场景，提高智慧服务水平，实现城市运营高质量发展。智慧城市安全和保障运营。把智慧触角延伸到更多的应用场景，建立高科技的智能监控和预警系统，通过智能化的城市安全与减灾系统，构建起集感应市民诉求、诊断城市漏洞、防范安全风险为一体的感知体系，解决智慧服务"痛点"，突破智慧保护"难点"，覆盖智慧安全"盲点"，推动智慧城市在公民隐私保护、生态环境保护、生产安全监管、金融风险防范等方面发挥重要作用，增强社会弹性和城市韧性。坚持政府主导、市场运作、公众参与，创新合作运营模式，打造全领域、全方位、全产业链的智慧城市综合运营服务商。

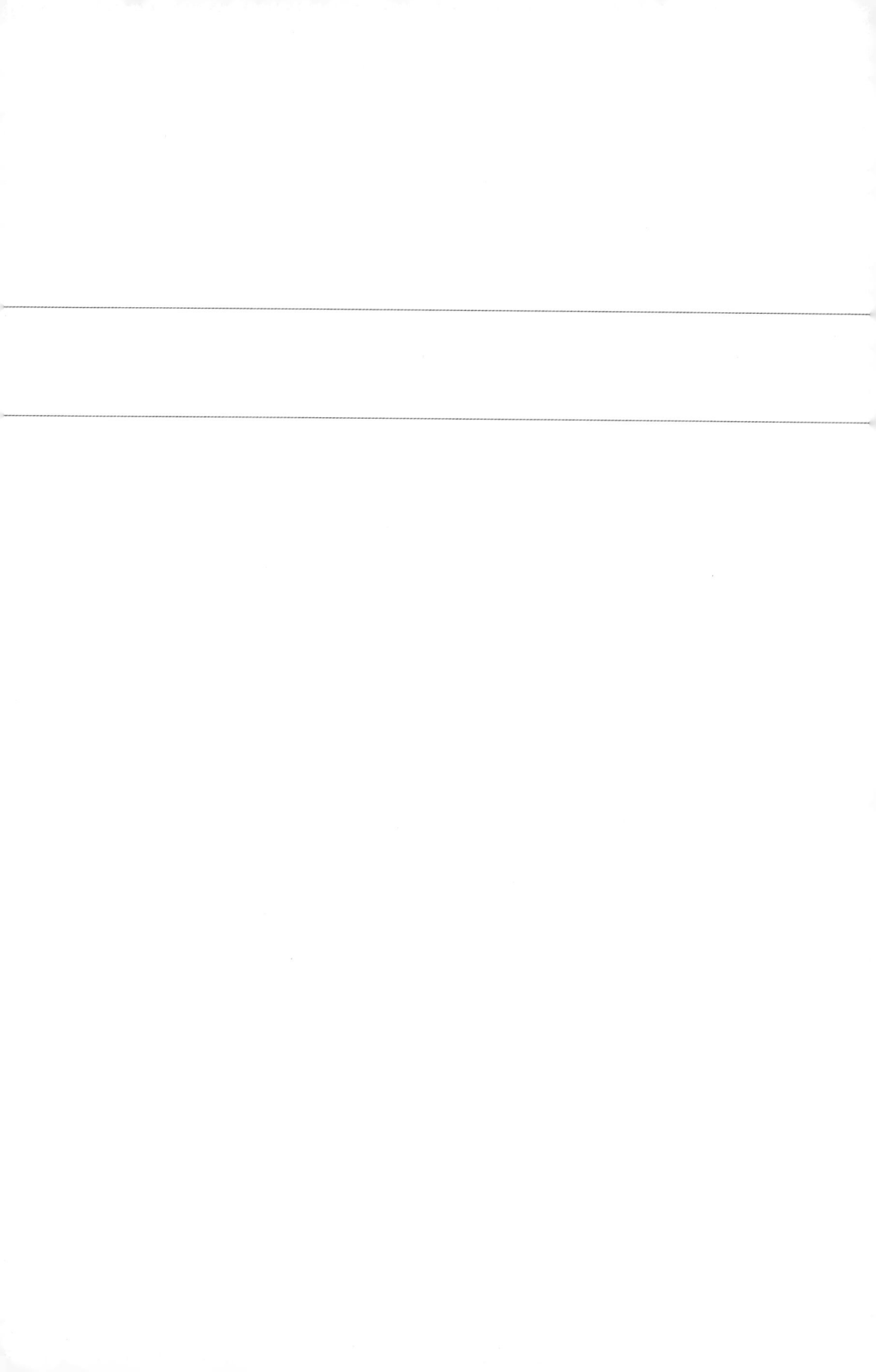

· 第十一章 ·

数字化新乡村
——数字金扁担

第十一章

数字化新乡村——数字金扁担

党的二十大报告提出，坚持农业农村优先发展，全面推进乡村振兴，加快建设农业强国。乡村是具有自然、社会、经济特征的地域综合体，兼具生产、生活、生态、文化等多重功能，与城镇互促互进、共生共存，共同构成人类活动的主要空间。全面建设社会主义现代化国家，最艰巨最繁重的任务依然在农村，最广泛最深厚的基础依然在农村，最大的潜力和后劲也在农村。在新发展阶段，我国经济由高速增长转向高质量发展，农业农村从脱贫攻坚转向全面乡村振兴，农业农村数字化转型已成大势，乡村建设、乡村发展、乡村治理正步入网络化、数字化、智能化关键时期。建设数字乡村，既是乡村振兴的战略方向，也是建设数字中国的重要内容，对推动乡村全面振兴，促进农业全面升级、农村全面进步、农民全面发展，加快农业农村现代化具有重要战略意义。

回顾乡村发展历程，数字乡村与农业农村信息化一脉相承，不断深化农业农村现代化战略布局。我国较早开启农业农村信息化的探索之路，从计算机技术在农业领域试点和推广、"金农"工程实施，到加强农业信息化建设、启动农村信息化示范工程，信息技术在农业生产领域实现突破，在生活服务领域也实现应用深化。5G、物联网、大数据、云计算和人工智能等新一代数字技术迅速发展，数字技术与农业农村深度融合已成为时代趋势，农业农村信息化在生产、经营、管理、服务和基础支撑能力等方面得到全面提升。2017年，在党的十九大报告中明确提出实施乡村振兴战略和建设"数字中国"。2018年，中央"一号文件"《中共中央 国务院关于实施乡村振兴战略的意见》首次提出实施数字乡村战略。先后发布实施《乡村振兴战略规划（2018—2022年）》《数字乡村发展战略纲要》《数字农业农村发展规划（2019—2025年）》《"十四五"国家信息化规划》《数字乡村发展行动计划（2022—2025年）》，明确数字乡村发展目标、重点任务和保障措施，为数字乡村建设提供了重要遵循。

数字经济进入全面渗透、跨界融合、加速创新、引领发展的新阶段，数字技术正在渗透融入农业农村各方面。数字乡村是以农业经济智能化、农民技能数字化、农村发展网络化为内生性特点而构建起来的现代化乡村组织模式，涵盖乡村信息基础设施、农村数字经济、科技创新供给、智慧绿色乡村、乡村治理、网络扶贫、城乡信息化融合等多方面内容。把握发展阶段新变化，把数字乡村建设作为实施数字中国建设和乡村振兴战略的重要结合点，大力实施乡村数字发展战略，依托数字经济发展，以现代数字信息网络为重要载体，以现代数字信息技术为重要动力，以绿色田园风光风貌为特色，全面赋能农业生产、农村流通、农村服务、农民生活和乡村产业、乡村社会、乡村文化、乡村生态、乡村治理，构建乡村数字资源、数字资产、数字资本相互支撑，乡村数字生产、数字生活、数字生态相互融通，数字乡村建设、数字乡村发展、数字乡村治理相互促进的数字乡村新格局。

第一节　数字乡村书写新时代"山乡巨变"

党的十八大以来，我们党坚持把解决好"三农"问题作为全党工作的重中之重，把脱贫攻坚作为全面建成小康社会的标志性工程，组织推进人类历史上规模空前、力度最大、惠及人口最多的脱贫攻坚战，启动实施乡村振兴战略，农业农村取得历史性成就、发生历史性变革。农业耕作的生产巨变，到衣食住行的生活巨变；经济权利逐步完善之变，到政治权利日益健全之变；肉眼可见的外在有形之变，到具体可感的社会保障之变。中国农民正在从经济、政治、文化、社会、生态全方位的共建共享中，收获着越来越多的幸福感、安全感。

农业农村的深刻变化，是在不断完善农业生产体制机制过程中取得的，也是在不断推广先进农业科技成果过程中取得的。我国农业从"靠天吃饭"的传统生产，发展成良种良法配套、农机农艺融合的现代农业技术体系；从几个农业试验场，发展成全球最完整的农业科技创新体系；从依靠"一把尺子一杆秤"的科研手段，到拥有了一批农业领域装备精良的"国之重器"。我国农业生产已完成了从人畜力为主向以机械作业为主的历史性跨越，实现从传统农业大国向生产集约、产出高效、产品安全的现代农业转型，正在从"大水、大肥、大药"的粗放生产方式转变为绿色发展方式，我国农业走上一条中国特色农业现代化之路。如今，手机成为新农具，物联网、大数据、云计算等信息技术与农业生产深度融合。数字乡村建设，发展数字乡村经济，建设数字乡村社会，创新数字乡村治理，驱动农业农村发展质量变革、效率变革、动力变革，带来乡村生产方式、乡村生活方式、乡村服务方式、乡村治理方式的"数字蝶变"。数字乡村正是新时代"山乡巨变"。

01 数字乡村建设推动城乡二元走向城乡融合

长期以来，城乡二元结构矛盾突出，城乡发展不平衡，城乡差距大。数字技术驱动新型城乡融合发展的优势在于消解传统的城市偏向性制度政策、农村单一性的产业结构、单向度的城市要素汇入、非对等的治理空间等影响城乡良性关系的制约因素，推动农业生产经营方式变革，挖掘开发农村多功能价值，加强城乡基础设施互联互通，创新城乡产品营销模式，推进城乡要素自由流动，创新城乡智慧共治机制，推动产业城乡协同联动，形成工农互助、城乡互补、协调发展、共同繁荣的新型城乡关系，逐步实现城乡居民基本权益平等化、城乡公共服务均等化、城乡居民收入均衡化、城乡要素配置合理化、城乡产业发展融合化。数字技术变革打破各产业间明晰边界，形成以特色农业为主体的休闲农业、观光农业、制造农业、创意农业等现代农业与城市休闲旅游、社区团购等数字产业相融汇。数字技术的泛在连接打破城市二、三产业反向输出农村的时空束缚，推动城市二、三产业发展模式、先进技术进入乡村，带动农村二、三产业发展。数字化通过互联网红利共享、设施硬件协同与技术扩散等方式反向推进资金、人才、科技、公共服务要素在城乡之间加速流转与转化，形成以城带乡、共建共享的数字城乡融合发展格局。2021年，城乡收入比由2017年的2.77缩小到2021年的2.5，城乡差距在缩小。

02 数字乡村建设推动千家万户走向广阔市场

千家万户的小生产与千变万化的大市场之间长期存在着衔接难题。数字乡村典型的"小前台+大中后台"运行模式破解"小农户"与"大市场"之间组织性矛盾，主要有三种模式：一是探索数字技术对海量农村订单进行有效供需匹配的农业生产社会化服务模式；二是建立基于数字经济平台的"数字农民合作社"，提升小农户组织性与协同性；三是以数据链带动和提升农业产业链、供应链和价值链，提升农户的市场对接能力。农村电商、直播、短视频走进千家万户，连接直通大市场，涌现一批淘宝村、微商村、直播村等，培育形成一批叫得响、质量优、特色显的农村电商品牌，搭建农产品流通新平台，架起千家万户走向广阔市场的"数字金桥"。手机变成"新农具",流量变成"新农资",直播变成"新农活",大量"村红"变身农特产品、农旅代言人。第49次《中国互联网络发展状况统计报告》数据显示,截至2021年12月份,我国农村网民规模为2.84亿人,占网民整体的27.5%。农村地区互联网普及率为57.6%。截至2020年6月,我国已拥有5425个淘宝村。2021年,全国农村网络零售额达2.05万亿元,农产品网络零售额达4221亿元。《2021快手年度数据报告》显示,2021年1至10月份,超4.2亿个农产品订单经由快手直播电商从农村发往全国各地。截至2020年底,国家级贫困县网商总数达306.5万家。截至目前,商务部等部门已累计支持1489个县开展电子商务进农村综合示范。2021年底,全国农村网商、网店有1632.5万家。

03 数字乡村建设推动小户生产走向规模经营

我国传统农业是以家庭为单位、自给自足的小农经济模式。小农经济以个体经营为主,农户地块大小不均,高度分散,集约化、组织化、专业化水平低。数字乡村激活和放大匹配效应、协同效应、乘数效应、溢出效应、公平效应,以"技"代"智",以"技"代"劳",解放劳动力,缓解劳动强度。通过数字化专业化服务,扩大农业生产经营规模。利用数字技术建立农业生产领域的数字信息库,构建农产品市场信息、农业生产社会服务供给信息和农业生产技术培训平台,提高小农户利用数据信息的快捷性和数据信息的精确性,提升农业经营主体的生产技能,优化农业生产结构。通过供需数据信息的精准高效对接,让农产品"卖得掉、卖得远、卖出好价钱",解决小农户"卖难"问题。通过现代农业机械和新型农业社会化服务模式,使小农户实现农业规模化、标准化生产。2021年,我国家庭农场、农民合作社分别达到390万家和220万个,农业从小农经济的农业1.0时代发展到农业大户的 2.0 时代，正在走向现代农业的 3.0 时代。

04 数字乡村建设推动农业低效走向高质高效

农业作为弱势产业，面临自然和市场双重风险，"互联网+农业""智慧农业"和"物联网"技术的应用为农业发展带来新的生产方式，实现农业高质高效。大数据和云计算技术应用，协同优化农业生产过程，降低农业资源要素运行交易成本，优化配置农业生产中的劳动、土地和农业资本，提高土地产出率、劳动生产率、资源利用率，提高农业生产效率，提升农业全要素生产率。通过农资交易平台、电商平台、农业数据资源库平台，形成具有地域协同性的农业产业链条，促进跨区域、跨地区协同作业。依靠新型农业社会化服务和农业信息平台，促进农业生产标准化，供给优质绿色农产品。综合运用农业生产技术、传感器技术、区块链技术等，建立农产品质量安全可追溯体系，控制农产品质量安全风险。农业纵向延伸产业链条，横向拓展农业功能，全环节升级、全价值提升、全产业融合，成为乡村产业高质量发展新趋势，正在成为有效益、有奔头的产业，农业综合效益和竞争力不断提高，农业大国正在向农业强国大步迈进。全国农作物耕种收综合机械化率目前超过72%，比2012年提高近15个百分点，农业科技进步贡献率超过61%。2021年全国规模以上农产品加工企业营业收入达18.1万亿元，农产品加工产值与农业总产值的比值提高到2.48。

05 数字乡村建设推动农民小康走向富裕富足

网通带来路路通，广大农民走上数字致富路。通过数字乡村建设，大数据、人工智能、5G等新一代数字信息技术日益融入农业生产各个环节，数字赋能实现乡村发展动能转换。利用电商网络、直播平台等数字资源，绿水和青山的旅游价值更容易被推广，成为创收的重要资源。

数字技术实现农产品与消费市场的直接对接，促进农产品销售数字化。数字经济促进乡村经济共享增长，让小农户在转型中共享数字红利。乡村数字化催生电商企业、网点微商、农民专业合作社、种植大户、农产品加工企业等乡村新业态发展。构建信息高速公路，推动数字基础设施享有均等化，与富裕地区、城市共享数字经济成果。数字乡村优化公共文化产品供给，乡村焕发文明新气象，广大农民精神文化生活日益丰富。2021年，新创建50个国家现代农业产业园、50个优势特色产业集群、298个农业产业强镇，带动1560多万返乡农民工稳定就业。全国累计培育80个年产值超100亿元的优势特色产业集群，30个年产值超100亿元的现代农业产业园，120个年产值超10亿元的农业产业强镇，创建3673个"一村一品"示范村镇。全国农村居民人均可支配收入由2012年的7917元增加到2021年的18931元。2021年，我国返乡入乡创业人员达1120万人，带动一批农民增收致富。国家邮政局数据显示，2021年农村地区收投快递包裹总量370亿件，带动农产品出村进城和工业品下乡进村超1.85万亿元。

06 数字乡村建设推动农村环境走向宜居宜业

数字乡村建设推动农业空间、生态空间、人居空间融合发展，农村人居环境持续改善，农村公共基础设施实现村覆盖户延伸，农村基本公共服务水平稳步提升，乡村面貌发生巨大变化，打造各具特色的现代版"富春山居图"，鸟语花香田园风光，美丽乡村更加宜居宜业。数字乡村建设的信息"大动脉"初步建成。截至2021年11月底，现有行政村已全面实现"村村通宽带"，全国98%的乡镇实现品牌快递直通，80%以上的行政村实现快递直达。数字信息服务全面渗透到乡村居民生活各方面，实现数字化与乡村居民生活有机融合。县乡村三级物流体系建设进一步完善，已基本形成农村电商物流运营体系。2021

年累计改造县级物流配送中心1212个,村级电商快递服务站14.8万个。2021年,全国中小学校(含教学点)100%宽带通达;29个省份已建立省级远程医疗平台,远程医疗服务县(区、市)覆盖率达到90%以上;在人民银行开户的3832家法人农村金融机构中,3589家已开通了业务线上办理渠道,占比93.66%,农村地区银行卡助农取款服务点达85.84万个,覆盖村级行政区数量51.95万个。截至2020年底,农村广播节目综合人口覆盖率达99.17%,电视节目综合人口覆盖率达99.45%;农村电网改造升级工程覆盖了2389个县市,惠及农村居民达1.6亿人。

07 数字乡村建设推动乡村治理走向共治智治

乡村治理是国家治理的基石。我国乡村治理面临着乡村公共权力结构形态集权化和行政化倾向明显、村民参与基层治理的积极性不高、治理决策科学性和有效性亟待提升等诸多困境。数字乡村建设整合政府、市场与社会主体力量,推动农村居民广泛参与乡村治理,形成共建共治共享的乡村社会治理格局。以大数据和互联网技术为支撑的政务平台有助于创新乡村治理载体,突破治理主体与客体互动的时空区隔,降低治理成本。从农民生产生活中产生的海量数据中挖掘村民对乡村治理和公共服务需求,精准压实治理责任,分配治理资源,提升治理效能。数字化平台为村民参与基层治理、政府感知社情民意提供便捷通道,推动乡村治理决策走向透明化和科学化,实现乡村治理共治智治、共建共享。

第二节　数字乡村实现"改天换地"系统性重构

数字乡村建设把信息化、数字化、网络化、智能化技术嵌入乡村经济社会发展方方面面，激活乡村"一池春水"，对乡村产业、乡村社会、乡村文化、乡村治理、乡村生活等进行"改天换地"的数字化、系统性、颠覆性重构提升，推动乡村资源要素优化流动配置、乡村市场主体多元组合融合，创新数字乡村经济社会发展模式、数字乡村现代治理模式。注重构建以知识更新、技术创新、数据驱动为一体的乡村经济发展政策体系，注重建立层级更高、结构更优、可持续性更好的乡村现代化经济体系，注重建立灵敏高效的现代乡村社会治理体系，培育数字乡村发展新动能，进一步解放和发展数字化生产力，形成新的数字生产力、生产关系和新的乡村社会关系、乡村社会结构，发展数字新农资、数字新农具、数字新农人，绘就数字乡村农业更强、农村更美、农民更富的美丽新画卷。

01 数字乡村重构提升农业生产经营体系

数字乡村建设，首先是对农业进行数字化改造、智能化提升。发展智慧农业是乡村振兴的重要支撑，是加快农业农村现代化的重要途径。通过发展智慧农业，整合聚合农业全要素，创新提升农业全链条，协同激活农业全主体，推动农业高质量发展。智慧农业是农业信息化发展从数字化到网络化再到智能化的高级阶段，用互联网、大数据、物联网、人工智能等现代数智技术重构提升农业产业体系、生产体系、经营体系的数字化农业方式。智慧农业按领域形成诸如智慧种植业、智慧养殖业、智慧加工业等多个生产类型，按应用场景形成智慧农场、智慧温室、智慧加工厂等多个场所类别。

数据信息引流农业全要素。智慧农业通过现代信息技术与农业深度融合，让物联网、传感器等机器与系统主动感知信息、定量决策、智能控制、个性化服务，通过农业生产、流通、交易、消费等环节数据采集、传输、存储、共享，形成智慧农业生产、经营、管理、服务。

构建"空天地"一体的数据感知网络,建设智慧农业大数据系统,加快构建包括农村权属、农业资源、生产管理、机械设备、市场信息等的农业数据库,搭建农业数字化共享平台,对农业生产、管理、销售体系进行数字化融合,形成生产有记录、信息可查询、流向可跟踪、质量可追溯、责任可追究、产品可召回的全过程数据信息共享追溯管理系统。利用包括生产信息、品种信息、施肥信息、灌溉信息、植保信息、农机信息和新技术、新成果信息等农业海量数据,借助农业云计算平台对数据进行加工处理,对农产品产前规划、产中管理和产后销售进行全链条精细化管理,产生农业要素配置方案,优化配置农业生产资料和土地、资本、劳动力等要素,提高资源利用率和全要素生产率,推动产业链延伸、价值链提升和供应链智能化发展。

数智技术提升农业全链条。运用物联网、大数据、人工智能、云计算等新一代信息技术,与种植业、畜牧业、渔业、种业、农机装备全面深度融合,把累人的农活交给农业机器干,把操心的事情交给智能系统定,推动数字智能控制技术与装备在农业生产中的集成应用,实施农业生产全过程智能感知、智能控制、智慧管理,建设一批智慧农场、智慧牧场、智慧渔场、智慧农产品加工厂,做到生产智能化、经营网络化、管理数据化和服务在线化。用数字化改造农业产业化服务体系,围绕农业产前、产中和产后三大环节而构成的"生产、金融、信息、销售"四大类服务体系,推动农业从"规模化、标准化、单一化"向"精细化、定制化、价值化"方向升级。

数字平台协同农业全主体。依托农业大数据平台、数字农业园区、数字农业工厂、农村电商、跨境电商、物流快递园区等农业数字平台,通过农业云计算平台,把分布式农业生产系统、物流系统、交易系统和消费系统组成产业联合体,使农业生产、经营、管理、消费各环节的农户、专业大户、家庭农场、农民合作社、龙头企业和消费者等各主体协同优化，推动实现农业全环节、全过程、全链条协同化。

02 数字乡村重构提升乡村产业体系

数字乡村建设，推动乡村产业向更广范围、更深层次、更高水平上融合拓展，打破乡村时空限制，突破乡村单一产业格局，延长乡村产业链条，拓展乡村产业的空间和场景，丰富乡村产业的业态和模式，促进乡村一二三产业融合发展，拓宽乡村产业增收渠道，优化乡村产业结构，重构提升乡村产业体系。一是数字＋农业型新产业。数字技术融入农种业、种植业、畜牧业、渔业、农产品加工业，推动农业生产托管、农业产业联合体、农业创客空间等生产经营模式创新，推进创意农业、认养农业、都市农业、休闲农业、共享农业等基于互联网的新业态发展，探索共享农场、云农场等网络经营新模式。二是数字＋服务型新产业。数字技术融入农资供应、农产品生产、加工、储运、销售等环节，促进人、财、物、信息、技术等要素整合流动，发展直播带货、网上购物、电商营销、快递物流配送、中央厨房、农商直供、农产品个性化定制服务等线上线下新模式，引导电子商务、位置信息服务、社交媒体、智慧金融等平台企业产品和服务下沉到乡村，健康有序发展农村平台经济。三是数字＋文旅型新产业。数字技术融入乡村农业、文化、生态，发展农耕体验、观光农业、游憩休闲、健康养生、乡村民宿、乡村旅游等，打造一批设施完备、功能多样、智慧便捷的休闲观光园区、乡村民宿、森林人家和康养基地，线上推荐一批乡村旅游精品景点路线。四是数字＋制造型新产业。传统制造与数字新创意、新消费、新技术融合，产品生产与服务相互渗透，体验与消费同频互动，通过创意叠加、主题赋能、互动娱乐、生产制作体验等，发展智造空间、时尚市集、众创空间、个性定制等"智造＋创意＋文化＋服务"新业态。

03 数字乡村重构提升乡村服务体系

数字乡村建设，加快完善数字新基建，打造数字服务新平台，培育发展数字服务新主体，创新数字服务新模式，优化数字服务新供给，重构提升乡村服务体系，全面提供乡村政务服务、商务服务、公共服务、生产服务、文化服务、金融服务、生活服务。坚持以农民需求为导向，推动服务重心下移、平台下延、资源下沉，促进城乡基本公共服务均等化、普惠化、便捷化，提升乡村基本公共服务水平。构建乡村综合信息服务体系，协同推进教育、生态环保、文化服务、交通运输、快递物流等各领域信息化，深化信息惠民服务，推进乡村生产生活数字化应用，让广大农民群众共享数字经济发展成果。通过"互联网+文化"，促成乡村文化样态、文化场景、文化产业、文化主体等的深层次变革，推动更多高品质、多样化乡村文化产品上线上云，丰富乡村群众精神文化生活；通过"互联网+医疗"，利用互联网医疗平台实现远程"把脉问诊"，优质医疗延伸至农村；通过"互联网+教育"，线上直播、网上课堂开设"专递课堂""名师课堂""同步课堂"等，让农村地区学生享受优质教育资源；数字金融打破传统金融因营业网点约束而形成的地理局限性，提高农民的金融服务可得性。深入推进"互联网+"农产品出村进城工程，搭建农产品上行、消费品下行的数字双向物流平台，完善农村电商综合服务体系，探索农业农村大数据管理应用，培育形成一批农村电商品牌，形成完备的县、乡、村三级物流网络体系，开启农村电商业务无缝覆盖运作模式。

04 数字乡村重构提升乡村基础设施体系

数字乡村建设，利用物联网、云计算、大数据、5G、人工智能、区块链等新一代信息技术对传统乡村基础设施进行数字化改造，实现农村地区水利、公路、电力、冷链物流、农业生产加工等基础设施的数字化、智能化转型升级，推进智慧水利、智慧交通、智能电网、智慧农业、智慧物流建设，拓展提升路网、光网、电网、水网、气网的覆盖延伸和数字服务功能。完善乡村新一代信息基础设施，加快布局 5G、人工智能、物联网等设施，加快农村光纤宽带、移动互联网、数字电视网和下一代互联网发展，提升 5G 网络覆盖水平，探索 5G、人工智能、物联网等新型基础设施建设和应用，推动高速、泛在、安全的基础信息网络在乡村普及应用，打造集约高效、绿色智能、安全适用的乡村信息基础设施，畅通乡村"信息大动脉"。深入实施智慧广电建设工程，依托有线电视网络承载智慧乡村服务。优化广播电视业务网络，推动广播电视服务走向"终端通""人人通"。优化农村信息服务基础设施建设，有序推进农业农村、商务、民政、邮政、供销等部门农村信息服务站点的整合共享，推广"多站合一、一站多用"。依托物联网技术、传感技术、音视频技术、无线通信技术、云计算等，建设智慧农业物联网系统。

05 数字乡村重构提升乡村要素市场体系

乡村不缺资源，缺的是转化；乡村不缺要素，缺的是激活。乡村是悠久农耕文明、优秀传统文化的承载地，是资源和要素"富矿"。通过数字乡村"点石成金"，激活主体、激活要素、激活市场，深入挖掘乡村农业、文化、生态价值。数字技术、数据要素与乡村土地、资本、劳动力等传统生产要素进行交互、联动、融合,转化升级成手机"新农具"、数据"新农资"、职业"新农人"。发展数字乡村，数据成为新型生产要素，数据流带动资金流、技术流、人才流、物资流等向乡村集聚，促进传统农业生产、经营、交易的数字化转型。乡村资产"活"起来，放活自然资源、集体资产、数据产权、文化遗产以及其他建筑设施、设备等承包权、资格权、股份权等权能，规范土地承包经营权、集体资产股权等流转交易，激活乡村各类资产的资本属性，推动实现乡村要素市场化配置。乡村人才资源"聚"起来，数字乡村新产业、新业态、新模式发展，激发农村生产经营业主、返乡大学生、退役军人、教师等人群数字创新创业，培育成长一批懂技术、会经营的"新农人"。数字乡村突破乡村地缘限制，联通城乡要素市场，提升乡村资源整合能力，强化乡村要素聚合功能，促进数据信息要素资源共享利用，推动城乡融合发展。

06 数字乡村重构提升乡村绿色生态体系

优良生态是乡村的核心财富，绿水青山蕴含的生态产品价值转化，是乡村发展未来潜力释放的关键。数字化的绿水青山成为"金山银山"，智慧绿色乡村重构提升乡村绿色生态体系。区块链、大数据、物联网等数字技术推动乡村生态资源登记溯源、生态价值衡量评估交易，建立生态产品质量追溯机制，促进生态资源以价值形式、产品形态参与市场配置，实现生态价值合理转换。推动智慧农业、家庭农场、休闲观光、体验经济等数字生态产业发展，拓展"两山"转化通道，打造乡村绿色低碳产业体系。区块链和智能合约等数字技术助力碳账户记录、碳资产登记交易和拍卖，深度赋能乡村碳市场交易，构建绿色低碳示范乡村。建立农业投入品电子追溯监管体系，推动化肥农药减量使用，实时监测土地墒情，推广农业绿色生产方式。建立全国农村生态系统监测平台，统筹山水林田湖草系统治理数据，强化农田土壤生态环境监测与保护，提升乡村生态保护信息化水平。建设农村人居环境综合监测平台，强化农村饮用水水源水质监测与保护，实现对农村污染物、污染源全时全程监测，引导公众积极参与农村环境网络监督，共同维护绿色生活环境，倡导乡村绿色生活方式。

07 数字乡村重构提升乡村治理体系

数字乡村建设推动乡村社会治理变革，创新乡村治理模式，构建乡村数字治理新体系，乡村社会更加充满活力、和谐有序，广大农民在乡村善治中提升获得感、幸福感、安全感。运用数字技术建设开放、共享、联动的信息化治理平台，创新社会治理参与机制，整合农村社会资源、动员农村社会力量参与农村社会事务，形成人人有责、人人尽责、人人享有的乡村治理共同体，构建共建共治共享的乡村治理格局。推广"互联网＋党建"、智慧党建等新模式，建设"网上党支部""网上村（居）民委员会"，健全农村基层党建信息平台，加强党员干部远程教育，促进基层党组织更好发挥战斗堡垒作用。"互联网＋政务服务"向乡村延伸覆盖，政务服务"一网通办"、民生治理"一网统管"、公共服务"一证通行"，涉农服务事项在线办理，村民足不出户享受便利服务；依托"数字乡村一张图"，汇集乡村生态数据、农业生产数据、农产品流通贸易数据、电商数据、文旅数据等，以可视化大屏的"一张图"形式进行数字农业监测、农产品电商洞察、文旅热度等，实时把握市场动态，掌握乡村生产、生活、生态变化，推动乡村规划、乡村经营、乡村环境、乡村服务等的综合治理。运用"村民微信群""乡村公众号"等，基层党务、政务、村务信息公开。便民互动的数字化监督平台，促进农村基层权力规范运行。实施"雪亮工程"，深化平安乡村建设。推进"互联网＋公共法律服务"，建设法治乡村。

08 数字乡村重构提升乡村生产生活方式

乡村生产生活融为一体，劳动就是生活，生活就是劳动。数字乡村，让农民生活更美好。数字乡村触角延伸到乡村众多领域，深刻影响和改变广大农民的生产生活方式和消费方式。"日出而作、日落而息""面朝黄土背朝天"的传统乡村生活成为历史，越来越多的乡村生活因"网"而变，农民生活更美好更便捷。

智能手机"新农具"，智慧种田、智享生活。打开手机，远程"掌控"蔬菜大棚里的温湿度；跟着导航，大农机无人操作精准播种、精准洒药。在"三农"提质增效过程中，以AI引领、5G支撑的智慧农业大显身手，智慧农业利用机器人、无人机进行农药喷洒和农耕操作，农业作业全过程智能化、无人化，解放更多的农村劳动力。

电商网购"新农活"，直销农产品、直购消费品。村民乐享"网上购物、货到家门"。网上下单，城里人买到千里之外的乡村特产。一根网线，让一件件商品"飞"进农家。网上购物，"有啥买啥"变成"啥好买啥"，坐在家里就"逛"全国。农村居民线上购买生活用品、农资农具、生产经营服务。网络消费作为一种新型消费形式走进农村千家万户。网购改善农村消费环境，激发农村居民消费需求。

线上服务"新场景"，云上问诊、云上听课。智慧化场景融入乡村生活。一根网线连起城乡，医疗、教育等优质公共资源下沉，走进农家。智慧医疗让乡村卫生院连上大医院，借助医联体建设实行远程会诊、远程影像诊断，分级诊断、便民服务等一网覆盖。农村居民"云上"问诊看病，在家门口享受优质医疗资源。"互联网+医疗"缓解"看病难""看病贵"的问题。智慧教育应用5GVR教学、5G人工智能教育、5G远程互动教学，让乡村课程更生动直观，农村居民在家上网课、学农技，还可享受网络娱乐、网络视听内容等消费。

视频直播"新手艺"，既"富脑袋"，又吃"文化饭"。通过手机视频直播，老手艺焕发新生机，民间技艺、习俗等乡村优秀传统文化"活"起来。许多农民靠直播"流量"赚钱，靠文化"吃饭"。短视频直播唤醒沉睡的乡村文化，乡村文物、非物质文化遗产、地方戏曲剧种、农耕文明等优秀乡村文化资源数字化，乡土文化留得住、传下去，为乡村文化振兴注入新动能。

第三节　数字乡村建设在"希望的田野"上

数字乡村是新时代农业农村数字化发展的总体布局，是数字中国战略的重要组成部分，是新时代经济社会发展的重要战略目标。数字乡村建设根据乡村发展实际，把握农业农村发展客观规律，按照"产业兴旺、生态宜居、乡风文明、治理有效、生活富裕"的总要求，围绕"农业强、农村美、农民富"的战略目标，探索乡村数字化转型和发展的新模式，重构乡村现代经济发展形态，打造乡村治理数字化新模式，实现乡村产业数字化、乡村治理智能化、乡村服务网络化、乡村生活智慧化。数字乡村建设具有广阔的发展空间，呈现美好发展前景。2019年5月中共中央办公厅、国务院办公厅发布的《数字乡村发展战略纲要》提出，到2020年，数字乡村建设取得初步进展，农村互联网普及率明显提升，农村数字经济快速发展；到2025年，数字乡村建设取得重大进展，乡村4G深化普及、5G创新应用，城乡"数字鸿沟"明显缩小，基本形成乡村智慧物流配送体系，乡村网络文化繁荣发展，乡村数字治理体系日趋完善；到2035年，数字乡村建设取得长足进展，城乡"数字鸿沟"大幅缩小，农民数字化素养显著提升，农业农村现代化基本实现，城乡基本公共服务均等化基本实现，乡村治理体系和治理能力现代化基本实现，生态宜居的美丽乡村基本实现；到21世纪中叶，全面建成数字乡村，助力乡村全面振兴，全面实现农业强、农村美、农民富。

数字乡村建设是涉及乡村经济建设、政治建设、文化建设、社会建设、生态文明建设的系统工程，对建设数字中国、构建新发展格局、推动高质量发展、加快现代化进程、促进共同富裕等具有全局性、战略性意义，对乡村全面振兴、农业农村现代化、乡村治理现代化等具有基础性、创新性支撑作用。

01 数字乡村建设加快乡村全面振兴

我国发展不平衡不充分问题在乡村最为突出，农产品阶段性供过于求和供给不足并存，农民适应生产力发展和市场竞争的能力不足，农村基础设施和民生领域欠账较多，城乡之间要素合理流动机制亟待健全。实施乡村振兴战略就是要坚持优先发展农业农村，深化农业供给侧结构性改革，构建现代农业产业体系、生产体系、经营体系，全面推进乡村振兴，走中国特色社会主义乡村振兴道路，让农业成为有奔头的产业，让农民成为有吸引力的职业，让农村成为安居乐业的美丽家园。数字技术具有广泛连接性、普惠包容性、应用精准性，已成为数字时代助农兴农的新利器。建设数字乡村既是乡村振兴的重要目标，又是乡村振兴的重要途径。数字乡村建设之路就是乡村振兴之路，数字乡村建成之日就是乡村振兴之时。

数字乡村赋能乡村产业振兴。乡村振兴，产业振兴是源头和基础。只有产业兴旺，才能吸引资源、留住人才；只有经济兴盛，才能富裕农民、繁荣乡村。大力发展数字化资源整合平台、全产业链融合平台、科学技术研发服务平台、成果转化服务平台、标准化制定服务平台，打通数字化"研、产、供、销"全链路，延伸产业链、贯通供应链、提升价值链，加快发展乡村数字经济，全面提升农业生产经营数字化水平，大力提升乡村数字化生产力。

数字乡村赋能乡村人才振兴。乡村振兴关键在人、在人才。把人力资本开发放在首要位置，加强农民数字素养与技能培训，加快培育新型农业经营主体和新型职业农民，激励各类人才在农村广阔天地大施所能、大展才华、大显身手，培养一批懂信息技术、懂电子商务、懂新营销渠道、懂智慧农业的"新农人"队伍,让农村居民充分享受"数字红利"。

数字乡村赋能乡村文化振兴。中华文明根植于农耕文化,乡村是中华文明的基本载体。乡村振兴,乡风文明是保障。推动乡村文化数字化发展,加强乡村特色文化资源和非遗资源开发利用,打造数字化文化新产品,发展数字乡村文化新业态,带动特色手工艺品制作、传统文化展示表演和乡村文化旅游。深入挖掘农耕文化蕴含的优秀思想观念、人文精神、道德规范,培育文明乡风、良好家风、淳朴民风,改善农民精神风貌,提高乡村社会文明程度,焕发乡风文明新气象。

数字乡村赋能乡村生态振兴。农业是生态产品的重要供给者,乡村是生态涵养的主体区,生态是乡村最大的发展优势。乡村振兴,生态宜居是关键。实施智慧绿色乡村建设行动,统筹山水林田湖草系统治理,加强农村人居环境整治,推行乡村绿色发展方式,依托山水生态、田园风光、传统村落、民俗文化等,发展森林旅游、森林康养等生态产业,推动建成一批绿色生态产业基地,构建人与自然和谐共生的乡村发展新格局,打造农民安居乐业的美丽家园,实现百姓富、生态美的统一。

数字乡村赋能乡村组织振兴。社会治理的基础在基层,薄弱环节在乡村。乡村振兴,治理有效是基础。运用数字技术,整合乡村治理主体,聚合乡村治理力量,创新乡村治理方法,建强乡村基层组织,培育农民合作经济组织,打造千千万万个坚强的农村基层党组织,培养千千万万名优秀的农村基层党组织书记,发展千千万万个新型乡村产业组织,建立健全党委领导、政府负责、社会协同、公众参与、法治保障的现代乡村社会治理体制。

02 数字乡村建设加快农业农村现代化

推进农业农村现代化是全面建设社会主义现代化国家的重大任

务，是推动农业农村高质量发展的必然选择。数字乡村是伴随网络化、信息化和数字化在农业农村经济社会发展中应用，依托农民现代数字技能提高而内生的农业农村现代化发展和转型过程。信息化、数字化、网络化、智能化的进程和水平决定农业农村现代化的进程和水平。坚持以推动高质量发展为主题，坚持数字乡村建设与农业农村发展"同频共振"、互融共进，坚持农业现代化与农村现代化一体设计、一体推进，加快形成工农互促、城乡互补、协调发展、共同繁荣的新型工农城乡关系，促进农业高质高效、乡村宜居宜业、农民富裕富足。

数字乡村建设加快农业现代化。农业现代化的出路在数字化。农业生产向数字化、网络化、智能化方向发展趋势明显。全球以信息化、网络化、数字化、智能化为主要特征的智慧农业正在快速发展，日本、英国、美国、澳大利亚等国陆续搭建无人农场，实现农业生产高效运转，大大提高农业生产率。我国农业现代化差距明显。要通过数字乡村建设，推动物联网、大数据、人工智能、区块链等新一代信息技术与农业生产经营深度融合，建立以"信息感知、定量决策、智能控制、精准投入、个性服务"为特征的农业智能生产技术体系、农业知识智能服务体系和智能农业产业体系，大力发展智慧农田、智慧农场、智慧牧场、智慧渔场、智慧植物工厂、智慧果园、农业装备智能工厂、农产品加工智能车间和农产品绿色智能供应链等，构建高效能、高效率、高效益的农业生产经营方式，实现"电脑替代人脑""机器替代人力"。建立天空地一体的数字化技术体系、监测体系、应用体系，使数字化业态从种子到食品、从田间到餐桌、从绿水青山到餐饮民宿做到高效协同。

数字乡村建设加快农村现代化。数字乡村建设带动和提升农业农村现代化水平。农业农村部2021年底发布的数据显示，2020年，全国县域政务服务在线办事率为66.4%，县级农业农村信息化管理服务机构覆盖率为78.0%，"雪亮工程"行政村覆盖率为77.0%。提升乡村数字化产品质量和服务水平的空间很大。要通过数字乡村建设，推动数字基础设施和数字公共服务向农村延伸覆盖，构建面向农业生产、农民生活、农村生态、农村商务和基层政务等应用领域全过程、全环节的乡村数字智慧综合管理服务平台，健全线上线下相结合的乡村数字惠民便民服务体系，深化乡村智慧社区建设，加强乡村教育、医疗、文化数字化服务，推进乡村公共服务资源开放共享，促进乡村一二三产业融合发展，实现农业生产与农村生活智慧化，提高农村产业质量、改善乡村社会面貌、提升农民生活品质，促进农业全面升级、农村全面进步、农民全面发展。

数字乡村建设加快绿色低碳化。绿色化、低碳化是农业农村现代化的重要标志。《中国农业绿色发展报告2021》数据显示，2020年我国农业绿色发展指数76.91，国家农业绿色发展先行区领跑全国，绿色发展指数平均达80.38。全国秸秆综合利用率达86%以上，畜禽粪污综合利用率达76%，农膜回收率稳定在80%以上。截至2021年底，全国农村卫生厕所普及率超过70%，生活垃圾进行收运处理的自然村比例稳定在90%以上，农村生活污水治理率达28%左右。农村绿色化、低碳化任务艰巨。要通过数字乡村建设，建立数字化绿色生产体系、数字化环境监测体系、数字化生态环境保护体系，推进农业绿色发展，加强农村生态文明建设，加快形成绿色低碳生产生活方式，实现资源利用更加高效、产地环境更加清洁、生态系统更加稳定，促进人与自然和谐共生，走资源节约、环境友好的可持续发展道路。推动农业农村减排固碳，加强绿色低碳、节能环保的新技术新产品研发和产业化应用，以耕地质量提升、渔业生态养殖等为重点，巩固提升农业生态系统碳汇能力。推动农业产业园区和产业集群循环化改造，开展农业农村可再生能源替代示范。

03 数字乡村建设加快实现共同富裕

共同富裕既是一种全面富裕和全民共富的状态，也是一个共建共富、逐步共富的长期过程。促进共同富裕，最艰巨最繁重的任务依然在农村。没有农民农村的共同富裕就不可能有全体人民的共同富裕。我国拥有最广大的农村和相当数量的农村人口，我国依然是内部收入差距较大的中等收入经济体，农村居民收入整体水平不高，城乡差距、农村内部差距较大。从劳均农业增加值来看，2019年，我国劳均农业增加值为5609美元，是中等偏上收入国家水平的92.8%，是高收入国家水平的13.9%。从基本公共服务来看，农村义务教育质量、公共卫生服务能力、社会保障水平等明显滞后，还远不能适应社会发展需求与农业农村现代化的需要。从农村居民收入看，2021年中国人均GDP达到12551美元，已经接近高收入经济体的门槛，而农村居民人均可支配收入仅为城镇居民的39.9%。

共同富裕重在富裕农民，城乡共富关键在乡村振兴。农民富是在农民生活富裕基础上的城乡共富、乡村共富和农民共富。促进农民农村共同富裕的根本途径在于全面推进乡村振兴。通过数字乡村建设，构建农业高质高效、乡村宜居宜业、农民富裕富足的农业农村现代化新发展格局。畅通信息高速公路，推动数字基础设施享有均等化，注重弥合城乡"数字鸿沟"，加强数字技术基础知识在偏远地区的普及。拓展数字技术的应用场景，数字技术操作过程有机融入乡村日常生活。把"被边缘群体"纳入数字共享链条中，共享数字乡村发展成果。通过发展乡村数字经济，推动更多数字技术深度融合到乡村产业中，发展智能化农业装备，改进农业科技信息服务，加快乡村产业新业态新模式，创造出更多高质量就业岗位，加快农业农村现代化步伐，进一步减少农业从业人口，提升农业劳动生产率，改善农村居民生产生活环境，多渠道增加农民收入，大幅缩小城乡居民收入和生活水平差距，补齐农民农村富裕短板。利用数字网络平台普惠共享的特点优势，连接农户、合作社、农业企业等合作，完善利益分配机制，探索均衡共享发展模式，构建新型乡村产业数字共同体走向共同富裕。推进农村公共服务体系数字化改造，加快发展"互联网+服务"，推动乡村教育、医疗、文化等公共服务线上线下融合，实现优质资源共享，提升服务效能，促进乡村公共服务均等化。充分发挥数字网络的平台作用，健全乡村数字经济治理体系，拓宽乡村群众渠道和丰富方式方法，引导留守村民、外出务工人员、入乡创业人员等群体参与基层治理，在共商共建中促进共同富裕。

04 数字乡村建设加快建设数字中国

建设数字中国和网络强国是我国现代化建设的重要战略目标和重要战略任务。建设数字乡村是建设数字中国的重要内容和重要支撑。城乡融合发展是数字乡村发展的必然趋势。乡村是数字经济发展新蓝海，正成为城市之后数字技术渗透经济社会应用场景的必然选择。数字乡村建设是数字中国建设的"最后一公里"。要坚持城乡融合，统筹数字乡村建设与智慧城市建设，创新城乡数字化融合发展体制机制，加快推进智慧城市建设向乡村拓展，引导城市网络、信息、技术和人才等资源向乡村流动，充分发挥网络、数据、技术和知识等新要素的作用，激活乡村主体、激活乡村要素、激活乡村市场，激发数字乡村发展内生动力，用数字化、网络化、智能化推动城乡生产空间、生活空间、生态空间数据云对接，缩小城乡数字鸿沟和区域差异，以数字化引领城乡一体化发展。通过数字乡村建设，加快推进农村地区尤其是偏远或欠发达地区的乡村宽带通信网、移动互联网和数字电视网络建设，加快实施5G等新型基础设施建设工程，加快推进广播电视基础设施建设和升级改造，推进普及乡村无线网络的建设工程，提高全国乡村网络覆盖率。加快推动能源基础设施智能化改造，加快推动农村地区水利电力基础设施、农业生产相关基础设施的数字化、智能化转型。

05 数字乡村建设加快构建新发展格局

在构建新发展格局中，广阔的农村市场是扩大内需的战略基点，全面现代化最繁重的任务集中在乡村，国内大循环最艰巨的任务集中在乡村。乡村各类主体发展不平衡、小农户分享农业现代化成果不充分、农民增收渠道拓展不充分、城乡资源配置不平衡、农民权益享受不充分等现实问题，严重影响国民经济内循环畅通。乡村具有辽阔的区域空间和生态优势，是最大的潜在内需市场，是最具活力的战略发展空间。乡村承接城市辐射与带动，供给城市资源与要素，是乡村数字化和农业农村现代化的空间载体。数字乡村建设是加快构建新发展格局的重要支撑。

数字乡村建设有助于形成强大有效市场供给。数字乡村建设推动农业数字化转型，通过科技创新和数字技术应用，打通农业生产中的堵点，助推农业高质量发展，在市场供给方面实现突破。充分利用数字技术，发展生态经济、休闲文旅产业，形成农村经济新业态，突破产业瓶颈、加强创新供给，有效提升供给能力。数字乡村社会建设致力于提供城乡统一的智慧公共服务，提升农村人口质量，优化农村劳动力供给，有利于劳动力要素畅通有序流动。数字技术助推构建农村宅基地、建设用地、农业用地等资源资产的数据管理平台，畅通城乡之间、产业之间的资源资产要素流通渠道，穿透城乡经济循环中的堵点，形成强大有效的生产供给体系。

数字乡村建设有助于形成强大市场和需求。推动数字乡村建设，可以利用财政投入进行乡村信息基础设施建设，创造就业机会，增加农民收入，扩大市场需求；数字乡村经发展催生大量的经济新业态，推动乡村产业重构，激发产业发展活力，促进一二三产业融合发展，带来就业岗位的增加；乡村居民可以运用数字技术，通过电商平台购置商品，使得乡村居民的消费产品种类越来越丰富，消费方式网络化程度逐步提高，消费层次稳步提升，内需潜力得到有效释放，有利于推动超大规模的国内市场进一步形成。

数字乡村建设有助于畅通城乡经济循环。数字乡村建设加快提供与城市地区无差别的网络质量和速率，使城乡间的普及率差距显著缩小。数字乡村加快公共服务向农村延伸、社会事业向农村覆盖，加快城乡要素双向流动，推进农业发展与工业发展对接，推进农村发展与城镇发展对接，推进农村资源要素与城市资源要素对接，推进资源利用与环境保护对接，使乡村优美环境、人文风俗、历史文化、特色资源等在空间上集聚，优化城乡空间区域布局。通过数字乡村空间，吸引社会资本投资农村重点工程，激活农村集体资产，促进农业从单一产业向三产融合发展，畅通城乡联动的国内经济大循环。

06 数字乡村建设加快乡村治理现代化

数字乡村是一种乡土社会，它作为数字文明时代的一种乡村类型，区别于农业文明、工业文明时代的传统村落，乡村的生产、生活、生态空间呈现信息化、数字化特征；数字乡村又是一种社会变迁，随着数字技术的不断更新变化，乡村经济社会发展的理念、制度、手段也持续网络化、数字化、智能化。数字乡村重组乡村社会关系、重塑乡村社会结构、重构乡村社会秩序、重建乡村治理机制。数字化是乡村社会的连接器，是乡村治理现代化的助推器。推进乡村治理多元主体化。组织村民、社会组织、企事业单位等共同参与乡村治理，构建乡村治理共同体，多元主体各有定位、各司其职，产生"1+1>2"的协同效应。推进乡村治理内容线上化。数字乡村要求乡村党务、村务、财务等公共事务在网络信息平台上公开，接受群众监督，有利于增进群众对基层干部的信任，构建和谐干群关系。推进乡村治理方式数字化。通过大数据、云计算、人工智能、区块链等数字化新技术和新业态，提高农村居民对教育、就业、养老、医疗等公共服务自动化的可及性。用数字化技术对农村个体、组织的思想、心理、行为规律进行科学分析与预测，有利于把乡村社会矛盾与冲突解决在萌芽状态，使乡村治理模式由"矛盾激化—救火维稳"转向"主动预防—积极创和"。推进乡村服务平台化。建立基层党组织管理的数字化平台，建立健全党员信息数据库，建立健全网上服务型党组织，走好网上群众路线，更好服务党员服务群众，接受群众监督。利用"互联网＋公共服务"平台，建立城乡公共服务的融合机制，建立农村公共服务供给主体协同机制，通过农村公共服务智能化供给，提高农民办事便捷程度，促进服务供需两端精准匹配，提升乡村公共服务水平。

· 第十二章 ·

数字化新媒体
——数字喉舌

第十二章

数字化新媒体——数字喉舌

　　媒体是传播信息的媒介。国际电信联盟把媒体分成感觉媒体、表示媒体、表现媒体、存储媒体、传输媒体5类。传统媒体主要是电视、广播、报纸、期刊（杂志）。以纸质为媒介的报刊为第一媒体，以电波为媒介的广播是第二媒体，以图像为媒介的电视是第三媒体，以数字网络为媒介的电子媒体是第四媒体。从"口与耳""纸与笔""铅与火"，到"光与电""数与网"，每一次媒介演变都伴随着技术进步。科学技术发展，逐渐衍生出新的媒体。新媒体经历精英媒体阶段、大众媒体阶段、个人媒体阶段。大数据、人工智能、物联网等新技术发展，把媒体带入到数字化、智能化时代。数字化新媒体是指利用数字技术、网络技术和移动通信技术，通过互联网、宽带局域网、无线通信网和卫星等渠道，以电视、电脑和手机等作为主要输出终端，向用户提供视频、音频、语音数据服务、连线游戏、远程教育等集成信息和娱乐服务的传播形态。"新媒体"与"传统媒体"相对应，以数字和网络技术为支撑，利用其大容量、实时性和交互性，跨越地理界线最终得以实现全球化的媒体。数字化新媒体的最大特点是打破媒介之间的壁垒，消融媒体介质之间，地域、行政之间，甚至传播者与接受者之间的边界。数字化新媒体主要是手机媒体、数字电视、互联网新媒体、户外新媒体，互联网新媒体包括网络电视、博客、播客、视频、电子杂志等。新媒体被称为陆、海、空、天之外，人类活动的"第五空间"。

数字时代，舆论传播从传播方式、传播渠道到传播速度都在发生深刻变革，带来媒体格局、舆论生态、受众对象、传播技术深刻变化，迎来全程媒体、全息媒体、全员媒体、全效媒体的全媒体时代。传统媒体和新兴媒体不是取代关系，而是迭代关系；不是谁主谁次，而是此长彼长；不是谁强谁弱，而是优势互补。媒体融合是时代所向、大势所趋。媒体融合发展是当今世界媒体发展的新趋势，是传统媒体在数字革命大潮中提升整体实力和核心竞争力、建设全媒体的创新发展之路。坚持一体化发展方向，推动传统媒体和新兴媒体在内容、渠道、平台、经营、管理等方面深度融合，着力打造一批形态多样、手段先进、具有强大影响力和竞争力的新型主流媒体，建成几家拥有强大实力和传播力、公信力、影响力的新型媒体集团，形成立体多样、融合发展的现代传播体系。

第一节　新媒体坚持主流媒体的正确舆论导向

导向是所有媒体的根本。无论媒体形态如何演变，媒体发展各个方面、各个环节都必须坚持正确舆论导向。传播即权力，权力掌握在谁手里，谁就有可能掌控整个舆论生态、媒体格局以及传播方式。在复杂的舆论环境中，主流媒体在提升内容品质、拓宽传播阵地、增强价值输出、完善表达形态的过程中，以主流内容、主流舆论、主流价值凝聚起媒体"主流优势"，起到正本清源、守正创新的主导作用，是媒体的"主心骨"。内容优势、专业优势是主流媒体的"看家本领"，很大程度上决定媒体的正确舆论导向和融合发展方向。新媒体必须在与主流媒体融合发展中，坚持正确政治方向、舆论导向和价值取向，坚持马克思主义新闻观，坚持团结稳定鼓劲、正面宣传为主，唱响主旋律，激发正能量，发展壮大主流媒体，巩固和壮大主流思想舆论，不断增强舆论传播力、引导力、影响力、公信力，让党的声音传得更开、传得更广、传得更深入。

01 传播主流内容

媒体的作用在于传递信息，不管传播方式、舆论生态发生多大变化，内容生产始终是媒体生存发展的根本。全媒体时代，各类信息无处不在，思想深刻、见解独到、价值独特的优质内容依然稀缺。只有做好内容建设，媒体才能提升传播力、引导力、影响力、公信力。传播形态变化，受众对优质内容的需求没有变，"内容为王"的根本准则没有变。全媒体时代众声喧哗，主流内容"定盘星"作用越来越突出，往往起到"一锤定音"的效果、发挥"中流砥柱"的作用。越是传播方式多样化，越要坚持内容为王；越是信息海量供给，越要增强"内容为王"的定力。坚守优质内容为本，坚持内容创新，注重内容建设，保持内容定力，专注内容质量，扩大优质内容产能，创新内容表现形式，提升内容传播效果。通过对优秀内容的生产和传播，以好渠道推广好内容、以好内容壮大好渠道，做主流内容的"放大器"，让主流内容被更多用户"读到""看到""听到"。

内容创新是新媒体的价值所在。面对媒体融合的大潮，传播格局需要不断创新，敢于进军新的舆论阵地；话题与内容需要不断创新，始终保持与时代对话的能力；表达形式需要不断创新，以更丰富的表达、更鲜活的语言吸引更多受众。对新媒体来说，内容创新、形式创新、手段创新都重要，内容创新是根本的。媒体及时提供更多真实客观、观点鲜明的信息内容，通过理念、内容、形式、方法、手段等创新，大力提升正面宣传质量和水平。把握好"守正"与"创新"的关系。守正，守的是思想之正、价值之正、表达之正；创新，创的是内容之新、形式之新、表达之新。准确、权威的信息不及时传播，虚假、歪曲的信息就会搞乱人心；积极、正确的思想舆论不发展壮大，消极、错误的言论观点就会肆虐泛滥。通过创新内容、创新形式、创新表达、创新传播，发展壮大积极、正确的思想舆论。

创新传播主流内容，正能量和大流量产生同频共振。新媒体应该坚守"权威声音、主流价值、清新表达"的传播定位，把新闻的权威性、严肃性和传播方式的时尚性、创新性结合起来，创造新形态、新场景、新表达，增强内容供给的精准性、契合度，提供更多个性化、特色化新闻信息产品，积极发展互动式、服务式、体验式新闻信息服务，努力把有思想有温度有品质的正能量精品转化为澎湃的大流量。从拼数量向拼质量转变，从聚流量向聚人心跨越，以内容优势赢得发展优势。

02 壮大主流舆论

"舆论"是指民心、反映人心的词，起着主导社会风向反映民生情怀的作用。在人人都有麦克风、扩音器的新媒体时代，人们思想活动独立性、选择性、多变性、差异性日益增强，新媒体日益成为思想文化信息集散地和社会舆论放大器，社会生活中舆论生态多元多样多变已是一种新常态。面对"舆论广场"，需要"舆论主场"，越是百舸争流、众声喧哗，越需要黄钟大吕、激浊扬清，需要有主旋律来定音、导航、正向，更需要用正能量来暖心、凝神、聚力。主流舆论如同船上的舵手、塔上的明灯，指引着舆论之舰，起着定音鼓、稳定器、压舱石作用。

新媒体是党的舆论工作的新阵地，已经成为舆论竞争的主战场。新闻有与生俱来的倾向性，舆论有天然的导向功能。媒体的所有内容都有导向，报什么，不报什么，怎么报都包含着立场、观点、态度。

不论是"无心插柳"还是"有意栽花",导向都存乎其中。坚持正确舆论导向没有性质之分、类型之别、内容之异,做到全平台、全领域、全流程、全员讲导向,是统一共性要求而非特殊个别要求,是同一标尺而非双重标准,任何媒体、任何领域、任何内容都不能置身其外。所有媒体都应坚持正确舆论导向。各级党报党刊、电台电视台要讲导向,都市类报刊、新媒体也要讲导向;新闻报道要讲导向,副刊、专题节目、广告宣传也要讲导向;时政新闻要讲导向,娱乐类、社会类新闻也要讲导向;国内新闻报道要讲导向,国际新闻报道也要讲导向。新媒体必须坚持导向思维,以导向为根本、视导向为生命,构建网上网下一体、内宣外宣联动的主流舆论格局。突出做好习近平新时代中国特色社会主义思想的新闻宣传,精心组织主题宣传、形势宣传、成就宣传、典型宣传,更好强信心、聚民心、暖人心、筑同心。必须自觉统筹运用理论与舆论两种资源,思想理论以舆论为"瞭望哨",舆论以思想理论为"风向标",坚持"陈情"和"说理"结合,用理论之"镜"观照解析实践之"象",讲好故事、传递好声音,提高舆论引导的思想含量、理论底蕴,促进理论舆论同频共振,在同向发力中释放正能量。

互联网是最大的舆论场,也是容量最大、传播速度最快的信息集散地。必须建好用好管好网上舆论阵地。把党管媒体原则贯彻到新媒体领域,坚持正能量是总要求、管得住是硬道理、用得好是真本事。压实网络平台主体责任、属地管理和主管主办责任,加强和改进内容监管。强化对网络平台的分级分类管理,加快完善平台企业数据收集、使用、管理等方面的法律规范,重点管好影响力大、用户数多的网络新技术新应用。规范建设运营政府和其他公共服务部门新媒体,提高政务信息发布质量。完善互联网管理法律法规,强化新闻信息采编转载管理,规范网站转载行为和网络转载版权秩序。加强网络信息内容生态治理,打击网络谣言、有害信息、虚假新闻、网络敲诈、网络水军、有偿删帖等违法违规行为。

03 弘扬主流价值

新媒体时代，受众的独立性、多变性、差异性更强，利益价值更趋多元化，更需以共鸣求取共识，在不同群体、不同对象中夯实推进共识的基础。无论舆论环境、媒体格局、传播方式如何变化，新媒体必须坚决抵制所谓"社会公器""第四权力"等错误观点，体现鲜明的政治立场、价值立场，坚持反映党的主张和人民心声、反映社会主流价值，做党的政策主张的传播者、时代风云的记录者、社会进步的推动者、公平正义的守望者。强化价值引领，用社会责任规范内容生产，以优质平台聚合思想力量，以价值含量驾驭信息流量，让纷呈迭出的新媒体产品始终围绕中心、服务大局，弘扬真善美、鞭挞假恶丑，广泛凝聚社会共识，引导人们分清对错、好坏、善恶、美丑，激发人们向上向善的精神力量。把握好"共鸣"与"共识"的关系，以"最大公约数"凝聚最大共识。这不是迎合某一部分人的情绪、态度，而是激发有效的观点资源，找到观念认识的共同点、利益关系的交汇点。用事实的力量、逻辑的力量、表达的力量、思想的力量说服人、感染人，促进主动思考、达成广泛共识，扩大"共鸣边界"，扩大"共识范围"。围绕党和国家工作重点，在说服中因势利导；把握社会舆论关注焦点，在引导中凝聚共识；把握现实利益诉求热点，在交流中掌握话语权。新媒体应以主流价值为"圆点"，不随俗逐声，不为流量而弃质量，全力画好凝聚正能量的"同心圆"，努力成为与党同频、与人民同心的"心"媒体。

全媒体时代，渠道可以改变、平台可以拓展、形式可以创新，但思想观点的核心竞争力没有改变，也不会改变。主流声音、主流价值在任何时候都是刚需。新媒体贴近读者而不是迎合读者，赢得流量而不是"讨好"流量。新媒体除了有成熟的平台、海量的用户、开放的内容，还必须有自己独特的筛选和推荐机制。目前一些市场化新媒体平台的"精准推送"是工具理性取代价值理性。过于商业化的"流量崇拜"势必贬损和消解媒体的公共性。在流量、质量和工作量之间，新媒体如何抉择，很大程度上决定着新媒体的主流价值取向。新媒体应当追求有价值有质量的流量，积极研发"主流算法"探索引擎，更多地推出自己具有鲜明导向、不掺杂任何商业企图的主流算法，用主流价值驾驭"算法"，用主流价值引领社会价值，让党的声音传得更广更远、让主流价值更加深入人心。

第二节　新媒体增强融媒体的平台服务功能

在全媒体传播体系中，传播者就是服务者。融合型媒体、服务型媒体是新媒体发展的两大方向，融合是创新媒体形态，服务是拓展媒体功能。融媒体是充分利用媒介载体，把广播、电视、报纸等既有共同点又有互补性的不同媒体，在人力、内容、宣传等方面进行全面整合，实现"资源通融、内容兼容、宣传互融、利益共融"的新型媒体。融媒体的理想形态是成为集信息、商务、政务、民生等为一体的强大主流平台。

新媒体最大的特点，就是信息产出者和阅读者更具有交互性与即时性，信息内容更具有海量性，传播领域更为个性化与社群化。新媒体、融媒体实质就是一个数字媒体综合服务平台，具有舆论导向、信息服务、社会治理、文化传承等多重功能。服务群众是新媒体最根本的功能。把新媒体打造为新型服务者，把人民作为服务对象，满足人民过上美好生活的新期待，提供丰富的精神食粮。媒体融合发展为增强人民群众在全媒体时代的获得感幸福感安全感开辟了新空间。媒体融合是数字技术和互联网技术导引下的传媒业再造过程，催生诸多新的传播方式和传媒形态，形成移动设备客户端、电子阅报栏等更贴近人民群众、更方便人民群众使用的数字化融合传播终端，使精神文化产品消费更加丰富多样、便捷高效。

导向是发展之魂，内容是优势之本，技术是活力之源。新媒体功能作用大小、服务效能高低、受众认可程度都取决于引导力、传播力、影响力、公信力。传播力是基础，关系媒体的生存发展。从媒体的角度看，传播力取决于信息的发布量、传播速度和覆盖面等因素；从公众的角度看，传播力涉及阅读量、访问人数、访问频次、停留时长以及被转发量等指标。正向的引导效果能够给影响力、公信力加分，反之则会削弱新闻舆论的影响力和公信力。影响力的大小与传播力和引导力的强弱呈正相关关系，是衡量和检验传播力、引导力的重要指标，传播力和引导力则共同影响着影响力。影响力是公信力的表征，正面的影响力使公信力增值。公信力的有无和大小取决于媒体与公众之间关系的变化，与公众的忠诚度和黏着度呈正相关关系。增强新媒体的综合服务功能，提升新媒体的引导力、传播力、影响力、公信力，关键在创新力、融合度、覆盖面。

01 增强媒体创新力

新媒体之新是全面创新，融媒体之融是融合创新。媒体融合是在坚持正确方向下传统主流媒体占领新兴传播阵地的融合。一般认为，媒体融合的实施主体是传统主流媒体，适应分众化、差异化传播趋势，其通过制度创新、新技术运用、内容革新、渠道优化等路径，主动借助新媒体传播优势，实现向新兴媒体转型升级，加快构建舆论引导新格局。在新媒体传播体系中，以优质内容增强吸引力和竞争力，及时回应网民关切、满足网民需求；以先进技术支撑内容呈现，加强5G、人工智能、区块链等新技术应用，让人们对优质内容读得进、听得清、看得畅，不断提升传播效果；以优化管理手段提高效率、降低成本，建立有效的管理制度，确保系统高效运转。把内容创新、技术创新、管理创新深度融合起来，有效提升舆论引导水平，掌握新闻舆论工作的主动权，更好地传播主流价值观。

理念创新与思路创新。坚持"人民至上"的价值追求和"群众路线"根本方法，遵循新闻传播规律和新兴媒体发展规律，转变观念，强化互联网思维和受众思维。全媒体时代，媒体融合发展要适应新兴媒体平等交流、互动传播的特点，改变单向传播、受众被动接受的方式，树立受众观念，注重受众体验，把"媒体想讲的"转化为"受众想听的"，把"受众想说的"融入"媒体所讲的"，满足受众多样化、个性化的信息需求；适应新兴媒体即时传播、海量传播的特点，树立抢占先机意识，高度重视首创首发首播，充分挖掘和整合信息资源，在信息传播中占据主动，赢得优势；适应新兴媒体充分开放、充分竞争的特点，立足全球视野，强化受众观念，提高核心竞争能力。新媒体在组织架构上注重媒体的平台化；在流程再造上注重移动优先化；在内容与渠道上采取社会化传播策略；推进媒介融合向纵深发展，将互联网思维应用于媒体发展实践中，通过流程再造、平台延展，实现各种新闻资源的有效整合，进而实现内容、技术和管理的最佳匹配。

内容创新与技术创新。新媒体不仅要有新理念、新思路，更要用新技术、新方法。新技术成为关键因素，技术创新是推动媒体融合发展的"金钥匙"。全媒体时代，技术进步、万物皆媒。新技术不仅改变受众的观看方式，而且带来内容生产的深刻变革。以5G云网、智能终端、超高清视频、扩展现实、人工智能等为代表的新一代技术，朝着智能化、数字化、可视化、移动化方向发展，为媒体行业用户分析、内容生产、分发传播和体验互动带来全新可能。新媒体要实现生存与发展，必须顺应技术变革浪潮，坚持"技术优先"，强化技术创新，实现"技术领先"，以技术创新驱动内容创新。技术赋能内容，内容引领价值导向。实施"内容＋技术"双轮驱动创新模式，强化技术支撑，优化技术连接，释放技术红利，让技术之光照亮媒体融合发展之路，不断深化新媒体自我革命。主流媒体要以强烈的紧迫感抢占技术风口，主攻短视频、直播、数据新闻，打造全媒体传播新优势。以平台集成先进适用技术，替代碎片化技术嵌入、短期化项目建设；以市场化机制引入新的技术，整合各类资源，重构技术布局；推动生产方式提档升级，把AR、机器人写作、大数据等新技术用起来，激发更大生产力。瞄准新技术新趋势进行重点布局、全局重塑，努力打造大数据信息资源平台、智能生产和传播平台、用户沉淀平台，把功能强大的数据平台作为运行各项业务的基础，让技术系统支撑有力，实现一次采编、多层加工、多元适配，切实提升新闻信息的加工速度和传播时效，最大限度满足受众用户的多元化需求。借力技术手段打造多介质、多元化的平台渠道，终端效果是连接用户、连接应用场景、连接传与受的双向互动，着力构建与采编发相匹配、与内容生产传播相适应的媒体传播矩阵和接受端口，真正实现多屏合一、一体辐射的即时互动，释放资源通融、内容兼容、宣传互融、利益共融的媒体融合"红利"。

体制创新与政策创新。政策作为一种社会治理工具，决定着公共资源的配置。当前，人类社会已经进入移动互联网时代，我国移动新闻用户超过5亿，占网民总数的70%以上。随着5G、人工智能、可穿戴设备等技术的演进，移动媒体必将进入加速发展的新阶段。利用政策引导媒体融合发展，指引体制机制创新方向，就要顺应移动化大趋势，强化移动优先意识，实施移动优先战略。必须坚持事业发展与体制创新结合，深化体制机制改革，改革创新管理机制，配套落实政策措施，统筹处理好媒体融合主体之间的关系，打造合理完备的全媒体传播链条，形成协同高效的全媒体传播体系。新型主流媒体一方面是以传播党中央声音、凝聚社会共识为目标的事业型媒体，另一方面也是以市场方式配置资源的产业型媒体。新型主流媒体需要不断创新体制机制，把社会效益放在首位，合理统筹社会效益与经济效益，达到既叫好又叫座的效果。主动适应并把握新媒体迅猛发展的大势，变革新闻生产方式和信息传播模式，打造紧跟科技前沿的融媒体技术体系，构建完整的媒介生态链条，实现新闻价值和传播效果的有机平衡，在移动互联时代牢牢占据舆论阵地，服务受众、引领导向。

02 提升媒体融合度

5G、云计算、大数据、物联网、人工智能等新技术迅猛发展，催生出全程媒体、全息媒体、全员媒体、全效媒体，赋予媒体新的时代内涵和发展空间。媒体融合发展是一场重大而深刻的变革，由表及里，深入到媒体生产的每个流程和环节。媒体融合发展从相加阶段已经迈向相融阶段，从"你是你、我是我"变成"你中有我、我中有你"，进而变成"你就是我、我就是你"，向着"融为一体、合而为一"迈进。2022年4月，国家信息中心发布的《2021中国网络媒体发展报告》指出，网络新媒体呈现出更科技、更开放、更实效的三大特征，"更科技"体现在传播平台、传播内容、传播方式等全链条由"数字化"向"数智化"转型；"更开放"体现在对开放性平台与高质量内容的打造上，注重提供定制化及高价值内容，深度整合生态链，优化平台建设，逐步向用户开放；"更实效"体现在媒体功能的延伸，从"新闻宣传"角色逐步向"新闻宣传＋社会服务"角色转变，进一步贴近民生、倾听民意，承担更大责任与更多功能，助力国家治理体系和治理能力现代化。

坚持一体化发展方向。从推进产品融合、渠道融合，到推动平台融合、生态融合，传统媒体和新兴媒体互相依存、优势互补、一体化发展。

坚持以先进技术为支撑、内容建设为根本，推动传统媒体和新兴媒体在内容、渠道、平台、经营、管理等方面的融合向纵深发展，加快全媒体建设，打造新型传播平台，建成新型主流媒体，做大做强主流舆论，扩大主流价值影响力版图。通过流程优化、平台再造，实现各种媒介资源、生产要素有效整合，实现信息内容、技术应用、平台终端、管理手段共融互通，催化融合质变，放大一体效能，打造一批具有强大影响力、竞争力的新型主流媒体。传统媒体加强传播手段建设和创新，发展网站、微博、微信、电子阅报栏、手机报、网络电视等各类新媒体，推动党的声音直接进入各类用户终端，努力占领新的舆论场。

加快全方位融合进程。大胆运用新技术、新机制、新模式，加快融合发展步伐，实现宣传效果的最大化和最优化。策略上，坚持移动优先策略，让主流媒体借助移动传播，构建面向不同用户、满足多样需求的全媒体内容供给体系，实现新闻信息内容的"一次性采集、多媒体呈现、多渠道发布"，提升个性化生产、可视化呈现、智能化推送、互动化传播水平，为用户和受众提供更多短视频、微动漫、动新闻等微传播、轻量化产品，牢牢占据舆论引导、思想引领、文化传承、服务人民的传播制高点。技术上，探索将人工智能运用在新闻采集、生产、分发、接收、反馈中，全面提高舆论引导能力，提升技术治网能力和水平，规范数据资源利用，防范大数据等新技术带来的风险；体系上，统筹处理好传统媒体和新兴媒体、中央媒体和地方媒体、主流媒体和商业平台、大众化媒体和专业性媒体的关系，形成资源集约、结构合理、差异发展、协同高效的全媒体传播体系；要素上，构建管理扁平化、功能集中化、产品全媒化的融合发展体制机制，更好地吸纳资本、吸引人才，实现技术、资本、人才等各种要素优化整合；组织管理上，从维护国家政治安全、文化安全、意识形态安全的高度，加强新兴媒体管理，使全媒体传播在法治轨道上运行，使网络空间更加清朗。

03 扩大媒体覆盖面

媒体不仅是信息的提供者和传播者，而且在国家治理中发挥着重要作用，通过通达社情民意、传递主流声音、实现党心民意同频共振等提升和优化治理效能。在移动互联时代，"终端随人走、信息围人转"是传播的鲜明特征。一体化发展突出全媒体融合，提升新媒体传播力；科学化布局突出扩大媒体覆盖广度、拓展媒体服务范围、创新媒体多种功能，提升新媒体影响力。在全媒体传播体系中，新媒体既是大众传播、群体传播、组织传播、人际传播交叉叠加的传播网络，又是集信息传播、社交网络、政务服务等功能于一体的"全服务平台"，具有政务服务、群众诉求表达、电子商务、在线教育、在线医疗、在线娱乐等服务功能，已经深深嵌入整个社会结构之中，对经济社会发展和社会治理的影响越来越突出。

媒体成网扩大地域覆盖面。坚持资源集约、结构合理、差异发展、协同高效的原则，建立起适应全媒体生产传播的一体化组织架构，完善中央媒体、省级媒体、市级媒体和县级融媒体中心四级融合发展布局。从中央到地方，新闻单位探索适合自身的媒体融合发展路径，纷纷整合内部组织架构，设立全媒体或融媒体机构，新闻客户端、微博账号、微信公众号、手机报、移动电视、网络电台等不断涌现，传统媒体与新兴媒体优势互补、此长彼长的态势日益凸显，多媒体传播矩阵初具雏形，实现生产布局合理化与传播渠道全能化"比翼齐飞"。作为推动县级媒体转型升级的战略工程，2018年全面启动的县级融媒体中心建设，致力于打造基层主流舆论阵地、综合服务平台、社区信息枢纽。围绕区域宣传服务重点，构建县域融媒体中心发展体系，推动县级融媒体中心内部融合、县域融合和运营能力的提升。通过县级融媒体中心建设，党报、党刊、党台、党网等主流媒体更深入地向基层拓展，把传播触角延伸到千家万户，把更多更好的信息文化服务和精神文化产品送到社区、农村、边远地区，更好满足广大基层群众对高品质精神文化生活的需要。

服务到家扩大人群覆盖面。新媒体不局限于传统的新闻业务，"智媒+政务+服务+商务+公益"成为媒体深度融合新趋势，平台服务功能更趋多样化。用户是平台的活水，只有更多、更活跃的用户，平台的价值才能得到真正体现。只有了解、贴近用户，从媒体思维转向平台思维，才能更好服务用户。用服务功能吸引用户，用强连接留住用户，聚起最大人气。强化平台与用户的深度连接，营造更利于参与、互动、沟通的环境，以开放平台吸引广大用户参与信息生产传播，生产群众更喜爱的内容，建构群众离不开的渠道，增强用户黏性。重视平台的品牌建设、产品建设、数据建设、人才建设，整合媒体内部资源互通，塑造平台的权威感、价值感，增强用户的认同感、归属感。探索"媒体+政务""媒体+服务""媒体+商务"等服务模式，与各类机构跨系统、跨领域融合共享资源与渠道，开展丰富多彩的亲民、便民、利民互动服务，扩大新媒体影响力。

平台到端扩大内容覆盖面。媒体平台由空间平台、业务平台、技术平台组成。空间平台即全媒体新闻大厅，业务平台是一套新的业务流程和运行机制，整合"策、采、编、发、评"全流程，打通和整合"报、网、端、微、屏"多终端；技术平台围绕宣传指挥调度、融媒体中心、移动传播服务三大业务线，研发技术产品体系，覆盖新闻生产全流程。发展网站、微博、微信、电子阅报栏、手机报、网络电视等各类新媒体，拓展到网上、端上、屏上，推动平台向基层拓展、向楼宇延伸、向群众靠近，实现新闻传播的全方位覆盖、全天候延伸、多领域拓展，推动党的声音直接进入各类用户终端，积极发展各种互动式、服务式、体验式新闻信息服务，为人民群众提供更多更好的文化和信息服务。

第三节　新媒体丰富智媒体的虚实场景体验

　　数字信息技术的发展深刻而不可逆转地重塑媒体生态和传播格局。一是由过去的信息稀缺转向注意力稀缺，从人找信息转向信息找人；二是中心化传播与去中心化传播、泛中心化传播并存；三是"我说你听"的单向线性传播转向双向互动、多点散射传播，受众对传播链的参与度越来越高。从本质上讲，是信息生产、传输、接受、反馈方式的变革和创新，倒逼媒体走向智慧，变得聪明，引发这种改变的是技术，驱动这种改变的是数据，最终左右这种改变的是智能。大数据、云计算等为媒体智能化提供技术基础，人工智能、物联网、VR、AR的发展，成为媒体智能化的直接驱动力。万物皆媒、人机共生、自我进化的智媒革命，已然成为新媒体颠覆性的生产模式。技术变得"聪明"，媒体当更"智慧"，进入智媒体时代。智媒体融合不是报、网、端的简单相加，未来用户体验技术、流媒体、手机应用、新平台、人工智能与机器人写作等的广泛应用，更能让受众真切感受新媒体交融带来的全新体验。从机器人写新闻到人工智能"聊"新闻，让读者直接提出需求，推送给读者最想了解的新闻。人机对话模式获取新闻信息使受众感受到全新的阅读体验，真正实现"我的新闻我掌控"，乐享其中。

　　所谓智媒体，是指立足于共享经济，充分发挥个人的认知盈余，基于移动互联、大数据、虚拟现实、人机交互等新技术的自强化的生态系统，形成多元化、可持续的商业模式和盈利模式，实现信息与用户需求的智能匹配的媒体形态。智媒体的本质体现在三个方面：一是智慧，即具有高尚的价值观。媒体作为社会的良心和真相的记录者、传播者，应具有优秀的价值观。具有智慧的媒体可以利用技术手段来甄别假新闻和为用户提供更多、更优质的信息，避免为了达到给自己赚取利益的目的而利用技术手段欺骗用户。二是智能，即能够实现信息智能匹配。在信息过载的时代，用户需要个性化、定制化、精准化的信息，智媒体能够利用大数据和人工智能等技术手段更好地满足用户的需求。三是智力，即智媒体本身能够不断自我演化和发展。智媒体基于机器学习等人工智能技术，具备较高程度的智力，这种智力能够帮助媒体自身自我进化、自我完善、自我发展。

智媒体是在数字化媒体、网络化媒体之后出现的媒体新形态。作为媒体的新业态，智媒体将能够主动发现和自主识别目标受众，根据受众状态、行为、环境、偏好和价值观等多个维度迅速判别受众的实时需求，并自动调用媒体生产与运行的全要素，进行精准内容生产与有效全程传播。智媒体高度依赖以5G为代表的新一代通信技术和机器感知、存储、计算等核心能力的提升，将会在"万物互联"空间中实现自我分析、判断、演进。作为我国智慧媒体领域第一本权威专业的白皮书，《智慧媒体发展白皮书（2019）》从媒体视角切入，提出智慧采集、智慧生产、智慧展现、智慧分发、智慧交互、智慧经营、智慧监管等七个重点发展途径。白皮书预测智慧化转型升级将为媒体生产、分发、管控、运营等各个环节提供强有力的支撑，最终形成技术驱动、智慧赋能、资源共享、协同高效的全媒体传播格局。

01 创造"有我"的参与感

强化智能内容生产，从可知到可感，从可感到可在。传统媒体时代，表达手段局限于图文、声画，媒体解决的是更快捷的"可知"。全媒体时代，不仅能够运用音视频、动画动漫等各类表达方式，还产生VR新闻、移动短视频、H5交互式新闻、无人机新闻等全媒体的表达手段。新闻生产从"可知"迈入更具丰富性的"可感"。智慧媒体时代，可以营造身临其境、参与其中的"可在"，实现"有我"的在场感。未来，利用语音、图像、自然语言处理、知识图谱等 AI 技术，打造智能化"采编团队"，打造更高水平的"有我"式用户体验。

智媒体环境下，大数据、人工智能、云计算等新技术重塑新闻生产方式，改变新闻生产模式、用户阅读习惯，改写整个网络传播场。机器人写作、算法推荐、人脸识别等人工智能技术逐步应用到新闻的选题、信息采集、内容呈现等环节，无人机更是第一时间触达新闻现场。一方面，随着媒体融合发展，实现信息的聚合，多微多端带来更多的信息源，使得信息全景化发展。再次通过大数据的挖掘、用户信息分析，并精准描摹用户画像，实现智能信息匹配服务和信息服务的智能化和个性化。另一方面，智能化机器改变以往的新闻生产流程，如机器人新闻采集、挖掘、写作、分发等环节，实现"人机合一"，推动新闻生产、分发自动化。智媒体立足于大数据平台，通过将媒体资源共享使用，以"中央厨房"模式重构新闻生产，实现"一次采集、多元加工、多次分布"。

通过智能语音输入、人工智能下的机器人写稿和审稿、指纹识别、刷脸支付等满足用户不同的场景需求；大数据对不同新闻场景用户行为的预测和研判，及时准确推送用户个性化的信息；通过各种智能技术为用户提供"现场目睹"，如 VR/AR、传感器等技术，营造一种新闻现场感；通过传感器与用户连接，让用户不仅可以增强互动体验感，而且带给用户视、听、触等感官系统的直接迅速反应。智媒体的移动化终端，将场景动起来，打造随时随地的场景体验，这就增强了用户对新生媒介的使用与满足感，使得用户愿意继续使用并在智媒体营造的场景中入住，成为忠实的"粉丝"。

02 创新"为我"的定制感

智媒体颠覆新闻媒体"图+文"的传统报道形式，极大地丰富新闻信息的传播形态。新闻生产中 VR、AR、MR 技术的投入使用，可以将现实环境与虚拟场景结合，让受众获得新闻现场参与感，增强用户的媒体体验。强化智能传播渠道，从围绕"载体"传播，到围绕"场景"传播。在 5G 环境下，万物互联，万物皆媒，媒体的定义将被广泛延伸。除了移动手机、可穿戴设备，更多的可感可触的物体都在成为终端，成为信息传播的渠道。未来，吃饭的桌子可能是终端，汽车车窗可能是终端，甚至衣帽镜都是终端。未来可能走向"处处是屏、处处无屏"，就是终端本身变得不那么重要，各类场景成为传播的中心。围绕场景的传播布局，正是对从"人找信息"到"信息找人"的适配。

智能生产传播平台整合内容创新、技术研发、创新设计、数据分析、产品营销等不同岗位的人员，建立基于大数据、云计算技术的内容数据库及跨媒体的项目团队，最大限度地满足用户需求。可以对海量的用户做个性化分类，无论他们处在什么时空、什么场景，采用什么设备，根据其性别、年龄、职业、地域、兴趣、购物消费行为、媒介使用习惯等，有针对性地量身打造最符合其需求的信息传播服务。通过多样化的表达形式和运营渠道，力争全面覆盖用户的生态空间，进一步提升融合媒体的服务能力，满足受众多元化的阅读需求。媒介语境、媒介信息与忠实用户三方完美匹配，媒体组织与媒体用户才能实现双向互动、双向传播，进而形成融合化、个性化、智能化、定制化的传播氛围。媒体真正做到以"受众视角"为圆心，实现"精准送达"，与受众实现"零距离"。

03 实现"懂我"的满足感

强化智能分发方式，从人工推送，到主流价值观驾驭的数据推送，只有通过技术驱动带动理念革新，才能让媒体更好适应分众化、差异化需求，在信息无处不在、无所不及、无人不用的时代，充分发挥好全程媒体、全息媒体、全员媒体、全效媒体的功能。随着对数据的感知与运用，用户画像越来越清晰，"聪明"的媒体更懂用户，通过智能算法根据用户的属性、行为、偏好等特征进行推荐发布，实现"千人千面"。甚至通过交互技术，获得受众生理和心理数据，洞察身心、满足需求，在评估效果、精准分发上打开新空间。

智媒体做到主流、定制、个性，实现主流传输，精准传输，靶向传输。主流媒体依托在公信力、传播力、内容生产能力等方面的显著优势，通过故事化、场景化、文娱化的新媒体内容营销手段，跑通大型商业活动、IP数字化、内容出海等创新商业化路径，扩大主流媒体商业版图，为主流媒体传播声量提供新增量、新动能。主流媒体活跃于新媒体领域，在包括微博、微信、短视频平台、自有APP和其他第三方平台等五大渠道实现全面覆盖、深入触达的矩阵布局，账号规模近万。

04 达到"忘我"的沉浸感

沉浸式传播是"以人为本，传播自然与个性相交融的信息"。用户可以通过眼神接触和指点等活动与虚拟场景、新闻报道中出现的对象或其他角色进行交互。与传统的视频新闻相比，沉浸式VR新闻的用户可以像上网一样做出选择或选择不同的路径或故事时间线。时政新闻发挥着议程设置、意见领袖、舆论引导等重要作用，其传播方式直接影响受众的关注度和知悉度，进而影响社会议题和舆论导向。智媒时代的传播格局变革，丰富了时政新闻故事化的叙述路径。虚拟与现实交融，创造虚实场景中的沉浸感知；技术与需求匹配，植入深度交互以实现精准联动；政策与民生结合，构思生动情节提升新闻内核。故事化叙述作为顺应人类心智的信息模式之一，可改善部分时政新闻可读性不强的传播效果。在智媒传播语境下，受众可以在虚拟场景体验感知、参与传播、领悟新闻。依托智媒技术的沉浸传播模式，以交互式体验为特点，用户能以多重身份选择、多种维度全息感官体验进入新闻现场，从而获得前所未有的独特情感体验与认知。伴随着身临其境感与真实感，对新闻内容的体会也更加直观。受众将以不同寻常的形式感知时政新闻：沉浸虚实场景体验感知新闻、精准深度交互参与联动传播、解读生动情节体悟时政内核。

第四节　新媒体提升自媒体的多元表达方式

媒体 1.0 是传统媒体形式，媒体 2.0 是新型媒体形式，媒体 3.0 是自媒体形式。全媒体、智媒体时代，实质也是"全民上网、全民皆媒"的自媒体时代。人人都有麦克风，人人都是记者，人人都是新闻传播者，人人都是信息的发布者和消费者。自媒体就是经由普通的民众借助数字化、网络化以及全球信息体系，对各种新闻事件进行采访、传播、评论等，借以反映普通民众对于现代新闻事件的真实看法和客观报道。自媒体时代是指以个人传播为主，以数字化、智能化手段，向不特定的大多数或者特定的单个人传递规范性及非规范性信息的媒介时代。这种媒介基础凭借其交互性、自主性，使得新闻自由度显著提高，传媒生态发生前所未有的转变。自媒体的开放性、多样性、个性化特征明显，源自不同阶层、不同职业领域的任何个体都可以参与进来，都可以对同一个新闻事件从多个角度、多个层次发表自己的观点态度，有广阔的社会覆盖面，使得自媒体新闻具有更多的传播群体。自媒体传播模式大大提升新闻的时效性、价值同向性和理念平等性。

移动互联网快速发展，自媒体的内容形式推陈出新，传播形态愈发多元，推广渠道越来越多。自媒体包括三大类：一是以互联网为传输渠道，以 PC 为终端的互联网新媒体；二是以无线网络为传输渠道，以手机终端作为无线终端的新媒体；三是以宽带为传输渠道，以电视屏幕为终端的电视新媒体。自媒体内容分发方式从简单的图文形式拓展到短视频、直播互动、语音播报等形式，以短视频的播放情况最为突出。微信平台、新浪微博成为主渠道。微信拥有接近9亿的活跃用户，用户日均使用时长超过4小时的用户占用户数的30%以上。微博的月活用户是2.97亿，17～33岁年龄段是微博的主力人群。自2014年起自媒体行业从业者人数迎来大幅增长，2015年已突破200万。到2021年，我国全职从事自媒体的人数达370万人，兼职人数超过600万，共有970万人在从事自媒体行业，其中包括学生、白领、专家学者、医务工作者、文学爱好者，以及绝大多数自由职业者。目前自媒体的内容已经衍生出IP、内容电商、知识付费等，形成庞大的基于内容生态的产业链。20%的优质作者掌控了80%的平台流量。

自媒体已逐渐成为一种非主流媒体的传播形态，实现从"公共媒体"向"草根媒体"的转型。在新型互联网治理机制中，自媒体将完成从"治理受体"向"治理主体"角色的转变。自媒体成为广大群众信息交互、社会交往、表达诉求和建言献策的重要工具，成为群众行使知情权、参与权、表达权和监督权的重要渠道。未来，自媒体在数量、内容、方法、深度上都会更加丰富和多元化，正在走向规模化、规范化，这既是互联网知识产权保护与内容治理的必然要求，也是自媒体可持续发展与升级迭代的必然趋势。重在拓展自媒体表达渠道，规范自媒体表达方式，提升自媒体表达能力，做到善于深度表达、客观理性表达、自律规范表达。

01 善于深度表达

自媒体时代，深度报道的信息资源呈现多样化的特点。从最早的BBS、博客，到后来的微博和微信公众号、移动新闻客户端，再到当下的网络直播和短视频平台，自媒体多样化的社会信息传播与互动交流，客观上为深度报道提供了广泛的时间和空间信息资源、丰富的人物和事件信息资源、多侧面的原因和背景信息资源、多角度的意见和意义信息资源。深度报道应当有效利用自媒体的信息传播，实现信息资源的多元化拓展。深度报道可以从自媒体传播中获取广泛的时间和空间信息，采集大量具有时间和空间关联性的信息，将其整合成系统的以大跨度时空为线索的综合信息，延伸时间要素的历史关系内容，形成深度报道特有的历史深度；深度报道可以从自媒体传播中获取丰富的人物和事件信息，拓展相关人物和相似人物的信息内容，扩展直接事件信息、间接事件信息，提高信息准确性和有价值的关联性。深度报道可以从自媒体传播中获取多侧面的原因和背景信息，让深度报道向历史背景信息、关系背景信息和环境背景信息拓展开发。

深度报道可以从自媒体传播中获取多角度的意见和意义信息，提取有关联性的、代表性的、针对性的、可行性的社会意见信息，通过多样化整合，实现深度报道的意见信息的拓展，实现深度报道内容的评价性延伸，保证报道中的各种信息具有真实性、客观性、正确性、深刻性和良好的社会传播效果。

02 客观理性表达

自媒体作为新闻、知识的传播者，在传播信息的时候，要追求客观、真实、理性。自媒体时代，人人都可以成为内容的生产者，因此需要理性思考事情的真相。客观理性表达是基本要求。自媒体拓展受众获得信息的方式有手机、网络等新媒体，与广播、电视、报纸形成媒体圈层，为大众获得信息提供渠道。以互联网为典范的自媒体不只是信息瞬间生成、高度共享、实时互动、迅速传播的媒体，让信息共享与互动成为现实。大众利用微博、短信、微信、视频直播等方式随时随地传播信息，打破传统媒体的话语壁垒。自媒体的隐蔽性让传播者处在隐蔽状态，让整个传播更为随意、大胆，让很多谣言、不实信息开始传播，出现自媒体意见表达之乱象。一是虚假性表达，网络谣言、网络假民主、网络虚假信息，信息集散地的网络，成为虚假信息的温床。二是情绪性表达，主要是网络情绪的爆发和宣泄，表现在语言上的谩骂和情感上的宣泄。一项调查显示，近八成的社交用户认为自己在网络上变得粗俗，一言不合就爆粗口，远不如现实生活中表现得礼貌和文明。三是低俗性表达，网络色情、污言秽语等充斥于网络，主要表现为网络淫秽色情，如网络色情视频、图片和网络淫秽语言。四是暴力表达，网络暴力不同于现实社会中的暴力，主要表现为一种语言上的暴力，是利用自媒体平台及语言文字对他人进行攻击，如网络诽谤、网络中伤、网络人肉搜索等。网络是个多元的文化格局、多样的文化思潮、多变的价值观念共存的"大染缸"，在这个相对自由的天地，公众的思想观念和价值选择相对自主。网络空间的虚拟性消除了现实空间的规则约束，为网络空间表达失范行为提供了技术上的可行性，为部分异质文化提供了行为上的便利，折射和放大了现实空间的道德失范，让一些网民因一时丧失了道德约束而变得肆无忌惮。

客观理性表达考验自媒体的素质能力，体现自媒体的媒介素养。自媒体、智媒体进入移动、多元、联动的数字化"屏媒时代"，从手机等"小屏"，到电视、电脑等"中屏"，再到户外"大屏"，屏幕无处不在。数字屏媒时代推动人类再次"进化"：视野更大、视线更远、视角更多元。媒介素养和数字素养成为"社会人"发展的基本素养，需要同步提升媒介素养和数字素养。

"媒介素养"经历保护、鉴别、批判、参与四种范式的阐释，媒介素养教育的主导权开始向广大网民转移，他们的媒介素养水平直接体现在用户生产内容作品之中。应推动媒介素养教育从被动灌输向主动提升转变，善于在网络内容的生产与消费中引导用户提升表达、分析、思辨能力,在潜移默化中提升其智能媒介素养水平。应根据不同层次网络群体,采取针对性教育方式。对网络内容生产商,重在要求履行生产者责任,标注智能内容的技术手段与地点、时间、人物等信息要素;对文化程度高的网民,重在提供智能技术原理和生产背景的解读,鼓励他们以更广阔、更辩证的思维看待问题;对不熟悉智能技术或辨别能力较差的网民,主要提供信息鉴别及防骗方面的教育。推动社会多元互动,加强智能媒介素养培训,帮助增强智能媒介应用能力,缩短智能媒介应用的"知沟",提升社会整体媒介素养水平。

数字素养涉及数字获取、制作、使用、评价、交互、分享、创新、安全保障、伦理道德等一系列的素质与能力。培养数字意识,增强理解数字化发展趋势、数字化赋能作用的能力,善于从数字角度感知社会变化,把握数字社会走向,积极投身数字化发展大潮。增强数据思维,学会用数据说话、用数据决策、用数据管理、用数据创新、用数据服务。维护数字安全,绷紧数字安全的弦,增强维护数字安全能力。强化数字伦理,遵循数字技术向善的价值导向,合理开发利用数据和数字技术。

03 自律规范表达

相比传统媒体而言,自媒体传播有个体性、社会性、虚拟性、自主性和参与性等特点,自媒体意见表达更加自由、丰富、隐蔽,但其中出现诸多不当言论,容易对社会公众造成错误舆论导向,甚至侵犯国家、社会以及他人的合法权益。应通过专项立法、谨慎司法、行业自律、统一监管等方式,对自媒体意见表达进行规范,划清自媒体意见表达边界,推动自媒体意见表达合理化。

自媒体应依托自媒体网络平台制定自媒体意见表达规范。自媒体平台、行业协会、自媒体本身都应积极遵守道德规范,坚持健康文明的态度,积极净化网络空间环境。自媒体行业应对存在故意煽动民众、恶意炒作的自媒体人进行驱除。自媒体平台应依照道德规范,封停不自律的自媒体人账号,以道德规范为自媒体行业意见表达划清边界。严格落实自媒体实名制,开展自媒体业务的个人实名注册,经过严格的信息核实,促成自媒体客观发表意见,为自己的意见表达承担责任。自媒体平台也应负责自媒体信息保密服务,防止出现自媒体信息泄露现象,消除自媒体实名难以执行的障碍。建立自媒体监管机构,设立自媒体监管委员会,联合工商、网络信息等部门,将自媒体监管权限集中,确保监管标准统一、监管方式科学化,借助统一的监管规范自媒体意见表达边界。构建信息回应机制,围绕民生、政务等领域建立官方微博、微信,积极回应自媒体发布的社会热点事件,对不实事件及时处置,为自媒体意见表达划定边界。

强化自媒体道德自律。没有良好的道德素养不会产生良好的行为,道德素养的高低是是否自律的内在条件。自媒体往往会帮助社会公众进行意见表达,成为社会公众的"代言人"。自媒体是信息的生产者、传播者和接受者,要有分辨是非的标准、区分善恶的能力、担负社会责任的意识和较高的自制力,也就是平时所说的"谣言止于智者"。自媒体意见表达自由应局限在法律范畴之内,注重道德自律,注意权衡经济利益和社会利益,以社会利益为重,切莫因经济利益颠倒黑白,为不合理的利益诉求"站台",更要引导利益相关人主张合法的利益诉求,引导社会公众以道德自我约束,成为网络社会的道德引领者。

· 第十三章 ·

数字化新生活
——数字足迹

第十三章

数字化新生活——数字足迹

世界因数字化而更多彩，生活因数字化而更丰富。互联网作为20世纪最伟大的发明之一，给人们的生产生活带来巨大变化。以5G、物联网、大数据、人工智能等为代表的新一代数字技术已经渗透到社会生活方方面面，从城市到农村，从社会到个人，从线上到线下，掀起数字化浪潮，正在深刻改变人们的生产方式、工作方式、生活方式、消费方式、交往方式、思维方式、行为方式，推动形成数字化新生活。"十四五"规划纲要提出，推动购物消费、居家生活、旅游休闲、交通出行等各类场景数字化，打造智慧共享、和睦共治的新型数字生活。数字生活进入千家万户，未来生活呈现千姿百态。

第一节 网上购物——足不出户买全球

网络购物是互联网、银行以及物流业等综合发展的产物。互联网的普及、网上银行和现代物流业的发展，网络购物近年来呈现高速发展的态势，在经济社会生活中的地位日渐突出，即便是在国际金融危机的"严冬"中，仍然表现出如火如荼的势头，成为受危机负面影响最小、发展势头最好的行业之一。网络购物行为正在由一种网络时尚逐步成为大众消费模式，渗透到社会各个阶层，引发网民消费行为和消费理念的转变。

01 网上购物成为主流消费方式

我国新兴消费快速发展，网络购物继续扩大，线上线下融合步伐加快，消费新业态新模式不断成长壮大。我国网络消费较快增长，背后是网络购物用户规模不断壮大。中国互联网络信息中心（CNNIC）发布的第48次《中国互联网络发展状况统计报告》显示，截至2021年6月，我国网络购物用户规模达8.12亿，较2020年12月增长2965万，占网民整体的80.3%。2021年我国实物商品网上零售额突破10万亿元，规模居世界第一。

我国网络购物在经历了发烧、沉寂和调整后，正迎来快速发展的新阶段，网络购物的优势日益得到网民认可。调查显示，在网络购物方面，比较活跃的网民（平均每月购物一次以上）占被访网民的45.7%，37.6%的被访网民每月购物1～5次，78.1%的被访网民在网上购买礼品的花费占到总花费的60%。可见，在某些消费领域，人们对网络购物的垂青已经超过了传统的实体店。在发达地区人们日渐习惯网络购物的同时，我国广大中小城市和农村地区的网购也开始悄然兴起。据统计，目前二、三线城市、中西部和农村地区的网上购物占到网购总量的73.2%。网络购物成为人们生活中不可或缺的消费方式。这意味着，一个以习惯性消费为主的网络购物时代已经初见端倪，即将开始新一轮渗透。

网络购物呈现出新特点。一是女性比男性更青睐网络购物。调查显示，网络购物在女性网民中的普及率和深入程度均高于男性。女性网民参与网络购物的比例高达89.34%，而该比例在男性群体中仅为62.86%。二是中青年人群是网络购物的主体。参与网络购物的网民平均年龄为30.16岁。其中最小的12岁，最大的66岁，20～29岁网民中参与网络购物的比例达91.67%。在20岁以下网民中，随年龄增长，参与网络购物的比例升高，而在29岁以上的网民群体中，年龄越大，参与网购的比例越低。三是网络购物已经成为白领的主要购物方式之一。目前网络购物已经成为相当一批白领不可或缺的购物方式。白领网络购物的品种越来越广，购物金额逐年上升。调查分析结果显示，具有高学历和高收入的都市白领是网络购物的深度使用者。白领网民参与网络购物的比重高达93.3%，平均每月的网络购物多达5次以上，高于其他群体。白领网络购物呈现两大趋势，电脑和电子产品取代图书音响成为新科"状元"；以团购、代购形式购买高档品或奢侈品非常普遍。四是网络使用时间越长，对网络信息信任度越高，网络购物参与程度越深。数据分析显示，网龄、上网时间、网络依赖程度，以及对网络信息的信任度与网络购物参与程度存在显著的正向线性相关关系。网龄越长，上网时间越长，网络依赖度越高，网络购物的程度越深，对网络信息的信任度越高的网民，越积极参与网络购物。五是生活满意度越高，参与网络购物的积极性越高。调查分析结果显示，生活满意度与网络购物参与程度之间存在显著的正相关关系，即生活满意度越高，网民参与网络购物的积极性越大。

02 电子商务走上创新转型之路

电商一端连着生产，一端连着消费，改变了百姓生活，改变了传统商业，让线上商流、信息流、资金流和线下物流相结合，推动传统商业变革创新，成为促进形成强大国内市场的"催化剂"和"生力军"。电商一直处于实体经济数字化转型的最前沿，通过销售和采购的数字化形成实体经济全链条数字化的强大驱动力。经过20多年的快节奏发展，电子商务已成为数字经济领域技术创新活跃、规模增速较快、辐射范围最大的重要组成部分。从一二线城市到偏远农村山区，从"买（卖）全国"到"买（卖）全球"，电商打破时间、空间限制，以同样的标准服务亿万消费者。超强覆盖力的背后，是信息流、物流的高效统一，是全渠道、全链路的融合升级。强大的技术能力、完善的供应链体系、充足的配送队伍，让电商保障民生"冲得上"；减少中间环节，降低流通综合成本，贴合消费需求，提升购物体验，让电商"卖得好"；信息流、物流高效统一，全渠道、全链路融合升级，让电商"送得快"；直播带货、反向定制等电商新业态、新模式、新场景纷纷兴起，进一步激发消费潜力，让电商"活力足"。据统计，截至2021年6月，我国网络零售店铺超过2000万家，全国约有1/6的市场主体在从事电子商务行业。

新一代信息技术加速发展，新电商不断调整"打法"，寻求技术上的突破，走创新转型发展之路，电子商务新业态新模式加快发展。我国电子商务已从快速发展的成长期步入提质增效的成熟期。新电商赋能多个行业，正迎来金色年华的新电商带给人们更多红利。与传统电商相比，新电商具有多个明显的特质。新电商改变供应链方向，通过提供销售大数据，"推式"供应链在向"拉式"供应链转变，电商与上下游链条上的生产、加工、物流、服务等一系列环节协同发展，有效降低交易成本，提升产业整体的竞争力。新电商从功能型消费向体验式消费转变，从以产品为中心到以用户为中心，从单一场景到多场景融合。新电商正深刻参与我国经济多元变革，加快建设消费经济产业链，进一步促进电商平台规范健康发展。国家致力于塑造高质量电商企业，支持电子商务技术服务企业融资，推动电子商务技术产业化，这是新电商的重大机遇。《"十四五"电子商务发展规划》提出，到2025年全国电子商务交易额预期目标46万亿元，全国网上零售额预期目标17万亿元，跨境电子商务交易额预期目标2.5万亿元。

03 直播带货成为电商发展新潮流

在人工智能、大数据、物联网等新一代信息技术赋能下，直播带货等电商新业态纷纷兴起、活力十足，愈发受到消费者欢迎，成为网购的新渠道新业态。直播带货、直播卖货已成为当下网购新形式。直播带货是指以职业主播为主要群体，以广大消费者为受众，通过互联网平台，利用直播技术和技巧对商品进行近距离推广和营销的一种电子商务营销模式。凭借一部小小的手机，直播带货在主播、消费者和企业之间架起了一座崭新的桥梁。直播带货实现了商业营销从"人找货"到"货找人"的转变，它不仅是电商平台的营销创新，更代表了电商发展的未来趋势。直播带货是互联网经济的一种新业态，对活跃市场、促进消费、方便大众生活起到了积极作用。在直播带货推动下，新的消费潮流正在快速形成。根据商务部大数据监测，2020年上半年电商直播超1000万场，活跃主播数超40万，观看人次超500亿。

直播行业具有互动性强、透明度高、及时有效等优势，为其他行业创造新的增长点，"直播+"纵深发展为直播平台及合作行业带来可观利益。直播行业发展初期，盈利模式较为单一，以付费用户为盈利来源，商业模式与产品种类单一。在整体行业趋于成熟之际，"直播+"让行业价值进一步得以释放。"直播+公益""直播+电商""直播+音乐"和"直播+电竞"将在未来不断出现，成为各个平台突破的重点。"直播+"模式将会促进直播平台逐渐渗透产业链各端，进一步创新平台内容与产品，进一步提高用户黏性。各大直播平台创新推动"直播+"发展，积极同教育、旅游、文化、综艺、电竞等产业合作，构建高品质、个性化、多元化的直播生态体系，促进直播带货规范化发展。

04 "云购物"成为网上购物新模式

商场上"云","云购物"推动零售业"万物到家"进程,折射出消费的新特点新变化。传统商场尝试拥抱互联网,创新经营模式,开通直播间、推出网上商场服务、建立微信社群,一系列"无接触购物"方式纷纷亮相。商场"无接触购物"主要有网上商场、微信社群、直播间三种方式,受到消费者欢迎。商家们纷纷多平台运营,除了传统电商外,微信视频号、快手、抖音等各平台商家直播带货已是常态,更多实体商业纷纷触网上"云",线上线下消费融合脚步加快。

商场加速线上布局,推动零售行业线上线下融合,积极推广"到家业务""无接触配送"等新型服务,发展"云逛街""云走秀""宅消费"等"云购物"模式,运营能力大幅提升,铺设产品更加丰富,品牌线上服务更专业、更有针对性。商场导购直播,一是满足了特殊时期消费者逛街购物的实际需求;二是打破了传统零售百货在时间空间上的限制,带来很多商场原先无法覆盖的用户;三是在带货的同时,也传递了零售美学。这将成为百货零售行业的一个发展趋势和增长点。从长远来看,对整个零售行业来说,线上线下融合是发展的大趋势,"无接触购物"是其中的一种新尝试。

第二节 智慧出行——千里之行始于智

智慧出行现阶段主要集中在车载信息服务、智能安全服务方面,未来愿景是完全实现自动驾驶服务。出行行业数字化升级已经进入深化期,数字技术让每个人、每辆车、每条路成为"数字节点",正在深刻改变着用户的出行生活,正在重塑出行领域价值。出行场景成为贯穿数字生态的一个"连接器",拓展汽车成为"第三生活空间"的附加价值。汽车电动化、智能化、网联化、社交化功能逐步实现后，汽车逐渐由代步交通工具向信息平台、娱乐平台转化，变成一个电子产品，变为一个智能移动的出行终端，变成一个"大手机"。智慧出行聚焦自动驾驶、智能网联、车路协同、控制系统、核心传感器等前沿领域，涵盖人工智能、智能网联汽车、数据中心、智能制造等诸多技术和领域，高度契合科技型新基建的要求，实现交通、汽车、通信行业三者融合发展，释放城市发展潜能，激发数字城市新增需求，带来数万亿规模的智能网联和智能交通经济。

01 构建智慧交通网

纵观交通发展的历史，交通出行是能源、通信和工程技术的综合承载，也是人类文明建设水平的重要指标。我国已成为交通大国，正在加速构建综合立体交通网络，向交通强国迈进。以物联网、大数据、云计算、人工智能等为代表的现代信息技术和共享经济形态，正在为交通运输业插上智慧的翅膀，一个走向现代化的综合交通运输体系正展现在世界面前。顺应智能汽车、智慧交通、智慧城市协同发展趋势，在智能网联、城市交通、智慧轨交、智慧高速、智慧民航、智慧港口、智慧物流等领域，构建智慧交通出行一张网，做到"一图统揽、一云共建、一码通行"，打造互联互通的"信息高速公路"和"信息高速铁路"，加快综合交通数字化、网络化、智能化，推动交通物流的高效运转，实现人享其行、物优其流。

围绕客运管理服务智能化升级，重点升级改造旅客联程运输设施，建设智能联程导航、自助行李直挂、票务服务、安检互认、标识引导、换乘通道等服务设施，实现不同运输方式的有效衔接，推进枢纽内的信息互通，推动铁路、民航、公共交通系统等不同运输主体之间的运行协同、服务融合和管理联动，实现票制互通、安检互认、信息共享、支付兼融，打造高效便捷的空地一体运输服务体系，为旅客提供最合理的联程运输方式，为旅客提供客票信息查询、跨方式出行规划、联程客票代购等"一体式购票""一站式服务"。

02 发展智能网联车

汽车工艺有汽车工艺的基因，互联网有互联网的基因。汽车转型和变革的趋势是向智能化、电动化发展。智能网联汽车被称为"聪明的车"，智慧交通建设则提供"智慧的路"，车路协同发展。汽车智能化已经成为消费者关注的热点。汽车智能化升级的核心，是赋予汽车感知和智慧，让汽车具有交互和服务能力。未来的智能汽车不仅仅是一个交通工具，更是智慧城市或者智慧生活的节点。通过"手机＋汽车"联动，带来跨场景无缝、连贯的"服务随行"体验，构建"用户全生命周期"运营模式，打造覆盖"人、车、店、厂"多场景的营销链路。依托强大的云计算等数字化能力和用户服务经验，通过连接全栈服务和智能数据平台，助力创造汽车数字化营销新势能，为用户提供个性化、高品质、高效能的服务体验。我国正在加速推动智能网联技术和应用，构建车路云一体化协同控制系统，建设车联网先导区，打造自动驾驶、车路协同以及智慧交通示范平台。自动驾驶、智能网联技术广泛应用，汽车消费、智慧出行发展空间广阔。综合有关部门和机构数据，目前我国汽车保有量达 2.97 亿辆，汽车每千人保有量约 200 辆，与发达国家每千人约 500 辆的水平仍有差距，这说明我国汽车市场具有很大的潜力。数据显示，2020 年中国智慧交通市场规模3547 亿元，预计 2025 年将达到 6948 亿元，年均增速 14.39%。

自动驾驶汽车。智能网联汽车、自动驾驶是各国科技竞争的重点之一。无人驾驶是车辆作为运载工具智能化、网联化发展的核心应用功能，也是车联网、智慧交通产业发展的核心应用服务。当前最主要的任务是尽快实现汽车的完全自动驾驶,实现汽车产业从工业向服务业延伸。按照国际通用的汽车智能化分级标准,L4级被称为高度自动驾驶,除特定情况下需要人工介入外,车辆可自主决策所有驾驶操作。目前自动驾驶技术已经逐步趋于成熟,重点是量产化和彻底无人化。L5级被称为全自动驾驶,完全不需要驾驶员任何操作,车辆就可以全地域、全天候地自动驾驶,这就是人们畅想中的自动驾驶的终极模样,也是智能网联汽车企业未来努力的方向。如今,L3、L4自动驾驶或者辅助驾驶的技术正在渗透到汽车工业和应用产业中。预计到2025年,L3级自动驾驶汽车会实现规模化的生产,L4级自动驾驶汽车在特定环境下可以实现市场化的运用;预计到2030年,新车的L4渗透率将会达15%;2050年可以全面建成中国标准的智能汽车体系,自动驾驶将深刻改变我们未来的出行。

新能源汽车。传统汽车是孤立的信息体。近年来,以新能源汽车为载体的智能网联汽车迅速发展,汽车逐步成为城市中最大的移动信息终端和能量载体,也是城市里人们除了家和办公室之外最主要的生活空间之一。我国新能源汽车产量已连续六年居世界首位,为智慧出行发展奠定了坚实的产业基础。数据显示,2021年,我国新能源汽车保有量达784万辆,占我国汽车总量的2.6%,占全球新能源汽车保有量的50%左右。有关机构估算,汽车生产和使用过程中的碳排放占我国碳排放总量的7.5%,其中汽车使用过程碳排放占交通领域碳排放总量的80%左右。"碳达峰碳中和"目标为我国汽车产业、智慧出行产业快速发展提供强大的内生动力。

智慧地铁。大数据、云计算、人工智能、5G等新技术越来越多地应用于城市轨道交通,智慧地铁日新月异的发展,地铁核心功能及相关外延功能都可以通过数字化、智能化技术实现。如:智能导航、刷脸进站、自动测温、数字阅读、数字艺术馆。如今,科技范十足的智慧地铁给人们出行带来好体验，得益于数字技术运用。地铁不仅是方便快捷的交通工具，更能满足人们的多样化需求，提供丰富周到的人性化服务。更"聪明"的地铁，也更有"人情味"。西安地铁6号线是全国地铁首条全线采用智慧安检系统的线路，通过智能识别、智能判图、集中判图、智能联网等技术，实现人、物智能同检。智慧地铁还有满满的文艺范。长沙地铁溁湾镇站建起一座数字艺术馆，这是全国首座地铁数字艺术馆。在2000平方米的地铁站换乘空间里，6个大型立体LED艺术装置林立，原本的地铁通勤空间变身充满科技感的艺术空间，成为展现长沙人文风情的艺术长廊。广州地铁3号线"悦读地铁·码上阅世界"数字悦读专列开通运行期间，市民可以扫码开通、绑定广州图书馆读者证，免费阅读经典电子书，在乘坐地铁时开启数字阅读之旅。

智慧公交。城市公交运营与大众出行服务正在逐步实现自动驾驶、智能网联，新技术与城市公交已经进入深度融合阶段，初步实现智能公交技术创新与应用协同发展。"十四五"期间我国全面进入智慧公交打造阶段。2021年3月国家发布的"十四五"规划纲要提出，打造城市智能交通、绿色交通，加快交通传统基础设施数字化改造，优先发展城市公共交通。智慧公交把大数据、云计算、自动驾驶、智能网联与电动汽车等新技术集成应用到公交运营、服务、管理等方面，提升现有公交的智能化、个性化与低碳化水平。在运营管理与服务品质上，打造具有更高服务水平和更具人性化的新型公交系统。推进城乡公交线路配置和运营调度"一张图"、城乡公交智能信息服务"一张网"、城乡居民出行共用"一张卡"、城乡公交服务质量"一个标准体系"。智慧公交建设涉及公交场站智能化工程建设、公交车智能化、智能网联公交系统建设、管理服务软件、公交出行信息服务平台和支付等，具有上下游产业关联度大、产业带动性强、产业链长等特点。

03 建设智慧高速路

"聪明"的车必须有"智慧"的路。车路协同系统是高速路的"智慧"密码。智慧高速路就是通过物联网、云计算、大数据分析等技术，逐步建立完善的基础设施监测体系、智能化的路网运行感知体系、可靠的通信资源保障体系、实时的预报预警体系、高效的应急保障体系和完备的出行服务体系，实现让路网运行更安全舒畅、出行更便捷愉快、管理更高效智能、道路更绿色经济的高速公路系统。智慧高速路网系统，可以理解为深度应用互联网、大数据、人工智能等技术形成的一种智能交通基础设施。系统可以将车辆自身感知与路侧感知信息相融合，应对更复杂的道路场景。完善的车路协同系统可看作是自动驾驶规模化商用的基础。路段设高清监控摄像机，设有毫米波雷达、道路情报板，有全自动无人机定时巡逻并将数据实时传回信息中心，为全路段自动驾驶提供更大安全保障。智慧高速路设计应用建筑信息模型（BIM）、结构健康监测（IMS）、智慧交通（ITS）、车路协同（ICV）、智慧照明（ILS）等五大数字化智慧系统，实现高速路设计、建设、运维等全生命周期数字化、信息化、智能化管理。

第三节　数字阅读——一屏可读万卷书

阅读是人类文明传承的主要载体，是传承文明薪火、涵养道德品性、提高国民素质的重要途径。数字阅读的快速发展，为公众提供更丰富的阅读场景，带动起全民阅读的新风尚。互联网时代，以电子书、有声读物等为代表的数字阅读已成为人们获取知识、信息的重要方式。所谓数字阅读可称为数字化阅读，或网络阅读，指的是阅读的数字化，主要包含两层意思：一是阅读对象的数字化，其阅读内容是以数字化的方式呈现，如电子书、网络小说、电子地图、数码照片、博客、微信等；二是阅读方式的数字化，阅读的载体不再是平面的纸张，而是网络在线阅读、智能手机、电子阅读器、iPad等。

阅读领域的数字化浪潮正席卷全球，普通读者皆可参与，数字阅读大有可为。数字书店成了"打卡圣地"，数字书籍被称为"旅行伴侣"，数字阅读已是越来越多人的生活方式。数字阅读带来新的阅读体验，主要体现在三个方面：一是阅读场景与内容的无限性。数字时代，无论身在何处，电子书和手机等电子设备均可以成为"移动的图书馆"，无限量的书籍触手可及，满足了人们碎片化、多样化的阅读需求。阅读场景也不受限制，随之丰富起来。二是阅读方式与感官的多样化。眼睛不再是唯一的阅读感官，以喜马拉雅、懒人听书等为代表的音频平台让听书走进千家万户。"耳朵阅读"已经成为一种广受欢迎的读书"姿态"，不仅解放了人的双手、双眼，而且优质的声音和表达，也有助于听众对内容的认知。三是阅读体验智能化沉浸式。元宇宙概念、人工智能、VR/AR等技术快速发展，让阅读体验变得更加立体，使得人机互动性更强、沉浸感更足，虚拟现实相结合的场景阅读成为可能。数字阅读愈发深入人心，正在深刻改变和影响着全民阅读形态，数字技术的传播优势，使得阅读可以突破时空界限，在内容上更加多样、形态上更加多元，为公众提供更加便捷与愉快的阅读体验，满足公众对阅读品质日趋增长的标准要求，不断推动阅读服务向数字化、系统化、个性化发展。

青年人日益成为数字阅读的主体。《2021年度中国数字阅读报告》显示，2021年我国数字阅读用户规模达5.06亿，成年国民数字化阅读倾向明显，有77.4%的成年国民使用过手机阅读，71.6%的成年国民使用过网络在线阅读，27.3%的成年国民在电子阅读器上阅读。其中44.63%为19岁至25岁用户，27.25%为18岁以下用户，接近72%

为 25 岁以下的用户。年轻人成为数字阅读主力军。在阅读形式偏好方面，电子阅读形式使用度高达 96.81%，电子阅读中用户阅读 2 小时以上占比 57.97%，电子阅读已成为主流阅读方式，电子阅读用户已进入深度阅读阶段。调查显示，2020 年我国人均电子书、纸质书、有声书阅读量分别为 9.1 本、6.2 本、6.3 本；80 后偏好时尚类图书，90 后喜欢旅游旅行类图书，95 后则对漫画绘本情有独钟。《论语》是阅文平台 2021 年最受欢迎的读物，全年站内阅读人次接近 3000 万。这些阅读《论语》的读者，超过 80% 是 30 岁以下的年轻读者。

01 把握数字阅读的质与量

新的阅读模式影响未来社会的文化形态、社交模式等。数字阅读开启全新的阅读时代，正在为全民阅读带来新增量。我国数字阅读发展迅猛，产业规模持续增长，用户规模逐步扩大，精品佳作不断涌现，用户黏性持续攀升，整体行业市场保持良好发展势头。《2021 年度中国数字阅读报告》显示，2021 年我国数字阅读产业总体规模达 415.7 亿元，增长率达 18.23%。截至 2021 年底，上架作品约 3446.86 万部，较 2020 年的 3103.6 万部增长 11.06%，其中网络文学作品约 3204.62 万部，远超其他作品形式。用户规模层面，2021 年数字阅读用户规模达 5.06 亿，增长率为 2.43%；人均电子阅读量为 11.58 本。阅读时间长、覆盖人群广，反映出数字阅读正在成为重要的阅读方式。2021 年我国成年国民人均每天手机接触时长为 101.12 分钟，人均每天互联网接触时长为 68.42 分钟，两项加起来接近 3 个小时，远超人均纸质书阅读时长的 21.05 分钟。数字阅读形成多元内容题材格局，呈现出多地区、多语种、多题材、多类型、多模式的发展态势。网络是全民阅读的重要阵地。超 10 亿网民规模和超过 5 亿的网络文学用户规模，可见数字阅读产业的蓬勃态势和广阔空间。

优质内容是数字阅读核心竞争力。数字阅读不能用浏览替代阅读、用数量替代质量。中宣部发布的《关于推动出版深度融合发展的实施意见》提出，立足扩大优质内容供给、创新内容呈现传播方式、打造重点领域内容精品，强化出版融合发展内容建设，充分发挥技术对出版融合发展的支撑作用。数字阅读的兴起，深刻改变了人们的阅读认知、习惯和方式。电子书、有声书、视频传播、多媒体课件等多元化呈现方式，让阅读变得丰富多彩、乐趣丛生；个性化内容推荐、用户参与内容创造等新型知识生产与传播方式，让每个人都能够成为知识的输出者和传播者，推动更多优质阅读内容生产，进一步激发人们参与阅读的热情。数字阅读的真正价值，不在于现阶段普遍的快餐阅读，而在于提供高附加值的阅读服务，从一本书到另一本书，从一个知识点链接到更多领域，不断增值、承载、丰富，是一种"知识获得"。坚持精品战略，打造出更多的精品之作，不断丰富数字阅读产品的文化内涵，以优质内容给读者更多文化滋养；坚持创新驱动，主动适应移动化智能化的阅读趋势，让全场景的数字阅读惠及更多读者。坚持扩大优质内容供给，优化扩容"内容池""版权池"，鼓励和支持创作阅读价值高的优秀内容，强化信息技术的支撑引领作用，充分借助虚拟现实、增强现实、混合现实、区块链等新型科技的技术优势，提供更多元更先进的阅读服务，始终将内容导向和内容质量放在首位，更好满足人们多场景化的阅读需求。

02 把握数字阅读的深与浅

阅读是浸润人的心灵和精神世界的重要途径，它能够提升个人精神高度，扩展生命格局，突破思维方式，由此形成个体生命独特的精神气质，外在表现出良好的行为规范，内在拥有坚定的价值观念。不必将数字阅读放在纸质阅读的对立面。数字阅读往往利用的是碎片化时间，阅读的深与浅，读书的人静心与否、思考与否、是否有对知识的系统化吸收，与阅读的媒介和载体关系并不大。说到底，人，才是阅读的主体，阅读质量的高低也在人。善于思考、勤于思考的人即使是看电子书，也能收获满满；浅尝辄止、不求甚解的人即便是翻看纸质书，依然头脑空空。无需拘泥于阅读的方式，而是始终保持阅读的习惯，让阅读温润生活，滋养心灵。一张屏同样可以读万卷书，改变的是方式和载体，不变的是阅读的行为。数字阅读代表的是时代发展、科技进步的潮流和趋势，它和纸质阅读一样，都在为促进全民阅读添柴加薪。

数字阅读因其便捷越来越普及。所谓"三屏"（手机屏、电脑屏、电视屏）一直在不断蚕食我们阅读的时间和空间。问题的关键并不是"读屏"还是"读书"，而是"读屏"或者"读网"带给我们的是什么。读屏无疑是一种轻松的、休闲的、浅表的碎片化阅读。数字阅读固然有碎片化、娱乐化的倾向。对于读书而言，不论是纸质阅读还是数字阅读，都只是一种阅读方式。数字阅读与浅阅读并无必然关联，它肯定有碎片化内容，也有使用电子阅读器等读书的情形存在，"浅"与"深"的阅读是同时存在的。数字阅读里可以加入部分"深阅读"的内容，传统阅读里也不乏肤浅的、消闲的、娱乐的东西，同样不能任其泛滥，甚至成为阅读主潮。在读屏时代，人们可以更加便利地借助电子设备进行深度阅读，不少青年人在电子阅读器上阅读理论著作，在微信阅读中品读老庄，在有声书的世界中回味《红楼梦》的精妙之处。如果说传统阅读强调"寒窗苦读"之"苦"，数字阅读则以"悦读"之"悦"相标榜。数字阅读表面上的深与浅，则暗含着知识体系的建构与解构，乃至"三观"形塑结果的截然不同。平衡数字阅读与传统阅读，让读者尤其是青年读者知道数字阅读的利弊得失，吸收传统阅读的长处与优势，力求让"深"与"浅"的阅读共生互荣。

03 把握数字阅读的专与博

阅读具有追求刺激、休闲、信息、知识、思想和审美六种基本功能，这六个层次由低到高，反映着读者不同的文化程度、修养状态和价值取向。网络文化正以它全新的传播方式、海量的资讯信息和绝佳的时效优势，对全社会的阅读方式、阅读内容，以及人们的阅读兴趣和习惯、获取知识的方式产生巨大而深远的影响，对传统阅读造成严重的冲击和空前的挑战。数字技术条件下的游戏化阅读、肤浅化阅读、浏览式阅读、碎片化阅读较为普遍。不少读者沉迷其中，他们自觉不自觉地漫游于信息的汪洋大海，一味放纵自己的碎片化阅读倾向。这种碎片式阅读割裂了人们思考问题的逻辑性和连续性，不容易形成深度的、系统的知识体系，使得他们应接不暇，而思想、审美的空间则常常被挤压。

数字阅读与传统阅读，不过是阅读载体上存在差异。阅读是自由的，无论用哪种媒介，只要能汲取养分、引发思考，都值得推崇。数字阅读其实并非唯一的阅读形式，传统的纸质阅读，事实上仍是一种不可或缺、具有自身独特优势，更适合进行深度阅读的重要阅读形式。一个人只要正确对待阅读，逐渐培养起科学有效的阅读方法，有意识地加以运用，兼顾平衡，不至于顾此失彼，使数字阅读更好地为我所用，助力自我在阅读中健康成长。借助数字阅读，历来被视为精深、高雅的专业知识走进普通读者的生活。数字阅读，正是为专业教育和社会服务搭建的那一座桥梁。数码产品的更新换代，纸质书籍的电子化，让获取知识更为便捷；融合多重形态的视听内容，更让阅读由平面式的"纸上得来"升级为立体式的"视通万里"。从"一卷在手"到"一屏万卷"，数字化打通了书籍之间的"链接"，让人们能在跳转来源、聚合推荐等方式里，实现知识的触类旁通、由点及面、串珠成链。可以说，数字化拓展了求知的渠道、丰富了学习的体验。无论是"读书"还是"读屏",都有益于知识增长、启发思考。沉潜往复都是必不可少的阅读过程。文字留白处的掩卷沉思,声画落幕后的品味体会,都是在一次次的思接千载、心游万仞中,丰富了读者的精神家园。阅读本身就是一种提升修养的方式。读一本好书,如同攀一座高峰,人到半山,固然也能欣赏到风景,但唯有不断向上攀爬,才能领略"会当凌绝顶,一览众山小"的无限风光。以思考在信息浪潮中保持专注与笃定,在笔墨世界中涵养情怀与气质,同样是阅读之于我们的意义。唯有获得真知灼见、收获精神启迪的阅读,才是真正有益的阅读。无论何种阅读方式,重要的是阅读内容有分量、阅读之后有思考。我们不必纠结于阅读形态上"有形之书"与"无形之书",应把关注点聚焦在阅读的深度和厚度,让阅读成为一种必不可少的生活方式,以沉潜阅读持续丰盈自我的精神世界。

第四节 在线教育——一网上尽天下课

党的二十大报告强调,推进教育数字化,建设全民终身学习的学习型社会、学习型大国。近年来,互联网、大数据、云技术、人工智能、数据挖掘、移动互联、智慧平台等技术发展,教育全面数字化转型已成必然趋势。在线教育集成教育创新和科技创新成果,构建基于数字信息技术的新型教育教学模式和教育服务供给方式,为广大学生提供在线学习资源和学习支持服务,提供丰富多样、可供选择、广泛覆盖的优质网上教学资源。在线教育改变了教师"教",改变了学生"学",改变了学校"管",改变了教育形态,扩大了教育资源供给,创新了教育组织形态,丰富了现代学习方式,促进教育理念重塑、教育结构重组、教育流程再造、教育内容重构、教育模式重建,初步形成时时、处处、人人皆可学的新教育形态，呈现未来教育新生态，成为教育发展大趋势。中国互联网络信息中心发布的第47次《中国互联网络发展状况统计报告》显示，截至2020年12月，我国在线教育用户规模达3.42亿，占网民整体的34.6%；手机在线教育用户规模达3.41亿，占手机网民的34.6%。

01 全开放共享的教与学

在线教育推动学校双向开放，加速学校教育与社会教育相互融合。双向开放意味着社会上各种优质在线教育都可以成为学校教育的有机组成部分，学校教育中一些有特色和优质的教学服务，也会向社会和其他渠道辐射。在线教育"用屏幕照亮前程，用技术跨越障碍"，被视为助推教育公平的一大利器。网络和智能终端的普及和覆盖，将教育资源较为集中地区的学生与欠发达地区的学生拉到同一"水平线"。借助在线教育，大山里的孩子享有优质教育资源。未来5G技术使信息和数据迅速流通，大数据与人工智能使在线教育服务更智能、更精准、更有效率。

共享名师、名课、名校优质教育资源是在线教育的独特优势。年轻师资是推进在线教育的重要支撑。任教年限越短的教师，在线教育所需技能的掌握程度越好、在线教育过程中师生互动情况越好、在线教学实际效果的满意度也越高。年轻师资在大规模在线教学实验中显现了巨大潜力，在很大程度上成为未来在线教育发展的中流砥柱。由优质师资集中打造和承载的"视频录播"资源和形式，为教育端和受教育端所共同偏好。最好的课程以最低成本、最大规模、最高效率进行扩散和传播，优质在线教育资源开发和开放呈集约化趋势。一大批网络课堂、直播课堂、空中课堂、智慧课堂涌入学生生活。通识教育学习共同体构建以"学"为中心的教育体系，整合各学校通识教育资源，打造特色通识选修课程，实现校际精品课程、经典图书电影、通识讲座等通识教育资源的共建共享，促进教与学深度融合。通过移动互联网和大数据技术搭建质量监控数据库，实现素养测评和通识素养的自我发展轨迹记录。

促进在线教育健康发展，关键在开放共享。一是建立国家在线教育平台，统筹校内、校外在线教育，让其回归到国家统一规范的管控范围，按照国家统一规定开展。二是建立在线教育监管制度，从法律和制度上规范和管理、指导和引领在线教育健康发展。三是尊重教育规律，科学开展。在线教育不是照本宣科的说教，不能照搬照抄线下教育，加强亲子式、交互式、探究式、体验式教学，注重与线下教育融通。四是在加强学科教育的同时，引领线上教育改革创新，让其成为德智体美劳"五育并举"的新阵地。五是借助5G通信技术和人工智能加强线上学生学习管理，增强学生自我管理能力、发展学生自主学习能力，让学生受用一生。

02 全平台场景的教与学

在线教育平台上，师生的社会性交互从实体空间向虚拟空间转移。虚拟学习空间里，教师和学生进行同步或异步的远程授课、讨论交流、作业评价等活动，在一定程度上替代和延续传统学校师生面对面的社会性交互。学生接受教学服务的渠道从单一走向多元。教师的知识权威逐步被打破，教育服务来源不再局限于学校，提供教育服务的主体也不再仅是教师。海量的学习资源和教育服务来自校外大规模社会群体——教育企业、辅导机构、高校教师、师范生、科研工作者、博物馆等，学生可选择的服务面和获取服务的便利性得以扩展。线上规模化学习，未来浅层次的知识获取可以不再依赖于校内教师，线上教育在这类知识的获取方面可以替代教师。线上个性化指导，通过汇聚丰富优质的资源，记录分析个体的学习行为表现，为学生提供个性化的学习支持服务。

线上数据化分析，通过对学生过程性数据和结果性数据的记录和关联分析，对学生学习状态进行全方位的直观呈现，帮助教师更好地了解学生，实施教学干预和改进，保证学习的有效性。线上互动化社区，在网络环境中由学习者和各类助学者（学习同伴、教师、研究者和家长等）共同构成交互协作的学习共同体。在线学习社区为学习者提供资源丰富且开放的学习环境，学习者通过交流、互动、讨论、反思和协作来分享彼此的观点、想法、资源、知识、学习经验和集体智慧，帮助学习者完成知识和社会人际网络的双重建构，最终使学生的社会性成长成为可能。

线上教育打破传统教育固定时间、固定地点的模式，把知识传递和训练场景结合起来，衔接教学研环节，延伸服务链条，构建多主体、多媒体、多界面相统一的平台场景教学方式，引发教育教学变革，创新教育组织形态。新的课程实施形态。课程形态越来越体现出虚实融合的立体化形态，越来越多体现出线上线下优势互补的发展趋势。课程结构越来越多体现出整合性和跨学科的结构，具有情境性、体验性、趣味性、实证性、协作性、设计性、艺术性等特点。新的教育教学范式。教学从教师讲学生听单向知识传递的教学范式，转变为教师引导学生解决问题，促进学生知识建构的教学范式，再进一步转变到教师引导学生进行知识表达和作品创作，实现知识创新的教学范式。新的知识获取方式。在知识获取的来源上，未来学校的空间是虚实融合的空间，学校不再是唯一获取知识的场所，教师不再是唯一教授知识的角色，获得知识也不再是学生来学校的唯一目的。未来学校将是社会性的成长空间，学校的宿舍、教室、运动场、音乐厅、美术馆等，都是重要的学习和社交空间。在虚拟网络空间里获得更便捷的交互工具、更广泛的信息源、更合适的学习同伴、更优质的教育服务。学校和教育机构不再是静态知识的仓储，而是开放的、流动的、连接的社会认知网络与个性化发展空间。各种教育服务的主体不再是封闭的独立社会单元，而是在网络汇集作用下形成的集体智慧聚变的节点。学习空间不再是割裂的、狭隘的、固化的，而是一个充满活力、人性化和高度社会化的空间。未来的学校通过网络连接实体空间和虚拟空间、校内和校外、国内和国际、现实生活与未来生活。

03 全员高质量的教与学

在线教育具有灵活性、扩展性、可复制性等优势，是走向适合每个人、面向每个人、从学校教育走向泛在教育、从标准化教育走向个性化教育的线上线下相结合的融合教育形态。国家中小学网络云平台曾为1.8亿中小学生的在线学习提供重要支撑，该平台浏览人次超过30亿，用户覆盖全国及全球174个国家和地区，受到教师、学生和家长的广泛好评。用户对在线教育的接受度不断提升、在线付费意识逐渐养成、线上学习体验和效果提升，是在线教育市场规模快速增长的主要原因。在线教育品牌丰富多样，从少儿教育到成人教育，从语言类学习到技能类学习，用户只要有学习需求，就能找到对应的在线教育产品。教育部优化完善国家中小学网络云平台，丰富优质线上教育教学资源，拓展平台服务功能，争取到2025年基本形成定位清晰、互联互通、共建共享的线上教育平台体系，覆盖各类专题教育和各教材版本的学科课程资源体系。

在线教育改变的是教学方式，不变的是教育本质。在线教育的本质是教育。我国在线教育处于发展完善阶段，质量是生命线。促进信息技术与教育教学深度融合，技术仅仅是教学的辅助工具，关键要把技术手段融入教学设计、融通到教学活动中，让教、学、技融为一体。

教师充分挖掘其长处和优势、找到短板和不足，在知识深度上开掘、在知识广度上拓展、在知识分享上创新；相关部门加强基础设施建设，推动线上线下教育融通，扩大在线教育资源的辐射面。唯其如此，信息技术才能真正成为人才培养与教育变革的驱动力量，在线教育也才能保持活力与生机。

04 全生命周期的教与学

发挥在线教育优势，创新教育和学习方式，加快发展面向每个人、适合每个人，更加开放灵活的教育体系，完善终身学习体系，建设学习型社会，是我国教育现代化的重要战略目标。依托在线教育平台的终身学习已成为一种趋势。面对日益多元化、升级化的教育消费需求，国家智慧教育平台重点打造国家智慧基教平台和智慧高教平台，构建方式更加灵活、资源更加丰富、学习更加便捷的数字化、个性化和终身化学习教育体系，实现人人皆学、处处能学、时时可学。目前线上教与学有多种方式，比如个人直播、录制授课、慕课（MOOC）授课、专用教室直播等。

国家智慧基教平台由原国家中小学网络云平台改版升级而来。国家智慧基教平台围绕平台体系协同化、网络运维顺畅化、精品资源体系化、融合应用常态化，基本建成导向正确、科学专业、覆盖广泛的高质量基础教育资源体系，基本实现信息技术与教育教学深度融合，利用平台资源教与学成为新常态。平台让学校、教师、学生、家长想用、会用、爱用、善用，把平台应用与整体推进智慧教育紧密结合起来，鼓励学校和教师加强智慧课堂、双师课堂、智慧作业、线上答疑、个性化学习、过程性评价、网络教研等多场景应用，全方位推进中小学智慧教育发展，推动基础教育高质量发展。

国家智慧高教平台整合汇聚20家在线课程平台上的2.7万门优质

课程资源，从1800所高校建设的5.2万门课程中精选出来，覆盖14个学科92个专业类，汇聚国内国外最好大学、最好老师的最好课程。目前，智慧高教平台已实现德智体美劳五育并举，课内教育与课外教育横向联通、本科教育与研究生教育纵向贯通，成为优质课程资源汇集地，是高等教育综合资源服务平台，有效帮助高校推进线上线下混合式学习、翻转课堂、同步课堂等多种模式的慕课应用，兼顾学习型社会建设，为社会学习者提供便捷的学习渠道。

慕课，即大规模在线开放课程，是信息技术与教育教学深度融合的结晶，为未来高等教育课堂带来丰富的想象空间，催生着高等教育的深刻变革。慕课坚持质量为王、公平为要、学生中心、教师主体、开放共享、合作共赢，具有优质、便捷、开放、共享特点，打破了时空的限制，让学习者实现"一个平台在手、网罗天下好课"，全民终身学习蔚然成风。截至2022年2月底，我国上线慕课数量超过5万门，选课人次近8亿，在校生获得慕课学分人次超3亿。慕课数量、应用规模和学习人数均居世界第一。更多优质慕课正在登陆各大主流平台，为各行各业的广大学习者提供学习机会。

第五节 智慧医疗——智联万家"慧"诊疗

健康，连着千家万户幸福，关系国家民族未来。智慧医疗的本质是医疗服务，为人民提供全方位全周期健康服务。5G、云计算、大数据、物联网、人工智能、区块链、虚拟现实等技术蓬勃发展，不断赋能医疗健康领域，深刻改变医疗模式，极大提升医疗服务质量，为医疗大健康行业发展注入一针"强心剂"，成为推动医疗和医药数字化转型升级的新兴力量。智慧医疗是融合物联网、云计算、大数据、区块链等多种技术，以"感、知、行"为核心的智能远程疾病预防与护理平台，建设基于5G网络的智慧医疗系统，实现患者与医护人员、医疗机构、医疗设备间的互联互通和信息实时共享，促进医疗资源高效配置。随着人们健康消费需求进一步释放，智慧医疗已经深入人们的日常生活，包括使用日常数据进行健康管理、通过人工智能技术对疾病进行预防预控、将技术应用到生物医学中。智慧医疗虽处于起步阶段，但正在高速发展期，应用前景广阔，拥有巨大发展空间。未来，智慧医疗向智能化、数字化、网络化发展，医疗领域应用越来越广泛，终端层实现持续、全面、快速的信息获取；网络层实现实时、可靠、安全的信息传输；平台层实现智能、准确、高效的信息处理；应用层实现成熟、多样化、人性化的信息应用。智慧医疗应用场景包括远程会诊、远程超声、远程手术、远程监护、远程示教、应急救援、智慧导诊、智慧院区管理、AI辅助诊疗、移动医护等，医疗服务更好满足人们健康需求。

01 共享家庭医生线上"慧"诊

家庭医生是健康守门人，打通医疗服务"最后一公里"。通过建立家庭医生制度，促进医疗模式从以治病为主向以健康管理为主转型，探索构建防、诊、治、康、护、养一体的医疗健康服务新模式，是发展智慧医疗的基础。国家卫健委公布的数据显示，截至2021年底，全国共有143.5万名家庭医生，组建43.1万个团队为居民提供签约服务。2022年3月，国家卫健委、财政部等六部门联合印发《关于推进家庭医生签约服务高质量发展的指导意见》，提出在确保服务质量和签约居民获得感、满意度的前提下，循序渐进积极扩大家庭医生签约服务覆盖率，逐步建成以家庭医生为健康守门人的家庭医生制度。到2035年，家庭医生签约服务覆盖率达到75%以上，基本实现家庭全覆盖，重点人群签约服务覆盖率达到85%以上。

家庭医生依托"智医助理"提供线上智慧服务。家庭医生更加注重发挥互联网作用，完善家庭医生签约服务相关信息系统，方便家庭医生与签约居民建立联系，实现线上为居民提供健康咨询、慢病随访、双向转诊等服务。家庭医生强调持续性、综合性、个体化照顾，关注的中心是人而不是病。家庭医生为居民提供基本医疗、大病转诊、公共卫生、健康管理等服务，还承担流行病学调查、隔离人员管理、核酸采样、疫苗接种等工作。家庭医生必须具有全科医生资格、执业医师或执业助理医师资格或乡村医生资格。可以是全科医生，也可以是在医疗卫生机构执业的其他类别临床医师（含中医类别）、乡村医生及退休临床医师。家庭医生签约服务主体从家庭医生团队变为团队或个人，医生团队由家庭医生、社区护士、公共卫生医师、健康管理师等组成，家庭医生是团队第一责任人。家庭医生既可以组建团队提供签约服务，也可以个人作为主体提供签约服务。服务更加注重全科和专科的协作，促进基层医防融合，增强签约服务的连续性、协同性和综合性。

02 共享智慧医院全程"智"疗

智慧医疗以患者为中心的扁平化、集中化诊疗流程，以数据化、智能化为手段，推广远程医疗、智慧诊疗、智慧医院等诊疗服务方式，塑造全新的医疗服务模式，形成智慧医疗、智慧服务、智慧管理和智慧科技等丰富应用场景，全面提升医疗服务质量和价值。智慧医疗是一个生态体系，把智能技术嫁接于健康医疗服务体系，实现全要素、全流程、全链条的系统优化，达成对全人群、全生涯和全维度的全域照护，最终实现优质、高效、经济的价值医疗。智能的目的不是用机器来代替医生，而是更加充分发挥医生的才能，把医生的智慧、人性化服务融入其中，让智慧医疗更具价值、更有温度，满足患者个性化需求。

智慧医院就是一个全方位、全天候、全平台的智慧线上医院，打造线上线下一体化全病程管理创新服务模式，让患者共享智慧医院、智慧服务、智慧管理等智慧医疗"福利"。国家卫健委和国家中医药管理局制定并印发的《公立医院高质量发展促进行动（2021—2025年）》提出，到2025年，建成一批发挥示范引领作用的智慧医院，线上线下一体化医疗服务模式形成，医疗服务区域均衡性进一步增强。智慧医院聚焦人民群众看病就医的"急难愁盼"问题，推动"互联网＋医疗健康"便民惠民服务向纵深发展，推进"一体化"共享服务，提升便捷化智能化人性化服务水平。智慧医院与线下依托的实体医疗机构之间实现数据共享和业务协同，提供线上线下无缝衔接的连续服务。推进互联网诊疗服务，充分发挥智慧医院在基层医疗服务中的作用，引导重心下移、资源下沉，有序促进分级诊疗。优化智慧医疗服务流程，加快推进内部信息系统集成整合和业务协同，实现医学咨询、预约就诊、慢病管理、数据共享、药事服务等，结合在线移动支付、药品配送等，享受便捷就医体验。

03 共享智慧医共体远程诊疗

我国医疗卫生服务资源总量持续增长，医疗技术能力和医疗质量水平持续提升，建成世界上规模最大的医疗卫生体系，形成覆盖城乡的医疗卫生服务网。相对于庞大的14亿人口，我国医疗资源极其匮乏，不同等级医院、不同地区间差异较大，优质医疗资源供需不平衡。优质医疗资源主要集中于三级医院，由于对就医的偏好性选择，三级医院数量虽少，却承担50%左右的就诊人次。地区间分配不平衡，优质医疗资源主要集中于东部，中西部地区医疗资源匮乏。医疗资源分布不均与跨地域就诊难，一直是我国医疗行业发展的痛点。因为不同地区、不同等级的医院医疗资源无法实现均质化，导致大医院人满为患、基层医疗卫生机构门可罗雀，造成医疗资源浪费，加剧人口拥挤、就医体验下降、医患关系紧张等问题，不断恶性循环。

共建智慧医共体、发展智慧医疗，为跨时空均衡配置医疗资源、重塑大健康管理模式、智慧化解"看病贵""治病难"提供可能路径、展现广阔图景。近年来，我国"互联网＋医疗健康"发展迅速，远程医疗服务全面推开，互联网医院由2018年的100多家增长到1700多家，初步形成了线上线下一体化医疗服务模式，大大提升患者的就医体验感。通过共建智慧医共体，优化医疗资源配置，加快优质医疗资源扩容和区域均衡布局，重塑智慧医疗体系，构建集预防、诊疗、康复、慢病管理、高能照护和临终关怀为一体的全链条综合的健康医疗体系，从过去以治疗为中心转变为以健康为中心。智慧医疗堪称人类有史以来最为恢宏的福祉工程。

智慧医共体把智慧医疗送到千家万户。智慧医共体智联城乡各级各类医院，在基层医院和大医院之间架起沟通"云桥梁"，通过智慧医疗、远程诊疗模式，拓展医疗服务的时域、空域和领域，更让医院打破传统诊疗模式，扩大服务范围，实现医疗资源优化配置。5G技术因其特有的高速率、低延迟、大连接、高可靠等显著特点，让智慧医疗、智慧健康应用场景突破时间和空间限制，越来越多的"好医生"被送到家门口，最大限度把优质医疗资源汇集到患者身上，让患者"少跑路、看好病"，享受更高质量、更高效率、更加安全、更加体贴的医疗服务，共享"医疗红利"。

第六节　智慧养老——老有智养夕阳红

夕阳无限好，人间重晚晴。老有所养是"家事"，也是"国之大事"。我国是人口老龄化发展速度最快的国家之一，已成为世界上老年人口最多的国家，从轻度老龄化进入中度老龄化阶段。第七次全国人口普查数据显示，我国60岁及以上人口已达2.64亿，占总人口的18.7%。65岁及以上人口近2亿。"十四五"时期，预计60岁及以上人口突破3亿。人口老龄化加快，规模不断增大，养老问题日益凸显。养老服务因新技术革命而呈现出创新、整合、共享的新趋势，初步形成互联互通、共建共享、合作共赢的发展格局。数字技术、智能产品促进养老服务发展，带来养老服务模式和商业模式重大创新改变。伴随着慢性病管理、居家养老、健康管理、健康咨询、生活照料、紧急救助、数字化文体娱乐等服务新业态的不断涌现，养老服务模式正在创新发展，由政府购买基本服务、保障基本服务需求，市场负责配置个性化养老服务的模式正在形成。智慧养老是大势所趋。智慧养老利用物联网、云计算、大数据、智能硬件等新一代信息技术产品，实现个人、家庭、社区、机构与健康养老资源的有效对接和优化配置，推动健康养老服务智慧化发展，提升健康养老服务质量效率水平。智慧养老实质是智慧健康养老服务方式，通过智慧助老、智慧尊老、智慧孝老，让老年人老有所养、生活幸福、健康长寿。

智慧健康养老是民生事业，也是朝阳产业。智慧健康养老产业是深度融合物联网、大数据、云计算、人工智能等新一代信息技术，以智能产品和数字平台为载体，面向人民群众健康养老服务需求的新兴产业形态。我国智慧养老产业起步晚，产业规模持续快速增长，数字技术、医疗健康、养老服务等产业资源加速整合，形成较完整的智慧健康养老产业链，智慧健康养老服务体系发展空间大，具有十分广阔的发展前景。数据显示，2019年智慧养老产业规模近3.2万亿元，2020年产业规模突破4万亿元。预计到2030年产业规模将达13万亿元。工信部会同民政部、国家卫健委联合制定《智慧健康养老产业发展行动计划（2021—2025年）》，要求针对老年人群多层次、多样化的健康养老需求，重点围绕技术创新应用、产品供给、数据平台建设、拓展应用场景等方面，进一步推动智慧健康养老产业发展。要常怀敬老之心、倾注爱老之情、笃行扶老之事，紧贴老有所养、老有所依、老有所乐、老有所安的多样化需求，加快智慧健康养老产业发展，培育新产业、新业态、新模式，丰富产品供给，创新服务模式，促进医疗、健康、养老资源优化配置和使用效率提升，满足家庭和个人多层次、多样化的健康养老服务需求。

01 智能产品帮助老年人生活

全社会数字化、智能化加快，越来越多的智能产品及服务走进百姓生活。数字信息技术赋能产品创新提升智慧健康养老保障能力。智能产品既是老年人生活的必需品，又成为老年人生活的"智慧助手"，让老年人生活更有温度、更具品质。庞大的老年群体，带来更加多样的养老需求，智能化线上服务和智慧养老产品的需求加速释放。目前智能化的养老产品层出不穷、琳琅满目，但智慧养老产品同质化、低端化明显，产品适老性有待提高。老年人由于知识水平、记忆力、传统生活习惯等原因，使得老年人对智能产品的使用程度较低，产品市场普及率不高。养老服务的供给与需求存在较大落差。《智慧健康养老产品及服务推广目录（2020年版）》，明确20类118项智慧健康养老产品和6类120项智慧健康养老服务。

随着感知、高精度定位、健康监测等技术的发展，健康养老产品逐步向智能化发展，智能产品创新迭出，满足老年人生活、生理、精神需求。服务平台信息化程度更高，家庭、社区服务中心、医疗机构、商业保险公司、养老辅助设施供应商等养老服务链与养老服务需求主体结合更紧密，为老年人健康管理提供更多保障。智能可穿戴、健康监测、养老照护等多种智能终端设备投放市场并得到应用普及，造福更多老年人。要面向老年人特定需求，考虑老年人生理、心理及使用特点，把信息技术先进性和产品的易用性结合，设计适合老年人使用的产品。结合5G、VR、AI、物联网等信息技术，加快"适老性"智慧健康技术产品研发，开发便携式、可穿戴、高灵敏度、人性化、定制化、智能交互的"适老性"产品。丰富智慧健康养老服务产品供给，针对家庭、社区、机构等不同应用环境，发展健康管理类可穿戴设备、便携式健康监测设备、自助式健康检测设备、智能养老监护设备、家庭服务机器人等，推出品类更多、品质更好、品牌更优的智能化养老产品，促进智慧健康养老产品的普及应用，满足多样化、个性化健康养老需求，让老年人乐享数字生活。

02 智居环境方便老年人生活

养老社会化，居家养老和机构养老是未来两大趋势，医和养是两套服务保障体系。我国建设居家养老服务体系具有传统文化优势，中华民族有几千年家庭养老、孝亲敬老的优良传统，中华传统文化中的集体文化、邻里文化推崇互相帮助、抱团取暖、互助养老。"住在自家、乐在社区"的居家养老，成为中国人养老方式的首选。没有适老环境，就没有中国式养老。居家适老环境改善是养老服务产业最基础的要素，安居才能乐养。第四次中国城乡老年人生活状况抽样调查显示，我国有超过90%的老年人会在家庭或者社区环境中度过晚年，他们中超过60%居住在并不适宜老人居住的房屋中。在探索交通适老化、商业适老化、信息交流适老化等模式、构建全面适老化体系、提高全社会适老化水平基础上，重点建设智居家庭适老环境是养老发展的必然趋势。通过对老年人家庭的通道、居室、厨房、卫生间等生活场所等的适老化改造，增强老人居家生活的安全性和便利性。实施居住环境适老化、智能化改造，建设智居家庭、智慧社区、智慧平台，连通融合一体，让老年人在安全舒适环境居家康养。

建设智居家庭居家康养更方便。家庭养老是养老主要方式，家庭成为老年人活动的主要场所。居家适老化改造是居家养老服务进入老年人家庭的"敲门砖"。顺应广大老年人居家养老的意愿与趋势，以满足其居家生活照料、起居行走、康复护理等需求为核心，改善居家生活照护条件，增强居家生活设施设备安全性、便利性和舒适性，提升居家养老服务品质。实施特殊困难老年人家庭适老化改造，包括城乡低保对象中的高龄、失能、残疾老年人家庭等。居家适老化改造与信息化、智能化居家社区养老服务相结合，创建智居家庭。智能设备满足老年人社交、娱乐等需求。智能手环、可穿戴的监控器等智能设备记录老年人的"身体机能"数据，在危险情况下发出预警和预处理。利用智能设备，老年人可自主实现预约就诊、在线咨询等。智居家庭居家养老，老年人享受健康幸福生活。

建设智慧社区居家康养更智慧。创新居家社区养老服务模式，推动养老机构向社区、家庭延伸，探索"社区+物业+养老服务"的模式。加快智慧社区建设，从增设无障碍通道、加装坡道等适老化改造，到互联网平台上线"长辈模式"、打造老年人"绿色通道"，从 AI 陪伴机器人、远程监测手表等适老产品走进千家万户，到养老与医疗、健康、数字技术等融合发展，创建更加精细、多元、智能的社区养老环境。把智慧养老平台延伸到老年人家庭，构建智能监控、智慧社区医疗与远程医疗监护的一体化服务体系，建立居家社区机构相协调、医养康养相结合的养老服务体系，形成对居家老人全覆盖、常态化、智能化的关爱机制，为老年人提供相应的远程监控、生活物资供应、医疗健康、精神慰藉等全方位、多层次的智慧养老服务。

03 智慧平台服务老年人生活

老年人需求结构正在从生存型向发展型转变，老年人的生活、健康、安全、娱乐等需求呈多样化、个性化、品质化发展态势。由于居家服务信息不对称，存在"老人找不到机构、机构找不到老人"的供需不匹配问题。数据显示，目前社会化的养老服务需求已经超过10%，助残、上门家政、上门看病等服务需求超过20%，互联网提供的服务总量均不足1%。互联网与养老服务存在两种结合模式：一种以"综合养老服务平台"为基本特征，主要采取市场化运作方式，建立聚合型的养老服务平台，通过信息化手段解决老人的居家养老问题。一种为"垂直型"的互联网养老模式，通过智能手环、电脑终端等设备，远程对老年人的健康状况进行实时监测，提前预防疾病风险，指导老年人健康饮食、运动。两种服务模式都处于起步阶段，服务模式、服务内容尚待完善。"互联网＋养老服务"的深度发展，必然向智能化升级。

智慧养老服务把运营商、服务商、个人、家庭、医疗服务机构等有效连接起来，围绕老年人的衣、食、住、行、医、娱等需求，为老年人提供便捷、高效、智能的社会化养老服务。与传统养老服务模式相比较，智慧养老服务模式具有四大优势：一是服务容量大。智慧养老服务内容涵盖范围广，有利于社会多主体参与、整合养老服务资源、扩大养老服务产品供给，实现养老服务供需平衡。二是服务能力强。通过跨终端数据互联同步，实现老人与子女、服务机构、医护人员的实时信息交互，对老人的身体状态、安全情况和日常活动进行有效监控。三是服务方式新。聚焦在生活配送、医养结合、精神慰藉等方面，老人在家中需要送餐、保洁、保健、护理、康复等服务时，只需在手机APP上下单，就会有专门工作人员上门服务。四是服务质量高。为老年人提供的线上问诊、远程医疗等服务更精细、更智慧。

智慧养老服务，智能保障是基础，智慧平台是支撑。运用互联网、物联网、大数据、人工智能等技术，建设统一规范、互联互通的智慧健康养老公共服务平台，汇聚提供各类养老服务主体与服务对象之间的信息共享，对接各级医疗机构、养老服务资源，建立老年健康动态监测机制，为老年人提供分类别、多层次、广覆盖的智慧健康养老服务。依托智慧养老服务平台，居家养老、机构养老、社区日间照料等多种传统养老模式、服务机制并存，服务模式已向"系统+服务+老人+终端"的智慧健康养老服务模式转移。通过大数据管理，对老人的身体状态、安全情况和日常活动进行有效监控，为老年人提供实时、快捷、高效、低成本的物联化、互联化、智能化养老服务，满足老人在生活、健康、安全、娱乐等方面需求。用好国家老龄健康医养结合远程协同服务平台，创新发展智慧医疗健康服务新模式，探索"远程专家门诊+智能健康监测"服务模式，远程医疗照护、线上医疗、慢性病管理、健康咨询、快速诊断、亲情关怀、在线监控、智慧导诊、紧急救助等智慧服务应用场景落地，让老人更舒心、家属更放心、护工更省心。应用场景需求主要有四类：一是安全防护类，包括老年人防跌倒场景、老年人紧急救援场景、认知障碍老人防走失场景、机构出入管控场景、机构智能查房场景、机构智能视频监控场景；二是照护服务类，包括老年人卧床护理场景、家庭照护床位远程支持场景；三是健康服务类，包括老年慢性病用药场景、机构无接触式智能消毒场景；四是情感关爱类，包括老年人智能语音交流互动场景、老年人智能相伴场景。

第七节 智慧文旅——智游尽享文化餐

文化让生活更美好，智慧让旅游更精彩。数智技术赋能文化与旅游融合发展，拓展智慧互联的文旅价值链，培育文旅流通的平台服务链，推进迭代更新的文旅创新链，构建跨界融合的文旅产业链，以文促旅、以旅彰文，数字文化借旅游拓展平台，智慧旅游借文化充实内容，推动文化旅游与数字经济深度融合，促进文旅产业数字化、网络化、智能化发展。智慧文旅应运而生，引领文旅行业丰富生产要素、生产技术，创新生产方式、运营模式，培育发展新产品、新服务、新业态、新供给，满足人民群众精神文化生活的新需求、新期待。智慧文旅是时代之需、社会之需、产业之需、生活之需。

01 智慧文旅因文化而成精神之旅

智慧文旅融数智、文化、旅游于一体，推动文化和旅游在更广范围、更深层次、更高水平上融合发展，打造独具魅力的文化旅游体验。数智是点睛之笔，文化是精神之魂，旅游是承载之体。智慧文旅把数字平台、旅游景区与公共文化联结起来，把数字资源、文化资源、旅游资源整合起来，把数字服务、文化服务、旅游服务融通起来，把数字产业、文化产业、旅游产业融合起来，以特色文化吸引游客，以数智技术创新场景，以旅游产品丰富体验。智慧文旅涵盖吃、喝、玩、乐、游、购、娱各个方面，顺应群众美好生活需要，符合产业发展规律，贴近市场消费需求，既是高质量经济形态，又是高品质生活方式，具有黏性强、平台宽、渠道广的特征，产生强大的外溢效应、连锁效应、融合效应，必然金声玉振、共生华章，走向"诗和远方"。

旅游集物质消费与精神享受于一体。文化是发展旅游的核心资源，更是旅游的核心价值和基本内涵。旅游作为当今世界最广泛、最大众的交流方式，旅游是展示文化、传播文化、发展文化最适宜和最重要的载体。发展旅游主要依托自然资源和人文资源。优越的自然生态环境与丰厚的文化内涵是旅游业发展的核心竞争力。文旅深度融合促进传统文化内涵与旅游产业发展、生态保护紧密融合，把自然生态和地域文化特色融入旅游消费元素，推动旅游产品的地方化、多样化、创意化发展，实现文化与自然的完美结合、交相辉映。越来越多景区为旅游产品注入更多文化元素，让旅游产品更具生命力和吸引力。坚持文化立魂，依托文化资源培育旅游产品、提升旅游品位，让人们在领略自然之美中感悟文化之美、陶冶心灵之美。深挖民族文化、红色文化、生态文化和历史文化，把文化内容、文化符号、文化故事融入景区景点，把社会主义先进文化、革命文化、中华优秀传统文化纳入旅游的线路设计、实际展示、讲解体验，高质量建设和打造一批文化底蕴深厚和文化特色鲜明的文化旅游景区、文化旅游街区、非物质文化遗产村落、文化旅游综合体等文旅融合产品业态。推动博物馆、美术馆、图书馆、剧院、非遗展示场所、对社会开放的文物保护单位等成为旅游目的地，培育主客共享的美好生活新空间。坚持提升硬件和优化软件并举、提高服务品质和改善文化体验并重，在旅游设施、旅游服务中增加文化元素和内涵，把空间上分散的文化要素与旅游资源开发、社会经济发展、文化事业提升进行串联，推动小旅游向大文化、大平台、大生态演进。提升旅游演艺、文化遗产旅游、文化主题酒店、特色节庆展会等品质，支持建设集文化创意、旅游休闲等于一体的文化和旅游综合体。依托革命博物馆、党史馆、纪念馆、革命遗址遗存遗迹等，打造红色旅游经典景区和经典线路。

02 智慧文旅因云游而成沉浸之旅

5G、大数据、云计算、人工智能、虚拟现实、增强现实等新一代数字信息技术在文化旅游领域深度应用，不少景区、博物馆等发展线上数字化体验产品，让旅游资源借助数字技术"活起来"，培育云旅游、云演艺、云直播、云展览等新业态，打造沉浸式旅游体验新场景。云旅游是一种将旅游全过程资源、服务进行整合，利用互动运营平台等智慧旅游工具，为互联网用户提供随时随地旅游全资讯的旅游数字化发展形式。云旅游是利用新兴技术而实现的新型旅游方式，也是智慧旅游云服务的一种表现形式。云旅游利用VR、AR等新技术将景区风光和文化展览等"搬"到线上,主要以网络直播、短视频等形式,将旅游地的相关要素直观地呈现在观众面前,生动的实时实景讲解也能更好地营造旅游场景,引导观众沉浸其中,丰富人们对旅游地的形象感知,游客获得精准而又深刻的旅游体验。云旅游促进线上线下融合发展,延伸完善旅游产业链条,推动旅游服务向多元化、层次化、动态化发展,重塑旅游价值链,实现旅游要素一体化经营,必然是未来旅游业的发展趋势。《青年云旅游调查报告》显示,74.8%的受访者会选择云旅游,59.7%的受访者表示对云旅游的体验不错,84.1%的受访者认为云旅游丰富了自己的旅游体验;67.2%的受访者将自然景观作为最感兴趣的云旅游目的地,历史遗迹和红色旅游景区分别占59.3%和41.4%。

智慧文旅,让游客寄情于自然山水之间、沉浸于场景体验之中。沉浸式文旅体验依托虚拟现实、场景塑造、全息投影、智能交互等技术,结合旅游文化 IP 挖掘转化,共同打造出虚实结合的沉浸式空间,通过全景式的视、触、听、嗅觉交互体验,让消费者体验到感官的震撼、情感的共鸣、思维的认同,增强"身临其境"的交互感、场景感、代入感、体验感。从看风景到去远方,从造实景到造虚景,从文旅融合到沉浸式体验。智慧文旅进入一个全域沉浸的时代,一个万物皆可沉浸的时代。文化旅游产品互动化和体验化已成常态,深度体验必然是文化精神层面的沉浸,历史和文化的交融渗透,让沉浸式文旅更具成长性。沉浸式体验赋能文旅产业主要有沉浸式旅游演艺、沉浸式目的地场景、沉浸式餐饮住宿三种形式。沉浸式文旅突破传统的"观看模式",进入到"体验模式",体验感、互动性与场景感等优势突出。沉浸式文旅的核心是交互体验,把虚拟世界与真实世界通过信息技术和内容创意的深度融合,创造出高价值体验经历。从时间体验上,通过虚拟现实技术等串联白天和夜晚、当下和历史;从空间体验上看,通过室内和户外、真实与虚拟，形成沉浸式体验。沉浸式体验作为一种全新的网红型文旅业态，给参与者带来娱乐、社交、成长等不同维度的价值。以沉浸式演艺、沉浸式展览、沉浸式娱乐、沉浸式影视等为代表的沉浸式体验正成为拓展文旅产业发展的热点方向，正成为未来智慧文旅领域新的产业制高点和核心竞争力。顺应文旅消费年轻化、国际化趋势，把握文化与旅游消费需求新特点、新趋势，立足丰富的历史文化资源，用好新技术、新模式，扩展沉浸式体验在城市空间、城市综合体、文化场馆、景区街区等文旅场景应用，开发沉浸式旅游演艺、沉浸式娱乐体验产品等，打造沉浸式文旅精品项目，推动沉浸式文旅产业迈向新高度、实现新突破。

03 智慧文旅因服务而成智游之旅

智慧文旅的"智慧"既体现在旅游服务、旅游管理和旅游营销方面，又体现在导航、导游、导览、导购基本功能上。

适应大众旅游时代新要求，建设智慧景区，打造智慧平台，优化智慧系统，推动文化和旅游业态融合、产品融合、市场融合，构建类型多样、分布均衡、特色鲜明、品质优良的旅游供给体系，让游客享受全过程、全要素、全链条的智慧服务。"一部手机智游天下"。智慧服务包括游客定位、智能导航、电子门票、电子导游、智能导购、电子支付、互动社交服务、分销跨销、餐饮系统、停车系统、电商系统等。智慧管理包括讯息发布、实时统计、智能库存管理、智能财务、旅游预测预警、综合安防监控和应急指挥、运行管理、公共服务等全流程服务。智慧营销包括旅游资源展示、游客资源分析、互动营销、精准营销、品牌推广、智能优惠券等。运用5G、大数据、物联网、人工智能等新一代数字技术，整合吃、住、行、游、购、娱等产业要素和公共服务资源，打造智慧服务平台，强化导航、导游、导览、导购的智慧功能,给游客提供线上线下自助式旅游服务,让游客智享吃、住、行、游、购、娱等六大环节多样化服务。

第八节 智慧家居——千家万户智幸福

居芝兰之室,久而闻其芳。家是一个提起就温馨、想起就令人神往的字眼。家是大多数人日常生活的地方。由国家统计局等机构联合开展的《中国美好生活大调查(2020—2021)》发现,居家休闲已成为人们的热门休闲方式。智能家居已经"飞入寻常百姓家",成为越来越多人的消费"新宠"。高质量家居产品和服务让居家体验变得更加舒适、惬意。

智慧家居首次写入"十四五"规划纲要,在数字化应用场景专栏中特别列出智慧家居,明确未来5年要"应用感应控制、语音控制、远程控制等技术手段,发展智能家电、智能照明、智能安防监控、智能音箱、新型穿戴设备、服务机器人等"。住房和城乡建设部会同中央网信办、教育部、科技部、工业和信息化部等16部门联合印发的《关于加快发展数字家庭提高居住品质的指导意见》提出,到2025年,家居产业创新能力明显增强,高质量产品供给明显增加,初步形成供给创造需求、需求牵引供给的更高水平良性循环;在家居产业培育50个左右知名品牌、10个家居生态品牌,推广一批优秀产品,建立500家智能家居体验中心,培育15个高水平特色产业集群,以高质量供给促进家居品牌品质消费。科技部公布启动支持建设新一代人工智能示范应用场景,包括智慧农场、智能港口、智能矿山、智能工厂、智慧家居、智能教育、自动驾驶、智能诊疗、智慧法院、智能供应链,明确智能家居要针对未来家庭生活中家电、饮食、陪护、健康管理等个性化、智能化需求,运用云侧智能决策和主动服务、场景引擎和自适应感知等关键技术，加强主动提醒、智能推荐、健康管理、智慧零操作等综合示范应用，推动实现从单品智能到全屋智能、从被动控制到主动学习、各类智慧产品兼容发展的全屋一体化智控覆盖。智慧家居既是未来数字化新生活美好图景，又是未来新一代人工智能示范应用场景，更呈现出未来智慧家居朝阳产业发展广阔前景，将迎来智慧家居快速渗透家庭的黄金发展期。

01 智慧家居是全屋智能家居

房子对于家只能算是一个物态载体，更重要的组成部分是家庭成员和一起布置的温馨居住环境。时代在变迁，家居在变化，从数智化进程可分三个阶段：一是"无智"阶段。20世纪80年代的家，"组合家具沙发床，黑白电视放中央。三间砖房水泥地，租辆卡车接新娘"。到90年代，白色涂料涂饰墙面、棕色木家具、米黄色布艺以及一盏塑料花式大吊灯，这是当时普通老百姓的家居装饰回忆。从这个时候开始，家居生活风格逐渐多样化，欧式、中式、布艺家具等走进百姓家中。2000年后的短短20年时间，我国百姓的房子从平房到楼房到别墅，从不装修到重装修到简装修再到精装修，家居观念发生巨大变化，更加注重家居的个性化、智能化。二是"有智"阶段。从智能扫地机器人到智能音箱、智能儿童陪伴机器人，再到智能门锁、智能马桶盖等，电视、空调、加湿器、电动窗帘等设备可以和智能音箱相连。越来越多的智能产品进入家庭生活，颇具新的消费和生活趋势。但各产品之间彼此孤立、无法互通，难以形成真正的智能家居。《2020年智能家居行业研究报告》显示，94%的受访者使用过智能家居单品，仅有2%的消费者使用全屋智能家居系统。三是"全智"阶段。从单个设备的智能，到多设备联动的协同智能，再到设备智能感知、自主操作的决策智能，最后是跨平台数据服务打通的高度主动全屋智能。所谓全屋智能，是指整体的智能家居系统，集智能照明、安防、影音、家电控制等于一体的整体家居解决方案。实现家居产品智能化操作，可以根据环境及人的需求进行自动化运转。不仅单个家居产品能够实现智能操作，智能单品之间还可以相互连接，为人们带来更加智能化、个性化的家居场景。

智能家居的本质是空间交互革命，未来家居的功能延展至娱乐、办公、学习等多属性，需要实现全屋联网化、空间集控化、交互自然化和系统联动化。用无感化的主动智能取代生硬的被动控制是智能家居发展趋势。智能家居高质量发展，必须实现各种品牌产品之间的联通融合，打造跨品类、跨厂家、跨平台的操作系统。智能家居集系统、结构、服务、管理为一体，把家电控制技术、感知技术、通信技术、互联网技术有机地结合起来，以家居场景为载体，融合家居硬件设施和管理软件的综合智控系统，赋予智控系统自主感知、自主决策、自主控制、自主反馈的生命力，实现不同品类、不同品牌智慧产品或服务互联互通，为人们提供更加安全、便利、舒适和节能环保的家居环境。

02 智慧家居是智能安全家居

智能家居，安全性是第一位的。智慧家庭受追捧的原因之一就是使房主安心，使他们能够远程监控房屋，最让消费者担心的恰恰是安全问题。有调查显示，80%的消费者担心其智能家居数据的安全性。聚焦安防为根本，坚守居家安全防线。智能家居通过物联网技术将家中各种设备连接到一起，围绕家庭全物理空间，从人、财、水、电、火、气六大维度，突出门厅安全、客厅安全、厨房安全、卧室安全、阳台安全多个生活场景，为居家安全提供不同场景下的安防解决方案，优化安全、稳定、智能的多元化服务，提升家居安全性、便利性、舒适性、艺术性，创造美好居住环境。规范家居智能硬件、智能网联、服务平台、智能软件等产品、服务和应用，促进智能家居产品互联互通，提升智能家居在家居照明、监控、娱乐、健康、教育、资讯、安防等方面的用户体验。居民更加便利地管理和控制智能家居产品，智能家居产品与家居环境的感知与互动，防范非法入侵、不明人员来访，居民用电、用火、用气、用水安全，以及节能控制、环境与健康监测等。门厅安全是家庭安全的重要防线。由智能门锁、智能终端、电子门铃、门窗磁、声光报警器等联动构成的门厅安全解决方案，使用户从入户开始，感受到安全感十足的居家体验。高质量的智能门锁在生物识别的基础上，辅以密码加密，在最大程度上保障消费者的居家安全。

03 智慧家居是智能绿色家居

智慧家居呈现融合化、智能化、健康化、绿色化发展态势。绿色环保低碳正成为家居行业大趋势。未来整体家居、绿色家居、智能家居等新领域将成为行业新增长点。标准是质量管理的基础，提升智慧家居产品绿色化水平要从标准抓起。相关部门要鼓励制定快速适应技术发展和市场需求的绿色家居标准，为智慧家居行业提供标准、计量、认证认可、检验检测、试验验证、评估诊断、产业信息、知识产权、成果转化、人才培训、应用推广等绿色产业技术公共服务。大力推行绿色制造，加强绿色材料、技术、设备和生产工艺推广应用，增加健康智能绿色产品供给，促进绿色消费。推动绿色智能家居产品下乡，在家居领域大力推广绿色产品认证，支持企业构建消费场景，创新营销模式，提供一站式购物体验，促进更新消费。鼓励企业针对农村市场开发个性化、定制化、健康化智能绿色家电产品，开展促销让利、以旧换新、以换代弃等活动，促进农村居民升级消费。

· 第十四章 ·

数字化新职业
——数字工匠

第十四章

数字化新职业——数字工匠

职业是参与社会分工，利用专门知识和技能，为社会创造物质财富和精神财富，获取合理报酬，作为物质生活来源、满足精神需求的工作。职业源自社会分工，随时代的变化而变化，伴经济的发展而发展，是时代变迁、经济发展、社会进步、科技变革的综合产物，是对人们的生活方式、经济状况、文化水平、行为模式、思想情操的综合性反映。职业具有高度关联性、鲜明时代性、组群社会性，一头连着产业、企业、创业，事关千行百业、经济发展，一头连着事业、就业、学业，事关千家万户、民生福祉。新职业与时俱进、应运而出、因技而生。新产业催生新职业，新职业拓展新就业，新就业创造新生活，新生活推动新发展。在数字经济时代，新产业、新经济日新月异，新职业、新就业推陈出新。新职业是指社会经济发展中已有一定规模从业人员，且具有相对独立成熟的专业、技能要求，《中华人民共和国职业分类大典》中未收录的职业。新经济必然创造更多新职业，数字经济必然造就更多数字工匠。

第一节 新经济催生新职业

芳林新叶催陈叶，流水前波让后波。时代的发展促进经济业态、产业形态的变化，带动新职业从无到有、从小到大、从低到高发展。1999年，我国颁布首部《中华人民共和国职业分类大典》，共收录1838个职业。进入21世纪后，随着我国经济社会的快速发展，产业结构调整、科学技术进步、大众创业创新，社会上涌现出许多新职业，亟待在国家层面上予以认可规范，新职业信息发布制度应运而生。到2009年，正式向社会发布12批120多个新职业。2015年版《中华人民共和国职业分类大典》颁布以来，正式向社会发布5批74个新职业。

2019年4月1日发布第一批13个新职业：人工智能工程技术人员、物联网工程技术人员、大数据工程技术人员、云计算工程技术人员、数字化管理师、建筑信息模型技术员、电子竞技运营师、电子竞技员、无人机驾驶员、农业经理人、物联网安装调试员、工业机器人系统操作员、工业机器人系统运维员。

2020年2月25日发布第二批16个新职业：智能制造工程技术人员、工业互联网工程技术人员、虚拟现实工程技术人员、连锁经营管理师、供应链管理师、网约配送员、人工智能训练师、电气电子产品环保检测员、全媒体运营师、健康照护师、呼吸治疗师、出生缺陷防控咨询师、康复辅助技术咨询师、无人机装调检修工、铁路综合维修工和装配式建筑施工员。

2020年7月6日发布第三批9个新职业：区块链工程技术人员、城市管理网格员、互联网营销师、信息安全测试员、区块链应用操作员、在线学习服务师、社群健康助理员、老年人能力评估师、增材制造设备操作员。

2021年3月18日发布第四批18个新职业：集成电路工程技术人员、企业合规师、公司金融顾问、易货师、二手车经纪人、汽车救援员、调饮师、食品安全管理师、服务机器人应用技术员、电子数据取证分析师、职业培训师、密码技术应用员、建筑幕墙设计师、碳排放管理员、管廊运维员、酒体设计师、智能硬件装调员、工业视觉系统运维员。

2022年6月19日发布第五批18个新职业：机器人工程技术人员、增材制造工程技术人员、数据安全工程技术人员、退役军人事务员、数字化解决方案设计师、数据库运行管理员、信息系统适配验证师、数字孪生应用技术员、商务数据分析师、碳汇计量评估师、建筑节能减排咨询师、综合能源服务员、家庭教育指导师、研学旅行指导师、民宿管家、农业数字化技术员、煤提质工、城市轨道交通检修工。

2022年7月11日，新修订的《中华人民共和国职业分类大典（2022年版）》正式向社会公示。在职业"版图"中，我国亿万劳动者所从事的职业被划分为8个大类、2967个工种。与2015年版大典相比，增加法律事务及辅助人员等4个中类、数字技术工程技术人员等15个小类，以及碳汇计量评估师等155个职业。

新职业并非凭空出现，而是植根于经济发展的土壤，成长于社会进步的潮流。新职业代表着新技术、新趋势、新需求。从1999年首次颁布职业分类大典，到今年第二次全面修订，20多年间职业变化之快，从一个侧面折射出我国经济活跃程度和转型升级速度，反映技术变革和社会变革趋势。新职业如同一面镜子，照见的是我国产业结构的升级换代，是我国经济不断实现自我迭代的内在活力，是我国经济迈向高质量发展的坚实步伐。数字经济、绿色经济、新型服务经济、智慧农业等新经济成为推动我国经济高质量发展的新动能，也是新职业、新就业的重要载体，必将催生更多数字新职业、绿色新职业、服务新职业、农民新职业。

01 数字经济催生一批数字新职业

新版职业分类大典从数字产业化、产业数字化和数字化治理等视角，围绕数字语言表达、数字信息传输、数字内容生产和数字治理等维度进行论证，从工具、环境、目标、内容、过程、产出和治理等指标进行界定和标注，标注 S 的数字职业共 97 个。如数据库运行管理员、机器人工程技术人员、增材制造工程技术人员等。数字职业扩容，加速培养大量高素质数字专业技术人才。标注数字职业，是对数字经济新趋势的呼应，是我国职业分类工作的重要创新，对推动数字经济、数字技术发展、提升全民数字素养具有重要意义。

新职业因经济社会形态变迁而生。新职业有三个内驱力：社会变革、技术变革、需求变革。我国在经历农业经济社会、工业经济社会之后，正步入数字经济社会。新一代信息技术发展，互联网普及，"互联网＋产业"成为传统产业升级的主要路径，经济结构转型和社会结构转换，一批新职业应运而生，金融分析师、互联网程序员等职业规模不断扩大。如今，数字经济加快发展，数字化重塑社会分工，一大批数字新职业如雨后春笋般涌现出来。新职业主要集中在以数字经济为代表的新经济领域，新职业类别呈现三个 1/3 的分布特点：1/3 是与新兴产业密切相关的工程技术类岗位，1/3 是与互联网和信息化相关的数字化管理和服务类岗位，1/3 是与健康养老咨询和服务相关的现代服务业类岗位。

新职业因数字产业兴起发展而生。互联网、人工智能、大数据等数字技术与实体经济、社会生活、治理模式深度融合，新一轮产业革命的数字化、网络化、智能化和服务化，不断催生新的商业模式和产业形态。新产业、新业态为新职业发展提供肥沃土壤，许多新兴行业职业加速孕育，职业分类的"吐故纳新"，正是数字新产业发展的现实投射和真实反映。新职业涵盖制造业、餐饮、建筑、金融、环保、新兴服务业等多个行业，越来越多的新职业正朝着高价值、数字化、个性化方向发展。新职业集中在新产业、新业态、新模式领域，如工业机器人、数字化和信息化管理等传统产业智能化升级领域。数据安全工程技术人员、数字化解决方案设计师、数据库运行管理员、信息系统适配验证师、数字孪生应用技术员、商务数据分析师、农业数字化技术员等新职业是在数字产业发展中催生的，都具有数字职业的鲜明特点。新职业不断涌现，折射出的是社会变迁和时代发展。

新职业因数字技术创新迭代而生。从某种意义上说，技术进步史与职业迭代史是一枚硬币的两面。技术进步带来分工细化，催生更多职业，这是历史发展的必然。近年来，新一轮科技革命与产业变革加速演进，人工智能、物联网、大数据和云计算等技术得以广泛运用，正推动数字化、智能化革命，实现机器对人类体力乃至智力的更多替代。"机器换人"是必然趋势。新技术推动职业兴替，一批新职业兴起，另一批旧职业退出历史舞台。未来机械性、体力性、纯线下的低端岗位将继续减少，需要运用大数据、人工智能等数字技能的新兴职业岗位不断涌现。从数字化和智能化技术催生的区块链工程技术人员、智能制造工程技术人员，到受线上经济影响而兴起的网约配送员、直播销售员，数字新技术领域正成为我国新职业的密集地。如大数据、物联网、云计算、人工智能等实现产业化应用的领域，包括人工智能工程技术人员、物联网工程技术人员、大数据工程技术人员、云计算工程技术人员、数字化管理师、建筑信息模型技术员、电子竞技运营师、电子竞技员、无人机驾驶员、农业经理人、物联网安装调试员、工业机器人系统操作员、工业机器人系统运维员等，颇具科技含量又充满未来感的新职业让人眼前一亮。数字技术领域的绝大部分职业成为数字职业，极大满足数字职业从业者的自我实现需要和社会价值认同。

数字职业将成为广大劳动者职业发展的风向标，越来越多的高技术技能人才将投身于数字技术职业实践中，成为推动数字技术加速创新的强大动力。

02 绿色经济催生一批绿色新职业

近年来，随着绿水青山就是金山银山的生态理念不断深入人心，人与自然和谐共生的现代化建设推进，从事绿色职业的专业人士越来越多，成为绿色发展的生力军。绿色职业活动主要包括监测、保护与治理、美化生态环境，生产太阳能、风能、生物质能等新能源，提供大运量、高效率交通动力，回收与利用废弃物等领域的生产活动，以及相关的以科学研究、技术开发、设计规划等方式提供服务的绿色社会活动。自2015年版《中华人民共和国职业分类大典》正式提出绿色职业概念以来，一批绿色职业如雨后春笋般不断涌现。新修订的《中华人民共和国职业分类大典》，标注绿色职业133个（标识为"L"），如综合能源服务员、建筑节能减排咨询师、冶金热能工程技术人员、汽车工程技术人员、供用电工程技术人员、环境卫生工程技术人员、野生动植物保护利用工程技术人员等。这是在绿色发展、绿色经济中催生出的一批绿色新职业。以绿色职业为代表的新就业形态开辟出新空间。绿色职业的发布对于增强从业人员的社会认同度、促进就业创业、实现新旧动能转换、助推经济社会发展全面绿色转型等均具有重要意义。

实现碳达峰碳中和"双碳"目标，是一场广泛而深刻的经济社会系统性变革，需不断加强绿色低碳技术创新，需持续壮大绿色低碳产业，需发动公众广泛参与、传播好绿色知识和技能，让更多人成为绿色发展的行家里手。碳排放管理是一个技术性、综合性较强的工作，从业人员需要掌握相关碳排放技术，熟悉政策和标准，做好碳排放规划、核算、核查和评估等，更需要绿色职业从业者发挥所学、尽展所长，为企业绿色发展算好减碳降碳"明白账"，为产业绿色转型升级下好节能减排"先手棋"。以能源、制造、建材、交通、航空等多个行业领域的绿色经济创新人才，如碳汇计量评估师、碳排放管理员、煤提质工、节能评估师、垃圾分类工程师等。这些新经济和新职业正直接促进着经济社会可持续发展，支撑生态文明建设和经济高质量发展。在 2021 年 3 月人力资源和社会保障部公布的 18 个新职业中，碳排放管理员位列其中。数据报告显示，2021 年，节能评估师职业需求同比增长 214.8%，循环经济管理师、能源审计员、垃圾分类工程师、电气电子产品环保检测员等绿色新职业乘势而来，"双碳"相关企业数量三年平均增长率达 45.8%。绿色发展正当其时，"双碳"目标未来可期。

03 新型服务经济催生一批服务新职业

职业的本质在服务，我为人人、人人为我。职业既是自己的生活，也是他人的生活。科技进步和生产力发展，深刻改变生产方式，深刻影响生活方式。从衣食住行到安居乐业，从社会交往到文化娱乐，从健康医疗到生老病死等各个方面，生活内容丰富了，生活空间拓展了，生活品质提高了，服务需求、服务消费不断升级，多元化、个性化消费越来越多。人们对美好生活的追求反映在职业领域，传统的专业技术人员、社会生产服务和生活服务人员呈现越来越细分化发展的趋势，推动社会职业增减变化和新老更替。新职业连接新需求，新服务催生新职业。我国经济正从生产主导型向服务主导型转变。第一产业、第二产业朝着机械化、自动化、智能化方向发展，减员增效趋势明显；第三产业服务业呈现出增员增质的趋势，不断催生出很多生机勃勃的新兴职业，服务业在吸纳、创造、扩大就业方面的作用日益凸显。新职业涵盖制造业、餐饮、建筑、金融、环保、新兴服务业等多个行业。

2015年版《中华人民共和国职业分类大典》与1999年版相比，新增347个职业，取消894个职业，第二产业减少24个小类、526个职业，第三产业增加11个小类、81个职业。新职业推陈出新，映射出人们不断增长的美好生活需要，对精神生活、物质生活的需求逐渐升级。从一个个新职业的发展演变中，能够感知新时代的创新活力与无限潜能。

新职业服务"一小"与"一老"。新职业里有时代的温度，从"一小"到"一老"，从吃得饱到吃得好，从物质生活到精神生活，贯穿全生命周期，涉及生活各方面。家庭教育指导师、研学旅行指导师，为中小学研学教育提供更加专业化、个性化服务。为保障居家办公学习生活需要，供应链管理师、网约配送员等新职业从业人员在物资配送、生活用品送达等方面，为群众提供便捷高效服务。消费需求升级也带动如电子竞技运营师、调饮师、建筑幕墙设计师等细分消费领域新职业的出现。伴随人口老龄化，人们对健康问题日益重视，社会康养需求和市场消费需求急速增加，居民用于健康检测、康复医疗、家庭照护等康养产品和服务的消费支出快速增长，健康照护师、呼吸治疗师、出生缺陷防控咨询师、康复辅助技术咨询师、社群健康助理员、食品安全管理师和陪诊师、老年人能力评估师、养老规划师成为新职业，反映人们对健康、照护、养老、食品安全等社会需求的不断提升。

新职业服务"大众"与"小众"。新职业既顺应"大众"的公共服务需求，又兼顾"小众"的个性化服务需求。面向大民生服务，包含社会生活各方面、各阶段和各层次。服务机器人已广泛应用在教育、娱乐、物流、安防巡检等领域，服务机器人市场需求迎来爆发式增长。面向大众健康服务，健康管理师、私人医生、健身教练、营养师、保健师、心理咨询师、心理医生、个人形象设计师、美容顾问、人工智能医学影像算法标注师等一批新型职业涌现。互联网原住民消费能力提升，很多看似"无用"的小众爱好逐渐成为大众产业，越来越多的"小而美"有趣新职业由此诞生。宠物医师、宠物训练师、宠物看护师、宠物侦探、宠物减肥师、宠物烘焙师、宠物保健师等有趣的职业闪亮登场。私影行业的观影顾问、版权购买师、轰趴馆的轰趴管家，VR行业的VR指导师，餐饮行业的轻食套餐设计师、宠物烘焙师等。这些"小众"新职业，随着消费需求不断升级，其发展潜力巨大，发展空间广阔。

新职业服务"今天"与"明天"。生活处处都精彩，职业时时在精进。新职业里有时代的期盼，既立足当下、服务满足"今天"的多彩生活，又着眼未来、服务提升"明天"的人力资本。在包容开放的时代，人们的职业追求跳出以往单一的"成功"标准，变得五彩缤纷。调饮师、易货师、电子竞技员、桌游教练、酒体设计师……多维度、多元化的新职业，提供更广阔的就业舞台，搭建起人生出彩的大平台。新职业为人生提供了更多选择，年轻人择业有了更大的自主空间，将个人兴趣与职业规划相结合，也能将愉快工作与推动经济发展相结合，让更多人能在赚钱养家的同时兼顾"诗与远方"。课程规划师、在线学习服务师、互联网讲师、职业规划师、创客指导师、美妆教学师等成为中坚力量。人力资源培育与开发相关职业，包括网络主讲教师、网络辅导教师、网络教育设计师、职业培训师、人力资源调配师、人才经纪人等大量涌现。文化创意与网络艺术从业人员，如网络作家、网络主播、网络演艺人、创意设计与网络美术师、电子音乐编辑、智慧旅游咨询师、智慧导游员、会展策划师等。

04 智慧农业催生一批农民新职业

互联网技术快速发展，物联网、云计算、大数据等技术被运用到农业生产各环节，数字农业、智慧农业加快发展，涌现农业企业、农民合作社、农场等新型农业经营组织，需要大批量的爱农业、懂技术、善经营的新型职业农民。这种职业农民是懂得现代农业高科技，懂得计算机知识、传统农业技能、农业经营与营销的复合型人才。农业数字化技术员就是农业领域新职业。农业数字化技术员指从事农业生产、农村生活数字化技术应用、推广和服务活动的人员，主要工作任务包括收集农业生产案例、分析数字化需求、组织实施农业数字化解决方案，为用户提供现场指导和技术培训等。农业数字化技术员新职业促进农业信息化、智慧农业系统等先进科技在农业生产一线扎根落地，让数据变成名副其实的新农资、新生产力。

实施乡村振兴战略，促进乡村产业振兴、人才振兴，农村涌现出越来越多区别于传统农民的新行当，越来越多的年轻人开始从大城市返乡创业，成为智慧农业时代的新农人。农业职业经理人、农民直播销售员、民宿管家、乡村导游等新农人群体不断壮大。现阶段农业经理人有可能按行业或管理服务专业化的路径细化职业分工，成为农业生产领域中难以替代的职业群体。无人机驾驶员代替很多传统行业操作员，其兴起体现技术革新助力传统农业产业转型。

第二节　新职业拓展新就业

我国正处于加快经济发展方式转变和经济结构调整过程中，新经济发展使产业结构、职业结构、就业结构发生很大"位移"，新商业模式在催生新职业的同时，新兴人群的新消费又催生新模式、新职业、新就业。新职业丰富职业谱系、拓展职业形态，整个职业结构发生变化，由原来低端职业占多数逐渐变成中高端职业占多数。新职业不仅意味着不同于以往的工作体验，还意味着更广阔的就业空间、更多元的职业转型机会。新职业"含金量"高、前景广阔，代表一种潮流趋势和发展方向，具有"强磁场"效应，发挥"扩容器"作用，增加就业新选择、提供就业新增量、拓展就业新空间、打开就业新风口，已成为促进就业的重要渠道。

01 青年成为新职业就业主力军

新职业的"新"包括职业类型的新、就业群体年龄上的年轻化、技术含量的科技化、职业选择的自由化。青年对新型职业的青睐有经济和非经济两个层面的原因。新型职业代表全新或更高级的消费需求，有更大的发展潜力和更好的发展前景。新职业更符合青年具备的创新精神和冒险精神的特点，受到年轻群体的追捧。新职业平均薪酬高，工作方式灵活，工作状态自由，兴趣与职业融合，提供实现个人价值的舞台，新职业具备受年轻人喜爱的各种因素。以新职业为代表的新就业形态加速发展，增加就业数量，提升就业质量，优化就业结构。很多新职业对大学生有比较大的吸引力，为大学生就业带来新机会，成为青年就业路上的新赛道。一项调查显示，在2000名青年受访者中，96.1%的人认为如果有机会，愿意去从事新型职业；62.5%的受访者认为新型职业能激励劳动者从更多角度发挥个人价值。新职业就业里，80后、90后的从业者占比超过80%。2022年高校毕业生规模达1076万人，首次突破千万，毕业生规模和增量均创历史新高。新职业打开多元化就业通道，新兴产业和现代服务业成为新职业青年的聚集地。

高"数质"的新知识青年。技术突破与职业变迁互为动因，科技化衍生新职业。科技发展在经济社会发展中的作用越来越大，科技在职业变迁中的贡献也越来越大，尤其是互联网等数字信息技术发展重塑人们的工作方式、生活习惯和思维方式，几乎成为所有新职业的底色。新科技职业化趋势明显，数字化能力成为新职业青年的基本能力。新职业青年受教育程度较高，更具数字化属性，聚集于新兴产业和现代服务业，尤其是在北上广深等一线城市，新职业青年群体的相对规模更大。

根据最新的第七次全国人口普查数据，相较2010年，我国具有大学（指大专及以上）文化程度的人口占比上升至15.47%，文盲率则由2010年的4.08%下降为2.67%，城镇人口占比也提升了14.21个百分点。聚焦不同领域的新职业，80后、90后及00后青年群体受教育程度均相对较高。无论是对专业技术能力要求较高的大数据工程技术人员、数字化管理师，还是要求较低的城市网约配送员，均需要相应的数字化处理能力。互联网高速发展普及背景下成长起来的80后、90后以及逐渐走上工作岗位的00后理所当然成为新职业群体的主力军。

敢"尝鲜"的Z世代青年。所谓Z世代，是指在1995—2009年出生的人，统指受到互联网、即时通信、短讯、MP3、智能手机和平板电脑等科技产物影响的一代人。以智能化、数字化、信息化为特征的新经济迅速发展，形态多样、分工精细的新职业不断涌现，为处于择业期的青年提供更加多元的就业选择。《2019年生活服务业新职业人群报告》显示，在新型职业从业者中，90后占据了"半壁江山"，95后占比超过22%。一组调查数据显示，76%的00后愿意或正在从事新兴职业，88.1%的00后愿意尝试或正在灵活就业。00后最想从事的新兴职业中，视频UP主、电商博主和菜品体验官成了他们的"心头好"。

新职业大多与互联网新技术以及相关服务联系密切，也大多与Z世代青年的职业发展方向相关联。新职业青年的成长伴随着我国工业化、数字化技术的普及，他们的信息来源更广、选择更多、生活节奏更快，也更加自信，自我意愿表达强烈，群体诉求也高度分化。新职业青年对职业价值的认知和选择呈现多元化趋势，就业观念减少了传统的束缚，更关注自我的需求与实现。新职业正进一步扩展以Z世代青年为主体的新阶层，具有明显的新时代特征。这个新阶层以90后和00后群体为主，主要包括民营科技企业的创业人员和技术人员、受聘于外资企业的管理技术人员、个体户、私营企业主、社会组织的从业人员和自由职业人员等六个方面的人员。

多职业的"斜杠青年"。新职业呈现出业态新颖、非全时工作、就业方式灵活等特点。写字楼白领、健身房教练、电台主播、自由撰稿人……这些看似毫不相关的身份，在当下的年轻人身上却可能随机组合出现。这种拥有多重职业和身份的人，被称作"斜杠青年"。"斜杠青年"的出现，主要得益于互联网技术为远程办公提供支持，打破时间和空间的限制，很多青年可以在业余时间完成第二职业或第三职业的工作。《中国青年报》社会调查中心对1988名18～35岁青年进行的一项调查显示，52.3%的受访者确认身边有"斜杠青年"。新业态群体主要以青年为主，其就业方式的灵活性、工作内容与从业者兴趣的高度契合性、工作安排的自主性等，得到不少青年的认同和追捧。新业态青年主要来自普通工人、自由职业者、办事人员和商业服务业人员。调查发现，新业态青年在从事当前工作之前，44.2%有正式全职工作，30.4%为自由职业者/灵活就业/临时工，10.7%在学校上学。

02 数字经济成为新职业就业主渠道

新职业散发浓厚的"数字气息"，在发展新经济、创造新就业等方面发挥着独特而重要的作用。数字经济打开就业创业新空间。我国数字经济正处于高速发展阶段，正在不断催生更多数字化新职业、新就业。数字经济已成为新型就业岗位的"孵化器"和"蓄水池"。

数字职业是高容量就业。近年来，大数据、人工智能、区块链、云计算、5G等新一代信息技术的加速创新，推动以数字经济为发展趋势的变革浪潮。数字职业在规模庞大的数字经济体量下得以快速发展，数字职业从业者不仅分布在一二三产业，而且已广泛渗透到社会生产、流通、分配、消费各环节，成为驱动我国数字经济产业发展的中坚力量。数字经济就业按照就业内容可以分为数字产业化就业、产业数字化就业和数字化治理就业三大类。根据中国信息通信研究院测算数据，2018年我国数字经济吸纳就业人数达1.91亿，占全年就业总人数的24.6%。其中数字产业化领域就业岗位达1220万个，产业数字化领域就业岗位达1.78亿个。预计到2025年，数字经济带动就业人数将达3.79亿。从数字职业的产业分布来看，在数字经济五大产业类别中，大部分数字职业集中在数字技术应用业，数量占比46.4%；数字化效率提升业和数字要素驱动业的数字职业占比分别为19.6%、17.5%；数字产品制造业和数字产品服务业的数字职业占比分别为9.3%和7.2%。数字经济发展催生多样化的创业就业模式。依托于数字经济、互联网平台，灵活多样的新职业、新就业应时而生。短视频、直播带货等网络营销行业兴起，覆盖用户规模达8亿以上，互联网营销从业人员数量快速增长。目前我国以网约配送员、互联网营销师、在线学习服务师等为代表的新职业就业形态劳动者近1亿，且数量在持续增加。

数字职业是高技术就业。数字化、网络化、智能化深入发展，数字化各类业态潜力无限、希望无限。相比于传统职业，数字经济下的新职业更具有多样性、趣味性、灵活性、科技性，"互联网+"、网络协同制造、在线办公、电子商务、数字文娱、互联网营销师、网约配送员等从业模式和职业岗位极大地吸引着数字时代下的高校毕业生、返乡下乡创业人员等群体。数字经济催生多种数字化新职业岗位，逐渐改变着就业结构和就业性质，为新时代青年群体提供更多就业机会。新一轮科技革命推动数字经济快速发展，孕育出数字化管理师、建模与仿真工程师、AI算法工程师、人工智能服务解决方案架构师等新职业，数字化仓储师、供应链管理师等传统岗位的数字化需求也在加速。世界经济论坛《2020年未来就业报告》预计，到2025年，新技术引进和人机之间劳动分工变化导致8500万个工作岗位消失，数字经济带动就业人数达3.79亿，创造9700万个新的工作岗位。未来20年，人工智能、机器人、自动驾驶汽车等技术的进步，将使我国就业净增长约12%。《新经济下2022新职业百景图》报告显示，我国已有104.4万家数字经济相关企业，广阔的科技应用场景亟须文凭高、技术精、掌握尖端科学知识和技术且紧缺的"高精尖缺"人才，2021年数据标注师需求同比增长96.6%。

数字职业是高质量就业。数字职业就业具有大城市聚集、高薪资报酬、强灵活性等特点，是高质量就业形态。数字新职业就业群体主要分布在新经济领域，以现代服务业中的消费服务为核心，如新媒体（抖音、快手等）、新渠道（拼多多、小红书等）、新产品（新茶饮等）等新消费领域。相较于新技术和新产业，消费服务领域的新职业就业灵活度更高、门槛更低、适用人群范围更广，是贡献最广泛而有质量的就业机会。根据中国信息通信研究院数据分析，从数字经济就业区域岗位数量分布看，北京、上海、浙江、广东数字经济就业活跃。广东数字经济就业岗位占比25.74%，北京占比17.79%，上海占比12.25%，浙江占比8.46%。从数字经济岗位不同学历薪资情况看，数字产业化平均薪资为9211.9元／月，产业数字化平均薪资水平为8114.8元，相差13.52%；数字产业化专科及以上学历平均工资为13057.5元／月，产业数字化专科及以上学历平均工资为12366.6元／月，相差5.59%。数字产业化岗位整体薪资高于产业数字化。美团发布的报告显示，56.9%的新职业从业者月收入超6000元，36.1%的从业者月收入超9000元，21.2%的从业者月收入超过1.2万元。智联招聘公布的数据显示，直播主播的月平均收入接近1.5万元。

03 弹性灵活成为新职业就业主形态

数字技术正以前所未有的深度与广度对传统就业形态产生颠覆性

影响，带来新就业形态蓬勃发展。数字经济是全新的技术经济范式，新就业形态是新"技术—经济范式"下的新就业模式。新一轮数字技术革命兴起带动出现大量智能化、数字化、信息化的"新领"职业工作模式。就业形式正在发生重大变化，组织型转向自主型、集中型转向分布型、单一型转向多元型，从工作岗位变成工作任务，从劳动力变成人力资本，从劳动关系变成人力资本关系。新职业、新就业不仅"新"在工作种类、工作内容，更"新"在工作方式、工作关系。借助数字化生产工具，就业形式、雇佣关系衍生出新的形态，非全职的灵活就业、零工经济属性凸显，基于合作的关系成为就业新形态。新就业群体具有组织方式平台化、工作机会互联网化、工作时间碎片化、就业契约去劳动关系化，以及流动性强、组织程度偏低等特点。新就业形态已成为我国吸纳就业的一个重要渠道。国家统计局公布的数据显示，截至2021年底，我国以自由职业、自主创业和新就业形态为主的灵活就业人员达2亿人，占就业总人口数的1/4，数字技术通过灵活安排工作和算法匹配促成灵活就业。智联研究院数据显示，超过八成以上的95后和00后从事或者意向尝试灵活就业。2020年和2021年全国高校毕业生的灵活就业率均超过16%，高校毕业生群体逐渐成为灵活就业的主力军。

平台雇佣模式。数字经济引发劳动力市场雇佣模式和组织模式的深刻变化，打破时间、地点以及劳动者身体素质的限制，促使劳动者就业模式更加丰富、就业边界更为广阔、就业选择更显多元。新就业形态的典型代表是平台雇佣模式。工业互联网平台就业、信息内容平台就业、电商平台就业、劳务平台就业是平台化就业四种主要模式。新就业形态在雇佣关系、组织方式、就业边界等方面都区别于传统雇佣模式。直播电商催生直播助理、直播场控、直播策划、数据运营等就业岗位；网约车平台催生网约车司机、司机服务经理、自动驾驶路测安全管理员、自动驾驶测试驾驶员等就业岗位。在数字经济浪潮下，平台型、网络型等越来越多的新组织形态不断出现，就业模式早已不局限于"企业＋雇员"的传统劳务关系，个体从"单位""公司"或"工厂"等传统企业组织架构束缚中解放出来，开始向数字经济新"平台"进行迁移，取而代之的是网络化和扁平化的平台组织形式。国家信息中心的统计数据显示，2020年我国共享经济领域就业保持较快增长，共享经济参与人数约为8.3亿人，提供服务者约为8400万人，平台企业员工数约为631万人。

零工经济模式。零工经济是技术赋能的结果。数字技术可以突破集中型就业模式，向分布型零工经济范式转换。零工经济已经从互联网行业、短视频直播平台、音响文娱行业，快速渗透到金融行业、房地产行业等几乎所有传统上以长期就业为主的行业之中。从本质上说，零工经济就是从"就业"向"工作"的范式转换，具有更好的扩展性与流动性以及更强的可交付性与可交易性。从微观层面来看，零工经济可以真正实现劳动者人力资本的最优配置和最优利用，是对企业、个人和社会各方都增益的"帕累托式"改进。零工经济并不是低技能工作的代名词，背后是职业技能的重构及深化，从去技能化到再技能化转型。从宏观层面来看，零工经济创造更多就业机会。这种分布式、弹性大的工作形态有效地减缓经济外生冲击对就业的影响。零工经济逐渐壮大，向正规化、职业化、专业化方向发展，以其规模之大、影响范围之广、程度之深，增加包容性就业民生改善，促进经济高质量发展，成为数字经济时代人力资源的新型分配方式。

共享用工模式。新兴消费需求催生"数字化"新工种，拓展就业新形态。基于合作而非雇佣的自由就业越来越成为社会常态，灵活就业、共享用工等新就业形态不断涌现。外卖送餐员、代驾、网约车司机、平台主播、短视频作者等，灵活就业形式，就业容量大、进入门槛低，灵活性和兼职性强，吸引诸多从业人员的目光。共享用工模式，利用创新思维实现跨区域、跨工种、跨企业的突破，呈现规模化发展的趋势。共享员工是企业与企业之间独有的人力资源调配模式。工作的兼职性质导致其在组织层面上并不属于平台企业，"公司＋员工"的模式正在向"平台＋个人"转变。工作形式、报酬支付、管理规则都有别于传统企业，更多的是一种合作关系而非雇佣关系。国家信息中心发布的《中国共享经济发展报告（2021）》显示，目前中国平台上活跃着近70万名自由职业者，在50多个城市上线灵活就业岗位超过300个。

04 新个体经济成为新职业创业主阵地

创业是就业之源。新个体经济成为新职业创业带动就业的重要阵地和平台。新个体经济是"互联网＋个体经济"的创新组合，是互联网、数字技术与个体经济深度融合发展的产物，极大丰富了传统个体经济的内涵，更充分发挥个体的创新能力，为市场提供更为丰富多元的产品和服务。新个体经济催生各种新经济业态和新经营模式，原有的市场结构、市场需求、就业方式等都发生巨大变化。新在"技术"，数字化技术运用；新在"模式"，互联网平台赋能；新在"市场"，面向万物互联的线上市场；新在"用工"，"平台＋个人"新模式。网上创业的新个体经济，具有成本结构简化、人员构成简单、资金投入相对较少、信息工具大量共享等特点。

推动互联网平台与个体经营者相结合具有很多先天优势。以智能手机为代表的移动终端和以5G网络为代表的高速移动互联网逐渐普及，工业互联网和5G在国民经济重点行业的融合创新应用不断加快，生产生活方式迅速向网络化、智能化转变，一批多样化数字网络平台涌现。新个体经济通过大数据、云计算等智能技术，借助个体劳动和经营的形式，促进消费升级、产业升级、产品迭代和模式进化，推动形成新需求催生新供给、新供给创造新需求，实现新个体经营者与互联网平台互利共赢。新个体经济成为数字新技术的"试验场"、新模式的"练兵场"、新业态的"培育场"，大力发展微经济，鼓励"副业创新"，加快发展基于互联网平台发展微创新、微应用、微产品等大众创业、万众创新。新个体经济在繁荣经济、稳定就业、促进创新、方便群众生活等方面发挥独特作用，成为新职业创业带动就业重要平台。

第三节 新就业引发新变革

新职业、新就业是技术革命、产业变革、需求变化的必然结果。新职业发展满足社会消费新需求，具有引领就业趋势、重塑教育体系、推动产业升级的作用，是一次全局性、深层次变革，正在深刻调整经济结构、产业结构、社会结构、就业结构，必然带来职业就业观念、人才供给需求的变化，必然引发人才培养模式、教育教学方式、职业教育发展、劳动保障制度、收入分配制度等全方位变革创新。

01 新职业新就业促进职业就业观念转变

经济发展动能转换，职业"破立并存"，就业"新旧交织"。新职业、新就业服务人们美好生活需要，呈现多元化、个性化趋势，体现着时代的脉动，代表社会职业发展的新方向、新优势，正以强劲势头蜂拥而出，以数字化、灵活性、高薪酬、成长性而成为职场"香饽饽"。越来越多的新职业从无到有，正朝着高端化、数字化、个性化方向发展。相对于传统职业，新职业、新就业发展有一个逐步成熟的过程，在发展中不可避免地会遇到"成长中的烦恼"。许多新职业由于出现时间短，在社会影响程度、劳动力市场需求、区域分布广泛程度、职业组织化程度等方面还有待提高。新职业必然要求全社会与时俱进，抛开职业偏见，转变就业观念，以新的就业观拥抱新职业，增强就业包容性、社会认可度、职业归属感、经济贡献度，让今天的"新就业"，成为明天的"主就业"，带动更多"稳就业"。

新职业具有更加灵活、更加自由的就业形态优势，正好高度契合青年群体灵活性、自主性、流动性和去中心化、去雇主化的职业追求、就业意愿、择业心态。新职业青年群体具有知识结构新、生产工具新、社会诉求新、流动性强等特征。越来越多的年轻人摒弃传统的择业观，大胆尝试新生事物，勇于应对变化挑战，通过掌握新技能、学习新本领，选择新职业、实现新就业。80后、90后不再像父辈那样看重社会需求和收入水平，包括公务员、国有企业等在内的"高大上""铁饭碗"稳定工作的吸引力在下降。相反，热爱与否、擅长程度成了他们择业的新标准。所谓的"工作"，正从过去养活家庭的生计来源，变成年轻一代眼中自我定义、自我实现的方式。这反映青年群体就业择业观念多元化、自主性趋向。新就业形态，即依托于互联网平台、数字技术、适应多元化知识生产和个性化消费需求而出现的去雇主化、平台化的就业模式；新型劳动关系，即伴随新业态而出现的自主性、个体化、灵活性、兼职兼业的劳动用工特点；新工作价值观，即由兴趣驱动，体现个性、追求自由、激发创新、包容多元、实现自我价值的工作价值观念。

选择一份职业，就等于选择一种生活方式。多样化的新业态、新模式必然创造多元化的新职业、新就业。应该打破"按行划片"的惯性思维，适应线上线下融合的新业态新模式发展要求；打破"单兵作战"的惯性思维，适应开放共享的数字化协同新模式；打破"雇佣关系"的惯性思维，适应灵活用工新就业形态；打破"要素占有"的惯性思维，适应数字化生产力和生产关系变革。坚持以更加开放、包容的态度，帮助引导青年群体树立正确的就业观，鼓励求职者眼光放长远，打破束缚的就业理念和价值追求，摒弃传统"等级"观念、少一些功利思想，勇于尝试新兴产业、新兴职业及自己感兴趣的职位，不断锤炼职业技能，实现个人价值。

02 新职业新就业带来市场供给需求变化

新职业是经济发展的细胞。新职业的出现是劳动力转型的标志，有助于促进实现高质量就业、打造高素质人才队伍。新职业推动经济结构转型升级，"搅动"就业市场，带来劳动力需求和供给深刻转变，引发就业结构性矛盾变化，凸显劳动者素质结构与经济社会发展需求不相适应的问题，以致出现新的"用工荒"与"就业难"并存、"招工难"与"求职难"并存、"有事无人干"与"有人无事干"并存的现象。未来新职业人才需求规模庞大，人才供给缺口巨大，供需矛盾比较突出。

很多新职业往往产生于数字经济与传统经济结合而形成的新业态、新模式中，数字化人才供给明显不足，特别是"高、精、尖"数字化专业技能人才更为稀缺。根据人社部中国就业培训技术指导中心联合阿里钉钉2020年发布的《新职业在线学习平台发展报告》数据，未来5年新职业人才需求规模庞大，人才缺口超过千万。其中，预计云计算工程技术人员缺口近150万、无人机驾驶员缺口近100万、电子竞技员缺口近200万、电子竞技运营师缺口近150万、农业经理人缺口近150万、建筑信息模型技术员缺口近130万、工业机器人系统操作员和运维员缺口均达到125万、数字化管理师从业人员缺口已超过200万。教育部、人社部、工信部联合发布的《制造业人才发展规划指南》显示，2025年中国制造业十大重点领域人才缺口超过3000万人，成为制约数字化就业的关键发展瓶颈。

"新领"职业是和人工智能最直接相关的一类工作，就像电气革命创造电力工人、铁路工人、汽车司机等新职业一样，信息革命衍生出程序员、网络电商等"新领"职业。人工智能工程技术人员等热门职业兴起与近年来人工智能行业的爆发有很大关系。清华大学中国科技政策研究中心发布的《中国人工智能发展报告2018》显示，截至2018年6月，中国人工智能企业数量已达1011家。数据预测，到2020年中国人工智能核心产业规模将超过1500亿元，带动相关产业规模超过1万亿元。据估计，我国人工智能学科人才需求的缺口每年接近百万。

03 新职业新就业推动人才培养模式创新

职业发展，人才是根本。数字职业发展，重在数字人才培养模式创新。新职业中，数字职业比重大，"数字元素"突出。在工作能力构成上，大部分新职业要求具备一定数字化能力，数字化能力是大多数新职业能力要素的基本构成。在工作产出上，数字化服务成为新职业普遍性工作内容，折射传统工业经济向数字经济、智能制造、服务经济转型升级的发展趋势。在工作联系上，数字化连接包括"硬"的物理连接和"软"的服务连接，主要在人与机器、现实世界与虚拟世界、平台与用户之间构建的"最后一公里"连接网络。在核心职业素养上，新兴职业对数字素养的要求最为突出，未来劳动者必然是人人皆需具备数字素养。中国信息通信研究院发布的《数字经济就业影响研究报告》分析，我国数字化人才缺口已接近1100万，伴随着各行业数字化快速推进，数字人才需求缺口还会持续加大。紧缺的数字人才不仅包括数字产业化创造的数字技术、数字研发岗位，也包括产业数字化转型过程中产生的大量数字技能人才。

面对社会对数字职业人才的求贤若渴，数字人才培养势在必行。目前数字人才培养处在"自学成才""无师自通"的碎片化、分散化阶段，尚未建立专业化、标准化、融合化的数字人才评价体系和教育培育体系，主要表现在既懂数字化运营技能又懂服务经营的复合型管理人才不足、数字化人才培养缺乏科学有效的评价体系、数字化人才的社会化培训供给不足。应该加快探索优化数字职业人才评价体系，建立与产业发展需求、经济结构相适应的数字职业人才评价机制，分专业领域建立健全数字职业人才评价标准。围绕数字化职业标准，运用数字化就业平台，突出数字化职业技能，推广"互联网＋职业培训"模式，探索"产教融合＋数字化"的数字化人才培养发展模式。聚焦数字技术创新体系建设，按照"自主引才、自主设岗、自主聘任、自主评价、自主定薪"，完善人才流动调配机制，建立紧缺急需数字经济人才引进"发榜应征"机制，建立数字人才"周转池"，开辟高层次数字人才集聚"绿色通道"。聚焦"智改数转"，建立"数字工匠"培育库，联合龙头企业和院校推动打造一批区域性数字技能公共实训基地，支持院校新增数字技能类专业、新开技能专业课程，推进数字经济产才融合。聚焦数字经济龙头企业、重点单位，打造"高校—科研机构—企业"联动人才培养模式，创建数字经济人才市场，促进数字经济人力资源要素合理流动，为数字人才提供全方位全周期数字化服务。

04 新职业新就业引发教育教学方式转型

数字化发展，知识获取方式和传授方式发生革命性变化。教育管理者、教师、学生，以及家长等群体的数字素养都会影响到数字化教育的深度和效果，影响到数字社会建设的进程。数字素养与技能是数字社会公民必备的素质与能力，是新职业人才的重要素质与能力，是数字职业人才的核心素质与能力。新职业、新就业必然引发教育教学方式转型。数字素质与能力培养贯穿教育全系统，落到教育教学全过程，教育数字化转型是必然大势。从国际经验看，数字化转型是在数字化转换、数字化升级的基础上，全面推进数字化意识、数字化思维和数字化能力的过程。围绕产业、企业、创业、职业、就业、学业，实施教育数字化战略行动，加快推进教育数字转型与智能升级，深入推动教育全领域、全要素、全流程、全业务的数字化意识、数字化思维和数字化应用，构建智慧教育新生态。转变教育教学理念，从起步、应用和融合数字技术，到树立数字化意识和思维、培养数字化能力和方法，再到激发资源和数据要素、构建智慧教育发展生态、形成数字治理体系和机制，适应、支撑和引领教育现代化。加强数字教材建设，借助传统纸质课本、数字化教材、智能化教学工具和装备，探索基于各种应用场景的数字化教学新模式，撬动教学过程数字化转型。深化新时代教育评价改革，创新智能测评技术，利用人工智能、大数据等现代信息技术，探索开展学生学习情况全过程纵向评价、德智体美劳全要素横向评价的全新方式，支撑教育评价数字化改革。构建智联教学环境，对传统学习环境进行数字化、网络化、智能化升级改造，实现数据共享、设备协同、知识互联、群智融合，夯实学校数字化转型基础。优化公共服务体系，创造智能升级教育生态，创造智慧的学习环境，变革传统的教与学方式，催生智能时代的教育制度，构建高学习体验、高内容适配和高教学效率的教育系统，创建智慧教育示范区、智慧教育示范校，提升教育数字化治理水平。面对"人人皆学、处处能学、时时可学"的教育教学需求，运用国家智慧教育平台，强化提升学生学习、教师教学、学校治理、教育创新等数字化功能，构建网络化、数字化、个性化、终身化教育体系。

05 新职业新就业引领职业教育发展变革

功以才成、业由才广。创新创业最需要的是人才，人才制高点决定发展制高点。科技发展要求未来劳动者具备更高素质。世界银行在

《2019世界发展报告：工作性质的变革》中指出，未来劳动者必须具备较高的科学、技术、工程、数学等方面综合素养，今后所有类型的工作都要求具有高级认知技能。人才培养的周期性和滞后性，无法实现与社会发展需要的实时匹配，要求把综合素质教育放在更重要位置，更好适应未来社会发展变化，增强人才培养和社会需要之间的匹配度。职业和就业的多元化发展，需要加快构建培养多专业、多技能、多层次人才的教育体系。高质量技能人才培养离不开灵活开放的职业教育。职业人才靠职业教育培养，职业技能靠职业培训提升，职业素养靠职业实践养成。职业教育作为国民教育体系和人力资源开发的重要组成部分，具有推动经济发展的社会功能、优化就业格局的就业功能、促进人的全面发展的育人功能，肩负着培养多样化人才、传承技术技能、促进就业创业的重要职责。职业教育的最大特点就是学以致用、即学即用、活学活用。目前，我国已建成世界规模最大职业教育体系，共有职业学校1.12万所，在校生超过2915万人。职业教育进入高质量发展新阶段，职业教育前途广阔、大有可为。新职业、新就业发展必将引领职业教育深入推进育人方式、办学模式、管理体制、保障机制改革，增强职业教育适应性，加快构建纵向贯通、横向融通的现代职业教育体系，培养更多高素质技术技能人才、能工巧匠、大国工匠。

构建全生命周期的职业人才培养体系。从全生命周期视角，建立职业人才选拔、培养、认证的职业教育体系，完善人才培养体系和技能培训制度。实施职业技能培训实训共建共享行动，提升职业技能培训基础能力，加强职业技能培训服务能力建设、职业技能培训教学资源建设和职业技能培训基础平台建设，建设一批高技能人才培训基地，开展大规模、多层次职业技能培训。深化职业技能培训体制机制改革，建立职业技能培训市场化社会化发展机制、技能人才多元评价机制、职业技能培训质量评估监管机制、技能提升多渠道激励机制。强化社会培训和终身教育，构建终身职业技能培训体系，注重培养新职业领域专业技术人才，拓展劳动者职业发展空间，形成主要由市场配置人才资源、促进人才流动的机制，极大激发新职业人才创新创造活力，让新职业人才有盼头、有干头、有甜头。

构建全职业领域的职业学科专业体系。根据新经济、新产业、新职业、新就业发展需求，围绕新职业人才在专业设置与课程资源开发、人才综合素质培养、职业规划与就业指导、职业技能培训与职业技能等新职业要求，优化职业教育类型定位，加快规范相关职业教育专业和培训项目，完善教学培训内容，增设与新职业对应的新专业，开发新教材新课程，建设一批高水平职业院校和专业，确保新职业人才培养质量。坚持创新与融合发展方向，深化"新工科""新农科""新医科""新文科"学科建设和教学改革，推进新专业新学科建设发展，确保新学科建设在思想（学贯中西、融通社会）、技术（信息技术、人工智能）、结果（创新、人才）上体现先进性。结合职业培训课程体系更加微型化、碎片化、定制化、趣味化的特点，促进专业升级改造、人才培养模式创新，推动专业设置、课程内容与社会需求和企业生产实际相适应，提升职业教育培训质量，实现人才培养培训与社会需求紧密衔接。

构建全职业链条的职业教育合作体系。依托大企业的技工学校和职业教育机构，越来越成为职业教育的主流。整合职业教育资源与企业职业培训体系，合力发展职业教育。深化产教融合、校企合作，建立健全校企协同育人机制，促进教育链、人才链、创新链与产业链有机衔接。坚持以学生发展为中心，促进专业培养与数字技术融合，实施专业教育与行业需求相结合、双创教育与专业教育相结合、一二三课堂教育相结合，建立企业导师制，打造"校中厂""厂中校"等校企合作新载体，探索新职业人才培养的校企合作新模式。借鉴数字平台开放融合、普惠共享的特点优势,构建职业学校、行业企业、产业平台、科研院所、地方政府共同体,共建产学研机构、行业产业学院、学科专业、实验室、实践教学基地等,丰富新职业教育培训"生态",探索"技术+平台"职业教育共享模式,共同培养新职业技能人才、"大国工匠"。推动职普融通,完善普职融通制度、职教高考制度和国家资历框架制度,建立和完善国家学分银行制度,促进技能等级、职业教育与普通教育学历、专业人才职称等值互换互通融通。坚持职业教育项目走出去引进来,加强职业院校与国(境)外优秀企业合作,鼓励职业院校到国(境)外办学,支持职校学生和教师到国(境)外访学交流,鼓励实施"鲁班工坊"和"中文+职业技能"等,提升职业教育国际影响力。

构建全学历层次的职业教育发展体系。坚持职业教育的类型属性,把握面向人人的终身教育、面向市场的就业教育、面向能力的实践教育、面向社会的跨界教育等多功能定位,把职业教育和普通教育区分开来、把科学和技术区分开来、把知识和技能区分开来,把职业教育当作职业教育来办,构建中等职业教育—专科高等职业教育—高层次职业教育纵向贯通的职业学校体系。稳步发展高层次职业教育,加快推进本科层次职业教育发展,巩固专科高职主体地位,建设一批高质量高等职业学校和骨干专业群。坚持中等职业教育的基础性作用,充分发挥中等职业教育办学功能。城市与发达地区中等职业学校从就业导向转向升学和就业并重,主要为高一级职业院校培养合格新生。

06 新职业新就业引发劳动保障制度创新

新职业具有知识密集型和技术密集型特点,正在快速发展,拥有广阔前景和巨大空间,成为吸纳就业的重要领域,甚至可能掀起一场新的"就业革命"。新职业、新就业打破原有行业和秩序下的利益关系和管理规范,冲击传统就业群体、管理手段、劳动法律体系、就业服务管理、社会保障政策等,迫切需要以健全的法律规范、普惠的政策鼓励、审慎的监管服务、可靠的保障支持、宽松的环境促进,为新职业、新就业的生长提供更好的土壤,让其规范有序健康发展,走得更快更高更远。

平衡新职业群体就业的灵活性与安全性。针对新职业就业灵活多样的特征,秉持促进和规范并举的原则,优化新职业就业政策,完善新职业劳动者权益保障政策法律体系,严格制定新职业行业规范,规范从业人员职业行为,保障劳动者权益,切实解决新职业从业者的后顾之忧。破除就业领域体制机制障碍,优化整合政策、服务、培训等各类资源,打破区域、城乡分割,深化劳动力要素市场化配置改革,激发创业和就业活力。推动完善灵活就业群体的医疗、养老、子女教育、住房等公共服务,提升全社会对新业态群体的认知与理解,增强新就业群体的归属感与认同感。

聚焦新就业形态劳动者权益保障突出问题,健全落实公平就业、劳动报酬、休息休假、劳动安全、社会保险制度,强化职业伤害保障,完善劳动者诉求表达机制。创新完善劳动关系认定,制定适合新就业形态发展的平台企业劳动用工、劳动契约、工资支付、工作时间、休息休假等有关劳动基准,确立新就业形态从业人员劳动权益保护的劳动标准。建立完善适应新型就业形态的劳动权益保障制度,支持灵活就业人员和新就业形态劳动者参加社会保险和提高社会保障水平。

加快完善新就业群体社会保障体系,创新完善社会保障制度,建立符合现实情况、适合新业态群体的参保缴保制度。探索全覆盖的劳动者保护新模式,做到全体国民和全部工作的社会保护全覆盖、社会保障和基本收入全覆盖。探索适应跨平台、多雇主间灵活就业的权益保障、社会保障等政策,完善灵活就业人员劳动权益保护、保费缴纳、薪酬激励等政策制度。尽快完善出台新职业相关的国家职业技能标准,将职业技能与收入和晋升挂钩,明确新业态群体的职业发展路径。

平衡青年群体就业的创新性与稳定性。青年是新职业、新就业的主体,普遍存在职业前景不确定性高、个人劳动权益无法有效保障等问题。从化解新职业青年发展困境入手,通过完善体制机制,优化服务政策,着力改善新职业青年的工作生活环境,更好为新职业青年发展助力赋能。建立健全新职业就业人员的职业培训政策,提升青年就业能力。通过搭建服务平台、完善信息反馈机制,为青年就业群体提供就业信息、就业见习、就业帮扶、职业指导等服务,引导和促进青年规范就业和激情创业。健全完善新职业青年就业社会保障体系,保障新职业青年享受同等的劳动合同、带薪休假、住房公积金、合理工作时间等基本劳动权益。加强社会救助政策对新职业青年脱岗或失业的兜底保障,进一步推动租购同权政策,以人才公寓、廉租房、公共租赁住房等多种形式满足青年的住房需求,为其营造更多"阳光雨露"。

平衡困难群体就业的长效性与兜底性。就业是民生基本保障,更是困难群体的兜底保障。瞄准重点地区、重点行业和重点群体,制定更加精准有效的政策举措,因地因企因人加强分类帮扶援助,全力释放各类群体的就业创业活力。关注高校毕业生、退役军人、农村转移劳动力等重点群体,坚持市场化社会化就业与政府托底帮扶相结合,建立健全重点群体就业支持体系。实施高校毕业生就业创业促进计划,通过优化招聘服务、加强就业指导、维护就业权益,扩大企业就业规模,拓宽基层就业空间,稳定公共部门岗位规模,支持自主创业和灵活就业。把有劳动能力和就业意愿的脱贫家庭、低保家庭、零就业家庭高校毕业生,以及残疾高校毕业生和长期失业高校毕业生作为就业援助的重点对象,精准开展困难帮扶。改革完善退役军人安置制度,推广"直通车"式安置,全面推行退役军人就业适应性培训,支持退役军人自主就业。推进农村劳动力就业转移,稳定脱贫人口就业,巩固提升脱贫攻坚成果。重点关注帮扶贫困人口、失业人员、灵活就业人员、低保边缘人口、防止返贫监测对象等就业，建立健全社会救助制度，做到弱有所扶、困有所助、难有所帮，兜住基本民生底线。

07 新职业新就业调整优化收入分配结构

新职业、新就业发展，其实质是质量变革、动能变革、效率变革。大力发展新经济，推动高质量发展，做大蛋糕；强化创新驱动和数据驱动，培育经济发展新动能，做新蛋糕；提升人力资本，提高全要素生产率，分好蛋糕。新职业、新就业成为人力资源开发和充分就业的重要渠道。鼓励支持新经济新业态发展，稳定发展新职业群体就业，对完善收入分配制度、提高居民收入水平、扩大中等收入群体、扩大内需、实现共同富裕具有重要意义。

新职业新就业创新收入分配机制。新经济、新职业、新就业中，灵活多样的用工形式，主体多元的利益机制，兼顾劳动收入和企业生产、兼顾就业质量和产业升级、兼顾薪酬市场决定和基本收入保障，创新形成多种收入分配方式。一是新技能倾斜型收入分配。我国有 2 亿技能劳动者，占就业人口总量的 26%，高技能人才超过 5000 万，占技能人才总量的 28%。职业技能人才是产业工人的重要主体。收入分配向一线技能职工倾斜，健全技能人才岗位使用机制，基本工资定级、津贴补贴、绩效奖励等把技能作为一个重要因素，完善企业职工收入分配机制，提高技术工人待遇，改善技能人才待遇水平。二是生产要素财产型收入分配。探索通过土地、资本、数据等要素使用权、收益权，增加中低收入群体要素收入，多渠道增加城乡居民财产性收入。鼓励企业开展员工持股计划，创新更多适应家庭财富管理需求的金融产品，完善上市公司分红制度。推进农村集体建设用地入市和宅基地流转，增加农民的财产性收入；立足特色资源推动乡村产业振兴，完善利益联结机制，让农民更多分享产业增值收益。保护产权和知识产权，保护合法致富，增强人民群众财产安全感。三是劳动权益保障型收入分配。把握新职业就业灵活性、短期性、流动性和非契约性等特点，处理灵活就业群体扩大与劳动者权益保障的关系，健全就业、劳动报酬、社会保险等方面制度规范及各项配套政策，维护新就业形态劳动者的劳动权益，促进灵活就业、增加就业岗位和群众收入，增强其收入和保障的稳定性。四是兼业共享型收入分配。根据新就业形态可共享、可兼职的特性，让本职工作不饱和人员通过平台获得更高收入，拓展劳动者增收渠道。激发多元创造，鼓励对创造性劳动给予合理分成，广泛开辟新收入机会。探索生产资料共享新模式，鼓励企业开放平台资源，创新共享制造的商业模式和适用场景，健全完善"所有权与使用权分离"的生产资料管理新制度，推动生产资料数字化和生产资料使用权共享，提高社会各类资产使用效率，拓展收入渠道。

新职业新就业扩大中等收入群体。就业是最大民生，是收入分配格局由"金字塔型"向"橄榄型"转变的关键。新职业成为就业市场的重要增量，将成为扩大中等收入群体的重要渠道。一般来说，中等收入群体是指经济体中收入达到中等水平、生活相对较为宽裕的群体，其收入水平、消费水平较为稳定，且大多具有较高的能力技能，受教育水平较高，从事相对专业的工作。中等收入群体不再是单一"收入"指标概念，而是一个包括收入水平、生活质量、职业、国民素质、收入分配制度和社会结构特征的综合指标的概念。目前我国中等收入群体规模已超4亿人，大约1.4亿个家庭，其中城市户籍人口占3/4左右，农村居民和农业转移人口约占1/4。我国中等收入人口占比不到30%，明显低于发达国家50%至75%的水平，离橄榄型分配结构有较大差距。扩大中等收入群体，是共同富裕取得实质性进展的具体表现。到2030年至2035年，我国中等收入群体达到8亿人至9亿人，占到总人口的

60%左右。"十四五"规划和2035年远景目标纲要提出,以高校和职业院校毕业生、技能型劳动者、农民工等为重点,不断提高中等收入群体比重。未来,一批高校毕业生、技术工人、中小企业主和个体工商户、进城农民工、基层一线人员等新职业、新就业创业群体迈入中等收入群体。"十四五"时期,加快培养大批高素质劳动者和技术技能人才,推动提高技能人才待遇,促进2亿技能劳动者成为中等收入群体。

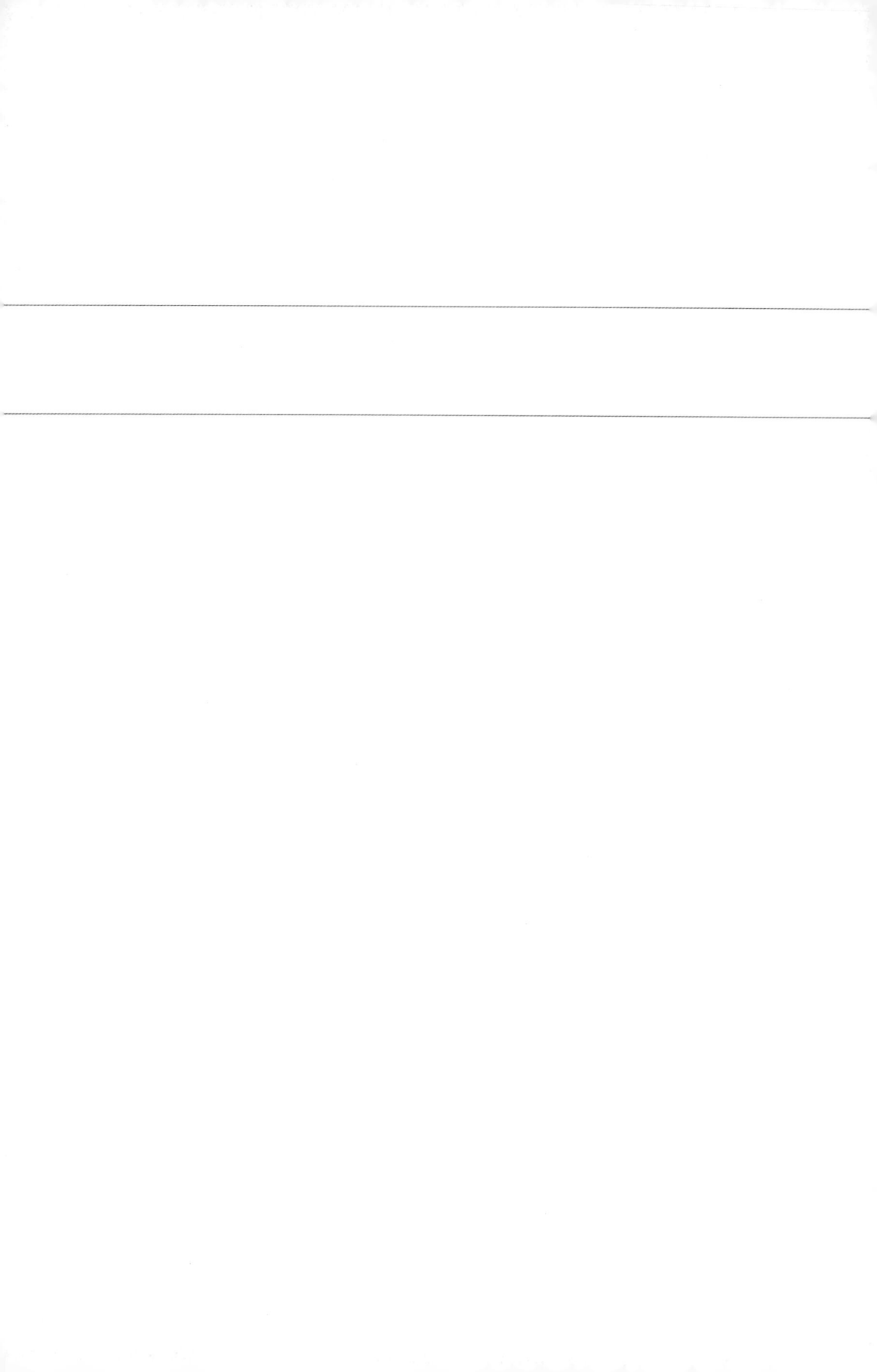

· 第十五章 ·

数字化新治理
——数字高效能

第十五章

数字化新治理——数字高效能

　　数字治理包括数字化的治理和数字经济治理。治理数字化是国家治理体系和治理能力现代化的必由之路。通过数字化、智能化手段赋能，推动社会治理向更加高效、科学、透明、民主、多元、包容、精细的方向发展，提升社会治理数字化、智能化水平。数字经济治理是我国政府治理体系的核心内容，是国家治理体系的重要组成部分，是推进国家治理体系和治理能力现代化的应有之义。"十四五"规划和2035年远景目标纲要提出，要"以数字化转型整体驱动治理方式变革"。中央网络安全和信息化委员会印发的《"十四五"国家信息化规划》，以构筑共建共治共享的数字社会治理体系为主线，全面勾画了今后一段时期社会治理信息化的建设蓝图。《"十四五"数字经济发展规划》提出"数字经济治理体系更加完善"的发展目标，提出"形成政府主导、多元参与、法治保障的数字经济治理格局"。2022年政府工作报告已经连续6年提到"数字经济"，"数字经济治理"被首次写入政府工作报告中。加强数字经济治理，需要完善数字经济治理体系，健全法律法规和政策制度，完善体制机制，不断提高数字经济治理社会化、法治化、智能化、专业化水平，加快推进数字经济治理体系和治理能力现代化。

第一节　数字政府建设

我国政府数字化转型经历了电子政务、"互联网＋政务服务"和数字政府三个发展阶段。党的十八大以来，我国围绕实施网络强国战略、大数据战略等作出一系列重大部署，不断推进数字政府建设，现已进入全面改革、深化提升阶段。国务院印发的《关于加强数字政府建设的指导意见》是首部国家层面关于数字政府建设的指导性、改革性文件，标志着数字政府建设上升为国家战略，提出到2025年，与政府治理能力现代化相适应的数字政府顶层设计更加完善；到2035年，整体协同、敏捷高效、智能精准、开放透明、公平普惠的数字政府基本建成。

数字政府建设是一项系统工程，贯穿于政治、经济、社会、文化、生态文明建设各方面，数字政府、数字经济、数字社会、数字文化和数字生态协同发展、互为支撑、彼此渗透、相互交融。数字政府建设要求政府整体全方位数字化转型，以数字化改革助力政府职能转变，把数字技术用于政府管理、政务服务和公共服务，推动政府、经济、社会全方面与数字化深度融合，形成数字化、智能化的政府运行新形态。横向全覆盖，在政府经济调节、市场监管、社会管理、公共服务、生态环境保护、政务运行、政务公开等职能各个方面全面推进。纵向全过程，贯穿政府运行全生命周期，包括决策、执行、监督等各个环节。

01 构建提升数字化治理体系

数字政府建设是推进国家治理体系和治理能力现代化的重要举措。建设数字政府，把数字技术广泛应用于政府管理服务，推动政府数字化、智能化运行，加快转变政府职能，推动建设法治政府、廉洁政府和服务型政府，为推进国家治理体系和治理能力现代化提供有力支撑。

以数字政府建设推动政府治理方式变革，推动政府治理流程优化、治理模式创新和履职能力提升，更好地把社会主义法治优势转化为国家治理效能。充分发挥数字技术创新变革优势，把体制机制改革与数字技术应用深度融合，建立健全与数字化发展相适应的政府职责体系，建立纵向联动、横向协同、统筹分工、新技术应用、多方参与等运行规则和创新机制，保障政府履职更加协同高效。数字技术赋能法治，把数字技术融入依法行政的政府治理体系中，全面建设数字法治政府，让法治政府更加智能更加高效。通过建立与数字政府建设相适应的法律法规框架体系，营造公平的市场环境，构建法治的营商环境，维护群众合法权益。

以数字政府建设提升经济治理数字化科学化水平，推动政府经济调节从"经验决策"向"数据决策"转变。深化数字技术应用，充分发挥大数据的"显微镜""望远镜""指南针"作用，加强经济数据整合、汇聚、治理，建立无缝连通、汇聚共享、广泛应用的数据治理模式，强化经济运行大数据监测分析，运用大数据强化经济监测预警，用数据说话、用数据决策、用数据管理、用数据创新，提升经济政策精准性和协调性，全面提升政府经济调节数字化水平。以数字化协同提升政府运行效率，提高政府的数字协同能力，逐步实现跨层级、跨地域、跨系统、跨部门、跨业务的协同联动。提升干部的数字素养和数字治理能力，形成多层次、全方位的数字治理能力提升架构。在技能、知识方面提高基本数字技术素养，在政务、决策、服务等方面提高公共部门数字化转型的执行能力，在管理、效率方面优化数字化环境与创新发展的数字领导力等。

以数字政府建设构建系统化的数字化发展治理机制，提高数字经济治理能力。针对不同领域、不同主体的治理对象，坚持分类施策、精准施策，把握发展与治理的平衡点，正确处理安全和发展、开放和自主、管理和服务的关系，完善以技术管技术、技术治技术的监管机制，不断提高对互联网规律的把握能力、网络舆论的引导能力、数字经济的驾驭能力、网络安全的保障能力，构建规范有序、安全高效的全方位、多层次、立体化数字经济发展治理体系，实现政府与企业、政府与个体的有效结合与良性互动，推动有效市场和有为政府更好地结合。

以数字政府建设构建社会治理新格局，推进社会治理现代化。提升对社会治理复杂系统运行的数字化感知能力，为实现数字社会治理的优化、协同、高效提供基础资源。提升对社会治理风险防控的决策能力，以数据说话科学论证，实现优化的社会治理。提升社会治理多元主体协同能力，拓展沟通渠道、统合业务流程、打通部门壁垒、共享数据资源，实现协同的社会治理。提升社会治理资源与服务共享的平台能力，实现高效的社会治理。

02 构建提升数字化服务体系

"为政之道，以顺民心为本，以厚民生为本。"数字政府首先是服务型政府。建设数字政府，根本目的在于最大程度释放数字赋能效应，更好为人民服务，提升人民群众的获得感、幸福感、安全感。数字政府建设，把以人民为中心的思想贯穿其中，把满足人民对美好生活的需要作为出发点和落脚点，把让人民共享数字化发展成果有更多获得感作为衡量数字政府建设成效的主要指标。

数字化服务体系建设涵盖政务服务、公共服务和民生服务等，面向广大企业、公民和社会方方面面。数字技术推动公共服务模式创新，突破方位、领域、时空限制，打破组织之间、平台之间、数据之间的壁垒，推进跨部门、跨层级、跨地区、跨系统、跨领域的政务协同，改善行政权力运行机制，创新行政管理方式，使政府决策更科学、监管更到位、服务更优质。以数字政府建设推进服务高效化，坚持一体化为民、融合化便民、精准化惠民，创新政府公共服务方式，推动互联互通和协同联动，推进技术融合、业务融合、数据融合，提升协同管理服务水平，构建纵横贯通、协调联动的业务体系，建立全向供给、全时响应和全程跟踪的服务机制，打造泛在可及、智慧便捷、公平普惠的数字化服务体系。精准对接公众需求，优化全国一体化政务服务平台功能，推动就近服务、主动服务、代办服务、优先服务，推动政务服务向基层、向乡村延伸，全面提升公共服务数字化、智能化水平，不断满足企业和群众多层次多样化服务需求。坚持数字普惠，促进数字包容，拓展公平普惠的民生服务，消除"数字鸿沟"，推进基本公共服务数字化应用，提升普惠性、基础性、兜底性服务能力，让数字政府建设成果更多更公平地惠及全体人民。完善法律法规制度，依法依规推进技术应用、流程优化和制度创新，消除技术歧视，保障个人隐私，维护人民利益，在法治轨道上保障公众信任度和安全感。

03 构建提升数字化监管体系

数字化监管是推动政府监管现代化、推进国家治理体系和治理能力现代化的有效途径。创新监管方式，完善监管体系，构建高效、完善、智能的数字化监管体系，以数字化监管推进现代监管有效性，切实管好公共权力、公共资金、公共资源，增强政府公信力和执行力，激发各类市场主体活力，推进经济社会高质量发展。

依托全国一体化在线监管平台，加强"互联网+监管"系统互联互通，推进数字化监管平台建设，加快构建数字化监管体系，全面落实监管责任，完善分级分类监管政策，健全跨部门综合监管制度，建立规范的监管标准和规则体系，不断增强数字化监管能力。通过智慧监管等手段，增强监测预警能力，提升事中事后监管水平，实现精准化、规范化监管。持续推进监管数据创新应用，建设监管大数据中心，充分调配监管数据资源，提升数据汇聚能力，建立持续动态的监管数据形成机制，推动监管数据与行政执法数据的归集共享与有效协同，积极利用大数据加强服务和监管，推进重要监管数据全覆盖，逐步实现系统通、数据通、业务通。注重提升协同联动监管能力，以数字化监管体系构建、系统平台互联互通、监管数据汇聚为契机，建立监管协同联动工作机制，促进从职能部门"单打独斗"向综合监管、智慧监管转变，提升联合执法、跨域执法效率与效能，实现"一处发现、多方联动、联合监管"，全面提升数字监管精准化、协同化、智能化水平。

04 构建提升数字化安全体系

网络安全和信息化是相辅相成的。安全是发展的前提，发展是安全的保障。数字政府建设的核心是实现数据资源的互联互通和共享共用。数据安全是数字政府建设的生命线。数字安全宏观上关系到国家安全，微观上关系到老百姓个人隐私。守好安全底线方能行稳致远。

在建设数字政府过程中，坚持安全可控，数字政府基础设施、产品、服务、数据采用自主可控的先进技术、安全可靠的结构设计，规避各个环节的安全风险，增强网络安全防范意识。落实安全管理制度，加快关键核心技术攻关，加强关键信息基础设施安全保障，强化安全防护技术应用，筑牢数字政府建设安全防线。加快推进数据安全、数据交易、数字产权保护等方面的基础性立法，健全国家网络安全法律法规和制度标准，完善数据分类分级保护制度。统筹建设数字政府关键基础设施，为各类政务信息化应用提供安全、稳定、可靠的计算和存储能力。建设完善政务数据共享交换平台，通过常态化网络安全保障机制，形成跨地区、跨部门、跨层级的协同联动机制，构建全方位、多层级、一体化的数据安全防护体系，厘清数据生产者、管理者、使用者责任，综合运用法律、制度、督查、监管等多种手段保障数据安全，推进可量化、可追溯、可评估的数据安全管理工作，强化数据采集、存储、分析、运用安全保障。建立健全动态监控、主动防御、协同响应的数字政府安全技术保障体系，充分运用主动监测、智能感知、威胁预测等安全技术，强化日常监测、通报预警、应急处置，拓展网络安全态势感知监测范围，加强大规模网络安全事件、网络泄密事件预警机制和发现能力。

05 构建提升数字化平台体系

数字平台是数字政府的重要支撑，是实施数字化治理、数字化服务、数字化监管、数字化安全的基础底座。加快建设数字平台支撑体系是构建数字政府的"先手棋"。把握智能、集约、融合三大特点，坚持以技术创新驱动业务创新，统筹数据资源体系、政务云平台、政务网络、共性应用、安全保障等，高质量建设数字政府平台支撑体系。充分利用现有政务信息平台，整合构建结构合理、智能、集约的平台支撑体系；提升政务云支撑能力，统一政务云框架和标准规范体系，统筹推进国家和地方政务云平台建设；提升政务网络支撑保障能力，拓展深化政务外网、内网的联通覆盖，为业务协同与信息共享提供网络支撑；统一公共应用支撑，增强数字资源高效管理配置能力，提升数字政府整体效能。依托身份认证国家基础设施、国家人口基础信息库、国家法人单位信息资源库等认证资源，加快完善线上线下一体化统一身份认证体系。有关部门政务服务平台与国家政务服务平台"应接尽接"，政务服务事项"应上尽上"，搭建标准统一、整体联动、业务协同的全国一体化在线政务服务平台框架。

第二节　数字竞争治理

公平竞争是市场经济的核心。只有在公平的竞争环境中，资源才能实现有效配置，企业才能实现优胜劣汰。数字经济具有资本密集、技术密集、知识密集等特点，数字经济发展越快，越离不开法治的规范和引导。我国数字经济从小到大、由弱到强的发展过程，也是数字经济相关法律制度不断完善的过程。通过完善法律法规，营造各种所有制主体依法平等使用资源要素、公开公平公正参与竞争的市场环境，确保各类数字经济主体同等受到法律保护，为数字经济开拓更大发展空间。强化竞争政策基础地位，深入推进实施公平竞争政策，全面落实公平竞争审查制度，消除各种市场壁垒，确保机会平等、公平进入、有序竞争，促进各类资本良性发展、共同发展。聚焦数字经济健康发展的基础性法律问题，把握数字经济本身特性、数字技术与实体经济融合特性，坚持促进发展和监管规范两手抓，在发展中规范、在规范中发展，加强数字竞争治理，营造法治化环境，保障公平竞争，促进数字公平，保护数字权益，增强数字经济活力，推动数字经济沿着法治轨道健康发展。

01 弥合数字鸿沟

数字技术在提高劳动生产率、促进经济社会发展的同时，因地区、群体、行业等差异导致数字鸿沟。数字鸿沟是指在数字化进程中，不同群体在数字设备接入、数字技术使用和数字能力培育等方面存在的差异。数字鸿沟是贫富差距在数字经济时代的具体体现。我国也面临产生数字鸿沟的风险。从区域看，2021年我国农村网民数量约为2.97亿，城镇网民规模为7.14亿，城乡差距明显。从群体看，60岁及以上老年网民规模达1.19亿，互联网普及率为43.2%，与73.0%的全国平均水平相比仍有较大差距。从行业看，2020年我国农业、工业和服务业的数字经济渗透率分别为8.9%、21.0%和40.7%，水平差异显著。数字时代弱势群体主要包括老龄群体、贫困人口、网络发展落后的边远地区人群、残疾人，这四类人群因年龄、经济、基础设施或身体残障等，无法充分享受到数字时代红利。

经济发展水平不仅由经济发达地区高度数字化的行业和率先富裕的群体决定，也受欠发达地区传统工业数字知识薄弱等短板的制约。数字鸿沟是数字经济时代新的贫富差距，数字经济腾飞和数字鸿沟弥合是数字化进程的一体两翼。促进数字经济腾飞与数字鸿沟弥合同步，共享数字红利。国务院印发的《"十四五"数字经济发展规划》，针对不同行业、不同区域、不同群体间数字鸿沟未有效弥合的现实问题，提出"数字化公共服务更加普惠均等"的发展目标，明确"数字化服务是满足人民美好生活需要的重要途径"，制定"提升社会服务数字化普惠水平""推动数字城乡融合发展"等一系列破解数字鸿沟的关键举措，标志着我国数字经济转向普惠共享、包容增长的新阶段。

全面实施"东数西算"工程，发挥资源利用的集约效应、算力产业的协同效应、数字技术的溢出效应，有效匹配东西部优势资源，扩展东西部产业合作，推进东西部发展机会均等化，有利于弥合东西部数字鸿沟。加强普惠性、高品质公共服务网络覆盖，统筹发展数字乡村与智慧城市，加强先发与后发、城市与农村之间的信息资源整合共享与利用。加快后发地区、农村地区信息基础设施建设，加快传统基础设施数字化转型，提升网络设施水平、完善信息终端和服务供给，减小区域和城乡之间在数字公共产品数量和质量上的不均衡性。鼓励后发地区、农村地区探索创新区域合作发展新模式，积极探索数字公共服务产品供给的社会参与新机制，加快发展数字经济新模式新业态，促进区域、城乡资源要素双向流动。通过教育补足后发地区、乡村地区相关人群的数字化技能，提升公民数字素养。特别需要对弱势群体在硬件上提供支持，在流量上提供扶持，在商业上优惠便利，在政策上予以鼓励，从不同维度保障弱势群体数字平等权、数字受教育权和数字安全，实施数字赋能重点倾斜，让他们共享数字经济发展成果。

02 防止数字垄断

经过多年发展，从生产链到需求链，从制造业到服务业，从企业监管到社会治理，都有数字经济的身影。数字经济将分割的行业借助数字产业链串在一起，将分离的产业链通过高效的供需匹配结合在一起，融合性成为数字经济的优势。数字经济的跨界经营和合作也带来数字垄断、资本扩张。数字经济平台凭借强大的锁定效应、网络效应、规模效应，以及拥有的巨大经济体量、海量数据资源、技术创新优势和雄厚资本优势，形成自成一体的生态竞争体系，不断延伸和强化，形成"赢者通吃、强者愈强"的市场竞争局面。数字垄断严重影响市场经济的竞争机制，降低市场效率，侵犯消费者权益，阻碍行业整体的创新进步，挫伤其他小微企业的积极性。

促进数字经济健康安全发展，需要强化反垄断监管，关键是加强对资本无序扩张的监管，设置"红绿灯"，防止资本野蛮生长。国家鼓励和促进平台经济发展，也注重强化反垄断监管，有效预防和制止平台企业滥用数据、技术和资本等优势损害竞争、创新和消费者利益等行为。在数字经济领域，垄断行为在垄断协议和滥用市场支配地位领域都有新特点。由于数据、算法、平台规则等技术手段的运用，垄断协议的隐蔽性越来越强，司法认定的难度越来越大。数字经济相比传统经济具有规模性、创新性和数据化三大特点。平台经营者主要依靠锁定用户、海量数据、算法技术等获取支配地位。应加快制定完善与数字经济发展相适应的政策法规体系，完善数字经济领域垄断协议、滥用市场支配地位、违法实施经营者集中行为的审查认定规则，进一步扩充数据相关行为的治理工具，依法依规加强互联网平台经济监管，有效遏制垄断经营和不正当竞争。加强反垄断和反不正当竞争监管执法，依法打击垄断和不正当竞争行为，防止利用数据、算法、技术手段等方式排除、限制竞争。因噎废食不是反垄断的目的。应当允许正常的资本流动，资本的有序流动才能更好地发挥数字经济融合性的优势。在进行反垄断监管、限制资本无序扩张的同时，可以进一步降低民间资本进入的门槛，增加市场的竞争程度，通过增加资本来源的多样性来削弱单个资本的影响力，从而起到分散风险的作用。

03 打破数字壁垒

互联网广泛普及，人工智能、大数据、云计算等新型数字技术快速创新，使得"鸡犬之声相闻"逐渐成为现实。数字经济领域突出问题表现在两个方面：一是数字鸿沟，即不同群体在数字设备接入、数字技术使用和数字能力培育等方面存在的差异。二是数字壁垒，出于自身利益考虑而出台限制或禁止数字硬件设备和软件服务商开展经营活动的政策。数字壁垒，也被称为数字保护主义，是贸易保护主义在数字经济时代的具体体现。"鸿沟"是能够接入和使用互联网，受制于自身经济社会发展水平而无法实现；"壁垒"则是本已实现互联互通，因人为设限，不愿意连接甚至断开连接。"鸿沟"是"欲连而不得"，"壁垒"则是"可连而不愿"。"鸿沟"和"壁垒"相辅相成，存在互相强化的倾向，"壁垒"可能会强化"鸿沟"，"鸿沟"会强化"壁垒"。

数字合作目的是为社会创造更多价值、为人民带来更多福祉。互联网时代，依托无远弗届的数字技术和互联互通的数字基础设施，社会分工得以在更大范围、更广领域、更高层次展开，社会合作扩大有助于降低交易成本、提高生产效率。数字技术合作催生大量合作新形态、打开共赢新通道，推动产业分工体系演变和升级。无论是消除数字壁垒、减少数字鸿沟，还是推动数字经济健康发展，迫切需要加快构建数字合作格局、展现数字合作新作为，推动数字经济朝着开放、包容、普惠、平衡、共赢的方向发展，共享数字技术发展成果。推动数字技术和数据应用与制造、能源、材料、生物等技术交叉融合，促进数字经济与实体经济的融合，打通产业链上下游，实现农业、制造业、服务业等行业间的互联互通。促进数字技术深度融合，打通不同行业之间、不同区块链之间、不同领域之间的数据壁垒，促进数字化创新下沉，疏通各行各业的链条数据，拓展数字化的深度。拓展数字化的广度，把数字化扩展到生活、政务、生产、娱乐等方方面面，包括促进区块链内数据共享，引导平台开放资源，提升数字平台的公共性、普惠性。

04 联通数字孤岛

经济社会发展长期以来的条块分割和科层制结构，造成不同部门，甚至是不同地区之间的资源垄断、市场分割。数字经济加快发展，数据呈现爆发式增长，成为众多个人、机构、企业乃至国家的新型资产，变为现代社会的第五大生产要素。

数字经济发展过程中，不同部门、不同业务信息系统数据库中的数据往往无法互通，无法统一进行利用，每个部门、每个业务系统的数据相互分隔，就像海外一座座孤岛，彼此无法连接、无法交流，这就是"数据孤岛"现象。"数据孤岛"是指在数据及数据集的形成、分析、使用过程中，由于主体能动性、客体技术性，以及政策环境、制度建设等不完备形成的不对称、冗余等封闭、半封闭式现象。人为制造的"数字孤岛"，许多数据没有为经济社会发展决策所充分使用，造成数据浪费、数据垄断。

加强数据开放共享，防止形成"数字孤岛"，提高数据资源的流动性，降低数据资源的使用交易成本。依托政务云平台实现政务数据融合汇聚，重点突破部门业务壁垒，重塑业务流程，推进数据资源的统一整合，打破政府平行部门之间、上下级之间的数据孤岛现象，推进数据跨部门、跨层级、跨地区汇聚融合，全面实现数据互联共享。进一步优化完善各类基础数据库、业务资源数据库和相关专题数据库，构建整体协同、数据驱动的政务服务业务、科学决策业务、协同监管业务等，加快建成全国一体化的政务大数据体系。加速健全政务数据标准规范体系，坚持数据全生命周期管理，围绕数据规划、数据治理、数据共享、开发利用、数据安全等重点领域，加快研制完善关键标准规范，为政务数据资源应用提供基础性保障。

05 警惕数字陷阱

所谓"陷阱"，特指看似有益、实则有损的情境。"数字陷阱"往往隐藏于繁荣的数字经济、高效的数字生活、多样化的数字红利后，须时时警惕、仔细甄别。数字经济创新层出不穷，因其"高技术"含量而真假难辨，以其"高利益"诱惑而防不胜防，很多"套路"成了"圈套"，很多算法成了"算计"，很多"馅饼"成了"陷阱"。"数字货币"被高收益蒙蔽，区块链成行骗"金字招牌"，元宇宙玩成非法集资，人工智能企业掉入"增长陷阱"，文化产业数字化转出"风险"，流量泡沫"侵袭"数字经济蓝海，数字藏品"劣币驱逐良币"等等。数字技术自身的高门槛和陌生感，让很多人产生一种错觉，认为是难得的投资机会，本着"有枣没枣先打三竿子"的精神，期盼"天下掉馅饼"。实践证明，馅饼砸不到人的脑袋上，稍不留神，就会落入陷阱之中。以蝇头小利为噱头，以注意力占据为手段，以强制性广告投送为目的，是第一道数字陷阱；以红包变现为诱惑，以窃取用户私人信息为目的，是第二道数字陷阱；以轻松赚钱为名，以数据获取与算法训练为手段，以广告信息精准推送为目的，是第三道数字陷阱。骗子的骗术"与时俱进"，现实的监管却显然慢了"半拍"。

预防数字陷阱，靠全社会共建共治共享。企业从科技向善、守正创新中形成商业竞争力，政府通过数字治理监管增强社会凝聚力，公民通过提升数字素养增强科学判断力。通过技术与制度夯实社会信任基石，共创数字时代新文明。相关监管部门加快网络安全法律法规建设，为网络软件应用程序的市场准入和运行监管提供制度依据。强化公众数字信息安全的国家主体责任，尽快落实网络公众信息安全保护和手机数据安全的统一制度规范，设立清晰的制度门槛和规范权限。加大对网络诈骗和信息滥用行为的惩戒力度，通过反诈骗大数据信息监测和网络投诉平台，对其开发者和运营者严厉处罚直至实施行业禁入。企业建立健全行业规范和监督纠错机制，强化事前事中监管，切实履行企业行业责任。提升数字素养能力是长久之计，需要行政部门、社会公益组织、社区、家庭等各方力量协同参与，引导健康上网、安全用网，形成防数字陷阱的"群体免疫力"。

第三节　数字网络治理

互联网已深度融入经济社会各领域，成为人民群众生产生活、求知求美、创新创造的重要平台。广大网民普遍期盼权威准确的网络信息内容、丰富多彩的网络文化产品、便捷高效的网络信息服务、风清气正的网络生态环境。网络空间天朗气清、生态良好，符合人民利益。网络空间乌烟瘴气、生态恶化，不符合人民利益。网络空间不是"法外之地"，必须让互联网在法治轨道上健康运行。营造风清气正的网络空间，人人都是主角，人人都有责任。网络治理坚持系统治理、依法治理、综合治理、源头治理，突出网络内容治理，规范网络空间行为，强化网络安全保障，依法管网、依法办网、依法上网，维护网络秩序、净化网络环境、维护网民权益。

01 严把网络"内容关"

网络空间是亿万民众共同的精神家园。网络只是一个工具，网络空间呈现的内容，大则事关国家安全和公共利益，小则关系到每一个社会成员的权利与利益。网络内容建设是净化网络空间环境的关键。通过全主体参与、全平台覆盖、全流程监管、全环节治理，织密网络信息内容治理的规则之网。网络信息内容生态治理以培育和践行社会主义核心价值观为根本，以网络信息内容为主要治理对象，以建立健全网络综合治理体系、营造清朗的网络空间、建设良好的网络生态为目标。网络信息内容生产者应当遵守法律法规，遵循公序良俗，不得损害国家利益、公共利益和他人合法权益。

02 把准网络"舆情脉"

网络治理看上去是治网，本质上是做人心的工作，最大限度凝聚人心。察民情、顺民意，在网络治理中，主要体现在用心把准"舆情脉"。网络特性使然，网上舆情往往比现实生活更为复杂，不排除有人造谣生事、浑水摸鱼。总体上，网上舆情被看作人心的晴雨表、社会的探照灯。当今中国，经济社会发展面临一个个"关口"，自然处于国内外舆论的"风口"，尤其需要保持定力，不以自身的急躁情绪去跟他人情绪化的表达相对抗。不管是赞许鼓励还是批评打压，是客观深刻还是偏颇肤浅，都要用心甄别、辩证对待。属于学术问题的，坚持百花齐放、百家争鸣，积极加以引导；属于思想认识问题的，要温和宽容、团结转化；属于政治问题的，就要针锋相对地斗争。赢取人心，才是舆情应对的根本目标。

03 增强网络"诚信度"

加强网络空间诚信治理，是弘扬诚信文化、推进诚信建设的重要环节。针对社会不诚信行为有多种约束机制，如声誉约束、市场约束、监管约束、法律约束等。随着网络技术发展，又新增了网络技术约束。网络技术约束不仅自身力量强大，而且能够赋能其他机制，提升社会诚信治理水平。强化行政监管和法律监管，增强对网络空间不诚信行为的持久约束力。加强不同治理手段之间的匹配和平衡，力求最佳治理效果。既实现对网络空间诚信治理的监管全覆盖，又明确重点监管领域，特别是对关系人民生命安全和身体健康的产品和服务、对具有显著负外部性的领域加强监管。关注不同网络主体的诚信诉求，选择监管手段和方式的组合。关注网络领域创新的诚信问题，实现对创新活动的有效激励。

04 善用治网"技术活"

数字技术日新月异，网络治理与时俱进。坚持以技术对技术、以技术管技术，着力提升技术治网能力水平。进一步加强监管与治理方面的技术探索与应用，运用新技术改进创新网络传播，对算法推荐、短视频、网络直播、社交网络等领域管理技术加大研发力度，加强网信技术体系建设，提升技术体系的整体性和协调性。强化对5G、人工智能、工业互联网等行业的安全保障，加强网络安全保障体系和保障能力建设，发挥网络安全技术在新技术领域的支撑保障作用，完善网络安全监测、通报预警、应急响应与处置机制，打造安全和发展并重的技术治理体系。

第四节　数字平台治理

平台经济是数字经济的典型代表形态，是数字技术和商业模式创新的结果，对优化社会资源配置、创新经济发展动能、畅通经济内外循环发挥着重要作用，推动我国社会生产方式、生活方式和治理方式深刻变革。在发展过程中，野蛮生长、市场垄断、恶性竞争、数据争议等问题较为突出，引起了社会广泛关注，严重制约了平台经济的规范健康持续发展，迫切需要转变传统发展方式。面对大而管不了、快而跟不上、深而看不透、新而看不懂的监管难题，完善平台经济治理是加快发展数字经济的重要保障，需要提升平台经济治理水平。加强平台经济治理，核心在于形成高效的市场规则供给、良性的市场组织生态和完善的权益保障机制，全面提升平台企业发展的规范性、监管体制的适应性、市场主体权益保护的有效性，形成有利于创新活力激发的新型市场。

01 突出强化平台规制治理

有效的市场运行离不开高效的规则制度供给。相比传统线下市场，平台经济具有主体多元、客体多样、业务多维、竞争多变等特征，监管的难度和复杂性更高。随着平台经济进一步发展，外部效应开始显现，这就需要政府完善基础性制度，与平台企业的内部规则形成良性互动，保证平台经济有序运行。通过完善健全数据产权、市场准入、公平竞争等基础性制度，补齐制度短板，进一步细化和廓清数据安全、消费者权益、劳动保护等重点领域平台治理的责任边界，加快构建更加成熟的平台经济治理基础制度体系，为平台经济发展提供稳定、可预期的制度环境。强化法规之间的衔接，提高法规与细则之间的衔接性，增强外部规则和内部规则的衔接，加强规则、制度与政策间的协同性，推动形成促进市场有效竞争。

02 突出强化平台资本治理

资本是一把"双刃剑"，既能创造价值，其逐利本性也能导致无序扩张、野蛮生长。资本衍生出的负面效应不断显现，最具代表性的是互联网平台企业在资本助推下"赢者通吃"。互联网平台吸引的用户规模越大，平台价值越高；平台价值越高，其对于潜在用户的吸引力越大，呈现显著的"网络效应"。全面提升资本治理效能，正确有效引导资本行为。通过"兴其利、除其弊"，发挥资本的积极作用，约束其消极影响。为资本设置"红绿灯"，健全资本发展的法律制度，形成框架完整、逻辑清晰、制度完备的规则体系，让各类资本明确规则底线、知晓行为边界。创新监管方式方法，增强资本治理的针对性、科学性和有效性。加强金融领域监管，坚持金融活动全部纳入金融监管，金融业务必须持牌经营，严格规范平台企业投资入股金融机构和地方金融组织，完善金融消费者保护机制，加强营销行为监管，完善金融领域监管规则体系。

03 突出强化平台算法治理

算法和数据是平台的技术支撑。算法治理对于数字经济发展环境和算法相关产业发展具有重要影响。坚持算法向善，针对数据争议、算法歧视等问题，积极探索数据和算法安全监管。完善数据和算法监管的规则，细化平台数据分类分级，建立算法问责机制，展开算法自评和公众监督，完善对平台经济相关数据使用、算法规则的监管机制。完善跨境数据流动"分级分类+负面清单"监管制度，探索制定互联网信息服务算法安全制度。提升数字化监管手段，建立违法线索线上发现、流转、调查处理等非接触式监管机制，强化科技手段在发现、甄别、处置消费者个人信息泄露、数据安全、算法歧视等方面的能力，提升监测预警、线上执法、信息公示等监管能力。

04 突出强化平台生态治理

互联网平台是一个由平台、供应商、第三方服务商、消费者等多方参与、去中心化的生态系统，汇聚平台企业、商户、个体从业人员、消费者等各类主体，构成多主体联合、多场景组合、多技术融合的利益共同体。平台企业之间是有序竞合关系，平台与平台内经营者是平等共生关系，平台与用户之间是良性消费保护关系，平台与监管者是优化协同治理关系。基于关系的多重性、发展的全过程，实现平台经济治理与发展的有机平衡，充分释放平台经济的创新力、凝聚力和辐射力，需要进一步明确责任边界，理顺平台与监管者之间、平台企业之间、平台与平台内经营者之间、平台与用户之间等多重关系，促进平台圈层内治理和圈层外治理有效协同，构建规则完善、竞争有序、权益保障的多元协同共治格局。建立有序开放的平台生态，推动平台企业间合作，构建兼容开放的生态圈，激发平台企业活力，培育平台经济发展新动能。依托大数据、人工智能、区块链等技术优势，强化平台自治能力。探索公众和第三方专业机构共同参与的监督机制，推动提升平台企业合规经营情况的公开度和透明度。坚持"线上线下一体化监管"原则，推动部门协同治理，探索建立案件会商和联合执法、联合惩戒机制，实现事前事中事后全链条监管。

第五节 数据市场治理

数据是数字经济的基础性要素，数据市场是数据要素流通交易、场景对接和价值实现的重要媒介和场所，健全优化数据市场治理是促进数据资源开发利用和数字经济发展的关键环节。数据市场治理基于数据生产要素，以数据开放共享为核心，以释放数据价值为目标，以数据安全为底线，以数据法治为保障。当务之急是建立完善包括数据产权、开放流通、市场竞争、安全监管、设施规制、收入分配等数据市场治理基础性制度，构建体系完备、规则合意、执行有效的数据治理框架，优化数据市场治理，促进数据开放共享、实现数据流动增值、保障数据安全。

01 数据治理促进数据共享

数据资源质量、数据共享效率和开发利用能力很大程度上是由数据治理水平决定的。数据要素市场分为一级市场和二级市场，一级市场为数据开放共享，二级市场为数据交易。数据要素市场涉及政府、个人和企业多个主体。阻碍数据要素市场发展的最大问题是数据壁垒林立，不同主体间数据无法顺畅流通。目前各行各业，数据要素大多处于小范围共享、局部开放、少量被开发应用的境况，使得数据要素市场分布碎片化，数据要素市场难以有效形成。针对数据开放共享、数据授权运营、数据交易和跨境流通等不同场景，数据要素市场运行机制不完善，数据管理制度不健全，数据接口技术标准不规范，数据产权归属不明确，数据估值标准不统一，数据按劳分配不明晰，数据要素市场规范化发展的一系列制度规则有待进一步完善。需要逐步完善多元共治的数据市场治理体系，探索推动政府、平台、行业组织、企业及个人等多元主体参与、协同共治的新型数据市场治理机制，厘清不同主体权责边界，构筑数据在不同主体间有序流通的桥梁，让更多主体参与数据要素市场建设，打造数据要素市场生态体系，促进数据开放共享，推动数据要素市场发展。

02 数据治理释放数据价值

农业时代重视土地，工业时代重视机器和能源，数字时代重视数据要素价值发挥。数据治理是基础，数字化转型是过程，数据赋能才是结果。通过数据治理，推动全方位、全角度、全链条数字化转型，最大释放数据价值。数据汇聚关联才能产生价值，数据流动流通才能释放价值。数据流通受限，大量数据"深藏闺中"，潜藏价值无法释放。以数据产权为例，由于数据归属不明，不同数据的流动范围难以明确，收益分配主体难以确定，数据相关主体的合理权益难以确保，进而阻碍了数据要素市场的规模化发展。数据要素市场准入、数据资产评估、数据交易定价、数据跨境流动、数据安全管理等规则体系亟待探索建立。数据治理要围绕数据的自动生成、有序流动、驱动智能全过程，强化全链条的疏通和监管，推动形成包含数据开放、处理、流通、利用、安全保证的全生命周期管理，通过规则实现数据治理的科学与高效。健全数据流通交易制度，加快建立国家数据资源目录和数据资产管理制度，完善政企数据资源共享合作制度；探索建立正面引导清单、负面禁止清单和第三方机构认证评级相结合的数据市场准入管理制度，创新数据资产估值、数据交易定价及数据成本和收益计量等方法。

03 数据治理保障数据安全

近年来，国内关于数据技术的基础创新能力快速提升，但大多都是基于国外开源产品的二次开发，原始创新能力尚待增强。数据技术自给薄弱，使得数据要素市场安全面临挑战。关键核心技术自主可控，数据安全才有基础。要抓住重点领域和关键环节，找准着力点和突破口，形成自主可控的大数据技术架构，提高数据关键核心技术自主研发能力，为数据要素市场安全运行拧紧"保险阀"。进一步加强数据治理技术自主研发,支持发展自动化、智能化的数据治理技术,为数据要素市场发展贡献一批技术工具,夯实数据要素市场发展的安全基础。强化数据治理技术自主攻关,形成一系列法治规范、制度构建、机制体系、技术处理等措施,筑牢数据要素市场安全底座,构建多方参与、正向循环、机制完善、健康规范的数据安全生态。

第六节 数字安全治理

数字安全,包括数字技术安全、网络安全、数据安全、数字经济安全、数字资本安全、个人信息安全等,关乎个人安全、企业安全,更关乎国家安全。没有网络安全,就没有国家安全;没有数据安全,也没有国家安全。党的十八大以来明确提出以"总体国家安全观"为指导,统筹"传统安全与非传统安全"。《国家安全战略(2021—2025年)》提出加快提升网络安全、数据安全、人工智能安全等领域的治理能力。这本质上都是"数字安全"。数字安全治理是社会治理、国家治理的重要组成部分。数字技术和生产生活深度融合,数字安全成为事关国家安全与经济社会发展的重大课题,成为满足人民美好数字生活需要的迫切要求。数字经济快速发展,数字商务广泛流行,数字资产权重日增,数字货币崭露头角,数字泄密、数字盗窃、数字欺诈、算法滥用等数字安全隐患也在增加,可能引发国防安全、供应链安全、人身安全等多方面风险。发展数字经济、享受数字生活,数字"安全锁"必不可少。维护数字安全没有谁是旁观者,人人都是数字安全的守护人。必须强化数字安全意识,把"守好安全底线"作为"拓展创新上限"的前提,平衡好数字创新自由与数字安全义务的关系,构建"活而不乱"的数字安全生态。

01 法治保障数字安全

安全是发展的前提，发展是安全的基础。没有数字安全，数字经济的发展、数字社会的运行将失去防火墙；没有数字经济与数字社会的蓬勃发展，数据安全也成了无源之水、无本之木。厚植数字经济创新创造的土壤，营造数字社会健康发展的环境，离不开数据安全高效流动，这一切都有赖于规范有序的法治护航。实践证明，当法律法规或执法监管存在薄弱环节，市场就容易掉入野蛮生长的发展陷阱，侵蚀产业长期健康发展的基础，破坏数字生活的安定有序。当我们坚持把法治作为基础性手段，给予市场明确稳定的预期，达成平衡发展与安全的最优解，市场主体就会吃下"定心丸"，数字红利就能充分释放，数字生活将更加美好。我国相继颁布实施《网络安全法》《数据安全法》《个人信息保护法》《网络产品安全漏洞管理规定》《关键信息基础设施安全保护条例》《网络数据安全管理条例》《数据出境安全评估办法》等一系列法律法规，与数字治理、数字安全相关的法律法规体系进一步完善，标志着数字安全治理进入法治化轨道。深入实施《网络安全法》《数据安全法》《个人信息保护法》《关键信息基础设施安全保护条例》等法律法规，有效防范和化解网络安全和数据安全领域的风险挑战，全面加强重要领域数据资源、重要网络和信息系统的安全保障。

02 智治保障数字安全

数字安全威胁是全天候、无间断的，只有坚持驰而不息、久久为功，才能织密数字安全防护网。守护数字安全永远都是"进行时"。筑牢数字安全屏障，需要构建技术与智治的防火墙。随着5G、大数据、云计算、物联网等数字技术向纵深推进，数据要素向深度应用拓展，网络安全作为一种非传统安全，不断呈现出新形式、新特点，维护网络安全的重要性和紧迫性也愈加凸显。针对网络威胁的新特点，转变"点对点"的传统防护方式，把安全防护前置并贯穿产品和技术的全流程，夯实信息基础设施的安全底座；面临核心技术受制于人的瓶颈，加快构建安全可控的信息技术体系。把关键信息基础设施和核心信息技术掌握在自己手中，提高网络安全保障水平，才能建久安之势、成长治之业。提升网络安全防护能力，防范应对数字新技术新应用安全风险，密切跟踪发展动态，提升人工智能、5G、区块链、工业互联网、车联网等安全防护能力。着力构建数据安全保障体系，建立健全数据安全管理、风险评估、检测认证等机制，构建贯穿基础网络、数据中心、云平台、数据、应用等一体协同安全保障体系。

03 共治保障数字安全

数字安全为人民，数字安全靠人民。筑牢数字安全防线，需要政府、企业、社会组织等主动作为，也需要全体网民广泛参与，构筑起维护数字安全的铜墙铁壁。在数字社会，每个人都是数据的生产者、拥有者、使用者，都是数字安全链条上不可或缺的一环。身处数字时代，共享数字社会便利的网民，既要主动学习数字安全知识，注重保护自己的隐私和数据安全，也要自觉成为网络卫士，为维护网络安全、数据安全贡献力量。数字安全是政府、企业、社会组织、公民共同的责任，需要监管部门、互联网企业、网络平台、数据和信息处理主体、行业自律组织、公民个人共同参与，形成共建共治共享治理机制。充分发挥政府、互联网企业、技术社群、民间机构、公民个人等在数字治理中的主体作用，强化个人和组织主体责任，共同保障数字安全，切实维护个人、组织的合法权益。

第七节 数字伦理治理

科技伦理是开展科学研究、技术开发等科技活动需要遵循的价值理念和行为规范，是促进科技事业健康发展的重要保障。数字经济具有高创新性、强渗透性、广覆盖性，正在全面融入人类经济、政治、文化、社会、生态文明建设各领域和全过程。在数字理念、数字经济、数字社会、数字政府、数字发展、数字治理、数字安全、数字合作等领域涉及诸多科技伦理问题，需要加强数字伦理治理，完善数字伦理治理体系，提升数字伦理治理能力，有效防控数字伦理风险，实现数字创新高质量发展与高水平数字安全良性互动。中共中央办公厅、国务院办公厅印发的《关于加强科技伦理治理的意见》明确了科技伦理治理要求、科技伦理原则，从健全科技伦理治理体制、加强科技伦理治理制度保障、强化科技伦理审查和监管、深入开展科技伦理教育和宣传等方面作出具体部署，填补了我国科技伦理治理的制度空白，是我国首个科技伦理领域的纲领性文件。这是我国科技伦理治理的标志性事件，意味着科技伦理顶层设计和治理体系日趋完善。数字伦理治理坚持伦理先行、依法依规、敏捷治理、立足国情、开放合作，坚持促进创新与防范风险相统一、制度规范与自我约束相结合，强化底线思维和风险意识，健全多方参与、协同共治的数字伦理治理体制机制，加快构建覆盖全面、导向明确、规范有序、协调一致的数字伦理治理体系。

01 坚守"造福人类"的伦理价值

科技是国之利器，国家赖之以强，企业赖之以赢，人民生活赖之以好。增进人类福祉是科技创新的伦理价值。坚持以人为本、与人为善，把满足人民对美好生活的向往作为科技创新的落脚点，把惠民、利民、富民、改善民生作为科技创新的重要方向。科技活动应坚持以人民为中心的发展思想，有利于促进经济发展、社会进步、民生改善和生态环境保护，不断增强人民获得感、幸福感、安全感，促进人类社会和平发展和可持续发展。

科技创新必须遵循造福人类的伦理价值导向。科技创新如果执着于追求所谓的"新意"而罔顾人间道义，置人民的生命安全于不顾，甚至把人民的利益作为谋取私利的工具，这样的"创新"毫无意义，甚至会贻误我国发展大计。通过科技伦理治理，实施科技伦理对科技活动的全程监控、对科技风险点的准确把握、对科技冲动力的伦理预警、对科技危害的积极防范、对科技后果的及时矫正、对科技共同体的道德约束，确保科技创新成为负责任的创新，成为增进人类福祉的活动。科技工作者自觉遵守科技伦理价值，坚守科技伦理底线，坚决抵制违背科技伦理的行动，最大限度地避免科技活动对人的生命安全、身体健康、精神和心理健康造成伤害，防止因科技成果滥用而危及人民的根本利益。

02 坚守"科技向善"的伦理原则

科学技术是一把双刃剑。科技发展越快，越凸显科技伦理的重要性。当前，人工智能等领域新兴技术快速发展，推动生产方式、社会结构和生活方式发生深刻变革，但也带来伦理风险。网络互动挤占亲密关系的空间，数据权属与隐私变得复杂不明，侵害个人信息安全，算法推荐的肆意营销让人不胜其烦，"信息茧房"效应的日益明显可能成为严重社会问题等。科技向善从根本上说就是让人民共享科技发展成果，共同引导技术治理赋能美好生活。算法向善不仅仅作为柔和的伦理观念，而应转化为敏捷的治理行动，避免因滥用算法而陷入伪技术治理。坚守"科技向善"的伦理原则，必须加快推进科技伦理治理法律制度建设，完善科技伦理相关标准，明确科技伦理要求，引导科技机构和科技人员合规开展科技活动。

坚持伦理先行、源头预防。科技伦理治理具有两面性：治理不足会导致过度或未知的伦理风险，过度治理又会限制前沿科学技术的发展。这要求科技伦理治理把握好"度"，既坚持科技伦理的核心原则，又预留出适当的自由空间，在创新和伦理之间找到动态平衡点。科技发展日新月异，越来越多的科技工作者勇闯"无人区"，科技伦理治理不能滞后，而要与时俱进，保持前瞻性。毕竟，"未卜先知"的智慧要比"事后诸葛亮"式的教训好得多。面对新兴科技领域，把牢科技向善"方向盘"，把科技伦理要求贯穿科学研究、技术开发等科技活动全过程，覆盖到科技创新各个领域，促进科技活动与科技伦理协调发展、良性互动。全面审慎地思考前沿科技的功能，提前研判科技发展带来的规则冲突、社会风险、伦理挑战，完善相关法律法规、伦理审查规则及监管框架，提高国家科技伦理风险研判和治理决策能力。

坚持敏捷治理、反思纠偏。加强科技伦理风险预警与跟踪研判，及时动态调整治理方式和伦理规范，快速、灵活应对科技创新带来的伦理挑战。探索建立专业性、区域性科技伦理审查中心，逐步建立科技伦理审查结果互认机制。建立健全突发公共卫生事件等紧急状态下的科技伦理应急审查机制，完善应急审查的程序、规则等，做到快速响应。根据目前科技发展和应用的状况，易触发科技伦理争议的高风险科技活动领域至少包括：人工智能技术领域，如机器人导致的失业、算法操纵等；大数据技术领域，如个人隐私、大数据"杀熟"、电子监控等；互联网技术领域，如网络暴力等；电子游戏技术领域，如游戏沉迷、低俗文化等。根据既有的科技伦理治理经验，对科技发展高度敏感的伦理价值至少包括：利益，即某类科技发展可能损害某些群体的切身利益或某种社会利益；生命，即某类科技发展可能威胁某些群体，或不必要地剥夺实验动物的生命；公正，即某类科技发展可能导致不公平的情况出现，或者产生某种歧视；尊重，即某类科技发展可能伤害某些群体的尊严、信仰和传统，或伤害生命本身的尊严；自由，即某类科技发展可能不必要地束缚某些群体的自由；信任，即某类科技发展可能导致公众的不信任，或者导致大家不公开、不透明的指责；安全，即某类科技发展可能有损社会安全、公共安全、生物安全和生态安全等。全面准确认清当前的科技伦理治理风险，梳理相关问题，及时发出警示，划定伦理红线，及时反思纠偏，出台治理规则。

坚持依法依规、全程监管。法治是科技伦理治理的保障，也是强化科技伦理审查和监管的依据。好产品、好技术一定要受到法律和人类伦理等社会规则的约束，把技术规则体系纳入由法律、伦理所构建的社会规则体系中，加快建立健全法律法规制度，使科技伦理治理工作有法可依、有章可循。重点加强人工智能、互联网金融、大数据、云计算、生命科学等领域的科技伦理立法研究，及时推动将重要的科技伦理规范上升为国家法律法规。对法律已有明确规定的，坚持严格执法、违法必究。强化科技伦理事前审查和事中事后监管，严格科技伦理审查，切实把好科技伦理关。加强对科技伦理高风险科技活动的监督管理，建立科技伦理高风险科技活动伦理审查结果专家复核机制，组织开展对重大科技伦理案件的调查处理。建立健全科技活动全流程科技伦理监管机制和审查质量控制、监督评价机制，加强对科技伦理高风险科技活动的动态跟踪、风险评估和伦理事件应急处置。严肃查处科技伦理违法违规行为。

03 坚守"守正创新"的伦理责任

理论创新需要坚持"守正创新"，守正即守规律之正道、守科学之正理、守制度之正规、守伦理之正义。科技创新同样需要坚持"守正创新"，守增进人类福祉之正、守尊重生命权利之正、守坚持公平公正之正、守合理控制风险之正、守保持公开透明之正；创技术之新、创产业之新、创业态之新、创模式之新、创制度之新。守正创新是科技创新相关主体的共同伦理责任。

科技伦理治理对政府、创新机构、社会团体、科技人员等主体，从立法、监管、审查、教育、宣传等多层面多维度，明确行为规范和责任要求，形成多方参与、协同共治的科技伦理治理格局。数字创新主体包括政府部门、数据专家、大数据技术设计者、数据伦理学者、公众、企业、高校、科研机构、社会团体等。压实创新主体科技伦理管理主体责任。高等学校、科研机构、医疗卫生机构、企业等单位要履行科技伦理管理主体责任，建立常态化工作机制，加强科技伦理日常管理，主动研判，及时化解科技活动中存在的伦理风险。发挥科技类社会团体的作用，相关学会、协会、研究会等科技类社会团体要组织动员科技人员主动参与科技伦理治理，促进行业自律，加强与高等学校、科研机构、医疗卫生机构、企业等的合作，开展科技伦理知识宣传普及，提高社会公众科技伦理意识。引导科技人员自觉遵守科技伦理要求，主动学习科技伦理知识，增强科技伦理意识，自觉践行科技伦理原则，坚守科技伦理底线，发现违背科技伦理要求的行为，主动报告、坚决抵制。通过完善相关立法工作及严肃查处科技伦理违法违规行为，依法依规对科技伦理违规行为责任人给予责令改正。科技伦理违规行为责任人属于公职人员的依法依规给予处分，属于党员的依规依纪给予党纪处分，涉嫌犯罪的依法予以惩处。

第八节　数字产权治理

我国民法典规定，知识产权包括对作品、商标、地理标志等客体享有的专有权利，民事主体依法享有知识产权，知识产权受法律保护。数字知识产权实质是数字创新的智力成果，涉及信息产权、知识产权、网络产权、数据产权。数字知识产权治理，就是通过建立健全数字经济相关知识产权保护法律法规，全面提升数字知识产权创造、运用、保护、管理、服务的法治化水平，实现激发数字经济活力与促进企业规范经营并重，鼓励、引导、促进数字经济发展。必须强化提升数字知识产权治理水平，用知识产权赋能数字经济，提高数字经济创新发展能力，走出一条高质量数字经济创新之路。

01 数字知识产权保护目的是激励创新

知识产权一头连着创新，一头连着市场，是创新发展的刚需，更是高质量发展的标配。知识产权是保护和激励创新的制度基石。保护知识产权就是保护创新。移动通信、云计算、大数据、人工智能等数字技术正处于系统创新、深度融合与智能引领的重大变革期。数字经济快速发展源于整个数字技术快速发展。创新的技术是需要保护的。数字知识产权有其特点：一是信息载体的无形性和动态不确定性增加了知识产权保护的难度；二是数字共享原则与知识产权专有性之间有冲突，也就是信息自由权与知识产权的冲突；三是时间性，创新技术发展快，很多技术还没有来得及保护，技术已经过时；四是地域性，数字经济全球性和知识产权地域性之间存在冲突，知识产权规则需要协调。在数字经济治理体系建构中，知识产权制度是重要方面之一。知识产权制度是保障企业创新投资、保护企业创新成果利用、转化、流转的根本性制度。数字经济往往具有规模经济、范围经济的特点，企业往往需要付出较高的沉没成本才能在市场竞争中占据一席之地，其创新成果一般都是无形财产，竞争者对其创新成果窃取、模仿、复制的成本很低，投资者很难回收成本和进行收益。如果缺乏产权保护，企业将会失去创新投资积极性，致使市场失灵。发展数字经济必须不断加强和完善知识产权保护，创新数字知识产权治理。

02 数字知识产权治理根本靠强化法治

知识产权保护任重而道远，关键靠法治。当前，知识产权领域依然存在侵权易、维权难等现象，新技术、新领域、新业态等不断涌现，侵权违法行为呈现新型化、复杂化、高技术化等特点。需要把知识产权全链条保护引向法治化轨道，不断提升法治化水平。数字经济等新领域新业态加快发展，加强数字知识产权保护迫在眉睫。加大数字经济新领域新业态的知识产权保护力度，发挥专利审查向前激励创新、向后促进运用的"双向传导"功能，完善互联网、大数据、人工智能等新领域新业态专利审查规则。推进实施数据知识产权保护工程，探索开展数据知识产权保护立法研究，加快构建数据知识产权保护规则。加强互联网领域知识产权保护，推动知识产权保护线上线下融合发展。统筹推进相关领域知识产权领域国际合作，支持世界知识产权组织发挥主平台作用，推动大数据、人工智能等新兴领域知识产权规则制定，平等保护中外权利人合法权益，推动全球知识产权治理体制向着更加公正合理方向发展。

03 数字知识产权治理重在服务转化运用

知识产权是国家发展的战略性资源，也是国际竞争力的核心要素。各类知识产权均发挥着不可替代的特殊作用。知识产权中的专利，指向的对象是技术创新；知识产权中的商标，指向的对象是商业活动；知识产权中的版权，指向的对象是文化传播；知识产权中的其他知识产权，指向的对象是新兴和特定领域的创新成果或资信积累。知识产权作为发展要素、发展资源的价值日渐凸显，对激励创新、打造品牌、规范市场、扩大开放发挥重要作用。数字创新成果转化是数字经济产品落地和产生效益的重要环节。通过知识产权高标准服务，架起"数字合作桥"，推动数字经济领域知识产权成果转化，释放数字生产力。推进知识产权权益分配机制改革，赋予科研人员知识产权所有权或长期使用权，探索构建权利和义务对等的知识产权转化收益分配机制。大力推广以数据处理应用为核心的"互联网＋知识产权＋金融"模式，提高融资的便利化水平和效率，支持科技型中小企业运用专利、商标、集成电路布图设计等知识产权进行质押融资和证券化，推动知识产权资本化产业化。

· 第十六章 ·

数字化新未来
——智能化

第十六章

数字化新未来——智能化

创新驱动新变革,数字引领新未来。数字经济对经济发展、国家治理、社会管理、人民生活产生重大影响,成为改变国际竞争格局的新变量。数字时代,一切都在变,变化、变局、变革;一切源自新,创新、革新、更新;一切皆可数,数据无处不在、无处不生、无处不有、无处不用;一切全在融,融合、融通、融汇;一切趋向"化",依托数字化、网络化、智能化,加快信息化、新型工业化、新型城镇化、农业农村现代化,走向现代化。数字经济技术正以前所未有的速度引领科技创新,以前所未有的广度连接万物,以前所未有的深度赋能世界。数字之光照亮美好未来。

"数字中国"是通向美好未来的金桥。立足中华民族伟大复兴战略全局和世界百年未有之大变局"两个大局",面临新一轮科技革命和产业变革新机遇,加快建设"数字中国"、推动数字化转型日益成为顺应世界之变、时代之变、发展之变的重要战略任务。在数字化发展浪潮中,需要认清数字经济发展新趋势,打造数字经济新优势,抢占未来发展制高点,在要素资源重组、创新版图重构、竞争格局重塑中赢得主动。一是从消费领域向生产领域扩展。我国是世界上制造业规模最大的国家,产业门类齐全、产业链完整、发展层次多样,产业数字化发展具有广阔的市场空间和丰富的应用场景。当前我国数字经济优势主要体现在消费领域，未来需要更多在生产领域发力，发挥数字科技赋能的巨大威力，提高实体经济的全要素生产率，形成一批产业数字化和数字支撑平台领域的世界级企业，推动我国产业向全球价值链高端攀升。二是从模式优势向技术优势扩展。我国数字经济在商业模式创新方面具有优势，未来需要更多地在硬科技上发力，补齐核心数字技术短板，保障我国数字经济平稳发展和产业安全，同时培育前沿技术新优势，增强新兴产业发展话语权和主导权。三是从产品优势向标准优势扩展。我国数字经济优势更多体现在产品和服务上，未来需要在技术标准和治理规则上发力，加快国内数字技术标准、数字贸易规则、数字治理规则等的制定完善，并将其向全球推广。四是从国内优势向国际优势扩展。当前我国数字科技企业主要面向国内用户，国外用户数量偏少，未来需要在全球化上发力，加快我国数字科技企业的技术、商业模式"走出去"步伐，开发适应国际市场需求的数字产品和服务，打造具有国际影响力的数字平台企业。

面向未来，数字经济发展，必须更加注重创新性、自主性、安全性、包容性。数字经济行不行，底层在基础设施。加快新型基础设施建设，打造集约高效、经济适用、智能绿色、安全可靠的现代化基础设施体系。数字经济强不强，"命门"在核心技术。发挥我国社会主义制度优势、新型举国体制优势、超大规模市场优势，在一些领域、一些方面实现"变道超车"，突破核心技术难题，夯实技术基础、掌握核心技术，把握数字经济发展主动权。数字技术好不好，关键在应用。把握数字化、网络化、智能化方向，推动数字经济与实体经济深度融合，大力培养数字化复合型人才，加快产业数字化进程和产业链创新，加速推动一二三产业融合发展和乡村振兴，扩大中等收入群体，释放居民消费潜力。数字经济走得远不远，核心在治理。把握数字经济发展规律，规范数字经济发展，加快健全数字经济法律法规，建立健全数字经济治理体系，构建有活力、有创新力的制度环境。可以预见，以网络信息数字化为基础的"新基建"，以5G、大数据、云计算、人工智能、工业互联网为代表的新技术、新科技，将以其高速、宽带、泛在、大容量、低能耗、万物互联的巨大潜能，再一次大大降低人类活动的时间代价、空间限制和能耗成本，必然给人类社会生产关系和生活方式带来天翻地覆的革命性变化。数字化、网络化、智能化是通向现代化的必由之路，建设网络强国、"数字中国"的战略目标指日可待，全面建成社会主义现代化强国、实现中华民族伟大复兴的第二个百年奋斗目标必将完成。

第一节　数智技术创造无限可能

新技术、新应用，未来无限可能，超出常规、超乎想象。数字经济高创新性、强渗透性、广覆盖性特征，未来，数字技术创新发展更具自主性、融合性、颠覆性。数字经济领域不断产生新的技术并进入工程化、商业化阶段，还有一些更前沿的技术正在孕育萌芽、蓄势待发。新技术的成熟和应用催生出新产品、新模式、新业态，对原有产品、模式和业态形成冲击和替代，带动一批新兴企业在新领域高速成长，对既有产业形成冲击并使产业竞争格局发生重构。数字技术加速与国民经济各行业深度融合，产业赋能作用进一步增强，深刻改变企业的要素组合、组织结构、生产方式、业务流程、商业模式、客户关系、产品形态等，加快各行业质量变革、效率变革、动力变革进程。必须坚持创新在我国现代化建设全局中的核心地位，把科技自立自强作为国家发展的战略支撑，面向先进计算、人工智能、隐私计算、数字孪生、人机交互、量子计算等重点领域，集中力量攻克关键核心技术"卡脖子"

问题，着力提升我国科技自主创新能力，补齐数字经济发展的短板弱项，实现数字经济更大发展。未来，借助大数据、云计算、物联网、人工智能、区块链、5G等技术，提网速、强算力、多智能，做到人机互融、虚实同构、算法主导，可以实现全周期、全领域、全时空的状态感知、数据搜集、同步分析、自我学习、自动决策、精准执行，智能化发展是大趋势、大方向。

01 流量促进高质量

互联网是数字经济的主导力量。20世纪90年代互联网进入商用开始，我国接入互联网并成功赶上信息科技浪潮，造就了一批世界知名的本土互联网企业。移动通信特别是4G商用，我国社会率先大步迈入移动互联网时代。云计算、区块链、大数据、物联网、人工智能等新技术涌现和应用，特别是5G商用，我国迎来工业互联网时代，构建起可信互联网、价值互联网。经过20多年特别是最近10年的快速发展，我国互联网软硬件环境发生根本变革，推动互联网的普及率达73%，用户数基本达到饱和状态。我国逐渐成为世界信息科技特别是互联网科技创新中心之一，引领互联网科技创新和产业潮流，为国际互联网发展做出了卓越贡献。

高质量网络体系已成为数字经济发展底座，各领域快速发展都需要速度更快、成本更低的信息网络。我国已建成全球规模最大、技术领先的网络基础设施。截至2022年5月，我国IPv6的活跃用户数约7亿，占全国网民总数约67%。IPv6的流量分别占城域网流量的10.8%和LTE移动网流量的40.8%。目前，IPv6潜力很大，在云（云计算）、网（互联网）、边（边缘计算）、端（终端）的协同和网络安全等方面有待创新和开发，这给我国运营商和互联网服务企业等提供了广阔的创新空间，也为我国实现网络技术标准引领和自主可控创造了难得机遇。需要推动我国 IPv6 规模部署和应用继续走向深入，加快促进互联网演进升级。

互联网行业转型发展，进入"双千兆"时代。千兆光网和 5G 为代表的"双千兆"网络，既是宽带网络演进的主要方向，也是新型基础设施的重要组成部分和承载底座。"双千兆"网络具有超高速率、毫秒级超低时延等先进性能，为无人驾驶、远程医疗、虚拟现实技术等应用和相关产业发展奠定坚实基础。《"双千兆"网络协同发展行动计划（2021—2023 年）》提出，计划用三年左右时间，基本建成全面覆盖城市地区和有条件乡镇的"双千兆"网络基础设施，实现固定和移动网络普遍具备"千兆到户"的能力。截至 2022 年 6 月末，全国建成并开通 5G 基站 185.4 万个，千兆光网覆盖超过 4 亿户家庭的能力。我国 5G 用户数占全部移动用户数的 27.3%，占全球 5G 用户数的 60%。我国百兆光纤宽带接入占宽带用户的 93.7%，千兆接入的用户占 10.9%。每个月每个用户使用流量超过 14 个 GB。北京、上海等 29 个城市已经成为全国首批千兆网络之城。

"双千兆"网络广泛应用，高速便捷、万物互联的宽带网络和由此催生的新业务、新应用，将会给人们生产和生活带来更多想象的空间。通过固定和移动网络相互融合、优势互补，共同赋能制造、交通、医疗、教育等行业领域，带来生产方式、经营管理方式的数字化变革。在线办公、智慧家居等进一步方便人们的生活，高清视频、AR/VR 全息应用等进一步丰富消费方式，在线教育、远程医疗促进基本公共服务网更加均衡。"双千兆"网络建设是"源"，经济社会高质量发展是"流"；"双千兆"网络建设是"表"，服务人民群众美好生活和市场主体发展需求是"里"。搭好"双千兆"网络的"快车"，高流量推动高质量。

02 算力推动生产力

农业时代靠水利,工业时代靠电力,数字时代靠算力。算力已成为继热力、电力之后数字经济时代新的生产力,是推动数字经济发展的核心支撑力和驱动力,其发展水平已经成为衡量国家经济社会发展的重要指标。2021年,全球算力规模美国占31%,中国占27%,德国占10%,日本占5%,英国占3%,中国算力规模位居全球第二排。数据显示,2012年至2021年,我国数字经济平均增速为15.9%,算力产业规模近五年平均增速超过30%。据中国信息通信研究院测算,2021年,我国算力核心产业规模超过1.5万亿元,关联产业规模超过8万亿元。数据显示,每1元算力投入,能带动3～4元产出。国际数据公司IDC、浪潮信息、清华大学全球产业研究院联合发布的《2021—2022全球计算力指数评估报告》显示,计算力指数平均每提高1个点,数字经济和地区生产总值将分别增长3.5‰和1.8‰。

算力是数字经济时代集信息计算力、数据存储力、网络运载力于一体的新型生产力,呈现多元泛在、智能敏捷、安全可靠、绿色低碳的发展趋势。算力产业包括超算、数据中心、计算中心,通用的是互联网数据中心。目前,算力已经在数字政府、工业互联网、智慧医疗、远程教育、金融科技、航空航天、文化传媒等多个领域得到广泛应用。加速释放算力赋能千行百业数字化转型的潜能,促进算力融合应用走向更广、更深、更精的领域。算力将驱动数字产业化发展进程,提升5G、大数据、人工智能、云计算等新一代信息通信技术的创新活跃度,助力产业数字化转型升级,激发实体经济各环节数据价值,为各行各业生产效率提升、商业模式创新、服务能力优化提供有力支撑。

"十四五"规划纲要提出,要加快构建全国一体化大数据中心体系,强化算力统筹智能调度,建设若干国家枢纽节点和大数据中心集群,建设 E 级和 10E 级超级计算中心。国家发展改革委、工信部等四部门联合印发的《全国一体化大数据中心协同创新体系算力枢纽实施方案》提出，加强顶层设计，推动算力、数据、应用资源集约化和服务化创新。工信部发布的《新型数据中心发展三年行动计划（2021—2023 年）》提出，用 3 年时间，基本形成布局合理、技术先进、绿色低碳、算力规模与数字经济增长相适应的新型数据中心发展格局。未来算力相关的新型数据中心、高性能存储、传输网络等产业有广阔的发展前景。需要进一步加快发展算力产业，推进一体化大数据中心体系建设，加速打造数网协同、数云协同、云边协同、绿色智能的多层次算力设施体系，实现算力水平的持续显著提升，打造数字经济新优势。加快算力设施建设，全面推进 5G 网络和千兆光网建设，加快新型数据中心、工业互联网大数据中心布局，合理部署超级计算中心，打造若干全国一体化算力网络国家枢纽节点和数据中心集群。在促进核心技术研发上，加大研发投入，加快推进核心算法等算力关键技术的研发突破，支持企业、科研机构开展联合攻关，搭建协同创新平台，在算力领域形成一批原创性、引领性的研究成果。进一步推动全社会上云、用数、赋智，降低算力使用门槛，引导算力供给市场主体按照适度超前原则，配置优质算力资源。促进多元算力服务与人工智能、物联网和区块链等技术融合创新，推动算力成为与水、电一样，可"一点接入、即取即用"的社会级服务，支撑工业等重点行业转型升级。

03 智能培育新动能

人工智能作为深刻改变人类社会生活的革命性、战略性技术，引领科技革命、产业革命与教育革命交融汇聚，正深刻改变着世界，推动经济社会向数字化、智能化、网络化加速跃进。我国人工智能技术已渗透到经济社会发展的方方面面，赋能广泛分布在智能管理、智慧城市、智能营销与新零售、智能制造、智能网联汽车、智能金融、智能教育、智慧文旅和智能农业等19个应用领域,产业技术体系包括大数据和云计算、物联网、5G、智能机器人、计算机视觉、自动驾驶、智能芯片、智能推荐、虚拟/增强现实、语音识别、区块链、生物识别、光电技术、自然语言处理、空间技术、人机交互和知识图谱在内的17类技术。目前我国人工智能发展基本与世界先进水平同步,在机器翻译、无人驾驶、语音识别与合成等领域处于国际领先行列,形成了较为全面规范的人工智能技术标准和服务体系。我国在人工智能领域的全球排名仅次于美国。根据《2022人工智能发展白皮书》,截至2021年底,中国人工智能相关企业数量达到7796家,其中,23.8%的人工智能相关企业处于基础层,17.3%的人工智能相关企业处于技术层,58.9%的人工智能相关企业处于应用层。《中国新一代人工智能科技产业发展报告·2022》显示,2021年,我国人工智能科技产业技术合作关系分布中,排名第一的技术类别是大数据和云计算,占比47.53%;排名第二的是物联网,占比11.37%;排名第三的是5G,占比7.26%;排名第四和第五的分别是智能机器人和计算机视觉,占比为6.66%和4.40%。

我国具有数据量庞大、人工智能应用场景丰富、需求旺盛等特点,为人工智能技术快速发展提供了得天独厚的优势。我国人工智能正处在新的发展阶段,技术日趋成熟可用,从实验室走向生产生活,驶入发展快车道。继2017年国务院印发《新一代人工智能发展规划》以后,科技部、教育部、工信部等六部门近日联合发布的《关于加快场景创新以人工智能高水平应用促进经济高质量发展的指导意见》提出,以促进人工智能与实体经济深度融合为主线,以推动场景资源开放、提升场景创新能力为方向,强化主体培育、加大应用示范、创新体制机制、完善场景生态,加速人工智能技术攻关、产品开发和产业培育,探索人工智能发展新模式新路径,以人工智能高水平应用促进经济高质量发展。要按照提高生产能效、改善工作方式、方便群众生活等主要标准，打造形成一批可复制、可推广的标杆型示范应用场景，加快构建全链条、全过程的人工智能行业应用生态，让人工智能充分赋能经济社会发展。到 2025 年人工智能基础理论实现重大突破、技术与应用部分达到世界领先水平；到 2030 年人工智能理论、技术与应用总体达到世界领先水平，成为世界主要人工智能创新中心。

第二节　数据要素创造无限供给

数据不同于石油、煤炭，它重复利用的价值比别的资源高，可以说越用越值钱。数据要素具有"自我繁衍"特征，在被使用过程中不会被消耗，而且还会产生更多数据。数据作为一种新型生产要素，突破土地、资本等传统生产要素有限供给对经济增长的制约，具有价值共享、批量复制、即时传输、无限供给等特点，贯穿数字经济发展全部流程，已深度融入经济价值创造过程，对生产、流通、分配、消费活动和经济运行机制、社会生活方式、国家治理模式等产生深远影响。数据要素与其他生产要素的组合迭代、交叉融合，推动生产要素多领域、多维度、系统性、革命性突破，引领经济社会实现从生产要素到生产力，再到生产关系的全面系统变革。未来，依托海量的数据资源、丰富的应用场景、完备的工业体系和超大市场规模等独特优势，推进国内价值链与全球价值链深度整合，推动数据链与创新链、产业链、供应链深度融合，在全球竞争中塑造经济发展新优势。

01 海量数据是财富之源

农业经济时代，土地是财富之母，劳动是财富之父。工业经济时代，资本是财富之母，人才是财富之父。数字经济时代，网络是万物之联，数据是财富之源。数据库就是资产库，数据源就是财富源，数据链就是价值链。我国发展数字经济的最大优势是数据资源丰富，包括数据规模和数据应用优势。数字经济在需求端具有很强的网络外部性和规模效应，用户越多，产生的数据量越大，数据的潜在价值就越高。据测算，预计到 2025 年，中国产生的数据总量将达 48.6ZB（1 个 ZB 约等于 10 万亿字节），约占全球的 27.8%。数据具有初始成本高、复制成本低和非排他性等技术经济特征，能够被无限利用而不会产生量和质的损耗。把庞大的数据资源转化为生产要素，赋能实体经济，为高质量发展注入新动能。第 50 次《中国互联网络发展状况统计报告》显示，截至 2022 年 6 月，我国网民规模为 10.51 亿，互联网普及率达 74.4%；短视频用户规模达 9.62 亿，占网民整体的 91.5%；即时通信用户规模达 10.27 亿，占网民整体的 97.7%；网络直播用户规模达 7.16 亿，占网民整体的 68.1%。网民使用手机上网的比例达 99.6%，使用台式电脑、笔记本电脑、电视和平板电脑上网的比例分别为 33.3%、32.6%、26.7% 和 27.6%。根据中国互联网信息中心的数据，截至 2021 年 6 月，网络支付用户规模达 8.72 亿，网络购物用户规模达 8.12 亿，网上外卖用户规模达 4.69 亿。在线办公用户规模达 3.81 亿。我国人的吃、穿、住、行、工作、娱乐都在走向全面数字化。各类社会生产活动能以数字化方式生成为可记录、可存储、可交互的数据、信息和知识。数据、信息、知识在不同主体间流动、对接、融合，数据嵌入生产、流通和消费各个环节，提高传统要素的配置效率，重塑价值链和产业链，深刻改变着传统生产方式和生产关系。通过丰富的应用场景、海量的数据供给，增加供给主体、激活供给要素、优化供给方式、提升供给质量、提高供给效率，挖掘巨大数据要素潜力，释放数据多元价值。把庞大的数据资源转化为生产要素，赋能实体经济，推动社会经济活动效率迅速提升、社会生产力快速发展。

02 流通数据是无价之宝

数据是未来企业和国家之间竞争的核心资产,是"未来的新石油"。我国是数据资源大国,数据资源丰富,只有让海量数据流动起来,变成真正的"活水",实现数据资源的高效利用,在数据能流动、可流转、快流通中,最大程度激发数据要素价值。数据需要保护,数据需要流通。静止的数据,不能流通、不能访问的数据,就像尚未开采的矿藏,其潜藏的极大价值处于被封存的状态。数据的价值在利用中实现,利用的前提是获取、访问数据,数据流通交易制度让数据流动起来,在分享中实现价值。

统筹推进数据产权、流通交易、收益分配、安全治理,加快构建数据基础制度体系。《中共中央 国务院关于构建数据基础制度更好发挥数据要素作用的意见》明确提出"建立数据资源持有权、数据加工使用权、数据产品经营权等分置的产权运行机制"。规范数据要素权利,降低数据交易成本,在保护数据权利的基础上建立规范数据要素市场,通过降低搜寻成本、复制成本、传输成本等数据交易成本,激发数据要素的市场化流动,重塑经济活动形态。完善公共数据的采集、开发与共享,构建从国民经济运行到自然资源利用、从宏观经济运行到微观企业管理的数据流。

构建完善的数据市场体系,促进数据互联互通。构建数据市场,推动数据本身流通,更多是推动数据价值流通。目前的数据市场体系呈"两类两级"特征。其中,两类是指场内交易和场外交易,两级是指原始数据交易和数据产品交易。数据要素安全、合规、大规模、高效率流通和交易,需要打造"多层次、多样化"的数据市场交易体系,实现数据交易模式多元化。建立多层次数据交易市场,丰富数据交易内容。加快构建自主可控的大数据产业链、价值链和生态系统,打通数据产业链各个环节,推动数据资源、数据要素、数据产品的流通配置,促进全社会的数据要素资源流通和价值倍增。探索"原始数据不出域、数据可用不可见"的交易模式,基于数据平台,构建互通有无的"交易"机制,实现数据要素、数据产品互联互通,做到数据"可用不可拥、可算不可识",在保障数据安全的基础上促进数据价值的流通。

03 安全数据是发展之基

数据之上利益主体多元,涉及国家秘密、商业秘密、个人信息保护与公众知情权之间的冲突与利益平衡。数据安全事关国家发展和安全大局。数据资源成为重要价值来源的社会,对关键数字技术、设备、平台和数据的掌控直接关系到个人隐私与信息安全、产业安全、政治安全、国防安全等国家安全各个方面。数字经济已成为全球竞争的焦点领域。数据安全是数据流通的基础,即在数据安全和保护个人隐私的前提下,发挥市场力量,促进数据要素的充分流通和汇聚,最大限度实现价值发挥和风险规避的有机统一。必须统筹发展和安全两条主线,以发展促安全、以安全保发展,加强网络安全、数据安全和个人信息保护,筑牢数字产业发展根基,为数字经济高质量发展提供安全保障。

我国已出台《数据安全法》《网络安全法》《个人信息保护法》等法律法规,初步建立起网络安全、数据安全、个人信息保护的基本框架体系,设置了数据安全的基本底线。处理好数字经济发展与数据安全的关系,构建政府、企业、社会多方协同治理模式,严格落实《网络安全法》和《个人信息保护法》的相关规定,在保障安全的前提下,充分释放数据潜能,在推进数字中国建设中实现高水平安全与高质量发展的动态平衡。完善数据安全治理制度,针对不同的数据类型、数据用途、数据敏感程度等,完善分级分类管理办法,维护国家数据安全,保护个人信息和商业秘密，把安全贯穿数据治理全过程，提高数据安全保障能力，守住安全底线，明确监管红线，加强重点领域执法司法，把必须管住的坚决管到位。

第三节　数智平台创造无限空间

　　海纳百川，有容乃大。网络空间关乎人类命运，技术革命推动社会变革。数字技术改变人类生产的样态，拓展人类生活的空间，丰富人类文明的内涵。数字经济的内在逻辑，是连接、共享、开放。平台经济是制造商、供应商、经销商、消费者以平台为载体形成的市场主体集成。数字平台作为数字经济最重要的组织形式，突破边界，打破时空，营造数字空间与物理世界互联互通的数字生态，平台、企业、用户、政府和其他参与者形成价值创造共同体。数字平台实质是一个网络空间，平台互联、空间无限。未来，数字平台向全面连接、深度融合、深度处理发展。智能和互联是两大趋势方向，智能的发展方向主要体现在产品／服务智能、装备智能和过程智能；互联的发展方向是人、企业、政府机构、物品智能互联的自适应、生态化网络。数字化平台通过网络化、智能化发展，人、机、物三者互融一体，把物理空间深度拓展到虚拟空间，实现虚实空间深度交互、线上线下深度融合，做大数字平台，放大数字空间，扩大数字开放，强大数字共享。数字空间拓展的过程，就是经济社会数智化转型的过程，即以数字技术、数据要素改造现实世界的过程。物理空间是有限的，数字空间是无限的。

01 智网互联拓展全域网络空间

　　新网络、新平台、新空间、新天地。网络是数字经济的基础支撑。从互联网到移动互联网，从消费互联网到产业互联网，从工业互联网到物联网，从 5G 网络到算力网，网络的智能化水平不断提升，网络的跨界融合不断扩大，网络的空间形态不断拓展。任何一代互联网技术，其交互方式或频率实现颠覆性突破，意味着数字化程度和数字经济成熟度的提升，必然产生大规模商业价值。未来，依托"业务+数据+技术"数智化平台，联通云、网、端、边、智，优化"点线面"立体布局、"高中低"频率协同，将无处不在的传感器、嵌入式终端系统、智能控制系统、通信设施通过物理信息系统（CPS）构成智能网络，人与人、人与机器、机器与机器、服务与服务之间形成互联关系，做到横向、纵向和端到端高度集成，实现线上线下全网、全域、全渠道，端到端的全链条、全流程、全场景的连接，打造丰富的人与机器无缝衔接的应用场景，构建云网一体、高度自动化、智能化的智联网络体系。

全链智联拓展新空间。通过对经济社会运行机制进行横向到边、纵向到底的系统性重塑，实现人机协同、产业跨界协同、物理世界和数字世界的融合。智能互联驱动以电子商务为核心的消费互联网与以无界制造为核心的产业互联网融合，推动消费互联网数字化进入研产供销服整个生产环节全过程数智化。消费互联网和产业互联网都是数字经济的重要载体，消费互联网注重与消费者的连接，产业互联网实现数字技术与产业深度融合，本质上是连接企业。无界制造就是基于开放共享、智能互联装备，农业种植养殖、工业制造过程进行跨界融合的智能互联制造系统，是云制造、智能制造、网络制造、数字制造的集成化和系统化。深入推进"上云用数赋智"行动、开展数字化转型促进中心建设、支持创建数字化转型开源社区，通过数字技术与金融、物流、交易市场、社交网络等生产性服务业的跨界融合，促进企业研发设计、生产加工、经营管理、销售服务等业务的数智化转型，促进产业链上下游企业全渠道、全链路供需调配和精准对接。

全域智联拓展新空间。在数字经济范式下，通过数智化集成改变用户发现、商品及服务购买、生产制造等的方式。微信集成生活服务信息，可以实现打车、购物、预约挂号、租房、防疫、支付、转账、信贷等功能。航空、石化、钢铁、家电、服装、机械等行业工业互联网平台，汇聚共享整合产品设计、生产制造、设备管理、运营服务、物流和售后服务等方面数据资源，在融合发展中呈现跨界运营、价值共创和产用融合等横向分层特征。数字网络平台具有主体多元化、客体规模化、结构复杂化等特征，本质上是一个由多主体交互作用、数据与技术驱动的复杂适应性生态网络系统，汇集主体、技术、资本、资源与创新等多维度要素与能力，促进产业链、供应链、价值链的融合融通，提升全要素生产率。探索数字平台主体新交互方式的模式与规律，变革传统企业管理、社会治理手段与制度，通过数据的开放流动与联通共享，促进价值链上各企业间以及跨价值链跨行业的不同组织间开展大规模协作和跨界融合，实现价值链持续优化与再造，挖掘平台最大的资源配置潜力，通过市场机制自发满足不同维度不同领域的经济社会发展需求，提高不同要素间的资源配置效率，激发创新思维、创新能力、创新活力。

全球智联拓展新空间。全球供应链体系的形成，是投资全球化、贸易全球化、产业全球化、要素流通配置全球化的必然结果。大数据、云计算、移动互联网、物联网、人工智能、区块链等数智技术的应用，物联网与产业互联网实现物与物、设备与设备、企业与企业之间互联，引发全球交易与分工的根本性变革。特别是对于国际化程度高、技术含量高、分工程度高的产业，形成全球智慧供应链体系。全球智慧供应链的链接关系，将超越国界线，超越地缘政治，超越垄断权力，超越意识形态，超越具有产权关系的归属关系，具有极强的黏性、弹性和韧性。智慧供应链组织形式，实质上是在数智平台上现代供应链体系相关的经济关系、市场关系总和的呈现，是一个双边或多边的虚拟市场。若干供应商、经销商、消费者在特定载体提供的互联网虚拟平台上交互，产生巨大的商流、物流、信息流、资本流和数据流，形成比有形市场更具有虹吸效应和更能拓展空间的市场集成，共同创造更大价值和交易价值。

02 万物智联构建全新虚拟空间

数智化推动进入万物互联、万物遥感、万物可视、万物智能时代。依托以互联网、5G、云计算、大数据、人工智能等数智技术，实现以即时化、低时延、高频率为特征的万物互联、万物遥感。万物互联加速生产要素在人与人、物与物、人与物、用户与产业、需求与供给之间的流动。未来随着区块链技术、量子计算、元宇宙、数字孪生等技术的引入发挥正向作用，万物可视、万物智能逐步实现。通过整合实体、数据、技术三大核心要素，集成互联网、云计算、人工智能、区块链、物联网、工业互联网、虚拟现实、增强现实等数字技术，构建物理实体、虚拟实体、孪生数据、连接和服务五个维度的数字孪生体系架构，把人、机器、服务连接在一起，形成高度共享的数智生态网络。通过网络，人与人、人与机器、机器与机器、服务与服务之间达成共生关系，实现线上线下全链条打通，推动人机高效协同、服务场景无限延伸，形成全新虚拟空间，一个独立于真实空间，又与真实空间交融的数智化的平行世界。

人不仅生活在物理空间，也生活在数字虚拟空间，随着数字经济向着深度和广度发展，虚拟空间将有可能成为人类主要生活的空间。虚拟空间既有接近现实世界的真实感，又有超越现实世界的未来感，在模糊虚实的边界内，发展的可持续性和生态的开放度，让虚拟空间有持续扩展的基础，能够不断地更新完善、生长迭代、重复使用。虚拟空间具备六个元素：一是完整的3D环境。拟真的3D环境是虚拟空间最重要的元素，更趋近于实体空间的视觉感受。二是独立的虚拟身份。每个用户进入虚拟空间就会拥有至少一个可个性化装扮的虚拟化身（avatar），用以在虚拟空间中行动体验，或与其他用户交流互动。三是真实的社交关系。社交是虚拟空间重要的组成功能，像现实世界一样，用户在这里可以彼此相遇认识，建立和开展各自的人际关系。四是多元的互动形式。虚拟空间是独立于现实世界的存在，互动形式可以实现超越现实的自由和多元性。五是独立的经济系统。在虚拟空间中，用户可以通过各种方式获取数字资产，这些资产能够在空间内流通使用，也具备在现实世界中兑换价值的可能性。六是开放的生态环境。虚拟空间本身不具备体验内容，足够高的开放程度使其可以接入几乎任何一种数字技术，如直播、电商、数字孪生、数据可视化、音视频互动等，这些内容就构成了虚拟空间的体验生态。

03 全员网联创新全景组织空间

人类社会的本质是分工与组织。从历史发展逻辑看，参与社会分工和组织是人类生存、发展的自觉选择，在本质上体现的是人类协作共进的发展智慧。数字平台对物理世界与数字世界的重构，改变了人与自然、人与人、个体与组织之间的信息交换方式，促进社会生产由规模化向规模化与精益化高度融合，由物理世界的时空规制向数字世界的无边界化、超越时空化等方向发展。数字平台将人类生活从单一的物理世界拓展到物理—数字的双重世界，推动社会分工主体多元发展，正在逐步重塑社会分工的主体、价值原则和模式，对社会生产生活产生深刻影响。社会分工主体不仅作为物理世界的生物存在，也作为数字世界的"数字源"存在，成为相互赋能的"数字链条"的节点。"数字链条"具有数据均质性的基本特性，"数字链条"的每个节点都是独立平等且相互依存、相互赋能的存在个体。在数字平台所建构的数字虚拟世界里，相互赋能、公平协作，成为分工组织的基本价值准则，社会分工原则更加构件化、公平化、自愿化、兴趣自觉化。经历从农业到工业再到服务业的社会分工演变，与此相对应的社会分工组织模式由科层制到市场制再到平台制的演进。促进社会分工模式由科层制、市场制向科层制、市场制、平台制共存发展，最终走向公平、协作的共同体制。基于平等协作、价值共创、利益共享理念，具有开放性、无边界、横向化、扁平化、去中心化、去中介化等特点的平台制社会组织模式成为数字化时代的重要选择。数字化分工与平台制组织模式是一种更先进、更有效、与数字化社会生产更相适应的社会分工模式。

数字世界对人们的审美趣味、价值观念、行为模式等会产生影响。有人说，互联网实现了我们一个古老的梦想，把远在天涯的人变得近在咫尺，把近在咫尺的人变得远在天涯，我们被手中的手机屏幕封闭起来。实际上，线上与线下并非泾渭分明，反而趋向彼此融合。研究发现，互联网形成的社交关系很多都是"上传"线下的好友，是现实社交的延续。从空间角度看，互联网有助于我们维系远距离的线下关系，尤其对社交圈中的异地"弱关系"，互联网提供一种成本极低的交往方式。从时间角度看，数智化创造一种广泛的双向即时互动。空间和时间都被不断压缩，互动性显著增强，有助于提高社会交往的效率。"虚拟"与"现实"早已是你中有我，我中有你。现实世界为虚拟生活提供源源不断的养料，虚拟生活又在激发和充实现实世界的活力。越是在数智化社会，越是不能忽略人的主体作用。让线上与线下相互补充，让虚拟与现实相互激发，在更广阔的时空、更多样的选择中，保持一种精神的定力和思想的清醒，显得尤为重要。

物以网联，人以群分。未来数字社会，不同阶层、不同群体、不同组织、不同社团的主体汇聚在网络空间，组成不同的"数智集群"，形成不同的网络社会、网络社区、网络平台、网络组织等全景式数智化组织。社会组织拓展到数智空间，社会交往延伸到数智平台，必然要求群众工作跟进到数智空间去，创新组织形态，创新工作方式，让大流量澎湃正能量，以正能量激活大流量。虚拟空间离不开"现实规则"。规则建立越早、发展越成熟，就越能兴利除弊、越能抑制"负效应"。创建清朗清爽清新的网络组织、虚拟空间、数智社区，提高社会整体数字技能和素养，在"数字浪潮"中追寻网络"文明之光"。一是形成共同语言，尊重自我表露，使得成员参与有广度；二是开展社区教育，构建沟通机制，使得成员承诺有黏度；三是坚持治理思维，加强舆情把控，使得内容贡献有新度；四是完善保障制度，压实监管责任，使得产权归属有法度；五是关注成员利益，引导价值走向，使得规制管理有温度；六是打造共享机制，释放数据动能，使得社区建设有精度；七是完善基础设施，构建生态体系，使得发展转型有速度。

第四节　数实融合创造无限场景

"天之所覆，地之所载，莫不尽其美，致其用。"未来，数智技术创新迭代会越来越快，应用范围越来越广，融合程度越来越深，智慧场景越来越丰富。数字技术与生物科学领域融合，创造出生物芯片产业；数字技术与医疗领域结合，衍生出新医疗科技产业，使就医方式、就医体验等得到极大改善；数字技术与能源领域融合，发展出能源互联网技术，优化能源消费结构，推动绿色发展；数字技术与其他领域的融合，创造出各种新产业、新业态、新模式，引发多领域、多层次、系统性变革。坚持实体为本、技术为用，发挥"为经济赋能、为生活添彩"的智能引领作用，推动数字经济深度融入经济社会发展各方面，催生数字产品制造业、数字产品服务业、数字技术应用业、数字要素驱动业、数字化效率提升业等数字产业，催生智慧产业、智慧城市、智慧社会、智慧生活等新业态，实现企业从信息化向数智化转型迈进、产业从消费互联网向产业互联网迈进、经济由工业经济向数字经济转型迈进，推动实现高质量发展、高效能治理、高水平开放、高品质生活，促进社会生产力发展和生产关系变革。数智技术"飞入寻常百姓家"，融入千家万户、赋能千行百业，创造出一幕幕数字时代特有的智慧新场景。无限新领域、无限新空间、无限新场景。

01 智能连接到户的多元智慧场景

互联网由网联向智联发展，正在加快构建高速率、广普及、全覆盖、智能化的智联网。未来，智联无孔不入、无时不有、无处不联、无联不智。从万物互联对网络的需求出发，实现终端更快更安全接入、网络智能连接，为行业提供更好网络基础。"十四五"规划纲要提出，扩容骨干网互联节点，新设一批国际通信出入口，全面推进互联网协议第六版（IPv6）商用部署。2021年7月，中央网信办等部门印发《关于加快推进互联网协议第六版（IPv6）规模部署和应用工作的通知》提出，到2025年末，全面建成领先的IPv6技术、产业、设施、应用和安全体系，IPv6活跃用户数达到8亿，物联网IPv6连接数达4亿。移动网络IPv6流量占比达到70%，城域网IPv6流量占比达到20%。"IPv6+"有望实现网络智能化升级和业务优化，为未来网络创造新的发展空间。

5G大带宽、低时延、广连接等特性与超高清视频、AR（增强现实）、VR（虚拟现实）、人工智能等技术融合，正围绕视、听等消费领域催生大量创新应用场景。5G是数字经济时代"高速公路"，打通高速互联网的"入户末梢"，超高速入户网络实现"光纤到房间"，让"智慧生活"插上"光速翅膀"。从移动通信技术发展的历史看，约每10年更新一代。每一代移动通信技术，经历不断的演进和增强。2G到3G之间有2.5G，使数据传输速率有质的突破；3G到4G之间有3.5G，推动智能手机问世；4G 到 5G 之间有 4.5G，推动移动视频高清化。从"3G 突破""4G 同步"走向"5G 引领"，5G 关键技术创新突破取得新进展。5G 网络覆盖快速完善，用户发展不断提速。统计显示，我国 5G 用户达到第一个"亿"用时 12 个月，达到第二个"亿"用时 8 个月，达到第三个"亿"用时 6 个月，达到第四个"亿"仅用不到 4 个月。截至 2022 年 7 月底，5G 移动电话用户达 4.75 亿户，5G 手机终端连接数达 3.1 亿户。截至 2022 年 6 月底，中国移动累计开通 5G 基站超 95 万个，基本实现城区、县城、乡镇连续覆盖，预计 2022 年底 5G 基站将超 110 万个。截至 2022 年 4 月末，物联网终端用户 12.36 亿户。其中，应用于智能制造、智慧交通、智慧公共事业的终端用户占比分别达 17.3%、17.8%、21.9%。5G 正加速融入千行百业、走进千家万户。

02 智能服务到家的共享智慧场景

以云计算、大数据、人工智能、物联网、区块链等前沿技术为基础打造数智一体化平台，以平台为核心，依托在政府、工业、农业、交通、能源、教育、文旅、医疗等领域的业务优势，打造行业数智化转型解决方案。数字协同和智能互联打通信息流、知识流、商品流、物质流和资金流，通过新型基础设施和数智平台，全链路串联集成人、货、设施、装备、场景等数据，推动从技术创新到产品创新、模式创新，再到业态创新、组织创新，为数字经济发展提供强大支撑。未来，深度布局智慧城市、数字乡村、工业互联网、智慧交通、智慧教育、智慧园区、智慧医疗、智慧能源等领域。数智化赋能 N 个场景生命力，业态整体应用于智慧高端写字楼、智慧城市片区、智慧商业综合体、智慧公园景区、智慧住宅社区、智慧校园等；微场景应用于智慧通行、智慧访客、智慧办公、智慧停车、智慧物管、智慧安防、智慧效能、智能家居、智慧照明、智慧公厕等。

智慧城市是数智化集大成者，保障城市高质量发展、高水平运转。从在智能卧室一句语音指令就能"唤醒"智能家居，到跨境电商加速发展让我们动动手指就能买到进口商品；从无人驾驶汽车模拟器让驾驶员身临其境体验无人驾驶的快乐，到公交智能调度管理系统助力疏解交通拥堵……正是有大数据智能化的赋能，城市管理才变得越来越聪明，人民生活才变得越来越精彩。数字技术与人们生活方方面面深度融合，一系列新应用、新体验、新场景一一"解锁"，必会引领人们加速迈入数智化时代，走向充满无限可能的美好智慧生活。

03 沉浸体验到心的虚实智慧场景

5G、人工智能、区块链等技术广泛渗透到文化资源挖掘、内容生产、产品传播与消费的各环节，成为赋能传统文化产业转型升级、培育文化新业态新场景、拓展文化产业链价值链、推进中华优秀传统文化创造性转化和创新性发展的重要引擎。中共中央办公厅、国务院办公厅印发的《关于推进实施国家文化数字化战略的意见》，明确提出多项重点任务，强调提升科技支撑水平。以数字化助力扩大优质文化产品供给，关键在于深刻把握文化与科技的关联性、交互性和融合性，聚焦文化内容智能化生产与供给、发展数字化文化消费新场景等，促进文化和科技深度融合。

数智赋能文博、文化、文艺发展渐成大势，推动文化业态的虚拟化、沉浸式、数字化发展，让丰富的文化资源活起来。数智技术"联姻"文化，激发文化产业新业态的繁荣发展。高速率低延迟的5G技术与VR技术结合，让交互式应用迎来更大发展空间，让体验和互动形式更加丰富、更加身临其境。视频直播、游戏电竞、网络文学、动画动漫等行业迎来爆发式增长，综艺节目和短视频带火一批"网红"城市和景区，一些拥有大量粉丝的影视、动漫、文学IP被开发利用形成新的旅游线路，智能装备的出现促进了消费升级，改变人们的生活方式。发展线上线下一体化、在线在场相结合的数字化文化新体验。适应数字经济时代大众的消费心理，推动人机交互、全息呈现、虚拟仿真等技术广泛应用于文化消费终端，不断创新沉浸式演艺、虚拟旅游、云端展览等数字文化消费场景，满足大众实时参与、多维体验的需求，打造线上线下相融合的文化体验场景和文化传播矩阵。

数智化本质上是"硬科技"赋能"软表达"。让冷冰冰的文物开口说话，述说千年历史；让残缺的艺术精品复原，弥补遗憾；让红色文化绽放时代光彩，薪火相传；让中华优秀传统文化活起来，走进年轻人的心中，都可以通过数智"硬科技"来实现。某种程度上说，数智赋能文化资源，推倒横亘在文物文化资源与年轻人之间的墙，架起一座桥，吸引着年轻人自发走进博物馆、展览馆，走近文物文化资源，感受其无限魅力。

第五节 数智人才创造无限价值

数字经济呼唤人才支撑，数字人才创造无限价值。没有数字人才，就没有智能未来。数字经济发展，既需要发挥广大数字公民的主体作用，更需要发挥数字人才的核心支撑作用，还需要发挥虚拟数字人和智能机器人的创新引领作用。

01 公民数智人

公民数智人，也就是数字公民，包括具有数字素养和技能的公民、数字科技人员、数字专业人才、数字职业从业者、数字经济领域创业从业人员、为数字经济服务的各类人员等。

在数字时代，人人都是数字消费者，又都是数字生产者，还是数字服务者。我国有10.51亿网民、4亿中等收入群体、2.4亿接受高等教育的人口、1.03亿个体工商户,拥有庞大的数字消费群体、数字生产群体、数字服务群体、数字人才群体。特别是青年群体日益成为网络空间主要的信息生产者、服务消费者、技术推动者,深刻影响互联网发展潮流。2020年底,我国6岁至18岁未成年人网民达1.8亿,未成年人互联网普及率达94.9%。互联网已经成为当代青少年不可或缺的生活方式、成长空间、"第六感官"。随着互联网的快速普及,越来越多的青年便捷地获取信息、交流思想、交友互动、购物消费,青年的学习、生活和工作方式发生深刻改变。这是我国数字经济发展的最大优势。

大多数研究机构将数字人才定义为拥有信息与通信技术(ICT)专业技能的人,判断依据主要是就业者是否拥有通信技术与信息技术相关的数字技能。从广义上讲,数字经济人才是指具备数字化思维及数字化的基本知识、业务能力和发展潜能,能够满足数字经济发展需要的各类人才。从狭义上讲,数字经济人才即具有信息与通信技术相关技能的从业者以及其他与信息技术专业技能互补协同的跨界人才。从产品与服务价值链供应端的数字化转型角度看,数字经济人才分为六大类,即数字战略管理人才、深度分析人才、产品研发人才、先进制造人才、数字化运营人才和数字营销人才。从企业数字化能力重构的角度看,数字经济人才包括数字化领军人才、数字化管理人才、数字化应用人才和数字技术人才。

数字经济人才应该具备的知识结构和能力,可以分为数字经济通识素养和专业技术技能。未来需要更多的符合数字经济发展要求的复合型人才,数字经济人才需要广阔视野和多学科背景。数字经济通识素养包括正确的价值观、必备的品格和关键能力。一是数字素养和技能,包括数字获取、制作、使用、评价、交互、分享、创新、安全保障、伦理道德等一系列素质与能力，掌握数字工具操作和数字媒体的相关知识与技能。二是应对各类规则和科技伦理问题的能力，包括法律法规、科技伦理知识、职业素养、价值观、责任感、人文关怀等。三是多学科融合和终身学习的能力，包括学习能力、研究能力等。数字技术专业人才注重数字技术的掌握。经济合作与发展组织（OECD）认为，信息和通信技能可以分为三类，即通识技能、专业技能和补充技能。其中，信息和通信专业技能主要指开发信息和通信产品、服务所需要的数字技能，例如编程、网页设计、网店装修、多媒体运用以及大数据分析、人工智能、区块链和云计算等。

数字化领军人才和数字化管理人才是了解市场、熟悉政策、有全局眼光的善于跨界整合的复合型高端人才，需要具备如下能力：一是具备数智化思维和运用数字技术创造性解决复杂问题的能力，包括拥有数字化思维、把握数字经济发展趋势和规律、发现和评估问题、制定数字化战略、进行数字化创新等能力。二是数字经济领导力，包括商业洞察力、数字化感知与意识、数据分析能力、变革能力、决策能力等。三是数字化转型和经营能力，包括项目管理、数字化运营、产品研发和运营、数字营销等能力。

数字化浪潮已经席卷而来，我们经历从能源革命到信息时代到人工智能时代的变革，数字化转型技术应用将重塑产业价值链和行业竞争格局。没有人才优势，就不可能有产业优势，更不会有创新优势、科技优势。数字人才是数字经济发展的核心驱动力、核心竞争力。数字人才队伍是数字经济发展的核心支撑力量，也是实现高质量发展的重要力量。乔布斯曾说自己的成功"得益于发现了许多才华横溢、不甘平庸的人才"。他曾经花 1/4 的时间用来为苹果招聘人才，只为和顶尖的人才一起建立出最完美的产品。他认为，一个顶尖人才和普通人才的差距可能是 5 倍、50 倍，甚至 100 倍。

飞速发展的数字经济对人才的需求越来越旺盛。目前，与数字经济快速发展形成鲜明对比的是数字人才巨大缺口。《人工智能产业人才发展报告》（2019—2020年版）显示，在人工智能芯片、机器学习、自然语言处理等各个人工智能技术领域，我国人才供需比均低于0.4，而且大部分集中在应用开发岗位，基础研究人才匮乏。2020年发布的《新职业在线学习平台发展报告》显示，未来5年新职业人才需求规模庞大，缺口近千万人。中国信息通信研究院发布的《数字经济就业影响研究报告》指出，我国数字化人才缺口已接近1100万，而且伴随着全行业数字化的快速推进，数字人才需求缺口还会持续加大。解决数字人才紧缺问题，成为当务之急。数字经济人才的质量、存量、储备量以及利用效率等已成为决定竞争力的关键因素。加快数字人才队伍建设，提高数字经济劳动力供给水平，越来越成为我国数字经济发展的重大战略任务。

数字经济人才培养主要有高等院校培养、社会培训机构和企业培训三种方式，其中高等院校是人才培养的主要阵地。加强政府、企业、高校、科研机构合作，围绕数字经济创新发展需要，建立全面、系统、专业的数字经济人才培养和培训体系，建立起一套文理交叉的数字经济专业课程体系和培育方案，重点建设政产学研一体化数字创新人才培养基地，着力打造一批数字经济品牌特色专业群，培养支撑数字经济发展的专业人才，培养数字经济复合型人才。突出数据搜寻、数据管理、数字内容创作、数据应用、数据安全保护等数字技能，加强数字技能职业培训，完善数字技能职业标准和评价规范，培养更多驱动数字经济创新发展的卓越工程师。建立紧缺急需数字人才招引机制，为人才提供个性化、多样化、全方位、立体式服务，建设人才"蓄水池"，打造人才孵化器和发展生态圈，为数字人才发展提供宽容的创新创业环境、舒心的生活居住环境，让人才"流量"变"留量"。发挥企业人才培养主体的作用，鼓励企业建立数字人才内部选拔培养、人才开发投入体系，让更多数字人才在"大浪淘沙"中成长为行业先驱，培育更多"数字工匠"。

02 虚拟数字人

数字人是指利用数字技术打造的、模拟人类特征并存在于非物理世界的虚拟人物。这类具有数字化外形的虚拟人物，背后集成多模态建模、语音识别、知识图谱、视觉技术等综合AI能力，其在社交、传播、营销等领域的价值正在逐渐显现。作为连接数字世界和现实世界的重要媒介，数字人有助于实现感官维度的全面延伸，为人们提供全新的交互体验，进一步拓展信息消费市场。近年来，随着5G、人工智能、虚拟现实等新一代信息技术的蓬勃发展，数字人的精细度和智能化水平不断提升，一大批数字人走上不同工作"岗位"，加速融入人们的日常生活。

虚拟数字人的走红折射出虚拟世界与现实世界走向融合的大趋势。虚拟数字人的视觉效果更强、沉浸体验更佳、情感交互更有温度，能够成为现实世界和虚拟世界之间沟通的桥梁。虚拟数字人是存在于元宇宙中的数字化身或全息图像，本质上是以数字形式存在的，具有人类的外观行为，甚至思想特征的虚拟形象。虚拟数字人具备三种特征——"人"的形象，"人"的性格、行为特征，类"人"的互动能力。虚拟数字人不断演化，形象越来越逼真，进化将从拟人化走向同人化，再走向超人化。智能化所应用的范围越来越广，商业价值越来越大。与以往技术不同的是，虚拟数字人与自然人有着高度相似性。伴随着人工智能越来越发达，未来虚拟数字人构成的个体到群体，能够较好地对人类社会进行模拟。虚拟人实体化即高仿人机器人，通过模仿人的形态和行为而设计制造，具有人类的一些外形特征。虚拟人、机器人、自然人构成元宇宙世界的三元主体。虚拟数字人从功能价值上，大体可以分为虚拟偶像等传播传媒类、虚拟管家等专业服务价值类、虚拟孩子等生活陪伴类三种应用场景。《中国虚拟数字人影响力指数报告》将当前国内应用最多、最具人气的虚拟数字人分为虚拟偶像、虚拟员工、虚拟主播三类。这三类是当前虚拟数字人商业化价值最高、企业及资本参与度最强的类型。随着应用场景的拓展，未来该分类会进一步拓展、细化。虚拟数字人将成为人机交互新界面，承载数字世界的沉浸式体验。虚拟员工将在消费品、金融、地产、物业、教育、文旅等服务行业发挥作用。中国传媒大学等发布调查显示，对不同类型的虚拟数字人，大众对其外形、人设、技术能力、服务能力有着明显的期待差异：60%以上的用户最关注虚拟偶像的外形和作品，66%的用户关注虚拟主播的主持风格，50%的用户认为虚拟员工最重要的是技术服务以及跨界合作能力。

虚拟数字人形象日趋逼真、交互更加顺畅，在越来越多领域发挥作用。虚拟数字人作为新媒介角色，担任着信息制造、传递的责任。在社会价值上，虚拟数字人作为新型媒介，有助于跟踪、统计、分析、模拟和展演个体记忆、集体记忆、历史记忆、新闻记忆、文化记忆、国家记忆、世界记忆，以此赋能图书馆、档案馆、博物馆、美术馆等文化记忆机构，重构数字资源管理。在就业结构上，虚拟数字人能够替代一些基础的、简单的人工服务工作，为创新就业结构打开新的空间。一部分人从基础服务型工作中脱身，去填补更多创新型、多变型工作需求，创新就业结构。虚拟数字人产业将衍生出不少新职业，如捏脸师、虚拟服装设计师、调音师、运营官等。虚拟数字人让人看到了把劳动力从基础服务业解放出来的可能性。

数字人产业正处在培育成长期，从文娱传媒到金融、教育，数字人商业化应用探索步伐持续加快，不同形式、更广领域的应用场景不断涌现，正随着元宇宙产业的快速发展而进入加速期，正逐渐成为数字经济发展的新增长点。《广播电视和网络视听"十四五"科技发展规划》明确提出，要推动虚拟主播、动画手语广泛应用于新闻播报、天气预报、综艺科教等节目生产，创新节目形态，提高制播效率和智能化水平。相关机构预测，到2030年，我国数字人整体市场规模将达到2700亿元。将巨大潜力转化为产业实力，需要把握好发展新机遇，不断拓展应用边界，逐渐向生活服务领域拓展，赋能千行百业转型升级，更快走进千家万户，更好服务经济社会高质量发展。未来，数字技术进步将为"数字人"创造更多元的应用场景和更大的发展空间。一方面，要持续在人工智能、虚拟现实等核心技术上实现突破，提高对数字人面部和声音的还原度，推进数字人开放平台建设，增强技术可及性，提升数字人的交互能力，真正为受众提供千人千面的差异化、沉浸式体验。另一方面，要通过技术升级进一步降低数字人制作成本，提升制作效率，推动数字人定制形成规模，让数字人真正成为个人和组织的数字资产，充分释放数字人的产业价值。

03 智能机器人

机器人超越想象，未来就在眼前。机器人是"拓荒者"，更是"领航者"。从浩瀚太空到万里深海，从工厂车间到田间地头，从国之重器到百姓生活，我们正步入与机器人和谐共荣的缤纷多彩新世界。机器人作为数字经济时代最具标志性的工具，是新一代数智技术与高端制造深度融合的成果，正深刻改变着人类生产生活方式，已成为推动经济社会数字化发展的重要驱动力量。机器人被誉为"制造业皇冠顶端的明珠"，其研发、制造、应用是衡量一个国家科技创新和高端制造业水平的重要标志。机器人的方向是智能化程度越来越高，价值是"机器换人"的应用范围越来越广。与互联网从消费互联网向产业互联网发展相反，机器人正从工业机器人向服务机器人拓展。我国机器人产业技术创新步伐明显加快，信息感知与导航、多任务规划与智能控制等共性技术取得突破，仿生感知与认知、电子皮肤等前沿技术取得部分原创性成果。问天实验舱携带移动灵活定位精准小机械臂，成功完成舱外设备巡视测试；一批骨科、脑外科、软组织、口腔等手术机器人，通过国家药监局注册，成功开展临床手术。围绕汽车、机械、电子、化工、轻工等工业机器人，医疗健康、家庭服务、教育娱乐等服务机器人，以及国防军工、煤矿、深海、极地等特种机器人的应用需求，针对需求量大、环境要求高、劳动强度大的潜在应用需求、细分领域和特定场景联合研发，形成一批先进实用机器人产品和解决方案，机器人产业的应用广度、深度不断深化拓展。

机器人发展贵在融合创新、重在产用互促、成在协同共建。多年来，我国通过制定产业规划、激励技术创新、培育应用场景、优化市场环境等举措，推动技术快速迭代、产业高速增长、应用持续深化，推动产品向产业链高附加值方向发展，推动机器人产业发展迈上新台阶。我国已连续8年成为全球最大的工业机器人消费国，成为全球机器人最大应用市场。数据显示，2021年，全球工业机器人安装量创下历史新高，达到48.7万台，预计到2024年，全球机器人市场规模将有望突破650亿美元。2021年，我国工业机器人产量36.6万台，稳居全球第一大工业机器人市场。

展望未来，在迈向万物智联、人机共融的道路上，我国机器人必然走向高端、赢得未来。机器人具备标准化、安全性、智能化优势，有广泛庞大的市场，刚需时代正在来临。我国机器人产业有广阔的应用市场、丰富的创新资源、良好的发展环境、完善的产业生态，市场规模持续快速增长，已初步形成完整的机器人产业链，基本形成从机器人零部件到整机，再到机器人应用的全产业链体系，总体正在起步阶段、正处于发展初期，正步入发展"快车道"。"机器人+"正逐渐在农业、制造业、物流、医疗、金融、家居等行业形成多类型的应用场景。可以预见，在全球化市场上，我国机器人一定会占据重要份额。数据显示，2020年我国制造业机器人密度达到246台/万人，是全球平均水平的近2倍。2021年我国制造业机器人密度达到322台/万人，相较2012年增长13倍。2021年，全球制造业领域工业机器人使用密度达到126台/万人，较2015年的66台/万人提升2倍。"机器换人"趋势明显。《"十四五"机器人产业发展规划》提出，到2025年我国成为全球机器人技术创新策源地、高端制造集聚地和集成应用新高地，一批机器人核心技术和高端产品取得突破，整机综合指标达到国际先进水平，关键零部件性能和可靠性达到国际同类产品水平，形成一批具有国际竞争力的领军企业及一大批创新能力强、成长性好的专精特新"小巨人"企业，建成3～5个有国际影响力的产业集群。

机器人产业迎来创新发展、升级换代重要机遇期，呈现四个新趋势：一是机器人新技术融合跃迁。多学科交叉融合汇聚，复杂场景人工智能深度应用，人工智能、新型传感、生物仿生、新材料等多种技术融合驱动，机器人加速向智能化演进。3D机器视觉、知识图谱等技术与机器人深度融合，大幅提升机器人决策能力。多维传感技术发展，促进机器人感知能力，由单一模态向多模态全域感知升级。加快突破机器人系统开发、操作系统、轻量化设计、多机器人协作等共性技术，研发仿生感知与认知、生机电融合、人机自然交互等前沿技术，推动感知智能向认知智能跃升。二是机器人新产品竞相涌现。随着行业技术的持续进步和应用需求的不断挖掘，机器人领域涌现出一批独具特色、突破传统作业边界的新产品。三是机器人新应用深入拓展。机器人应用正加快拓展并不断走向纵深。工业机器人正在从过去主要从事搬运、上下料等简单操作，向装配、打磨、抛光等高精度高灵敏的精密加工场景拓展。服务机器人自主移动水平快速提升，各种无接触服务场景的应用已经初具规模。特种机器人灵活性、机动性不断增强，适应复杂环境的能力大大提升。四是机器人新生态互融共生。国内外机器人企业、研究机构、行业组织加强合作，组建产业链创新联合体，建立供应链伙伴关系，合力打造开放、稳定、安全的机器人产业链供应链。全球机器人产业链供应链，你中有我、我中有你的格局不断深化。中国机器人企业出海势头强劲，积极进行全球化布局，合作建立研发中心，成功进入国际头部企业的供应链体系，合作广度和深度不断拓展。互联网、智能汽车等领域的一批科技企业，纷纷加大技术研发力度，积极整合产业资源，加快推出创新产品，深度参与到机器人产业发展的浪潮中，对机器人产业的全球竞合格局带来深刻影响。

工业机器人走向规模化。工业是机器人应用的重点领域。围绕汽车、机械、电子、化工、轻工等工业机器人，作为数字化、智能化技术的集大成者，工业机器人领衔的智能制造成为制造业转型升级的主要路径。工业机器人在一些模块化、重复性、精细化环节具有独特优势，可以在低温、高温、有毒等危险环境中工作，提高生产效率、降低人力成本，提升信息化、智能化水平。我国工业机器人已在60个行业大类、168个行业中得到应用，成为我国制造业企业数字化、智能化转型提速的缩影。国际机器人联合会发布的《世界机器人2021工业机器人报告》显示，2021年在中国工厂运行的工业机器人数量达到创纪录的94.3万台，同比增长21%。从需求层面，渗透率是反映行业发展情况的重要指标。摩根士丹利2021年的一份报告显示，目前全球机器人渗透率为0.9%，机器人占劳动力市场比例约为1%，2040年机器人渗透率将达7%～18%，机器人占劳动力市场比例预计将到8%～21%。我国制造业转型升级，自动化、智能化、网络化、数字化是制造业发展方向，工业机器人产业发展具有较大增长空间。

服务机器人走向人机共融。机器人是制造业生力军，也是服务业好帮手。近年来，围绕医疗健康、家庭服务、教育娱乐等服务机器人，成为机器人市场中颇具亮点的领域。从商超酒店的导航机器人，到居家生活的服务机器人，从助力诊疗的医疗机器人，到智能教学的教育机器人，越来越多机器人出现在医疗健康、养老助残、教育娱乐等场景，提升服务体验，不断拓展着人们的想象空间。目前，商用机器人、医用机器人、配送机器人、家用机器人、消杀机器人、陪伴机器人、养老助残机器人等各种不同类型的服务机器人已快速渗透到生活场景中，提供引导、巡游、宣发、配送、健康护理等服务。相较于过去人们印象中"身躯笨拙、只能做简单工作"的机器人，现在机器人的身手越来越灵活，落地应用场景也日益丰富。

"机器人＋医疗"是当前服务机器人的热门领域。手术机器人突破人手、人眼、人脑的极限，可以辅助医生精准、高效、安全地完成高难度手术。将手术机器人和5G技术相融合，可以让超远程手术变为可能，解决老百姓看病难的问题。有些机器人"医生"可以进行远程腔镜微创手术，有些机器人可以协助医生完成血管介入手术，还有机器人"大白"能在十几秒内完成核酸采样。

服务机器人在农业领域得到广泛应用，从耕地、育种、施肥、除草、喷药、采收，到加工、仓储、销售，基本上所有环节，都能够实现由智能装备或特种机器人来全面提供协作服务。目前我国围绕自动驾驶拖拉机、小型农业移动平台、嫁接机器人、移栽机器人、插秧机器人、果实分拣机器人、采摘机器人、除草机器人都有相应研发。据预测，到2025年，农业机器人产值将达到879亿美元，将有72万台机器人投入使用，重点包括无人驾驶拖拉机、物料管理、无人机等方面。

特种机器人走向智能化。特种机器人环境适应性不断增强，正迎来新需求爆发的机遇期，在应急救援、危险作业、极端科考、攻坚探索等方面应用广泛，在应对地震、洪涝灾害、极端天气，以及矿难、火灾、安防等公共安全事件中，对特种机器人有着突出的需求。未来，特种机器人的功能将更加多元化和智能化，实现在复杂场景下的有效判断、决策和处理。

智能机器人走向仿生人形。机器人不仅有强健的"体魄"，更有聪明的"大脑"，机器人日益"耳聪目明"。走过1.0自动化时代、2.0数字化时代，现正处于机器人3.0智能协作时代，未来即将迈入自主服务的4.0时代。从自动化向智能化的转型升级，成功孕育出全新的机器人类型——智能机器人。智能机器人是具备感觉、反应和思考三要素的自主机器人，其迎合人工智能高速发展的趋势。机器人自主学习、场景自适应等，将是4.0时代的主要特征，知识图谱技术和场景数字孪生技术将成为机器人4.0的核心技术。人工智能的目标是用机器模仿人类的智能行为，追求的是机器的行为跟人类行为的相似性。机器人和人类最理想的关系是"宛如同类"。智能机器人拥有人类的外形，可以模仿人类的语言、动作和习惯。仿生人形机器人是技术融合创新的典型案例，它的核心技术涉及柔性执行器、机器人控制行动、云端控制系统、机器人数据库、皮肤设计、AI算法等领域。仿生人形机器人的行为方式、交互方式和人类似，能做出人的细致表情，更好地传递情感，存在的意义是可以和人进行交互，并产生情感连接。智能机器人可以延伸人的存在，可以融合人的意识，机器人的感知也可以成为人的感知，可以作为人的替身，帮助人去感知更多世界。在商用领域，智能机器人将广泛应用于智能清洁、搬运、医疗、陪护、银行、酒店、养老等众多场景，每一个场景都潜藏着巨大商机。

众人数智融合携手共进，共创数字经济美好未来！

后记

世上没有无缘无故的爱，一切都是"为有源头活水来"，相信"有缘千里来相会"，有时"无心插柳柳成荫"。我长期在党政机关从事参谋服务工作，一直坚持学在深处、谋在新处、干在实处，养成对"新东西"的敏感，加强对"新知识"的学习，增加对"新经济"的储备，注重学习了解、思考研究新经济理论、新经济战略、新经济政策、新经济技术、新经济产业。我对数字经济、绿色经济、智能经济等新经济的专注、学习、思考、研究，不是心血来潮、异想天开，而是自有"源头"。

早源于参与省委《数字湖南纲要》《绿色湖南纲要》文件起草。2010年8月，中共湖南省委、湖南省政府出台《关于加快经济发展方式转变推进"两型社会"建设的决定》，提出"四化两型"战略思路（加快推进新型工业化、新型城镇化、农业现代化、信息化，建设资源节约型、环境友好型社会），明确建设创新型湖南、数字湖南、绿色湖南、法治湖南的战略任务。省委政策研究室牵头组织起草《创新型湖南纲要》《数字湖南纲要》《绿色湖南纲要》《法治湖南纲要》。我于2010年9月6日正式到湖南省委政策研究室工作，一上班就参与"四个湖南"文件的起草。面对新的工作任务、新的经济领域，我如饥似渴地学习、如痴如醉地工作，重点学习数字经济、绿色经济、创新经济等方面的相关理论、知识和政策。随后，我又参与中共湖南省委九届十次全会文件、省第十次党代会报告等文件的起草，进一步加深对数字经济、绿色经济、创新经济的学习研究。从2012年2月到2015年8月，我重点参与长株潭资源节约型、环境友好型社会建设综合配套改革试验区工作，集中学习研究"两型社会"建设、生态文明建设、绿色发展等相关理论、技术和政策。从此，我特别注重加强数字经济、绿色经济等新经济的学习思考研究。

近源于组织开展互联网产业发展课题调研。2016年11月，湖南省第十一次党代会提出实施创新引领开放崛起战略。根据省委的安排，2017年上半年开始，我先是组织起草省委十一届三次全会《中共湖南省委关于大力实施创新引领开放崛起战略的若干意见》，后又组织开展加快我省互联网产业发展课题调研。在互联网产业调研中，我和调研组的同志，深入浙江杭州、宁波、乌镇和省内长沙重点企业调研。我还购买《数字经济》《互联网＋》等一批书籍来研读，学习研究《人民日报》《经济日报》《光明日报》《湖南日报》中有关数字经济、互联网产业的文章。通过深入学习调研，形成《数字化转出发展新动能——加快我省互联网产业发展的调研报告》，在分析互联网产业发展趋势和我省互联网产业现状的基础上，提出我省互联网产业发展的方向思路、主要目标、重点任务和创新举措。调研报告中总结提出互联网推动经济转型的"发动机"作用：互联网是经济增长的"新引擎"，是新兴产业的"催化剂"，是传统产业的"点金术"，是创业就业的"容纳器"，是开拓市场的"直通车"，是资源配置的"连接器"，是公共服务的"大平台"。从此，我开始重点学习研究数字经济相关的热点问题，致力于成为数字经济领域的"半个专家"。

直源于新冠疫情下对数字经济的学习研究思考。2020年初，一场突如其来的新冠疫情,改变了人们的生产方式、生活方式。在抗击新冠疫情中,以数据生产要素为基础的数字经济平台,利用互联网、大数据、人工智能等数字技术,打破时空限制,链接各类主体,构建联动交互数字经济生态,充分采集、共享、利用等各类主体的数据,发挥信息聚合、数据共享、资源调配、物资流转、技术支撑、金融支持、交流沟通、精准定位、搜索追踪等数字功能,为企业复工复产、网上办公、稳就业、保民生,提供全方位服务保障,对国民经济起到支撑性稳定性作用,为抗"疫"胜利做出重大贡献。数字经济的"魔力"和韧性,引发了我的极大兴趣和深入思考。我在深入思考后拟定了一个《新经济新未来提纲》:新经济方位包括新经济历史方位、新经济战略定位、新经济质量品位、新经济国际地位,新经济战略包括现代化引领战略、市场化改革战略、数字化转型战略、协同化创新战略、多元化融合战略、扁平化组织战略、平台化服务战略、绿色化发展战略、品牌化经营战略、全球化开放战略,新经济形态包括数字经济、智能经济、共享经济、绿色经济、创意经济、生物经济、新型服务经济,还包括新经济动能、新经济技术、新经济布局、新经济主体、新经济平台、新经济要素、新经济金融、新经济职业、新经济基建、新经济治理、新经济人物、新经济案例、新经济未来等。从此,我对数字经济、绿色经济、智能经济等新经济的学习研究由浅入深、由点到面、由广及专,开始分别从数字经济、绿色经济、智能经济三个专题逐个突破,形成《数字化之路》《绿色化之路》《智能化之路》系列构想。这成了我工作之余、八小时之外,双休日、节假日学习思考研究的重点。

经过近两年的资料准备和学习思考研究,从2022年4月开始研究写作《数字化之路——数字经济知与行》。我先拟定总体结构提纲,并和李果分工合作。李果负责收集整理数字经济相关资料,准备数字化新技术、数字化新职业以及数字金融、数字保险等部分初稿。近半年来，我把晚上、双休日、节假日和公休假休息时间全部用上，正如郑板桥的"四十年来画竹枝，日间挥写夜间思。冗繁削尽留清瘦，画到生时是熟时"。

研究过程有点"热"。研究写作过程，经历春天的播种、夏天的耕耘、秋天的收获，正值2022年夏秋高温干旱。气温与日俱升，研究也与日俱深，心潮逐浪高，渐入佳境里。我们乘夏秋之高热，围绕数字经济之热点，趁热打铁，长沙上海联系热线，经常讨论形成热议，短信微信常常热聊。字里行间充盈着"热闹"，直冒着"热气"，流淌着"热血"，浸透着"热汗"。我们首先深入学习习近平新时代中国特色社会主义思想，深入学习习近平经济思想、习近平生态文明思想、习近平法治思想，以及习近平总书记关于数字经济的重要论述，用以指导数字经济的学习研究。全面深入学习研究《人民日报》《经济日报》《光明日报》《人民论坛》有关数字经济的理论文章、新闻报道、新闻综述等各类文稿，从中理清头绪形成框架、理清思路形成重点、理出观点顺理成章，从实践中来又到实践中去，从群众中来又到群众中去，从生活中来又到生活中去，从资料中来又到资料中去，在海量资料中"淘宝"找到好资料，在冥思苦想中"淘金"提炼好观点。"采得百花成蜜后"，一分辛苦一分甜。

谋篇布局力求"全"。整个结构，大体分七个部分十六章，数字经济总论篇包括第一章数字化新时代和第十六章数字化新未来，数字化新时代突出把握数字经济的时代特征，数字化新未来突出展望数字经济未来美好前景；数字经济战略篇包括第二章数字化新战略、第三章数字化新路径；数字经济基础篇包括第四章数字化新技术、第五章数字化新要素、第六章数字化新基建；数字经济产业篇包括第七章数字化新制造、第八章数字化新服务、第九章数字化新消费；数字经济空间篇包括第十章数字化新城市、第十一章数字化新乡村、第十二章数字化新媒体；数字经济生活篇包括第十三章数字化新生活、第十四章数字化新职业；数字经济治理篇主要是第十五章数字化新治理。

内容呈现尽量"活"。数字经济是科学的，也是"鲜活"的，还是不断创新变化的。用数字经济的方法研究数字经济，运用多种"数字语言"表达方式，尽量多用形象比喻，尽量讲好数字故事，尽量呈现数字场景，尽量多用数据说话，增强内容的故事性、鲜活度、场景感。我们学习研究数字经济的文献资料，主要包括：一是习近平总书记关于数字经济一系列重要论述，这是根本遵循；二是党中央、国务院及相关部委办局最新发布的数字经济相关政策文件、工作方案、发展规划等，这是主要依据；三是《人民日报》《光明日报》《经济日报》《人民论坛》《湖南日报》等报刊上最新的理论文章、新闻报道、典型经验等，这是重要参考资料；四是各相关部门和研究机构最新发布的数字经济相关行业报告、白皮书等，这是重要数据来源；五是网络上最新数字经济相关文章，这是有益借鉴。深入学习领会习近平总书记重要论述，借鉴重要文件、报刊重要理论文章，确保准确性；运用报刊最新新闻报道、典型经验的新闻素材，力求鲜活性；利用各类最新相关数据，增强数据说服力。书中参考借鉴了一些理论文章成果和观点，运用了很多相关机构的数据，在此一并表示衷心感谢！

我借《数字化之路——数字经济知与行》表达对数字化通向现代化的坚定信心，对数字经济知与行的孜孜以求！正如王阳明先生所言，"知是行的主意，行是知的功夫。知是行之始，行是知之成"。

李先吉

2023年2月